시대의 불침번-정경모 자서전

歴史の不寝番

「亡命」韓国人の回想録

鄭敬謨

鄭剛憲訳

藤原書店

정경모 자서전

시대의 불침번

한겨레출판

日本外国特派員協会で講演をする筆者

作家黄皙暎氏と

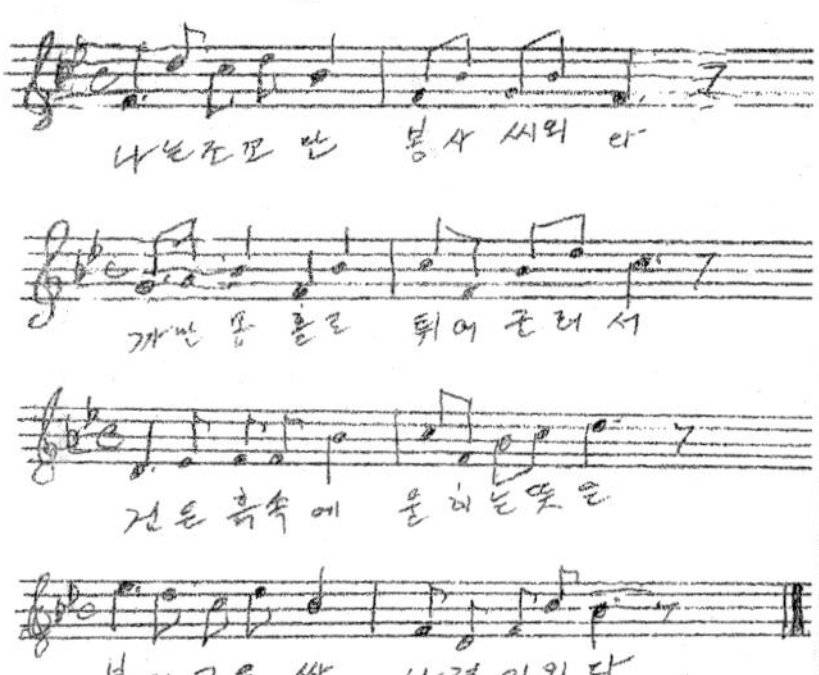

私は小さな鳳仙花の種

幼いとき永登浦教会に付設された興化《フンファ》幼稚園に通ったときに教わった「鳳仙花の種」という歌を、筆者が記憶の中から直接楽譜に移した。1926 年当時父が長老を務めていた教会の牧師館で三輪車に乗っている 3 歳の時の筆者。

幼い黄晳暎が遊びまわった亡父の二百軒村

筆者の父鄭寅煥《チョンインファン》長老が1930年代、低所得層のために建てた200軒の韓屋村の痕跡がソウル永登浦区堂山路2街に「二百軒路」という地名で残っている。作家黄晳暎の幼い頃の体験を込めた自伝小説『砂村の子供たち』の舞台になった場所でもある。

鄭　敬　謨

京畿中学入学——短かった喜びと永かった苦悩

1942年、京畿中学校38回卒業アルバムに出ている18歳の時の筆者（左）。金教臣先生（右）は京畿中学からわずか6カ月で追放されたが、筆者が忘れられない師だ。『聖書神学』を創刊した神学者である彼は養正中学時代、ベルリン・オリンピック（1936年）のマラソンで優勝した孫基禎選手の恩師でもある。

日帝も米軍政も知れば知るほど同じ穴のむじなだった

東京マッカーサー司令部の中にあって朝鮮戦争を見つめていた「3人の民族運動家」。左の写真は1952年に一緒だった文益煥牧師と筆者。右は54年頃、肺結核の療養を終え司令部に復帰し、神学の勉強を始めた朴炯奎牧師の姿だ。

The Japan Times

READERS IN COUNCIL

Articles for this column will not be published unless correct name and address are attached by contributor.—Editor.

Koreans Defended

To the Editor:

The riotous activities of the Korean Communists in Japan, commented upon in your editorial, Mar. 23, have been a source of headache and em-

The unfortunate incident at Asakusa where several GI's were involved raises another question. Apparently the mob was not entirely composed of Koreans. There were Japanese as well as Koreans, but Japanese papers do not say so in their headlines. The headlines appeared as "Korean mob kills GI's." Very clever way indeed to impose unpleasent impression of the Koreans on the occupational forces. Moreover, the mob riot is reported to have

日本の狂気に筆を執って抗弁

筆者が東京のマッカーサー司令部の職員（DAC）「K. M. Chung」の名前で初めて投稿した文章、「コリアンのための抗弁」が載った英字新聞『ジャパン・タイムス』1951年3月28日付紙面。最近新聞社に要請し筆者に送られてきた当時の新聞だ。

激浪をかき分け初恋千代子と百年佳約

1951年7月20日、東京日本橋教会で文益煥牧師の主礼で筆者が夫人千代子と結婚式を挙げている。19歳の朝鮮人留学生と日本の下宿の家の娘が出会ってから5年ぶりに「初恋の純愛譜」を遂げた夫婦は、共に80歳を超えた今、昔のその場所で偕老同穴を期しながら暮らしている。

ソ連を抜かした「国連軍」——アメリカによる名義の盗用

1951年10月11日、板門店で開かれた休戦会談で、国連軍代表ジェームス・モーリー大佐（右中）と北朝鮮人民軍の張春山大佐（左）が、非武装地帯の南北分界線が引かれた地図を見ながら休戦線の境界を論議している。右側の一番後ろが、当時通訳官として会議に参加していた筆者鄭敬謨。

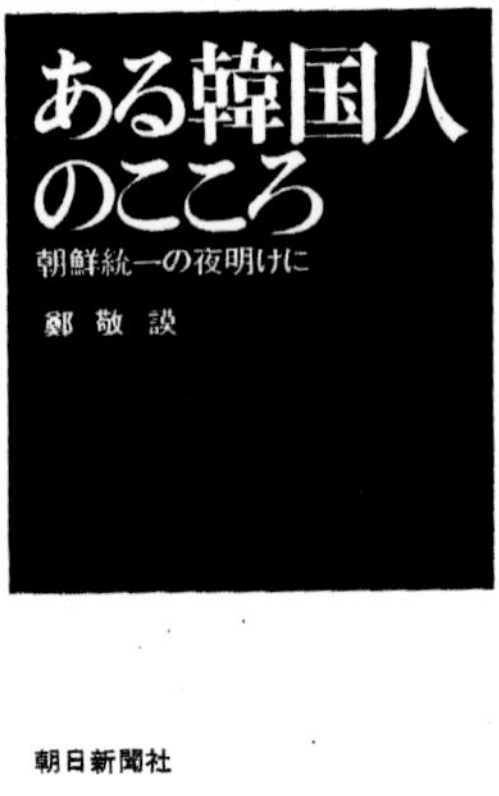

新聞社投稿で始めた文筆活動

ソウルでの流れ者のような生活をしていた14年目の1970年、日本の家族に元に戻り「亡命」生活に入った筆者は、翻訳で口に糊をしながら、「狂ったように」文章を書き、投稿を始めた。投稿文は不思議なくらい1度もボツにされることなく新聞に載せられた。72年9月、朝日新聞社出版部から出た筆者の初めての日本語の本『ある韓国人のこころ』はその最初の結実だ。

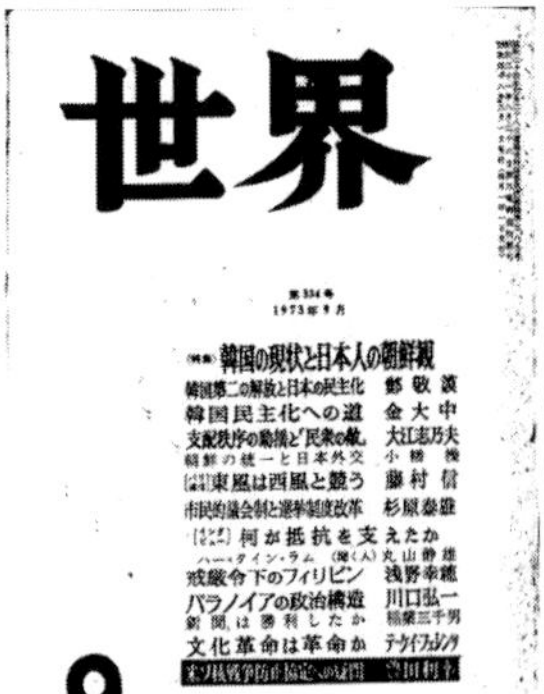

金大中との亡命者同士としての出会いと『世界』73年9月号

1972年10月17日、大統領朴正熙は国務会議で非常戒厳令を宣布し、いわゆる「維新憲法」制定を宣言した。その1週間前、日本に逃避した金大中氏は亡命客として日本の放送などに出演し、「維新独裁体制」を批判、かなりの波紋を投げかけた。左は1973年8月8日、「金大中拉致事件」が発生した日に販売された『世界』9月号の表紙。筆者の初めての寄稿文と共に、金大中―安江良介編集長の対談が載り、販売数が100万部を越え大きな反響を起こした。

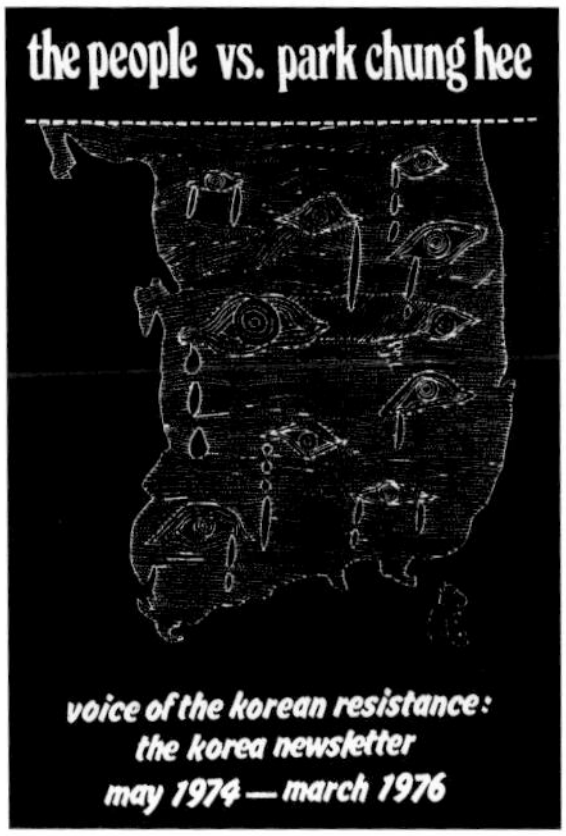

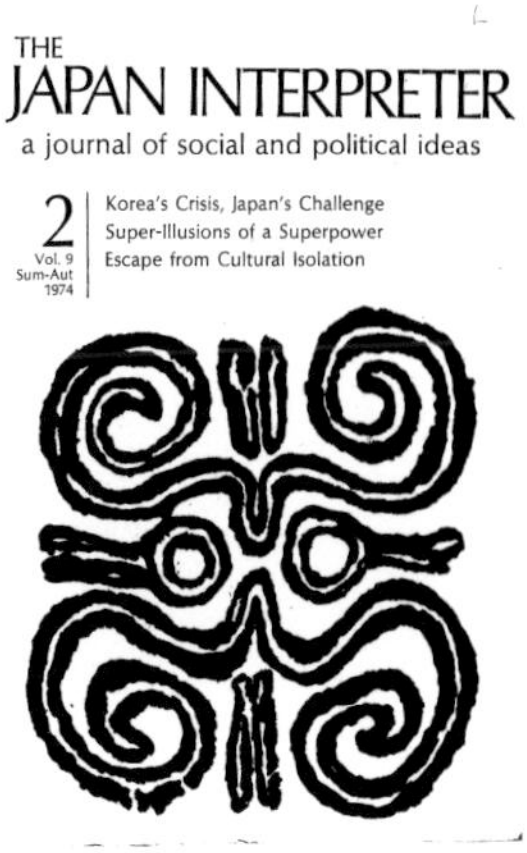

反独裁英文情報誌『コリア・ニュースレター』

筆者が韓民統の機関誌『民族時報』主筆をしていた頃、同時に発行していた英文情報誌『コリア・ニュースレター』(左)の影印本。1974年〜76年、39回にわたり隔週で1000部ずつ刷って東京の外交筋は勿論、アメリカの学会と議会にも送った。右は『世界』73年9月号に載った「韓国の第二の解放」を英訳して転載した『ジャパン・インタープリター』。

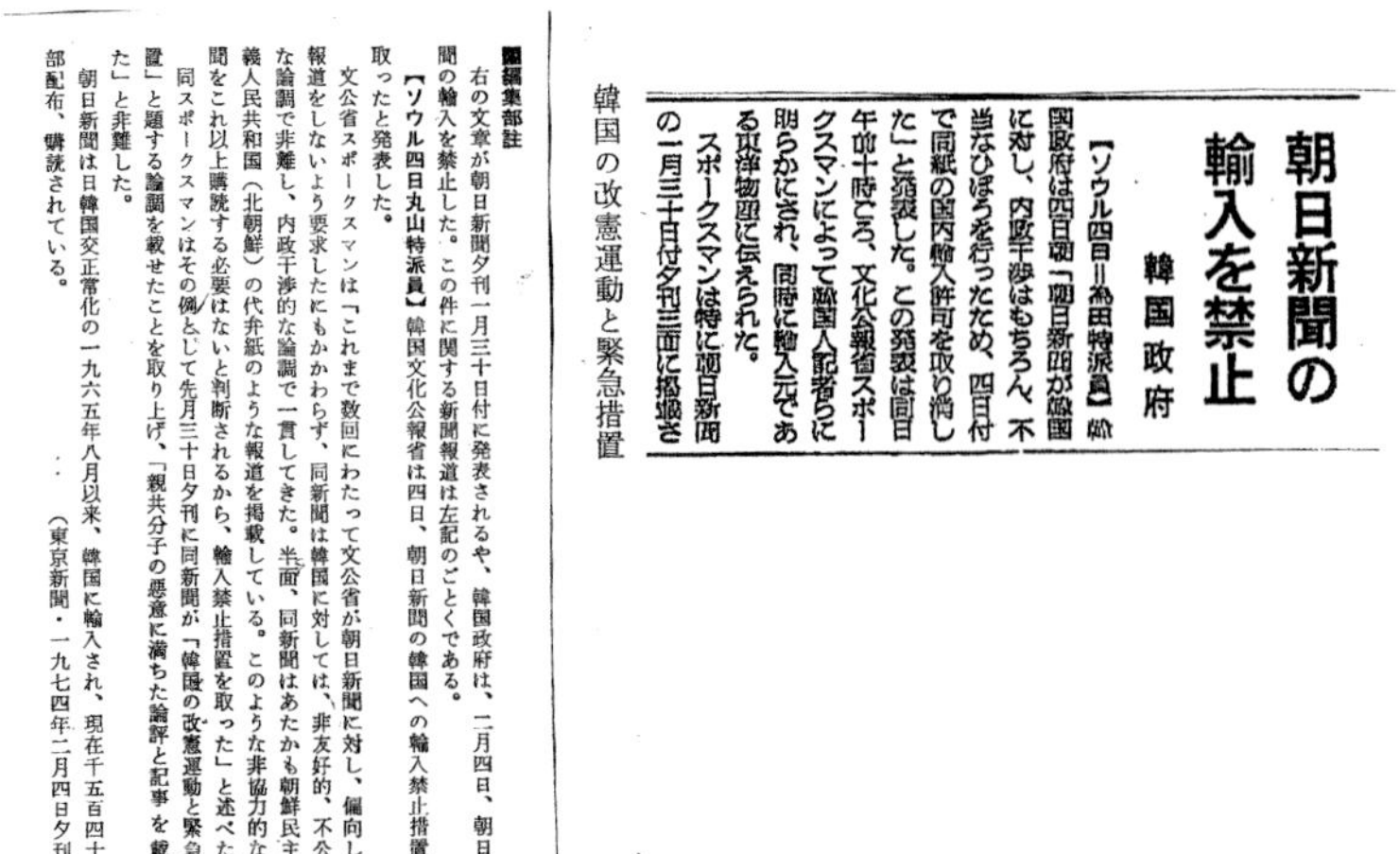

朝日新聞の輸入を禁止

韓国政府

【ソウル四日＝為田特派員】韓国政府は四日朝「朝日新聞が韓国に対し、内政干渉はもちろん、不当なひぼうを行ったため、四日付で同紙の国内輸入許可を取り消した」と発表した。この発表は同日午前十時ごろ、文化公報省スポークスマンによって韓国人記者らに明らかにされ、同時に輸入元である東洋物産に伝えられた。

スポークスマンは特に朝日新聞の一月三十日付夕刊三面に掲載さ

韓国の改憲運動と緊急措置

■編集部註

右の文章が朝日新聞夕刊一月三十日付に発表されるや、韓国政府は、二月四日、朝日新聞の輸入を禁止した。この件に関する新聞報道は左記のごとくである。

【ソウル四日丸山特派員】韓国文化公報省は四日、朝日新聞の韓国への輸入禁止措置を取ったと発表した。

文公省スポークスマンは「これまで数回にわたって文公省が朝日新聞に対し、偏向した報道をしないよう要求したにもかかわらず、同新聞は韓国に対しては、非友好的、不公正な論調で非難し、内政干渉的な論調で一貫してきた。半面、同新聞はあたかも朝鮮民主主義人民共和国（北朝鮮）の代弁紙のような報道を掲載している。このような非協力的な新聞をこれ以上購読する必要はないと判断されるから、輸入禁止措置を取った」と述べた。

同スポークスマンはその例として先月三十日夕刊に同新聞が「韓国の改憲運動と緊急措置」と題する論調を載せたことを取り上げ、「親共分子の悪意に満ちた論評と記事を載せた」と非難した。

朝日新聞は日韓国交正常化の一九六五年八月以来、韓国に輸入され、現在千五百四十四部配布、購読されている。

（東京新聞・一九七四年二月四日夕刊）

朴正煕の緊急措置と『朝日新聞』の輸入禁止

1974年2月4日『朝日新聞』が為田特派員のソウル発記事として韓国文化広報部が『朝日新聞』に対する輸入禁止措置を発表したという事実を伝えている。『朝日新聞』1月30日夕刊に載った筆者の文章、「韓国の改憲運動と緊急措置」を問題にしたという記事。

第158号 민족시보

対談 鄭敬謨（本紙主筆） 田英夫（参議院議員）

追放されるまで『民族時報』の主筆として活躍

韓民統の機関誌『民族時報』1976年5月1日付で筆者（左）と社会党参議院議員田英夫氏（右）の対談が載っている。筆者は73年裵東湖氏との縁で『民族時報』の編集に参与し、78年韓民統から追放される時まで主筆として活躍した。

韓民統서 엄중抗議

鄭敬模씨린치사건에

「お前はペンタゴンのスパイ」――韓民統の人民裁判

1978年5月、アメリカで発刊された『韓国新報』に載った、「鄭敬謨リンチ事件」という見出しの記事。金大中氏が組織した韓民統アメリカ本部議長のインタビューを通して、日本の韓民統本部が筆者を拉致して人民裁判をした仕打ちに抗議し、それを警告する総会決議の手紙を送ったという内容を紹介している。

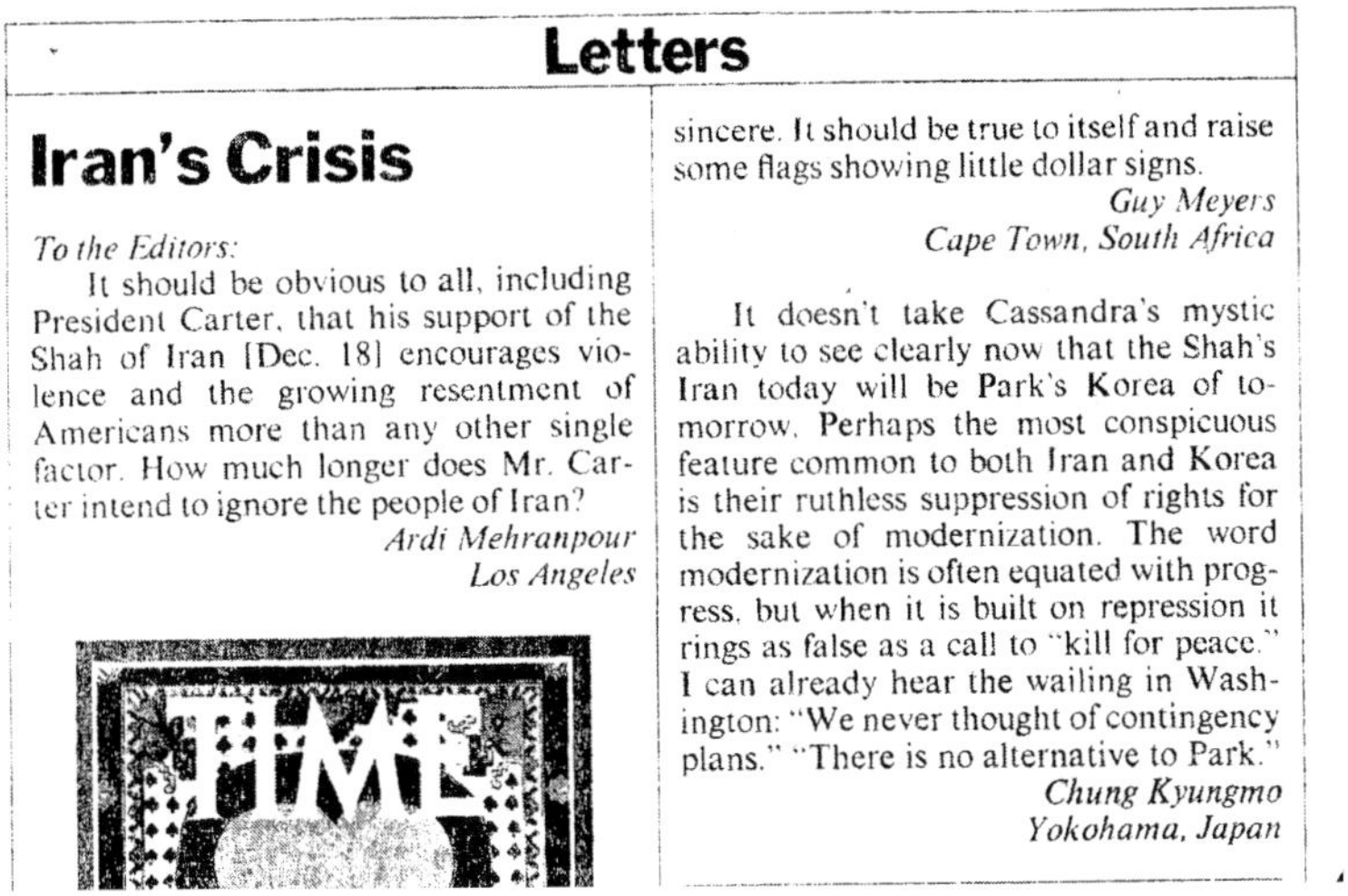

Letters

Iran's Crisis

To the Editors:

It should be obvious to all, including President Carter, that his support of the Shah of Iran [Dec. 18] encourages violence and the growing resentment of Americans more than any other single factor. How much longer does Mr. Carter intend to ignore the people of Iran?

Ardi Mehranpour
Los Angeles

... sincere. It should be true to itself and raise some flags showing little dollar signs.

Guy Meyers
Cape Town, South Africa

It doesn't take Cassandra's mystic ability to see clearly now that the Shah's Iran today will be Park's Korea of tomorrow. Perhaps the most conspicuous feature common to both Iran and Korea is their ruthless suppression of rights for the sake of modernization. The word modernization is often equated with progress, but when it is built on repression it rings as false as a call to "kill for peace." I can already hear the wailing in Washington: "We never thought of contingency plans." "There is no alternative to Park."

Chung Kyungmo
Yokohama, Japan

イランでの反米・反パーレビ蜂起が朴正煕の運命に及ぼす影響を予見

1978年12月に入り激しくなったイランの反米・反パーレビ国王の蜂起の事態を見守りながら、韓国の朴正煕独裁政権に及ぶべき影響と、アメリカの憂慮を予見した筆者の投稿が翌年1月8日『タイム』誌に載った。

尹伊桑、鄭敬謨、文益煥からなる反独裁三角編隊

1994年ドイツから日本を訪れた尹伊桑先生（右）と婦人李水子氏（後）と筆者。左の人物は文秉彦氏で、場所は文氏が経営していた大阪のホテル。

私塾「シアレヒム」の開設

韓民統から追放された後、1979年、私塾「シアレヒム」を開いた筆者は、81年から雑誌『シアレヒム』も出した。雑誌の第6号（1983年6月）に載せた呂運亨・金九・張俊河の「雲上経綸問答」は、86年に海賊版が出て、韓国国内でも大きな反響を呼んだ。

私塾生たちが翻訳した文牧師の獄中書簡

筆者の私塾「シアレヒム」で韓国語を習った日本人の塾生たちが1986年、文益煥牧師の獄中書簡集、『夢が訪れる夜明け』を翻訳して、日本語版を出したとき、『毎日新聞』がこれを記事に載せた。この本は、76年「3・1救国宣言事件」で捕まり、獄中生活をする間、文牧師が家族等に書いた682通の手紙をまとめたものだ。

民団も総連も参加した夢陽呂運亨追悼講演会

1985 年 7 月、夢陽呂運亨先生の 39 周忌を迎え、筆者が東京で開いた追悼講演会は久方ぶりに「民団」と「総連」が席を共にした意義深いものだった。

「アメリカを信じるな」――カミングスの助言

アメリカの代表的な韓国現代史の専門家ブルース・カミングスと筆者は 1980 年代初め『朝鮮戦争の起源』日本語版の翻訳をきっかけに知り合い、30 年近く友情をあたためてきた。90 年、筆者が東京で主催した「朝鮮戦争 40 周年」記念行事でカミングス教授が講演している。

「シアレヒム」を支えてくれた頼もしい同志、金弘茂氏

1990年7月、筆者が催したカミングス（右）とマコーマックの2人の教授を招請した出版記念会で、金弘茂氏が開会の辞を述べている。彼は81年、『シアレヒム』を読んで知り合いになった、筆者の最も頼もしい後援者で同志だ。

カミングス・マコーマックが我々に明らかにしてくれる歴史の真実

1990年7月、東京都内の学士会館でブルース・カミングスとギャバン・マコーマック教授を招請して筆者が準備した「朝鮮戦争勃発40年」記念講演会と2人の著作の日本語版出版記念式を終えた後、懇親会での姿。前列左から、マコーマック、1人置いて筆者、カミングス、尹伊桑、徐勝、和田春樹教授などが同席した。

平壌到着の声明文――「すべての統一は善である」

1989年3月25日、北側が差し向けた特別機に北京から乗った筆者（左）と文益煥牧師（右）が並んで座り、平壌に向かっている。2人はこの時、順安飛行場で内外の記者団に発表する到着声明を大急ぎで作成しなければならなかった。

「私は民族主義をしようと共産主義者になった」という金主席

1989年3月27日、平壌の主席宮で開かれた晩餐で、筆者と金日成主席が北朝鮮の特産品の白頭山黒豆酒で乾杯している。この席には文益煥牧師と、何日か前に到着していた黄皙暎氏も同席していた。

南北統一への第一歩としての4・2共同声明

1989年4月1日、文益煥牧師と筆者が、許淡秘書と呂燕九委員長を始めとする北側代表たちと差し向かいで「4・2共同声明」の草案を論議している。文牧師一行は次の日午後平壌を発つに先立って歴史的な声明文を発表した。

金主席一周忌の平壌訪問記

1995年7月8日、平壌の錦繡山記念宮殿で開かれた、金日成主席一周忌の追悼式に参席した筆者と文益煥牧師の夫人朴容吉長老が金正日委員長と挨拶している。朴長老は7月31日、板門店の軍事分界線を越えて帰還し連行された（右）。

ベルリンの壁崩壊の意味——ドイツ統一と朝鮮半島の統一

1989年11月末、ベルリンの壁崩壊の現場を直接目にしようとベルリンに飛んだ筆者。当時ドイツで亡命生活をしていた作家黄晳暎氏と崩れた壁の前で。

1997年9月15日　RYU 第26号

粒 RYU

第26号
1997年9月15日
シアレヒムの会
(一粒の力)
〒150 東京都渋谷区渋谷2-9-2
青山丸三ビル8F
TEL・FAX 03-3498-4020
発行責任者 金子 玲

내게 강같은 평화

〈目 次〉

独力で出版し続けた『シアレヒム』と『粒』

筆者は、日本で独力で雑誌『シアレヒム』とパンフレット『粒』を出し、40年の「亡命」生活に耐えた。1991年7月に創刊した16頁の刊行物『粒』は2004年8月の42号まで13年間、在日同胞は勿論、日本人の読者たちに朝鮮半島の問題に対する新しい認識を植え付けた。

日本の土になることを決意

筆者と夫人千代子がある年の正月に韓服を着て孫たちと。後列は長男鄭剛憲の娘と息子、前列は次男鄭雅英の子供たち。

「歴史の不寝番」としての生涯——「何も心残りはない」

横浜の自宅2階にある書斎で回顧録の執筆をしている筆者。この椅子に座ってまる2年間、原稿用紙2000枚に80余年の生涯を記録し、韓国『ハンギョレ新聞』に、2009年5月～12月、計145回にわたって連載された。

時代と歴史の不寝番《ねずのばん》——推薦の言葉

任在慶《イムジェギョン》
（元ハンギョレ新聞副社長）

すぐに忘却されてしまう現代史

アメリカ、ニューヨーク所在の大学「ニュースクール・フォァ・ソーシアル・リサーチ」（New School for Social Research）で実際に起こった信じがたい歴史に対する健忘症のことから話を説き起こしたい。

帝国主義の時代、アメリカ的価値観を喧伝することにより全世界の高等教育界を風靡していたコロンビア大学の厚顔無恥ぶりに抗議するという意味から、人間解放の旗幟を掲げ、第一次世界大戦が終わった一九一九年に設立された大学が上記のニュースクールである。

この大学は帝国主義に対して反旗を翻すと同時に、社会に対する知識人の参与を促すという特色を担い、ファシズムが公然と乱舞していたあの時代、トーマス・マン、バートランド・ラッセル、レヴィ＝ストロース、エーリッヒ・フロム等錚々たる人物が多数招かれて講壇に立ったのである。これら碩学たちの謦咳《けいがい》に接する機会に恵まれた若い学生たちは、たとえ消極的ではあるにせよ自らが社会正義を実現する道にすでに一歩踏み込んでいるという自負心を持って然るべきだったのではあるまいか。ところが不幸なことには、このニュースクールの学生たちと言えども、健忘症という人間の宿痾からは自由ではなかったらしい。

イギリスの進歩的歴史学者エリック・ホブズボームが一九九〇年代の半ば頃この大学の招聘教授として招かれた一学期の間、現代史の講義を担当しながら二時間近く、ベトナム戦争がアメリカの社会に及ぼした悲惨な結果について彼特有の実証的事例を挙げながら説明を進めていくと、一人の学生が訝しげな顔で手をあげたのである。「今おっしゃっているベトナム戦争とは何世紀のベトナム戦争を指しているのですか」というのが学生の質問であった。一九九〇年代の半ば頃と言えばアメリカがベトナムで敗北を喫し、サイゴンからの撤退を余儀なくされてから二〇年しか経っていない時点ではないのか。

わずか二〇年前のことをその学生が二〇〇年前のことのように錯覚していたとすれば思春期にありがちな蒙昧さの特権として赦されてもよいだろうか。

まさに戦争国家とも言うべきアメリカはキューバ、ソマリア、グァテマラ、チリ、ギリシャ、コソボ、ニカラグア、グレナダ、パナマ、スーダン、レバノン、イラク、各地で戦争を起こしながら一度も敗れたことのない常勝の帝国である。この常勝の帝国がベトナムでは屈辱的な敗退を喫したのであるが、この戦争を二世紀前のむかしのことのように思っていたとすれば、ニュースクールの学生としては失格であるとはいえ、我々はその失格を他人事のように笑って見過ごすことができるであろうか？

いま韓国で名門大学の中でも首位に指折られているソウル大学の学生の中に、ソウルの全市が催涙弾の煙で覆われていた「六月民衆抗争」（一九八七年）のことを、植民地時代、例えば三・一独立運動（一九一九年）前後のある時期に起こった事件ぐらいに錯覚している者は果たしていないだろうか。いないと断言してよいのだろうか。とりわけ中高校における現代史の教育が粗忽に取り扱われているのが常例である現実を考えれば、ソウル大とニュースクールとの間に果たしてどれくらいの差があるのか疑いは深まるばかりである。

いずれの時代においてもその日その日の糧を得ることに没頭しがちな人びとに対して、当面の課題から離れて歴史に関心を持つよう期待するのは無理な要求かもしれない。しかしながら現在と未来における我々の生き方を規定する社会関係を解明する力が歴史であるとするならば、平和と進歩を希求する知識人として、断片的な知識の蓄積にとどまることなく、過ぎ去った過去の記憶を蘇らせる努力を一日たりとも怠ることがあってはなるまいと切に私は思う。とはいえ現代を生きながら現代史の重要な節目節目を正しく記憶し、理解せんとする努力は思うほど容易なことではない。それは小学校から大学に至るまでの各級学校の歴史教科書の類が偏見に満ちていて教えるべき歴史的事実を意図的に脱落させるか歪曲するばかりでなく、歴史を教える教師自身が歴史を正しく見つめるだけの識見と勇気に欠けている場合が多いことを思い合わせると、歴史を正しく理解することの難しさを痛感せざるを得ない。あまつさえ韓国の教育が上級学校への進学のための入試にのみ関心を集中させ、近現代史は学ばなくてもよい科目として蔑にされている痼疾的な疲弊が問題をより難しくさせているのだ。

光州を血に染めた「五・一八市民虐殺」をテーマにして製作され、数百万の観客を動員させるのに成功した映画が「華麗なる休暇」であるが、大邱《テグ》出身のこの映画の監督金芝勲《キムジフン》は、自分が中学校の時に起こったこの血なまぐさい惨劇を、映画製作に取りかかるまで全く知らなかったと告白している。これは彼の過ちであったのではなく、新聞や放送のマスメディアがその惨劇を報道しなかったのみならず、知っていたはずの学校の教師たちもがそのことについて口をつぐんでいたからであったのだ。これは他人のことでなく、文科系大学に学び、卒業後メジャーと呼ばれている大新聞社でジャーナリストとして勤めていた私でありながら、一九〇五年ポーツマス条約の前夜、アメリカと日本が相互の帝国主義的野望のために、朝鮮に対する日本の植民地支配を互いが予め認め合ったという、いわゆるタフト―桂密約のことを、記者生活を始めてから何年も経ってから外国の書籍を通じて初めて知ったということを今ここで告白したいと思う。忸怩たる思いをどうすることもできない。

現代史の数々の現場を経験した鄭敬謨

夜間敵兵の侵入を防ぐための兵営での不寝番は、味方全体の安全を守るために不可欠の存在であるが、歴史が闇の中にある時代の不寝番は社会全体の精神的健康を維持するために欠くべからざる存在である。兵営の不寝番は交代勤務であって一定の時間哨所での務めを終えればそれで事足りるのであるが、歴史の不寝番は交代が許されない終生の任務である。終生の任務と言えばキリスト教で言う「召命」に近い意味の言葉であり、マックス・ウェーバーが言ったドイツ語のベルーフ（Beruf）がこれに当たるのであろうか。

「歴史の不寝番」はその数が多ければ多いほど好ましいのであろうが、しかし残念なことに我々が生きた当代においては「歴史の不寝番」は極々稀な存在でしかなかった。人間としての基本権が踏みにじられた期間が数十年に及んでいた我々の時代に、歴史の不寝番の任務を遂行するのは容易なことではなく、諸々の制約を受けざるをえなかったからである。国内においては歴史の不寝番としての任務がほとんど不可能であった時代、その任務を国外に逃れて苦難を忍びながら遂行した人が鄭敬謨《チョンギョンモ》である。

敬虔なプロテスタントの家庭に生まれ育った鄭敬謨は明敏な自然科学徒でもあるが、彼は十代の末から三十代の初年に至る二十数年の間、日本留学、アメリカ留学、そして朝鮮戦争の最中マッカーサー司令部であるGHQの職員として板門店《パンムンジョム》における休戦会談への参加等、様々な経験を経ながら、我々の現代史における重要な現場を目撃したという特異な経験の持ち主である。歴史の不寝番として予め運命づけられたかのように、彼は「その時、その場にいた」という一種の幸運に恵まれていたのだ。

とはいえ歴史の不寝番とは苦難に満ちた重い任務を担わされた者である。兵営での不寝番は私の兵役服務の経験を通して知る限り、定められた規則に則った単純な行為の反復でしかない。例えば「停止！　手を上げろ！　暗号は？」を叫び、小銃の安全装置を外す動作で任務は完結される。しかし歴史の不寝番の場合はどうか。

ジャーナリスト、専門家、行動家――三つの顔を併せ持つ不寝番

ジャーナリストとして綿密に観察し報告しうる能力、専門家としての冷徹な分析と判断の能力、そして真実を糾明し正義の実現のために立ちあがる行動者としての勇気、この三つの徳目は歴史の不寝番に要求される基本的な資質である。また観察の対象が目に映る前方のものに局限されては歴史の不寝番としては失格である。うっかり見過ごしてしまった過去の瑣末なことでも、今の時点に立って改めて反芻する記憶のフィードバック、この作業は絶え間なく繰り返されなくてはならない。この故に観察の視野は目の前の一八〇度のみでなく、前と後ろの三六〇度のすべてに拡められなくてはならない。『史記』を書いた司馬遷をもし歴史の不寝番であったと称するならば、彼はこのような視野で歴史を見据えた歴史家であったと言えよう。

韓国の民主化と南北の平和統一を目標として結成されたという日本の「韓民統」という組織は、いっとき鄭敬謨自身熱をこめてその活動に参加した組織であるが、読めば読むほど胸がむかついてくるそのおぞましい内部の様相は、創設者が創設者であるだけに（金大中《キムデジュン》）、その掲げた看板が看板であるだけに（韓国民主回復統一促進国民会議）、それを暴き実態を糾明した決断は、歴史の不寝番としての当然の責務であっただろう。

次に観察し報告する者としての立場と、立ち上がって行動する活動家としての立場を両立させるということは、殊に韓国という国の状況の中では命を懸けるほどの勇気を要する困難な課題であるのを指摘したい。主権在民の原理が内部勢力によって、または外部勢力によって脅威にさらされることなく、国民の基本権がある程度保障されている国ならば、観察して報告し、そしてその情報を分析する作業は言論機関が担うべき分野の作業である。そしてそれを土台にして社会の改善と進歩に資する事業は国民によって選ばれた議会の役割であって、仕事は分業的になされるであろう。

ところが国民主権が源泉的に閉塞されている状況においては、観察し報告する義務を担う者が、同時に活動家として行動を起こすということは至難の業であって、このことは朴正熙《パクチョンヒ》―全斗煥《チョンドゥファン》による軍事政権の時代を通じて、社会正義のために立ち上がったばかりに新聞社を追われた解職記者たち、教壇を追われた教師たち、教会への立ち入りをさえ禁止されていた牧師たちの受難を思えば、私の言うことの意味はすぐ理解することができよう。

そのことを思い返せば「六月民衆抗争」（一九八七年）の直後であった一九八九年、国内における民主化運動の先頭に立っていた文益煥《ムンイクファン》牧師を説得して共に平壌《ピョンヤン》を訪れ、南北共同声明に先鞭を加え（四・二共同声明)、その一一年後の二〇〇〇年「六・一五南北共同声明」への道を拓いた偉業は末永く記憶されるべき統一運動上のランドマークであって、これは歴史の不寝番としての分断時代を生きた一知性人鄭敬謨のほとんど独力で築きあげた金字塔ともいうべき成果であった。

一九二四年生まれの鄭敬謨はこの自叙伝を書き終えた今年、数えでは八十七歳の超高齢であるが、生まれ育った故郷ソウルを離れて以来四〇年間、再びその地を踏むことが許されないままである。専制君主時代を生きながら大逆の罪を犯して流配の処分を受けたのでもない限り、現代を生きている彼に課せられたこの苛酷な処分はあまりにも非人間的、非文明的な虐待ではなかろうか。

私はここで法律論的な是非をあげつらうつもりはないが、このことに関連してジャーナリストとして自分が経験した一つのエピソードを世に知らせておきたいと思う。

二〇〇二年六月、金大中《キムデジュン》大統領の在任最後の年の「六月民衆抗争」記念日の日、在野の民主化運動のリーダー三〇名ばかりが青瓦台《チョンワデ》に招かれて昼食をともにしたことがあった。楕円形の大きな食卓を囲んで座を占めた招請客たちは順番に発言の機会が与えられ、私はそのとき軍事独裁の時代、永い間海外で民主化運動に携わっていた代表的な人物を何人か招き、労をねぎらう機会を持たれては、と言葉を選びながら大統領に申し上げたのである。大統領は誰を招くべきかと問われるので、差しあたって日本にいる鄭敬謨、アメリカにいる崔基一《チェキイル》(元ウースター大学教授・いまは故人)、そしてフランスにいる鄭聖培《チョンソンベ》(パリ大学教授・現在ソウルで闘病中)の三人の名を挙げた。

金大統領はその間、国政の忙しさにかまけてお招きする機会を設けることができなかったことを遺憾に思うと言ってから、「八・一五の記念日には必ずお招きしたい」と応じられた。しかし公開の場でなされた大統領のこの約束がはたされることはなかった。

二〇一〇年六月

鄭敬謨先生と私

黄《ファン》皙《ソ》暎《ギョン》
（作家）

「危険な人物だから会うな」――日本で初めて出会った謎の人物

袋の中のネズミのように暮らしていた私が、突然韓国から解き放され外の世界の空気を吸えるようになったのは、光州市民虐殺の惨事があってから五年後の一九八五年のことであった。

その年の初め頃から何人かの友人たちが秘密裏に集合を重ね、一九八〇年五月の光州で実際にどのような惨事が繰り広げられたのか具体的に調べ上げてこれを一冊の本にまとめ、酸鼻を極めたそのときの実態について何も知らされない国内の人々にも、また全世界の人々にも知らせようとする計画を進めていたのである。

まず幾つかのチームを組んで虐殺の現場に居合わせていた約二〇〇人から目撃談を収録し、これを事件発生の時間と場所ごとに整理した上、その結果を一冊の単行本として世に問うたのが『死を超えて、時代の闇を超えて』と題された報告書であった。もちろんこの報告書に対するすべての責任は記録を再編成して文章化した私、黄《ファン》皙《ソ》暎《ギョン》が負うことにしたのである。記録が製本される前のゲラの段階ですでにかなりの量が大学街に配布されていて、単行本として世に出された時点ではもう激昂した各大学の学生代表者たちはアメリカの文化院（ＵＳＩＳ）を占拠し籠城に入っていたのである。

地下ルートを通しての本の配布が始まるや出版社の社長は即刻逮捕され、数万部の本が配布された頃、私は潜伏先でつかまり警察に連行された。ところが公安当局は私を裁判にかけることをためらっていたのである。正式に裁判が始まるとなると光州惨劇の全貌が満天下に暴露されるのを恐れていたからであった。ちょうどその頃私はベルリンで開催が予定されていた「第三世界作家大会」に招かれていたということがあって、公安当局は厄介払いをかね、むしろ私をベルリンでの集会を口実に一時国外に出しておいた方がよいと判断したらしい。

話が長くなったが、そのような状況で私は「起訴猶予」の特権を与えられ、一年期限の旅券とともに国外への一時的な追放が許されたわけだ。私はまずヨーロッパとアメリカを経由して日本に足を踏み入れたのであるが、そこで初めて鄭敬謨という謎の人物に出会ったのである。

私は日本に到着するや否や講演会を通じて公開的に光州における市民虐殺の実態を明らかにする一方、文化運動の団体を組織し、マダンクッのような伝統芸能の出しものを芝居小屋で公演するなど、恐らく韓国の公安当局が予想もしなかったであろう多彩な運動を展開した。

しかし日本はいわば罠が仕掛けられている危険地帯であって、ここを拠点とする「間諜団事件」のようなものをでっち上げるにはもってこいの場所である。にもかかわらず、と言うよりはむしろその故にこそ私は右であれ左であれ訪ねてくる人との接触をためらわなかった。日本の知識人の中に多くの友人を得たのもこの時である。ところが『ある韓国人のこころ』という著書（朝日新聞社刊）を通じて名前を知り、是非日本で会いたいと思っていた鄭敬謨という人物は私の前に姿をあらわさなかった。訪ねてきた人の中には私が訊きもしないのに鄭敬謨の名前を挙げ「危険な人物だから会うな」と忠告してくれる人もいた。「民主化運動をやっている別の組織と軋轢ばかり起こしている問題の人物だ」という人もいた。前者は右側（韓国民団）の人であり、後者は左側（朝鮮総連）の人であったが、中には「妥協を知らない原則の人であり、南北いずれからも独立している信頼してよい運動家だ」という評価もあった。

このような状況の中で、もし彼が姿を現してくれないのなら、私の方から出向いていこうと思うようになった。そう思う理由の一つは、私が前年（一九八四年）書き終え出版されていた全一〇巻の大河小説『張吉山《チャンギルサン》』の日本語版の出版のことが念頭にあったのは確かであっただろう。起伏の激しいあの小説の歴史の筋を完全に理解し、それを文学レベルの日本語に訳しうる能力の持ち主は鄭敬謨氏のほかにいないということがだんだん分かってきたからでもあったのだ。

「知識人」に対するサイードの定義がそのままあてはまる人物

鄭敬謨がいかなる人物であり、どのような人生の路を歩んできたかは、この自叙伝が明らかにしてくれると思うが、その後の長い付き合いから私が得た結論を先に述べるとすれば、彼は「知識人」に対するエドワード・サイードの定義がそのままあてはまる人物である。

サイードは言った。「知識人とは亡命者として周辺的存在であり、さらには権力に対して真実を語ろうとする言葉の使い手である」と。

話を元に戻すことになるが、私は自分の方から出向いて、彼が「韓民統」と決別したあと開いた私塾「シアレヒム」事務所の門を叩くことにした。渋谷所在の「シアレヒム」まで私を案内してくれたのは、あとで『ハンギョレ新聞』の東京支局長を務めることになる李柱益《イジュイク》君だったと記憶している。

そのとき全くの初対面であったものの鄭先生と私は一〇年の知己のようにいろいろなことを語り合った。鄭先生はまず自分の方から姿を見せることをしなかったのは、ご自身が韓国政府から敵視されている状況にあり、私に会うのは私の身の安全のために避けたということであり、これはある程度私が予想していたとおりである。鄭先生に会って直ちに感じえたことは、もと自然科学を目指したサイエンティストでありながら、文学や芸術に関して並々ならぬ造詣を有する高い教養のヒューマニストであるという事実であった。話題はついに『張吉山《チャンギルサン》』にまで及んだのであるが、先生は既に『張吉山《チャンギルサン》』全一〇巻を読了しておられ、仕事を終えてからご自宅のある日吉までの電車（東横線）の中の三〇分ばかりの間、小説に没頭した揚句、日吉の駅を何回も何回も乗り過ごしてしまったということを笑い話のようにして話された。

例えばヨーロッパにはロビンフッドの説話が昔から伝わっているではないか。一〇六六年ドーヴァー海峡を渡ってイギリスを征服したノルマン王朝の軍勢に抗し、虐げられた土着のアングロサクソンの農民たちのためにシャーウッドの森に隠れて神出鬼没の抵抗を試みるロビンフッドの物語がそれである。中国には世の中にはびこっている不正を座視しえず、宋江ら梁山泊に結集した一〇八名の豪傑が官権に抗して闘う水滸伝の物語があって、これら伝承されてきた説話はすべて悪しき権力に対抗して虐げられた民衆のために己の命を賭ける義賊、つまりイギリスの社会学者ホブズボームの言う「高尚なる山賊（ノーブル・バンデイト）」の物語である。日本の伝統芸能歌舞伎には盗みが巧みな盗賊が現れる場面があるが、しかし「高尚な山賊」義賊の物語は存在しないという。それに気付いたちょうど同じ頃、鄭先生は『張吉山《チャンギルサン》』に出会われたという。非人階級の広大《クァンデ》（旅芸人）である張吉山《チャンギルサン》が、群盗—潜行—逆謀への道をたどりながら、遂に王権との対決に至るこの義賊（高尚なる山賊）の物語には一読三嘆の思いを禁じ得なかったと鄭敬謨先生は言うのだった。この時の出会いで、鄭敬謨先生による日本語版『張吉山《チャンギルサン》』の話はごく自然な形で一気にまとまったわけである〔邦訳、藤原書店近刊〕。

不思議な因縁であるが、私が幼い頃住んでいた砂村《モレンマル》の家は鄭先生のお父さまが建設された営団住宅の一つであり、解放後、北から南に移った両親が定着したのがその営団住宅であったのだ。だから私は鄭先生一家が通われただろう赤い煉瓦造りの教会堂を知っており、鄭先生のためにお父さまが建てられたという教会付属の幼稚園に私も通いながら、あの辺りでは唯一ブランコやすべり台とかが備わっている子供たちの遊び場で私も遊んだのであった。話が進むにつれ、腕白小僧の頃の私の遊び場であった汝矣島《ヨイド》の飛行場だとか、その前の怪物岩《もののけいわ》だとか、米軍が道路工事のため破壊してしまった美しい仙遊峯《ソニュボン》の岩山は言うまでもなく、遠くから眺められた北岳《ブガク》や仁旺山《イヌァンサン》、そして西の方、金浦平野に沈む夕日のことを鄭先生はよく覚えていらした。

日本滞在中私が得た最大の収穫は鄭敬謨先生にお会いすることができた幸運である。

八九年の歴史的な平壌訪問と「四・二南北共同声明」

話をはしょり一九八九年一一月ベルリンの壁が崩壊したときのことに触れよう。その時私は亡命者としてベルリンに滞在していたのであるが、突然日本における亡命者である鄭敬謨先生が私を尋ねて来られ、一緒に崩れ去ったベルリンの壁を見て廻った。同じ年の四月、私は文益煥《ムンイクファン》牧師と鄭敬謨先生の一行とほぼ同じ時に平壌《ピョンヤン》を訪れ、あの歴史的な「四・二南北共同声明」が文益煥《ムンイクファン》牧師によって読み上げられる光景を現場で目撃したのだ。その罪で私は本国に帰ることができずベルリンに滞在していたというわけである。

一九八九年という年は歴史の転換点となった不思議な年であって、六月には天安門事件が起こったかと思うと、八月にはポーランドの社会主義政権が倒れ、ついにはベルリンの壁が崩れて東西を隔てていた鉄のカーテンが消滅するきっかけとなったのがその年であった。

鄭敬謨先生はご自身が一役演じた「四・二南北共同声明」がこれらの事態とどう絡み合うことになるのか、それを考えるよすがをもとめてベルリンにいる私を訪ねて来られたのである。

ベルリンで鄭先生は同胞社会の若い人たちとも交流し、また私の知り合いであったドイツ人作家グループとも話し合う機会を持たれたが、鄭先生は英語をほとんど自分たちの母語のようにしゃべるドイツの知識層を前に、彼らを圧倒する流暢な英語で話された。同胞《はらから》たちとの交流の場では幼い頃の教会の聖歌隊で鍛えた美声のテノールでシューベルトのドイツ歌曲を原語で歌いこなすなど、人間味豊かな魅力を発揮して皆を楽しませてくださった。もし先生が小賢しく生きる道を選んだとすれば十分華やかな表舞台で活躍する生涯を過ごしえたはずである。しかし先生は選択の度ごとに権力との妥協を拒み、自らの知性と良心の命ずるまま舞台裏の存在として本日に至っている。

鄭敬謨先生は四〇年に及ぶ亡命生活中、左右両翼からの攻撃に堪え、自らの言う「奪うべからざる匹夫の志」を貫いたということで、いま既に韓国では伝説的な人物となっているが、あるいはこの人物は過酷な韓国現代史が産んだ「高尚なる山賊」であって、生きているもう一人の「張吉山《チャンギルサン》」ではあるまいか。私はそう思うことがあるのだ。

歴史の不寝番／目次

第2章　「解放軍」がもたらした戦争　73

第5章　私塾「シアレヒム（一粒の力）」の開設　239

第6章　アメリカと日本の本質を問う　273

第9章　私は元々民族主義者ではないか　413

第10章　何も心残りはない　455

歴史の不寝番——

「亡命」韓国人の回想録

はしがき

この自叙伝の連載が終わりかけていた頃のある日、連載の担当であった『ハンギョレ新聞』の金景愛《キムキョンエ》記者と、永い間、莫逆の友として親交を深めてきた作家の黄晳暎《ファンソギョン》氏が、亡命者としてひっそりと暮らしている日吉村の侘住まいを訪ねて来たことがありました。黄晳暎《ファンソギョン》氏は以前から私に対し、広い表通りを歩きながら豊かな暮らしを手にし、これ見よがしの出世もする「昼間部」からは外れて、いつも人生の裏街道を自分で選んで歩いてきた「夜間部」ではないかと、よく減らず口の冗談を叩いたりする人でしたが、その時もまた私に訊くのでした。「昼間部」に対して羨望のようなものが無かったかと。私は改めて、羨望の類は無かったのであり、無かったことがむしろ誇らしいと率直に胸の中を明かしながら、この思いは決してイソップ物語の中の「酸っぱい葡萄」ではないということもつけ加えました。

金景愛《キムキョンエ》記者も問い質すように尋ねるのでした。「富貴や栄達にはまるで関心がなかったかの如く、一生を白面書生の亡命者として過ごしてきたが、悔いはないのか」と。私は笑みを浮かべ彼女に告げたのでした、「悔いは無い」と。恐らく私は初めからそう心がけながら生きてきたわけではないながら、期せずして自らの生涯は白凡金九《ベクボムキムグ》先生、夢陽呂運亨《モンヤンヨウンヒョン》先生、そして張俊河《チャンジュナ》先生、文益煥《ムンイクファン》牧師の生涯と運命的に絡み合っているのですが、これらの先達はすべて人生の裏街道を歩みながら、しかも不遇のうちに非業の死を遂げられた方々であり、誰一人個人的には平穏で安楽な「昼間部」の生涯を楽しまれた方はおられませんでした。

私が奇《く》すしき縁《えにし》の故にこれらの方々の歩まれた茨の道を後から追いながら歩んできたのが事実であるならば、私に何を悔い何を恨むべき理由がありえましょうか。

歴史を振り返れば、世間とは縁を切り堪えがたい孤高の道を選んだ人物が無くはありませんでした。殷の国が滅びるや、これを嘆き首陽山に身を隠したうえ、野に生える蕨で飢えを凌ぎながら餓死した伯夷《はくい》、叔斉《しゅくせい》のような人もおり、堕落した晋の国風の卑俗さを嫌い竹林の中の隠棲に心の安らぎを求めた処士たちも居なくはありませんでした。

わが国においても科挙に応試した白日場《ペギルジャン》において群に抜きんでる優れた文材を発揮することにより壮元（首席）及第の栄誉を獲得しながらも、奇妙なことに自分の提出した詩文は実は洪景来乱のとき（一八一一年）、あえなく乱軍に屈服し、国王を辱めた罪を問われて斬刑に処せられた己の祖父を弾劾するものであったのをあとから知ることとなり、これを悲観するあまり家族とも縁を切ったあと、すげ笠をかぶり竹の杖をついた姿で流浪のあげく、客死で生涯を閉じた「すげ笠のキム」（金柄淵《キムビョンヨン》）のような奇人も無くはありませんでした。

しかしながら私は自らが選んだ裏街道を歩み続けた「夜間部」だとはいえ、一度たりとも世の中に壁を築き、これと縁を切って生きたことはありませんでした。所詮は迫り来る轍の車輪に歯向かった蟷螂の斧だったかも知れません。しかし身を引きちぎられながらも自分なりには激しく闘ってきた一生であったのですが、考えてみれば夢陽《モンヤン》、白凡《ペクポム》、張俊河《チャンジュナ》、そして文益煥《ムンイクファン》ら、私が心から尊敬し私淑してきた方々は世の中とは熾烈な戦いを演じながら生涯を終えた方たちであって、自らが壁を築いて世の中との縁を切った方々ではありませんでした。

終わりに私自身のことになりますが、三軍の帥《すい》は奪うべし、されども匹夫の志は奪うべからず、という言葉があるではありませんか（論語）。いかに名もない一介の匹夫とはいえ、私は言うなればその「奪うべからず匹夫の志」の故にいま異国の地の亡命者として生を終えようとしているのですけれども、繰り返しになりますが、私はかく生きるべくして生きたという思いだけで、自らの生涯に対しては悔いはありません。

二〇一〇年八月三一日

鄭敬謨

第1章

私は小さな鳳仙花の種

鳳仙花の種が黒い土に埋もれるわけは

いま（二〇一〇年）私の齢は八十六、超高齢の私が命を授かり世に生まれたのは一九二四年でありますが、その五年前の一九一九年には廃帝高宗の大喪の日（三月一日）を期して朝鮮全土の民衆が立ち上がり、「独立万歳」を叫んだ己未独立運動が発生した年であったのです。高宗はその后である閔妃（明成皇后）を日本公使三浦悟郎の一味によって宮中で惨殺されたうえに（一八九五年八月）、高宗自身日本人によって毒殺されたという噂が拡まっていたことから、全国津々浦々の民衆が激昂し、反日独立の声を上げるに至ったというわけです。その五年後には日本人中学生と朝鮮人中学生の間の他愛もない諍いがきっかけとなり、燻っていた朝鮮人の反日感情が再び燃えさかった、いわゆる光州学生義挙（一九二九年一一月）があったというわけで、私が生まれたときは抗日民族主義の思想が澎湃と湧き起こり、朝鮮人全体の心情が激しく揺さぶられていた頃だったと言えましょう。

そのような民族主義思想は、幼い子供たちをきちんと育て上げなくてはならないという考えとして表出し、このような思潮の表現の一つが幼稚園を作る運動へと広がっていったのではないかと考えられるのです。私もそのお陰で六歳の時に父が、いわば私のために建ててくれた幼稚園に入り、保母先生が弾く足踏みオルガンに合わせて幼な友だちと一緒に歌を歌い、当時「律動」（ユルトン）といっていた、子供たちの可愛いしぐさの踊りを踊ったりしたものでした。

そのとき教わった歌の一つが「鳳仙花の種」だったのですが、どういうわけか八〇年前もの昔に歌ったその歌が生き生きと記憶に蘇り、それを歌った時の思い出が涙が出るほど懐かしいのです。誰の作詞で誰の作曲だったのか今となっては知るよしもありませんが、歌の歌詞は次のようなものでした。

(歌詞)
私は小さな鳳仙花の種／黒い身一つではじき出され／暗い土の中に埋もれるのは／春がきて芽吹くときを待つため

父が私のために建ててくれた幼稚園は永登浦《ヨンドゥンポ》の興化《フンファ》幼稚園だったのですが、手ずから太い筆を取り丸い看板に字を書いて、それを幼稚園の瓦屋根の下にはめ込んでいた父の姿が今もはっきりと目に浮かぶのです。父はその時、地方の開拓教会の仕事を辞めて、その教会の長老を務めていたときでありました。歳が幼いせいもあったでしょうけれども、その幼稚園の名前がなぜ「興化《フンファ》」だったのか父が私に告げてくれたこともなく、その後長い間その由来を知らないまま歳月を送ってきたのですが、朝鮮が日本の侵略に遭いその手中に転がり落ちた乙巳条約の時（一九〇五年）、割腹自殺でこれに抗議した高宗の侍従、武官長、忠正公閔泳煥《ミンヨンファン》先生が生前民族主義の鼓吹のために私財をはたいてお作りになった学校の名前が「興化学校」だったのです。あとで分かったことですが、この学校で学んだ人の中には私が尊敬して已まない夢陽《モンヤン》呂運亨《ヨウンヒョン》先生がおられ、ミッションスクールであった培材学堂に在学中、何かのことで西洋人宣教師と仲たがいをし、興化学校に籍を移したということが記録に残されているのです。

とにかくその頃、自分の息子のために幼稚園まで作ってくれたという人が、父の他に果たしていただろうかと思いながら歳を重ねてきたのですが、最近になって民族運動の著名なリーダー李泳禧《イヨンヒ》先生の自叙伝『対話』（ハンギル社、二〇〇五年）を読みながら、片や驚き、片や感動を抑えることができませんでした。私より五つ年下の李先生（一九二九年生）も幼いとき幼稚園に通われましたその幼稚園は一九七五年薬師《ヤクサ》峰《ボン》に登山に行ったきり疑惑の死を遂げられた張俊河《チャンジュナ》先生が通われた所であり、張俊河《チャンジュナ》先生の父上張錫《チャンソ》仁《ギン》牧師が息子のために自らお作りになった幼稚園であったというのです。

張俊河《チャンジュナ》先生が生まれ育った故郷は平安北道朔州《ピョンアンブクトサッチュ》郡大館洞で、一方私が生まれ育った所は今はソウルのど真ん中になってしまった京畿道始興郡永登浦《ヨンドゥンポ》面でしたが、ああその頃、張錫仁《チャンソギン》牧師や私の父鄭寅煥《チョンインファン》長老は、たとえ互いに遠く離れていたとはいえ同じ志を抱いて生きられた人々だったのだなと、深く思い知らされる所がありました。

張俊河《チャンジュナ》先生は私より六歳年上で（一九一八年生）、私が亡命以前本国にいる間、敢えてお会いしてご挨拶を申し上げたことはなかったのですが、ほとんど同じ頃、同じ志で建てられた幼稚園に通われたのならば、「春がきて芽吹くときを待ちながら鳳仙花の種は黒い土の中に埋もれなければならない」というその歌を歌われたのではあるまいか。張俊河《チャンジュナ》先生が朴正熙《パクチョンヒ》政権のとき非業の死をとげられ、私は私なりにそのような朴正熙《パクチョンヒ》に対する嫌悪を抑えがたく、再び帰るまいとの覚悟で故郷の地に別れを告げてから四〇年近く異国の地で波乱に満ちた歳月を過ごしてきたのは、果たしていかなる縁《えにし》によるものであったのでしょうか？　春を待つべくはじき出され、空しく暗い土の中に埋もれた鳳仙花の種だったからなのでしょうか？

とはいえ、もし張俊河《チャンジュナ》先生が再び生まれて同じ時代を生きたとしても薬師峰《ヤクサボン》を避けられることはなかったのではあるまいか。私もまた、再び生まれ同じ時代を生きたとしても、故郷を離れて亡命の茨の道を避けるということがありえただろうか。鳳仙花の種が暗い土の中に埋もれるのは避けられない運命だったのではあるまいか？　そう私は信じないわけにはいかないのです。

マッカーサー司令部の同僚たち――頑固者・文牧師との出会い

一九五〇年六月、朝鮮戦争を迎えたのはアメリカのエモリー大学の大学院で研究生活をしていたときのことでした。植民地時代総督府直轄の京畿中学を出て日本の慶應大学医学部にいたところ「解放」を迎え、しばらくソウル大学医学部に籍をおいていたのですが、すぐアメリカ留学の旅に発ち（四七年八月）、エモリー大を卒業して大学院で化学の研究に熱中していたまさにその時、朝鮮戦争が勃発したのでした。

当時の駐米大使は、四・一九学生革命の後、第二共和国国務総理になる張勉《チャンミョン》博士で、ワシントンの張勉《チャンミョン》大使から緊急電話がかかってきました。「今我が新生大韓民国が共産勢力の侵略に遭い存亡の秋《とき》にあるというのに、そうしてのんきに実験室で時間を過ごしていていいのか。これは大統領の奥さまフランチェスカ夫人自らの特命であるから、ああだこうだ余計なことを言わず今すぐ東京に飛びマッカーサー司令部（GHQ）に出頭せよ！」

留学生として学費に困っていた時、実に奇跡的な縁から李承晩《イスンマン》大統領のとり計らいでアメリカの育英資金を受けられるようになっていましたので、フランチェスカ夫人とは大使館の郵便袋（パウチ）を通じていつも音信を交わしている間柄でした。その委しい一部終始はあとに出てくる話題にするとして、とにかく学校には六カ月間の休学申請を出した後、張勉《チャンミョン》大使の指示に従い東京に向かう米軍輸送機に身を委ねたのでした。

その輸送機は途中給油のためウエーク島に着陸しました。ちょうど一週間前、その島でトルーマン大統領とマッカーサー将軍が会談をしたわけで、そこの司令部が会談場まで私を案内してくれましたが、会談の日付は今資料を広げてみると、その年の一〇月一五日でした。その当時仁川《インチョン》上陸作戦に成功したマッカーサー将軍は、駐日第八軍を中心とする麾下の米軍をして三八度線を突破させ、破竹の勢いで北進を続けており、これがまかり間違えば第三次世界大戦を引き起こすのではと憂慮したトルーマンは、いわばマッカーサーの蛮勇にブレーキをかけるためにウエーク島会談を申し出たというわけでありました。

とにかく私が東京に到着してマッカーサー司令部勤務を始めたのはおそらく一〇月下旬だったことでしょう。その頃はと言えば、米軍は既に元山《ウォンサン》を占領し（一〇月一七日）、平壌《ピョンヤン》を手中にした後（一〇月二〇日）、鴨緑江《アムノックカン》に向かって突進していて、「ホーム・バイ・クリスマス」（クリスマス前にアメリカの家に帰る）という楽観的なムードが米軍の中に広まっていました。

当時中国共産党総理周恩来は何度となくアメリカに警告を発していたのです。もし三八度線を越えるのが韓国軍単独であれば黙認できるが、米軍主力部隊が越えてきたら座視しないであろうと。マッカーサーはその警告を無視して米軍に北進を命令し、その蛮勇が中国の介入を招いたせいで、ソウル市民たちはその冬、南下してきた中共軍に押されて一・四後退という悲劇的な苦難を経るはめとなったのでした。

ともかくマッカーサー司令部の事務室に出頭して驚いたことは、ソウル大学総長だった張利郁《チャンイウク》博士、文教部長官呉天錫《オチョンソック》博士、夢陽呂運亨《モンヤンヨウンヒョン》先生の側近で若くしてヨーロッパに留学し、シェークスピアをすらすらと諳んじていた語学の天才黄鎭南《ファンジンナム》氏ら韓国の一流名士たちが大勢集められていたという事実です。

それから四〇年後、私と互いに手をとりあい平壌《ピョンヤン》を訪問し金日成《キムイルソン》主席と南北統一に関して会談を交わした後、「四・一二共同声明」を出し、その後の「六・一五南北共同声明」（二〇〇〇年）の先駆的な役割を果たすこととなる文益煥《ムンイクファン》牧師も、プリンストン大学で神学を勉強しているときに米軍に要請されてGHQに派遣されてきていました。その時から文《ムン》牧師とは呼兄呼弟の仲、つまり互いに兄、弟と呼び合うような親しい間柄で、元々日本人（今は韓国籍）である妻との結婚式のとき主礼（仲人）を務めて下さった方も不思議なことながら文《ムン》牧師でありました。

後年私とともに平壌《ピョンヤン》を訪ねた罪で文《ムン》牧師が逮捕され法廷に立たされたとき、日本に亡命している「根っからのアカである鄭敬謨《チョンギョンモ》」みたいな者に唆されて、とんでもないまねをしでかしたといったふうに論告が展開されたのでありますが、遠くからそのざまを見守りながら、ただただあきれるほかありませんでした。文《ムン》牧師のあだ名はあのときから「ムン・コジップ」（頑固者の文）であり、よしんば私がアカであるのが真実であったにせよ文《ムン》牧師は誰かに唆されたからといって自らの足で平壌《ピョンヤン》に赴くような人だと思ったとするなら、それは勘違いも甚だしいと言わざるを得ません。

とにかく何故にマッカーサーがあれほど大勢韓国の一流人物たちを狩り集めてGHQに入れておいたのか、長い間の疑問でしたが、最近その疑問が解けました。米軍が朝鮮半島から蹴落とされた時に備えて、アメリカに対して米軍の朝鮮半島への再上陸を要請できる「傀儡政府」が必要だったということなのです。その政府の所在地として予定されていたのが米領東サモア島であったというのです。

この事実を私に教えてくれた人物は、友人であるシカゴ大学のブルース・カミングス教授ですが、「もしそのような事態が本当に発生していたのなら、鄭敬謨、あなたも大韓民国外務部次官くらいの出世はできたのじゃあないか」と言って互いに呵々大笑したこともありました。

日帝も米軍政も知れば知るほど同じ穴のむじなだった

今さらながら不可思議に思うことは、朝鮮戦争当時マッカーサー司令部（ＧＨＱ）にいた多くの人たちのなかで、後日民主化運動の先頭に立つようになった人物が、文益煥《ムンイクファン》・朴炯奎《パクヒョンギュ》・鄭敬謨の三人で、その三人すべてがクリスチャンであったという事実であります。お二人は牧師さんでいらっしゃるので改めて言及するまでもありませんが、私自身もキリスト教の家庭で育ち、一時は牧師になろうとさえ思っていたくらいですので、今はたとえ日曜日になったからとて聖書や賛美歌集を小脇に抱え礼拝堂に行くような類のクリスチャンではありませんが、思考の土台はやはりキリスト教的だと言えるでしょう。

韓国民主化運動は、アメリカ人が勝手に引いておいた三八度線を取り払い、三八度線の故に起こった戦争によって父子兄弟が互いに血で血を洗った悲劇を克服し、失われた民族共同体を取り戻すという運動ではないでしょうか？　だから民主化運動とは、その根底に流れる思想は、否応なくアメリカが犯してきた犯罪的な行為に対する批判であるほかありません。

しかし、米軍司令部でドルの月給をもらい、ＰＸに出入りする特権を与えられ、そのとき普通の日本人としては考えることすらできなかった自家用車を乗り回すなど、アメリカのお陰でかなり贅沢な暮らしをしたと言えないこともないこれら三人が、何故に民族運動に飛び込み、結果的にアメリカに背を向けアメリカが支援する自国の独裁政権から迫害を受けるようになったのでしょうか？

日帝時代、南北を問わず朝鮮のキリスト教が重視し大切に扱われた経典の一つが『旧約聖書』の「出エジプト記」だと言えましょう。「バロ」（ファラオ）の支配の下で奴隷生活を強いられたユダヤの民がモーセの導きで紅海を渡り、四〇年の間曠野をさまよった末、ついには神が約束して下さった祝福の地カナンに至るというあらすじの説話は、キリスト教が提示する解放と救世のアルファとオメガだったと言っても過言ではなかったでしょう。「バロ」はまさに日本の「天皇」であり、神の奇跡の力で紅海の海に落ちて溺れ死んだエジプトの兵士たちは言うまでもなく「バロ」、つまり天皇の軍隊だったのです。

日本が降伏を宣言したいわゆる玉音放送が京城放送局（ＪＯＤＫ）を通して流れてきた一九四五年八月一五日、父が一族郎党の者らを呼び集めて座らせ、涙ながらに解放に感謝する一方、主の御志《みこころざし》に依り日本を打ち破ったアメリカに永遠の祝福を垂れたまえと祈った在りし日の父の姿がありありと目に浮かんでくるのです。

私が留学したエモリー大学はジョージア州アトランタにありますが、毎日配達されて来る『アトランタ・コンスティテューション』という新聞にしげしげと掲載されるウォーカーという軍人の文章を読みながら、憤りを抑えることができませんでした。そのときは、ぼちぼち韓日会談が開かれた時だったと思われますが、そのウォーカーは無条件に日本の主張の肩を持ち、韓国に対しては無慈悲なくらい罵倒の言葉を投げかけるのでした。日本は万已むをえず韓国の地に莫大な財産を置き去りにしてきたにもかかわらず、韓国が日本に対し何か請求権のようなものを要求するとは厚かましく破廉恥な行為だという具合にです。

当時私は率直に言って政治問題にはあまり関心がなかったノンポリの学生だったので、ウォーカーという人がどこの誰であるのかさえはっきりと認識していなかったのですが、ＧＨＱに来てはっと驚くほかありませんでした。その人間がまさにその時韓国で戦闘を繰り広げていた第八軍司令官ジェネラル・ウォーカーその人ではないですか。ウォーカーみたいな人が朝鮮で戦争をしているのは誰のためなのか？　私は驚かざるを得なかったのであります。

日本に来てから、少しずつ政治問題に目を向けるようになり、英語・日本語を問わず新聞・雑誌など多様な資料に接するようになるに従い、実に驚かないわけにはいきませんでした。日本政府が意図的に繰り広げている反韓・反朝鮮政策を強力に後押ししているのはほかならぬマッカーサー司令部だったからです。

当時の総理吉田茂が「チョーセンジン」を危険極まりない犯罪予備集団だと言わんばかりに、朝鮮・韓国人に対して浴びせかける差別と蔑視は、正視に堪えない性質のものだったのです。終戦後「占領地救済基金」（GARIOA）などを通じた援助食料が到着し始めると、吉田は「このような貴重な食料を朝鮮人どもに食わせるわけにはいかないから、南北を問わずチョウセン人は一人も残らず日本の地から追放してほしい」との交渉を繰り広げていたのですが、その交渉の相手はもちろんマッカーサー司令部でした。日本が降伏してからわずか五年の後、朝鮮戦争が勃発するや、吉田は、「これまさに神佑天助なり」と膝を叩いて喜んだというではないですか。

その後朝鮮戦争の起源を深く掘り起こしながら感じたことは、アメリカが朝鮮戦争を何の準備もなしに無防備の状態で迎えたというのは真っ赤な嘘だという事実でした。アメリカや日本は朝鮮戦争は不可避なことと見て、着々と準備に余念がなかったのであり、先ほど述べた『アトランタ・コンスティテューション』へのジェネラル・ウォーカーの寄稿文にしても、近づく戦争に備えて日本政府と駐日第八軍が手を携えて共同で推進したプレスキャンペーンの一環だったことを私は強く感じざるを得ませんでした。

第八軍司令官ウォーカー将軍は朝鮮戦争で命を落としましたが、私がソウルにいた頃、梨泰院《イテウォン》通りにウォーカーの銅像が建っているのを見かけました。五・一六軍事クーデターのあと朴政権がウォーカー将軍の偉勲を称えて建てたもののようでしたが、それを見るたびに「韓国軍」とは一体どこの国の軍隊であるのか腸が煮えくりかえるような思いがしてなりませんでした。

日本の狂気に筆を執って抗弁

とにかく朝鮮半島が日本の支配から解放されてからわずか五年後の一九五〇年当時、日本政府や言論が南北を問わず在日「チョーセンジン」に浴びせかける差別と敵愾心は実に驚くべきものだったと言わざるを得ませんでした。ベルが鳴れば反射的に胃液を分泌するパブロフの実験動物よろしく、強盗殺人事件のような凶悪な事件が起こったとすれば、日本の言論は真偽を問うこともなく無条件に朝鮮人の仕業だとみて非難攻撃を浴びせかけるのが常だったような状況だったのです。あの頃日本社会には政府や言論を問わず、朝鮮人を卑しめることで自分たちに対するアメリカ人の評価を上げようという、何か意図的な政略が発動されているのではないかと疑わしくなるくらい、在日朝鮮人に対する反感の扇動は激しいものでした。

アメリカ極東軍司令部という職場にいたがために、私はマッカーサー将軍あてに送られてくる日本人の投書のようなものもたまに読む機会があったのですが、その中には、「朝鮮人は獅子身中の虫であり、日本の民主化のためには癌のような存在」というのもありました。また当時大阪近郊の伊丹飛行場は北朝鮮に対する爆撃基地になっていて、毎日のように朝連（朝鮮総連の前身）傘下の朝鮮人たちが集まってきて抗議運動が展開されていたのですが、これに対するマッカーサー将軍へ送った手紙もあって、その内容が「伊丹飛行場の騒乱は日本社会の秩序を無視する悪質な朝鮮人たちの犯罪行為であり、いくら見かけが同じだと言え、我ら日本人は朝鮮人とは違う。だからどうか誤解しないようにお願いします」というものもあったのです。

このような状況のさなかで起こったのが、東京築地所在のあるラーメン店で発生した強盗殺人事件でした。犯人はその家の家族を斧で惨殺し死体をバラバラにした残忍な事件でした。事件発生の日にちは一九五一年二月二三日でありました。

この事件に対して、『朝日新聞』（二月二四日付）は、ラーメン屋の使用人の山口なにがしの証言によると、「夜遅く侵入した犯人は長髪で顔の長い二十七、八歳の男だったが、濁音の発音が不自然な点から見て日本人ではないように思う」という記事を報道したのでした。

同じ日付の、『毎日新聞』の記事はより具体的で、山口が夜遅く小便をしようと階段を下りてみると、二十六、七歳くらいの体つきががっしりした男がいたのだけど、見たのは後ろ姿だけで顔ははっきり見えなかったが、頬骨が出っ張って顔色が黒いことから見て、犯人は朝鮮人だろうという記事をでかでかと報道したのでした。

山口の証言が『朝日』『毎日』に報道されるや、都下の各新聞は「頬骨が飛び出し、顔が黒く、そのうえ濁音がおかしいチョーセンジン」を探し出すのに、狂的とも言えるほど熱を上げたのでした。こんな部類の事件が発生すると、決まって識者という人たちのコメントが載るのですが、その中には、「このような残忍な犯罪は日本人としてはあり得ない」というのもあったのです。

このような騒乱の中にあって、私自身は言うまでもなく、在日朝鮮人たちは南も北もなくどれほど戦々恐々、身の置き場もない日々を過ごしたのだろうか、想像してみてほしいのです。

ともかく事件発生後一七日ぶりに犯人は捕まったのですが、あきれたことには事件の証人として言論の脚光を浴びていた山口本人が犯人であり、言うまでもなく山口は日本人であったのです。

この事態に、腸が煮えくりかえる思いを抑えられず、直ちに筆をとって『ジャパン・タイムス』の投稿欄「リーダーズ・イン・カウンスル」に文章を書いて送ったのです。『朝日新聞』や『毎日新聞』ではなく、英字紙に英文の手紙を送ったわけは、むかしナチスドイツが自分たちアーリア民族は支配民族として選択された特殊な民族であって、そうした選民思想を強調するためユダヤ人を賤民として迫害したように、日本民族は天から降りてきた「天孫民族」であるが、一方朝鮮人は生まれながらの賤民である劣等民族だという点を米占領軍当局に訴えているかのように、日本政府が反朝鮮人キャンペーンの先頭立って騒ぎ立てるありさまが、私の目に歴然と見えたからでありました。

その投稿は、「コリアンのための抗弁」(Koreans Defended) というタイトルで、五一年三月二一日付『ジャパン・タイムス』に掲載されたのです。今振り返ってみれば、韓国戦争の初期のあの時『ジャパン・タイムス』に送りこんだこの投稿文が、二〇年くらい後の一九七〇年、私が亡命者として日本に来て展開するようになった文筆活動の嚆矢であったように思われるのです。

日米が手を組んでのコリアバッシング

この文章を書こうと思い『ジャパン・タイムス』に連絡して、ほとんど六〇年前の投稿文が載っているはずの新聞を見つけてほしいと頼んだら、親切にも倉庫の中のファイルから探し出して送ってきてくれたのです。私がまだ血気盛んだった頃、怒りに燃えて書いたその文章を読み返しながら、暫く感慨に耽らざるをえませんでした。このことはともかくとして、その文章には日本人たちが自民族の優越性を語るときにはいつも鼻にかける「天孫民族」（divine race）という滑稽な言葉も、アメリカ人たちよ見ろと言わんばかり掲げられているので、あの当時それを見ながら何か思い当たるフシがあり、若干苦笑を浮かべたアメリカ人もいただろうと思うのです。

朝鮮の神話の天帝桓因《ファニン》が、天符印三個と共に息子の桓雄《ファヌン》を下界に遣わし、その息子檀君《タングン》をして阿斯達《アサダル》を都と定めさせ朝鮮という国を建てたということになっているのですが、日本にも全く同じ神話があって、高天原《たかまがはら》にいる天照大神《あまてらすおおみかみ》が、三種の神器と共に孫の瓊瓊杵尊《ににぎのみこと》を高千穂に天降らせ、後に大和という国を建てさせたということになっていて、これは誰が見ても朝鮮の神話の二番煎じではないですか。

今の日本人には信じがたいことでしょうが、朝鮮戦争が勃発した一九五〇年代「我々は天孫民族だから貴種であり、お前らチョーセンジンは天孫民族でないから賤民だ」と信じる日本人が、地位の高下を問わずはびこっていたのです。日本人のこの浅薄な優越感は日本を占領しているアメリカ人に対し抱かざるを得なかった劣等感を、朝鮮人に対する優越感をもって少しなりとも希釈させようという心理的なプラシーボ（偽薬）として結構癒しの効果を果たしていたのでしょう。私は国が南北に分断され互いに血で血を洗う朝鮮戦争のまさにその当時の日本に来て、正視に耐えられない日本人の嘆かわしい実態を目撃しながら、むしろそのことに触発されて、「我々は一つの民族であり、己がたとえ南側の人間だからといって、北側の人たちを敵視してはいけない」という確信のようなものが心の中に座を占めるようになったのではないかと思われるのです。

『ジャパン・タイムス』に載った私の文章は、東京築地のラーメン屋で起こった残忍な事件を例に挙げ、何故に日本の言論は闇雲にこれを朝鮮人の犯行だと断定し、ああまで大げさな騒ぎを起こしたのか、私は日本人社会の軽薄な差別意識にいわば頂門の一針を加えたつもりでした。

その投稿文の反応は予想外に大きなもので、朝、司令部に出勤すると、同じ事務室の韓国人の同僚たちが、「あの文を読んで大いに溜飲が下がった。これからもその調子の筆致で『ジャパン・タイムス』に文章を書いてほしい」などと激励してくれるのでした。アメリカ人からも共感の手紙が何通か寄せられてきて、その中には、「日本人社会で不当に差別されているコリアンたちのために、本当に適切な発言をした」というのもあって、今遠い記憶が蘇って来るのです。

年が若かったせいもあり、些かはやった——といううぬぼれもなくはなかったでしょう。ところがその意気込みのために、鼻がへし折られるような事態が発生したのでした。何日か後、マッカーサー司令部のかなり高い地位の民間人上司から、ただちに出頭せよという呼び出しを受けたのです。その上司は相当不機嫌な顔で私をとがめたのでした。以後『ジャパン・タイムス』にこんな類の文を書いては困るということでした。言論の自由がある国がアメリカではないのかという考えが頭の中をよぎりはしましたが、しかしその地位の高い上司に食ってかかるわけにもいかず、沈黙していたら彼は言うのでした。ほんとに、そんなような文章が書きたいなら、司令部直轄の「DAC」(陸軍省民間人職員)という肩書は使ってはならん、そんな文章は米日間の友好関係を害する行為だから厳に慎むようにというわけなのです。

その叱責の言葉を聞いて退出しながら、私は本当に錯雑な気持ちを抑えることができませんでした。日本人社会の明らさまの人権差別をGHQは単に黙認しているのではなく、むしろ積極的にかばっているのであって、だとすればアメリカと日本は手を組んで私たちを敵視している加害者で、南北を問わず我が民族は被害者だということではないのか。

投稿文の一件が起こったのは一九五一年三月で、その瞬間には未だそこまで考えが及ばなかったのですが、その年の九月八日には、アメリカはサンフランシスコで日本と講和条約を結び、同じ日、米日安保条約が締結されたではないですか。だとすれば三月というその時点で、アメリカは政治的、軍事的な協力を得るためどれほど日本との友好関係に神経を使ったことでしょうか。

当時私の背後には、李承晩《イスンマン》大統領という強力な後ろ盾があり、しかも米占領軍司令部という天下を睥睨する権力機関に勤めていたのですから、大韓民国の国民として出世や栄達のために私鄭敬謨より有利な立場に立っている人間が果たしてほかにいたでしょうか。しかしその後の私の人生の行く末はそのようなものではありませんでした。『ジャパン・タイムス』に寄せたこの文章は時代の潮流に逆行することで貫かれたそれ以後の私の人生の歴程を予告するものであり、果たせる哉その予告どおり私を待っていたのは、李承晩《イスンマン》大統領からの勘当であり、アメリカからの排斥であり、そして異郷の地における四〇年に及ぶ亡命生活であったのです。

トルーマンの外交顧問ダレスの肚の中

せっかく一九五一年九月サンフランシスコで締結された日米講和条約と安保条約が話題になりましたから、当時トルーマン政府の外交顧問の座に就き、日米関係の再構築のために活躍していたダレス（John Foster Dulles）が、我々にも直接関連する問題について何を言ったのか、一言触れてから次の話題に移るとしましょう。

ダレスは元々共和党出身の人ですが、民主党のトルーマン政権の対日政策樹立のために政権に迎え入れられた人物でした。翌五二年、選挙でアイゼンハワーが大統領になると、すぐに国務長官になったのは周知の事実でしょうが、米ソ間の冷戦が危険水位に達していたこの頃、ダレスは強硬一辺倒のいわゆるロールバック（roll back）政策を推し進めていったため、そのような政策を危険視しダレスを嫌悪する人々からは、「ダル・アス」（dull ass）、つまり「間抜けのロバ」というあだ名で呼ばれたりしたという事実を知る人はそれほど多くはないでしょう。この「ダル・アス」が外交顧問に就任して、一番初めに執筆したメモランダム（覚書）は次のようなものでありました。

「アメリカは日本人が中国人や朝鮮人たちに抱いている民族的優越感を十分に利用する必要がある。共産陣営を圧倒している西側の一員として、自分たちがそれと同等な地位を獲得することができるという自信を日本人に与えねばならない。」

いくら何でも、アメリカは我々の友邦であるのに、日本人のそのような浅薄な民族的優越感をかえって煽っていたとは信じがたいと、いぶかしく思う韓国人がいるかもしれませんが、これは私が出まかせに言っていることではなく、ちゃんと記録に残っている言葉を披歴しているのに過ぎません。

いま私は、田舎の老人が自分の客間《サランバン》に座って長竹《キセル》をくわえてたばこを吸いながら──私は生涯たばこを吸ったことはありませんが──、集まって来た村の若い人たちに昔話をするような心情でこの文章を書いているのであって、きちんと整った形での歴史の講義を展開しているわけではないので、いちいち出典をあげるのはしないつもりですが、この「ダル・アス」（間抜けのロバ）が吐いたこの発言くらいは、その出典を明らかにしておかねばならないでしょう。

私の長年の友人であるアメリカの学者フランク・ボールドウィンが書いた本に、『ウイザアウト・パラレル』（*Without Parallel*, **Pantheon**、一九七三年）というのがあります。訳せば、『もし三八度線がなかりせば』というくらいになるでしょうが、この本の一七九頁にこの話がでてくるのです。しかもダレスがこの言葉をメモランダム（覚書）に書き残した日にちはこの本によれば一九五〇年六月六日になっていて、この日にちは朝鮮戦争が勃発するわずか二〇日前のことだったのですから、アメリカが当時何を考えていたのか、よくよく考えてみるべきではないでしょうか。

戦後の日本がドイツに比べて植民地侵略の罪科を懺悔したり罪障感を感じたりする心情が極端に希薄だという点は多くの人たちが指摘してきたことですが、その理由はその頃アメリカが意図的に煽った日本人の民族的優越感に由来するものではないかと、そんな疑いを抱かざるをえないのです。

二一世紀の今になってもドイツが第二次大戦のとき、チェコやポーランドなどの東ヨーロッパから連行されてきて奴隷労働をさせられた人々のために、一〇〇億マルクの基金を設立し、二〇〇一年当時まだ生存している老人たちに補償金を払っているということは『ハンギョレ新聞』なら間違いなく報道したと思われますが、その基金《ファンド》の名称は「記憶・責任・未来」となっているのです。加害者である自分たちが、過去のことを忘れず、それに責任を負うたうえで、人間らしい未来を構築しよう、そんな意味ではないでしょうか？

今私はここで日本をあげつらう意図からこのことを言っているのではありません。記憶もせず、責任を負うつもりもない日本に向かって、むしろ韓国側が大統領が替わるたびに未来志向でいこうと騒ぎたてているのが通例になっていますが、一体青瓦台《チョンワデ》にいる人々が何を考えているのか、嘆かわしい限りだと私は思うのです。

ダレスの話に戻って、キリスト教の長老でもある彼が五〇年六月一九日韓国の国会で「韓国人が自由を守る為の義務を果たす限り、あなたたちは絶対に孤独ではない（You are not alone!）」と戦争を煽るような熱弁を振るい、特に反共思想に燃えている韓国のキリスト教の信者たちをして感激の涙を流させたということを記憶している人も多いことでしょう。この演説についての詳しい話は、私の著書『断ち裂かれた山河』（ハンギョレ出版社）に出ているからもう一度読み返してほしいのです。

ダレスがこの演説を終え、二一日東京に戻ったとき、折しもそこには国防省長官ジョンソンと統合参謀本部議長ブラッドリーが彼を待ち受けていたのです。戦争が勃発した六・二五の四日前のその日、和戦を決しうるマッカーサー・ダレス・ジョンソン・ブラッドリーの四人が東京で顔を合わせていたという事実、これを単なる偶然であったと見過ごすことができるでしょうか？　歴史を見る目とは、例えば、この四人の東京での集会が決して偶然ではありえないということを見抜く見識に基づくものであるということを、私はここで強調しておきたいと思うのです。

李承晩の寵愛のもと闊歩する親日軍警の群れ

もう遥か昔の話になってしまったので、記憶している人はほとんどいないかもしれませんが、朝鮮戦争の初期大統領李承晩《イスンマン》は「もし日本軍が釜山に上陸するという事態が起こったとすれば、私はためらわずに金日成《キムイルソン》と手を結び、銃口を日本軍に向けるだろう」という一言を吐いたことがあるのです。

その時、李大統領が何かそれらしい情報を握っていたのか、若しくはそのようなことが起こりうる兆しを直感として感じとっていたのかは知るよしもありませんが、一九四九年国共内戦に敗れ台湾に逃亡した蒋介石が、中国本土に対する再上陸作戦のために、かつての日本軍を大量（三〇万）に台湾に連れてきて、上陸の先兵として使う計画を立てていたのも事実であります。

また、朝鮮戦争が始まってから駐日米第八軍が朝鮮半島に出撃した後、その穴埋めのため日本ではその年の八月、マッカーサーの命令で警察予備隊（七万五千人）というのが発足したのですが、その幹部はすべてかつての日本軍の大佐級の将校で占められていて、名前は「警察」ですが実際は戦闘部隊でありました。

こうした事態がその背景にあって李大統領のこの驚くべき発言が発せられたのではないかと思われますが、李大統領といえば、それでも独立運動家として名を馳せた人物で、解放後にも臆面もなしに反日人士をもって自任していたのは事実です。

しかし実際においてそうではなかったことは、象徴的な一例として、李大統領が限りない寵愛を注いだ人物の一人が、特務隊長金昌龍《キムチャンヨン》であったのですが、この男は「アカ」を扱う手並みがあまりにも残忍無道だったことから、アメリカ人からでさえ「スネーク・キム」（蛇の金）と呼ばれていた人物でした。金《キム》昌龍《チャンヨン》は咸鏡道《ハムギョンド》出身で、満州で関東軍の憲兵伍長を務めていましたが、解放後親日派の一掃に乗り出した北側で逮捕され、裁判を受けにいく途中うまくずらかり南側に逃れてきた人物なのです。「アカ」を扱うこの男の腕前にぞっこん惚れ込んだ李大統領が特務部隊を設置してその頭《かしら》に据え、側近中の側近として寵愛を施したばかりに、この男はそれこそなさざる所なしの絶対的な権力を振り回し、結果的にその傍若無人の傲慢な振る舞いが災いして、ついに同じ満州閥の姜文奉《カンムンボン》の一派であった許泰栄《ホテヨン》の銃撃で命を落としたのでありました。李大統領は主観的には自らを反日人士と信じていたかもしれませんが、彼が手足のように動かしながら寵愛した人物が金昌龍《キムチャンヨン》だったという事実から見ても、客観的には親日派だったと言わざるをえないでしょう。この国（韓国）が今日まで反日を名分として掲げながら、内面的においては親日そのものであるような精神分裂症から抜け出せない理由がここにあるのではあるまいかと思うのです。

余談としてもう一言付け加えれば、金九《キムグ》先生が暗殺された日まで憲兵隊長だった人物が張勳《チャンフン》といって、白凡《ペクポム》先生（金九《キムグ》）が重慶から連れてこられた人でしたが、しかし先生が暗殺されるや即日首が飛ばされ、後釜に据えられるのが何と田鳳徳《チョンボンドック》だったのです。彼は日帝時代京畿道警察局の刑事で、思想警察の中でも最も悪質だったことで名を馳せた男であります。この話は私が文益煥《ムンイクファン》牧師とともに平壌《ピョンヤン》を訪問した時、すでに韓国を逃れて平壌《ピョンヤン》に住んでいた前外務部長官崔徳新《チェドクシン》氏から聞いた話ですが、彼の父親は周知のように、上海臨時政府の重鎮であった崔東昨《チェドンオ》先生です。その奥さんの柳美英女史は旧韓末留学生として日本の陸軍士官学校で学び、後に上海臨時政府の参謀総長を務めた柳東説《ユドンヨル》先生の長女であるのはあまり知られていません。

ともかくすでに軍政庁時代から韓国人たちの憎悪の対象になった人間のくずどもが（riff-raff, ブルースカミングスの『朝鮮戦争の起源』に出てくる言葉）、何故にこれ程まで夥しく軍政庁の中にうごめいているのか、当時のアメリカ人たちのなかでさえも問題になっていたのではないでしょうか。『ボルチモア・サン』の特派員マーク・ゲイン記者が実態調査を兼ねて韓国に来たのはちょうどその頃だったのです。マーク・ゲインが書いた「日本日記」（Japan Diary）を読んでみると、彼が東京から韓国に来たのは一九四六年一〇月一五日であり、軍政庁警務局長ウイルアム・マグリン（William Maglin）大佐に会ったのはその一〇日後のことでありました。その時マグリン大佐が記者に言った発言をなるべく忠実に翻訳するとこうなっているのです。

「以前日本人のもとで訓練を受けた警察官たちを軍政庁がそのまま使っていることに対し、ああだこうだ文句をつけている人間がいることは私も知っているのです。しかし、軍政庁に入ってきた韓国人警察たちはですね、何というか、警察官としては生まれつき才能に優れた人物でしてね。もし彼らが日本人のためにあれほどまで忠誠を尽くしたとすれば、私たちアメリカ人に対しても同じように忠誠を尽くしてくれるのではないでしょうか。ただ単に日本人のもとで訓練を受けたからといって彼らを使わないなら、公平な措置とは言えないでしょう。」

韓国という国がいまだに反体制的民主化運動で揺れ動いている根本的な理由は、アメリカに取り入って媚びへつらっている親日派の問題だと言えましょうが、この意味からすれば民主化運動とは「第二の解放」を追求する運動だと言って差し支えないでしょう。

私が日本に来て活動を始めてから使い始めたこの「第二の解放」という言葉を、最も早くご自分の言葉として使った方は文益煥《ムンイクファン》牧師ですが、そのために文《ムン》牧師は反共思想にこり固まっている鍾路《チョンノ》五街のキリスト教本部から異端だと指弾されたのです。私は私なりに、何故に『朝鮮日報』のような体制擁護の最右翼紙から、「日本における毒の原液」と激しい悪口を浴びせられたのかといえば、「第二の解放」という言葉が彼らの心情を逆なでしたからだと私は信じています。しかしその悪口を私はこの上なく名誉な賛辞だったと思っているのです。

幼い黄晳暎が遊びまわった亡父の二百軒村

このくらいで一番初めに話した興化幼稚園の頃の話に戻ることにしましょう。幼稚園を出て、当時は普通学校と称されていた小学校に入ったのが満州事変が起こった一九三一年、数え歳で言えば八歳の時でした。満州事変が起こったのはその年の九月一八日（柳条溝事件）ですが、その直前の七月には、いわばその前奏曲として吉林省で万宝山事件が起こったのです。

それは結果的には朝鮮人が抱いている抗日感情の矛先を中国人に向けさせる一方、朝鮮人の抗日感情を宥めようとした日本側の謀略でありましたが、中国人たちが住んでいる村落に朝鮮人たちを入り込ませ勝手に開墾工事を行わせたので、中国人たちの怒りを買ったのです。中国人たちが押し寄せてきて朝鮮人を襲撃すると、日本の警察は朝鮮人の側について中国人たちの襲撃を退けたというのが事の始まりだったのです。

この些細な事件を日本の警察当局が針小棒大に騒ぎ立てたので、朝鮮の津々浦々で中国人排斥運動が起こり、一〇〇人余りの華僑たちが殺傷されたと記録には残っています。

当時私が住んでいた永登浦《ヨンドゥンポ》の村は、鉄道の駅から金浦に向かう新道からすこし中に入った「内村《アンマル》」と呼ばれていた村であって、父が建てた赤レンガの開拓教会を中心に位置していた小さな集落でした。新道沿いに鴻昇楼《ホンスンヌ》という中華料理屋がありましたが、その時分我が家には珍しく電話があり、私がむずがって駄々をこねると、母が弟や妹が居ない隙を見計らってその中華料理屋に電話をかけると、その店の中国人のおじさんがジャージャン麺を一皿自転車に乗せて一五分ばかりかけて配達してきてくれたりしました。その時ジャージャン麺一皿は一五銭だったのですが、これは決して安い値段ではなかったのです。

万宝山事件で中国人排斥運動が起こると、村の若い者たちが鴻昇楼《ホンスンヌ》を襲撃し窓ガラスを割るなどの騒乱を引き起こしましたが、父は分別のない者らがわけも分からずに横暴なことをしていると、大変怒っていたのを思い出します。朝鮮語を流暢に話していたその中国人のおじさんに、私は私なりにとても申しわけなく思ったりしたものです。

父はその時、味噌や醤油などを仕込む大きな甕や壺のようなものを作る窯場を経営していて、大きな登り窯から焼き物が出てくる日には、村中が興奮してざわめきたっていたことが思い出されます。父が開拓教会の仕事を辞め、この仕事を始めたのは恐らく独立運動があった己未の年（一九一九年）の前後ではなかったかと思われますが、その頃でも焼き物を売る商売という職業は、自らが土をこねて、ろくろを回すことはしないまでも、職業としては蔑視された部類のものであったことでしょう。

父は東萊《トンネ》鄭氏の中でも、我々は別格の會洞《フェドン》鄭氏であることを誇りとしているくらい両班意識の強い人だったのですが、その頃なぜ甕を作って売る商売を敢えて選んだのか誰からも聞いたことはありませんでした。しかし己未の年（一九一九年）あたりから、朝鮮人も物を作って売るという事業をしなくてはならないという意識が、かなり速い速度で広がっていったのではなかったでしょうか、「手無執銭」と言って両班は自分の手に銭のようなものを執るべきではないという伝統的な意識から抜け出し、甕造りの商売を始めたのは父なりの意識革命の結果ではなかったかと思われるのです。

その後父はキリンやサッポロのような日本のビール会社などの工業施設が永登浦《ヨンドゥンポ》地域に押し寄せてきて土地の価格が跳ね上がったお陰で、不動産の取引でかなりの財産を築くことに成功しました。言わばにわか成金になったわけでありますが、手にした財産は何らかの形で社会に還元すべきであるというキリスト教的な倫理感覚から、父は無住宅の低所得者層のために永登浦《ヨンドゥンポ》から少し離れた堂山《タンサン》の村に二百軒村を建設したのでしたが、これがおそらく朝鮮では初めての営団住宅だったことでしょう。そこまでは良かったものの、入居者ときちんと賃貸契約を結び、契約を履行させるという冷酷な資本主義の論理には父は疎かったのでありましょう。入居した低所得層の一体誰がきちんと家賃を払ってくれるでしょうか？　この事業の失敗で父は晩年まで苦境に苛まれることになったわけなのです。

しかし実に不思議なことは、私がとりわけ近しく付き合って来た作家黄皙暎《ファンソギョン》氏の話なのですが、皙《ソ》暎《ギョン》氏が書いた小説の中に『砂村《モレンマル》の子供たち』というのがあって、その小説の中には永登浦《ヨンドゥンポ》にあった鉄道の工作廠や、汝矣島《ヨイド》飛行場、化けものが人を引きずりこむという川の中の鬼神岩《もののけいわ》、そして営団住宅など私が育った永登浦《ヨンドゥンポ》の光景がそっくりそのまま描写されているのです。晳暎《ソギョン》氏は解放後三八度線を越えて北から南下してきてソウルに定着したいわゆる「三八度線越境者《サムパルタラジ》」であって、これは差別語ともなりかねない言葉ではありますが、むかしの私の遊び場であった同じ場所で晳暎《ソギョン》氏は幼年時代を過ごしたのです。

一九八九年、私が文益煥《ムンイクファン》牧師とともに平壌《ピョンヤン》に行った時、相前後して共に国家保安法を犯して訪北した人物が黄晳暎《ファンソギョン》氏で、彼が一〇年かけて書いた『張吉山《チャンギルサン》』全一〇巻は私が一二年という長い歳月をかけて日本語の翻訳版を完成させ、今ようやく日本で出版されることになりましたが（藤原書店近刊）、これがいわば私の「ライフワーク」みたいになったわけで、著者黄晳暎《ファンソギョン》氏が砂村《モレンマル》の営団住宅で幼い日々を過ごしたとは、偶然にしては何とも奇妙な偶然だったと言うほかありません。

A級戦犯を救世主イエスに見立てた軍国の後裔たち

満州事変が起こった一九三一年秋頃から、完全武装の日本兵を満載した京釜線の列車が永登浦《ヨンドゥンポ》駅に止まると、「愛国婦人会」と書かれたタスキを掛けて兵士を出迎える日本人のおばさんたちが忙しく立ち回り、かいがいしく兵士たちにお茶の接待をしたりしていたのです。武装した軍隊を乗せた列車を主要駅ごとに止まらせたのは、朝鮮人に対する威嚇のためであったことでしょう。

ともかく当時普通学校と呼ばれていた朝鮮人の生徒たちも先生の引率で日章旗を手にして停車場に並ぶ

と、尋常小学校の日本人学童たちや出迎えの日本人の大人たちは、喉も張り裂けんばかりに大声で軍歌を歌うのです。その時私は普通学校一年生だから、日本語の軍歌の意味など分かるはずもありませんでしたが、ピーっと汽笛を鳴らして列車が動き始めると、言われるままに「万歳」を叫んだものです。少々日本語が分かるようになった後、うんざりするほどその軍歌を歌わせられたのですから、あの長い歌を今でも始めから終わりまで歌詞を間違わずに歌うことができるのです。

敵は幾万ありとても／すべて烏合の勢なるぞ／烏合の勢にあらずとも／味方に正しき道理あり／邪はそれまさに勝ちがたく／直は曲にぞ勝栗の／堅き心の一徹は／石に矢の立つためしあり／石に立つ矢のためしあり／などて恐るることやある／などてたゆとうことやある

私が普通学校（小学校）に入ったその年満州事変が勃発しましたが、中学校に入った一九三七年七月には盧溝橋事件が起こり、続く一二月南京大虐殺が起こります。これを契機に中国戦線が切りもなく拡大されるに従い、日本は戦争の泥沼から抜け出せなくなり、ついには自暴自棄になって四一年一二月アメリカを相手に真珠湾攻撃を強行したのですが、それは私が中学校を卒業する前の年でした。その結果四五年八月、これは私が慶應大学の予科を出たときでありますが、広島と長崎で原爆の洗礼を受けて降伏を伝える天皇の、いわゆる玉音放送で戦争は終わるわけです。この凄惨な戦争を日本人は、「一五年戦争」と呼んでいます。

ここで「敵は幾万なりとても」の先の軍歌に今一度目を通してほしいのですが、この一五年戦争の間に、それ以前の事件は暫く不問に付すとしても、日本は他国の領地を盗んで、そこに傀儡国家を建てたばかりか、南京に攻め入って数十万人ともいわれる人間を殺めたのみではなく、蒋介石が避難している重慶を空爆し一般市民たちの頭上に爆弾の雨を降らせたのです。満州事変のとき日本軍は錦州を空爆するのですが、一般市民に対する無差別爆撃はこれが史上最初のものでゲルニカよりも先です。しかしこのような犯行はすべて正義のための当然な行動であったのです。日本の軍歌には「天に代わりて不義を打つ」というのもあり、義に則って正しく行動したのは日本であって、日本は邪悪で曲がった勢力を天に代わって叩きのめしただけであるというわけです。

いや、それはもう過ぎ去った昔の話で、まさか日本の国民が今でもそんなふうに考えているだろうかと訝しく思う韓国人がいるのかも知れませんが、毎年私たちが「解放記念日」と呼ぶ八月一五日、例えば靖国神社を訪れた小泉元総理が参拝を終えて、記者たちに述べる恒例の説話に耳を傾けてみましょう。「日本の今日の繁栄と平和は戦場で命を捧げた軍人たちの高貴な犠牲の上にあるのであって、彼らの犠牲に感謝する気持ちから、総理が靖国を参拝することは当然の義務ではないか。」

日本の軍人たちは、あくまでも正義のために戦ったのであり、降伏したのは原爆のような不可抗力な力に抗しえなかったからに過ぎない。小泉元総理の発言を裏返せば、このような意味になるのではないでしょうか？

満州事変の話に戻ると、三三年三月ジュネーブで開かれた国際連盟の会議で日本が作った満州国を傀儡とみなされその正当性が否定されると、日本代表の松岡洋右は即座に脱退を宣言し、席を蹴って退場したのでしたが、退場しながら彼が吐いた言葉は次のようなものでありました。「いま日本は侵略者と指弾されているが、何時の日か十字架に架けられたイエスのように全世界の崇拝の対象となる日が必ず来るだろう。」

松岡はその後、満鉄（南満州鉄道）の総裁になるのですが、ほとんど同じ頃ソ連を念頭に置いた国防国家の建設のために満州に派遣された岸信介とは叔父と甥の間柄であり、二〇〇六年総理になった安倍晋三は岸の外孫であって、安倍総理は血縁をたどって行けば、「いつの日か日本は全世界の崇拝の対象になるだろう」と信じた松岡に行きつくのです。実に奇妙なことでありますが、安倍が総理になって、自分の政治目標として打ち出したスローガンが「美しい国日本」だったのです。

彼が夢見ている「美しい国日本」とは、結局は全世界が仰ぎ見る松岡式の日本ではないでしょうか。言うまでもなく安倍は靖国への参拝を誰よりも徹底して支持している人間であるのです。

神社参拝を拒否した突飛な子供

前の文章で『旧約出エジプト記』に出てくる約束の土地に対する信仰が当時朝鮮のキリスト教徒たちにとっては民族主義を支える強力な背景であったという話をしましたが、これにはアメリカ人宣教師たちの排日感情が微妙に後押ししていた事実を知る必要があろうかと思うのです。

日露戦争（一九〇四〜〇五）を境目としてアメリカと日本の間の外交関係が急速に険悪になっていったのですが、それはこの戦争での日本の勝利は物心両面で支えたアメリカの莫大な援助のお陰だったにもかかわらず、勝利に酔いしれ少々肝っ玉が膨れ上がった日本が、素直にアメリカの言いなりにならなくなったことが直接の原因だったと言えましょう。一例ではありますが、アメリカの鉄道王ハリマンは戦争の間、単独で五〇〇万ドルという巨額の金を戦費として日本に貸し付けた人物ですが、南満州鉄道を共同経営しようという彼の提案を日本は蹴ったのです。日米間の軋轢はその後日本が原爆の洗礼を受ける日まで四〇年間、坂道を転げるように悪化の一途をたどり続けるのですが、朝鮮に来ていた宣教師たちは宣教師である前にやはりアメリカの国民であり、日米間の国家的な軋轢による宣教師たちの排日感情が、微妙に朝鮮のキリスト教信者たちの反日感情を揺さぶっていたという一面を知らなくてはならないでしょう。このことは韓国のキリスト教にみなぎっている反共主義の本質を理解するうえでも必要な視点でしょう。

日露戦争以前にも日本人により明成皇后（閔姫）が弑逆《しぎゃく》されたとき（一八九五年八月）、恐れおののいた高宗皇帝は侍従たちが運んでくる食事に毒が入っているのではないかと疑い、アンダーウッド夫人とハルバート夫人が自らしつらえた食事でなければ口につけなかったというエピソードからも分かりますように、日本人たちの蛮行に対してアメリカ人の宣教師たちが憤慨していたのは事実であり、その分だけ彼らは朝鮮人の信頼を勝ちとっていたわけであります。

話をふたたび満州事変に戻し、ちょうどその年一九三一年に普通学校（小学校）に入った私がその時代をどのように過ごしたかという話をすることにしましょう。事変が起こるや総督府当局は三・一運動で膨れ上がった朝鮮人の民族感情を抑えつける一方、朝鮮人の「皇民化」に全力を傾けるようになりますが、その手段の一つが普通学校の子供たちにさえ強要した東方遙拝と神社参拝だったのです。

東方遙拝とは毎朝校庭に並んだ子供たちが、遠く東の方向にいる日本の「天皇陛下」に深々と腰をかがめてお辞儀をすることであり、神社参拝とは毎月一日と一五日の二回、駅前の日本人の住む町にある神社に行列をなして参り、先生の号令に合わせ一斉にお辞儀をすることでした。これが始まったのはおそらく私が四年生頃の時だったと記憶していますが、私はキリスト教の家庭で育った子供だから、そんな偶像崇拝のようなことができるはずがありません。「遙拝！」という号令がかかっても、私はそのまま背筋を伸ばして突っ立っていたのでした。それを見つけたのが安達という名前の日本人の女の先生でした。その頃、校長は必ず日本人で、普通の教師は朝鮮人と日本人が半々くらいだったと記憶していますが、とにかく鄭それがし、この子は無礼にも東方遙拝のときに腰をかがめずに突っ立っていたということが先生たちのあいだで大きな問題になったのではないでしょうか。クラスの担任先生は李康敏《イガンミン》というお名前の朝鮮人の教師でしたが、おそらく校長室に呼びだされ、一体どういうことかと私のせいで問い詰められたことでしょう。次の日私は先生に呼び出され、訳を問い質されたのです。私は平然と答えたのです。私はキリスト教家庭の子だから偶像崇拝はできませぬと。私は李康敏《イガンミン》先生からは大変可愛がられていましたが、あっけにとられた先生は静かにこう私に言い聞かせました。

「東方遙拝というものは、生きている人間に向かってすることで、遠くにいようが近くにいようが、村のお年寄りに朝の御挨拶をしたつもりで腰くらい屈めても構わないではないか。その代わり、神社参拝がある一日と一五日におまえは遅刻しろ。黙認してやるから。」

こうして李先生と普通学校の生徒である私の間に妥協が成立したのでした。その妥協案どおり私は毎朝の東方遙拝は言われるままにやりましたが、一日と一五日には堂々と遅刻をして神社参拝を拒否することができたわけです。

そんなことがあってから程なく、日本人の木田校長先生が我が家を訪ねてきて父に何か話をして帰って行きました。父は私に何も言いませんでしたが、今振り返ってみれば、校長の木田先生は担任の李先生と私の間の妥協を認めるということを知らせにわざわざ訪ねてきたのではなかったろうかと思うのです。

その頃はまだ政治的に牧歌的な時代であり、父は教会の長老として村ではそれなりに影響力を及ぼしていることを勘案し、校長は私の向こう見ずな行動を黙認してくれたとも言えそうです。そして恐らくクラス担任の李康敏《イガンミン》先生は、うかつにこの問題には触れない方が無難ではあるまいか、それとなく日本人の校長に進言したのだろうと思われ、あれから数十年も経った今になっても、李先生の思いやりに対しては感謝の念を抑えることができません。

京畿中学入学——短かった喜びと永かった苦悩

小学校での神社参拝は何とかかんとか免れることができたのですが、中学校に行く年齢が近づくにつれ、このことは家庭内で問題にならざるを得ませんでした。たしかに平壌《ピョンヤン》のミッション系の学校崇実中学校はその頃までは神社参拝を拒み続けていた学校なので、それならば崇実中学校に行くのはどうだろうか、そんなことを考えながら父は相当悩んだようでありました。平壌《ピョンヤン》の山亭峴《サンジョンヒョン》教会の朱基徹《チュギチョル》牧師の獄中殉教は私が中学校に入った後のことですが、崇実学校といえども膝を屈する日が遠くないことは目に見えていたし、入学したからといって平壌《ピョンヤン》には幼い私の世話をしてくれる親戚や知人もいませんでした。そうしたことから六年生の時まで担任だった李康敏《イガンミン》先生の勧めで京畿中学（当時は京城第一高普）の入学試験を受けることになったのです。

幸いにもと言うべきか、たまたま後ずさりをしていた牛がネズミを踏んで取ったと言うべきか、並大抵の秀才くらいでは夢のまた夢だと言われた京畿中学の入学試験に合格できたのです。何やら科挙に壮元及第（首席合格）でもしたかのように周りの人間は皆大喜びでした。しかし、四月一日の入学式が終わって一五日が近づくにつれ、私の幼い胸には黒雲が立ちこめてきたのでした。その日が来れば全校生が一斉に南山に登り朝鮮神宮の前で腰を屈めて拝礼をしなくてはならなかったからでした。私は父の顔をまともに見られず、父は父で私と視線を合わせることを避けていたのです。するのかしないのか、父はその判断を私に委ねていたのでした。

ついにその日が来たのです。その頃の京畿中学には日本軍の陸軍少佐を頭として三人の配属将校がいたのですが、その配属将校のトップが校長以下全教員と、千余名の全校生を引率してラッパを吹きながら南山の山頂まで行進していくのです。いよいよ全員が神宮の前に整列すると、「最敬礼！」という号令が下されました。もしお辞儀をしなければ、私だけではなく、家族全員に禍が降りかかってくるのです。怖かった。本当に怖かったのでした。号令とともに姿勢を崩し腰を屈めたのでした。その瞬間、幼い少年の魂は粉々に砕けてしまったのです。

その後京畿中学を出るまでの五年の歳月は、私にとって刑務所暮らしにも等しい苦役以外のなにものでもありませんでした。いわゆる皇民化教育を徹底して実施していた学校で、一年の担任だった平間という日本人の教師が教える歴史の授業には、「我が国と新羅」という言葉が当たり前のように出てくるではないですか。日本が「我が国」で「新羅」は外国だという教育です。さらにあきれることには、「秀才」だとされる生徒たちがそのままオウム返しに「我が国と新羅」を繰り返すのですが、学友たちからすればそれが自然な言い方のように見受けられたのです。何らかの抵抗感のようなものを示す友人を私はそのとき見つけることはできませんでした。

ある日その平間が、なにやら油紙のようなものを配りながら、そこに「皇国臣民の誓詞」を毛筆で書いて翌日提出しろと言うではないですか。これは国旗掲揚台の下に埋めるべきもので、永遠に保存されるだろうから、それによっておまえたちは天皇陛下の赤子として栄えある大日本帝国の国民になるのだと厳粛に訓示を垂れたのです。「皇国臣民の誓詞」というのは、「我等は皇国臣民なり、忠誠以て君国に報ぜん」云々の文句が羅列されたものですが、その時の平間という教師の傲慢で滑稽なくらい厳粛な顔の表情が七〇年が過ぎた今でもありありと浮かんでくるのです。

盧溝橋事件が起こった一九三七年に入学し、真珠湾攻撃の翌年の一九四二年に卒業した私は京畿中学三八回卒業生になりますが、おそらく同期生の中で、金教臣《キムギョシン》先生が暫くの間京畿中学で教鞭を執られた事実を覚えている人間はほとんどいないのではないでしょうか。

東京師範学校（現筑波大学）を卒業された金先生はキリスト教的民族主義で、当時あたかも自宅の居間に出入りするかのように刑務所暮らしをされた方ですが、その時京畿中学の校長岩村もまた東京師範出身だったからでしょうか、そんな金先生を不憫に思ったのか、とにかく金先生を日本人教師だらけだった京畿中学に教師として招聘してきたのでした。私が四年生の時のことであります。ところが、それからいくらも経たずに金先生の姿が見えなくなったのです。追放されたのでした。金先生が何の科目を担当されていたのか分かりませんが、三年生の教室でカーテンを下ろし何か秘密めいた話をされていたのを、小牧という名の日本人の美術教師に見つかってしまったのでした。小牧という人物のとげとげしく憎たらしい面は今もってはっきりと覚えていますが、金教臣《キムギョシン》先生は追放された以降、各地を放浪者のように彷徨ったあげく、北の果ての地、茂山《ムサン》鉱山かどこかで亡くなられたという噂を後日耳にしました。しかし、中学校の時には優等生で鳴らし、それらしいポストに就いていた同級生に会った際、若しかして金先生のその後の消息を知っているかと尋ねたところ、金教臣《キムギョシン》とは誰のことかと逆に私は問い返えされたのでした。

何も京畿出身だからと言ってすべてがそうだというわけではないでしょうが、頭脳明晰と言われる京畿出身の秀材の中には、かくの如きボケ茄子もかなりいるのではあるまいか、そう思われてならないのです。

皇民化の洗礼を受けた後、韓国軍の首脳部を形成する京畿出身の壬午軍団

先に京畿中学五年間の生活は私にとっては懲役暮らしのようなものだったと言いましたが、朝の朝礼の時間には岩村校長自らの先唱で「詩吟」を吟じさせられたのです。詩吟とは漢詩を日本語に訳し日本流の曲をつけ、大きな声で吟じるものですが、毎日の朝吟じた漢詩は次のようなものだったのです。

少年老いやすく学成り難し／一寸の光陰軽んずべからず／いまだ覚めず池塘春草の夢／階前の梧葉すでに秋声

この詩は宋の時代の巨儒朱熹が詠んだ「偶成」という題の漢詩でありますが、私はその詩そのものが嫌いなのではなく、それが漂わす日本臭さに拒否感を感じていたのだろうと思うのです。それがいやでした。今振り返ってみれば、その当時私の体に染みついていた賛美歌的な情緒のために、その詩吟なるものが漂

わせる異質的な雰囲気に嫌悪感を感じていた一面もあったのではないでしょうか。

その詩吟が始まる頃には、すぐ隣にある普成中学の校庭からヨハンス・シュトラウスの「美しく碧きドナウ」の軽快で魅惑的なワルツが流れてくるではないですか。私はそのときもしできることなら、京畿中学の校庭（当時は花洞）を飛び出し、普成学校に走っていきたい衝動を抑えることができなかったのです。

当時の京畿中学の教育が徹底した皇民化教育だったというのは前にも言ったとおりですが、その教育とは朝鮮の言葉と名前を奪い、歴史や文化や朝鮮的なもののすべては賤しいもので、日本的なものこそが価値のある貴重なものだという思考を注入することを骨子とするものだったのです。当時はまだ知らなかったことですが、オーストラリアの白人たちが先住民のアボリジニーに実施した同化教育がまさにそのようなものでありました。

先ほど触れた朱熹の詩の話ですが、江戸時代日本に朱子学が伝えられたのは、秀吉の壬辰倭乱のとき捕虜として連れてこられた例えば姜沆《カンハン》のような学者たちによるもので、朝鮮人を通して学んだ朱子学や朱子の詩文が、今度は朝鮮人に日本化を強要する皇民化教育の手段として使われたという事実、これはまったくあきれた話ではないでしょうか。

私が京畿中学に通っていたとき、一番苦痛だったのは軍事教練でした。四年の時だったか新しく赴任してきた配属将校は、日本の士官学校出身の陸軍大佐でしたが、彼は実は李應俊《イウンジュン》という名前の朝鮮人でした。厳格な軍人で、「気をつけ」をする格好だとか敬礼するときの私の姿がひときわ様になっていなかったせいか、私は何度も彼から叱責を受けることとなったのです。

この李應俊《イウンジュン》大佐の陸士二六期の同窓生の中には李青天《イチョンチョン》将軍のような方もいたのです。李青天将軍は、三・一運動当時、日本軍から抜け出し民族運動に身を投じ、上海臨時政府傘下の光復軍総司令官も務め、解放後帰国し大同青年団を組織するなど愛国運動に献身した方なのです。しかし金九《キムグ》先生が暗殺され、光復軍が新生大韓民国で冷遇されるようになると、その後はそれこそ冷やめし組として世を去られたのですが、日本軍に居座った李應俊《イウンジュン》大佐はその後、日のあたる道を歩き続け、解放後李承晩《イスンマン》政権の下で初代陸軍参謀総長になったというのは、読者たちにもあまり知られてはいない話ではないでしょうか。

しかも京畿三八回卒業生の中からは、陸軍参謀総長など、韓国軍最高首脳部の将軍が三人も輩出されたのですが、そのすべてが日本陸軍士官学校を出た李應俊《イウンジュン》大佐の下で訓練をうけた者らであるのを果たして何人くらいの人が知っているでしょうか。その中で、申尚徹《シンサンチョル》、張昌国《チャンチャングック》の二人は正式に日本の陸軍士官学校に進学し軍人となり、学徒兵出身の金容培《キムヨンベ》君は陸軍大将の位にまで昇りつめたのです。とにかく初代陸軍参謀総長がかっての李應俊《イウンジュン》大佐で、その薫陶を受けた京畿三八回の同期の中から国軍最高首脳部の将軍が三人も出たとすれば、まさに大韓民国の国軍は京畿三八回生の手中にあったのだと言えましょう。そんなことからか、京畿三八回卒業生の同窓会は自らを壬午軍団と言うのだと聞いています。いかにも壬午軍乱が起こったのが一八八二年で、三八回生が卒業したのが六〇年後の一九四二年ですから、彼らが壬午軍団を名のるのも宜なる哉であります。

このことは同じく京畿の同窓生として誇るに値することであり、誰それ君は俺の同窓生だと自慢がましく吹聴してもよさそうな話ではありますが、若干心に引っかかることがなくはないのです。六〇万の国軍を手中に収め、意のままに従えていたのが壬午軍団であるならば、当然京畿中学時代に受けた皇民化教育の旧い垢はさっぱりと洗い落とし、そのうえで国軍の制服を着たのだろうと信じつつも、杞憂かも知れないが果たしてどうなのか、心もとない思いがしなくもありません。壬午軍団を支える人物の何人かが、皇民化教育にあれほどまでに熱心だった岩村校長を日本からソウルに招き、その前に跪いて、床に額をすりつける叩頭の礼をもって恩師に感謝の念を表したうえ、盛大な宴会を開いたということを伝え聞いたときは、私には鼻白む思いがしてどうすることもできませんでした。

今度は自分の話をしなくてはなりませんが、その壬午軍団のことです。「鄭敬謨の奴は国禁を犯して平《ピョン》壌《ヤン》を訪れ、金日成《キムイルソン》と会ったというのだから、スパイではないか。けしからん。除名処分にしよう」。こうして三八回同窓会はスパイだという理由で私に除名処分を下したということです。正式に通告を受けたことはありませんが。

話の序に京畿中学で歌わされた校歌について一言いわせて下さい。歌は次のようなもので、もちろん歌詞は日本語です。

十三道の　粋を抜き　衆を集めて一千余
花洞学舎の絢爛は　進取の気象に燃ゆるなり

これを「日本男児と生まれなば散兵線の華と散れ」の「日本陸軍の歌」の曲に合わせて唱うのです。

万朶の桜か襟の色　花は吉野に嵐吹く
日本男児と生まれなば　散兵線の華と散れ

これを歌わされる時はいつも幼稚園で歌っていたあの歌「私は小さな鳳仙花の種」を思い出し、「黒い身一つではじきだされ／暗い土の中に埋もれるのは／芽吹くときの春を待つため」が心に浮かび、落差の激しさに泣きたい思いでした。

解放空間を熾烈に生き、そして逝った我が友、李赫基

せっかく京畿中学三八回「壬午軍団」の話が出たついでに、同期の卒業生の中でもずば抜けた秀才だった李《イ》赫基《ヒョッキ》君の思い出話をもってその時分の話を締めくくろうと思います。

確か四年生の時でしたが同じクラスで、赫基《ヒョッキ》が前、私が後ろの席で勉強しました。その頃私は学校に嫌気がさしていて、英語にせよ数学にせよ成績は思わしくなかったのです。そんな私がどうして落第もせず退学もされずに京畿中学を卒業できたのか今考えても不思議ですが、あの頃の赫基《ヒョッキ》は、ああ秀才とはこういう奴のことを言うのだなと、驚くほど秀でた才能の持ち主だったのです。

ある日、梨花女専の音楽科で声楽を勉強していた姉が（結核ですでに亡くなっていました）、教科書として使っていた英語の本（オペラ）を学校に持ってきて休み時間に見ていたら、赫基《ヒョッキ》が私に、「なあお前、お前の実力でそれが何だか分かって読んでいるのか？」と言うのです。それはおそらく童話『ヘンゼルとグレーテル』を主題にしたオペラだったと記憶していますが、確かに私は実力不足で内容は分からず絵だけ見ていたところでした。赫基《ヒョッキ》はそれを取り上げさっと目を通すと、「その二人の兄と妹は食べるものが

なくて腹が空いているときで、そんな時は神様にお祈りをしなさいとお母さんが言い聞かせたという話だな」と言いながら本を返してくれたのです。私は心の中で「本当にこいつの英語の実力は大したものだな」と驚くばかりでした。

そんな才能の持ち主だから、卒業する前の四年の時、城大（京城帝国大学）予科の試験を受け、みごとに合格してしまいました。奴が城大予科に合格したあと、制服だったマントを引っかけ朴歯《ほうば》をはいて京畿中学の校庭に現れたとき、私だけではなく全校生が羨望の目差しで赫基《ヒョッキ》を眺めたのでした。眩しいくらいの姿でした。

その赫基《ヒョッキ》君が城大在学中徴兵で日本軍に引っ張られていましたが、陸軍少尉で解放を迎えてから帰ってくるや、いちはやく「学兵同盟」を組織し、当時夢陽呂運亨《モンヤンヨウンヒョン》先生が作った建国準備委員会傘下の「建国治安隊」を吸収するなど、めざましい活動を展開し、ついには「国軍準備隊」というのを創設したのでありますが、その指揮官の座に就いた赫基《ヒョッキ》君の麾下の部下が実に六万人を越えたというから、その勢力がいかに堂々たるものだったか想像してみてほしいのです。「国軍準備隊」は短い「解放空間」で最強の軍事組織だったのです。しかし、アメリカ軍政庁は険しい目差しで赫基《ヒョッキ》の動向を注視していたことでしょう。赫基《ヒョッキ》君は解放の年の秋、ソウルの明洞《ミョンドン》事務所で大会を開き、李青天《イチョンチョン》、金元奉《キムウォンボン》、武亭《ムジョン》、それに金日成《キムイルソン》まで入れて、彼ら四人を精神的指導者として迎えようという声明を発表したのでした。李青天は先にも言ったように三・一独立運動の時、日本軍から脱出し抗日独立運動に身を捧げた陸士二六期生であり、金元奉は義烈団を創設して武装闘争をした後、上海臨時政府の傘下に入り光復軍司令官を務めた人物であり、武亭は朝鮮人としては唯一毛沢東の長征に加わった人物であったのです。

後から正式に大韓民国の国軍となる「国防警備隊」がアメリカの軍政庁の下で発足したのは解放の翌年である四六年一月一五日ですが、その二〇日前の四五年一二月二六日、さっきの四名を正式な指導者として推戴するという赫基《ヒョッキ》君の組織の大会が開かれました。そして一月二〇日軍政庁傘下の「国防警備隊」が「国軍準備隊」の明洞《ミョンドン》事務所を襲撃したのでした。たくさんの死者が出たといいます。

私はその襲撃戦の時、直接「国防警備隊」を指揮したのがあの李應俊《イウンジュン》大佐だったのかどうか、またその襲撃部隊の中にあとから「壬午軍団」を称することになる京畿中学出身の面々がいたのかいなかったのか知るよしもありません。ただ象徴的に言えば、李應俊《イウンジュン》大佐と同じ日本の陸士二六期生だった李青天将軍を精神的指導者に推戴した李赫基《イヒョッキ》の部隊と、李應俊《イウンジュン》大佐の薫陶を受けた京畿中学の「壬午軍団」の兵力が相対してソウルのど真ん中で激戦を繰り広げたという事実は、朝鮮戦争の本質を語っているものであり、また悲劇的な戦争の最初の戦闘であったということを明らかにしておこうと思うのです。

李赫基《イヒョッキ》の軍隊について私がこれほど詳しく知っているのは、ブルース・カミングスの名著『朝鮮戦争の起源』（鄭敬謨・林哲共訳、シアレヒム社、一九八九年）の日本語版を私が翻訳して出版したからで、この本によれば、当時赫基《ヒョッキ》は捕虜になって軍政裁判で裁かれ三年の懲役を言い渡されたと発表されたということでありますが、実は行方が分からなくなってしまったのです。密かに指示を受けた何者かによって射殺されたのだと同窓生の一人が知らせてくれました。赫基《ヒョッキ》が二十二歳の時でした。

私がこの世に別れを告げ、あの世に行って赫基《ヒョッキ》君に会ったならどんな会話が交わされるでしょうか。

「おい赫基《ヒョッキ》！　何十年ぶりかな？」「敬謨《キョンモ》、ここは一日が千年のようで、千年が一日のような冥界じゃないか。七〇年なんてあっという間のことだよ。」「しかしお前はどうして壬午軍団のように星をぶら下げた将軍にもなれず、そんなに早く死んだんだ？　李應俊《イウンジュン》大佐のとこに行ってちょっとばかり尻尾を振ったとすれば、国軍六〇万はお前の手中にころがり込んで来たはずじゃないか。」「李應俊《イウンジュン》大佐はアメリカ軍政庁の警務部長趙炳玉《チョビョンオク》が背後勢力だったが、俺が誰に向かって尻尾を振るんだ？　済州島四・三事件のとき大韓民国の安泰のためなら島民全体にガソリンを撒いて焼き殺しても構わないとの妄言をためらわなかった人物が彼だったじゃないか（金奉鉉『済州島血の歴史』国書刊行会、一九七八年）。」

「いくら歴史に「もし」はないとはいうが、羽振りよく生きられる道もあっただろうに……、後悔はないのか？」「お前は日本に留学をした上にアメリカ留学までして、英語や日本語の実力も本格的なものと聞いたが、どうしてそんなざまで四〇年間も亡命生活をしてから、ここにやってきたんだ？　しかも金大《キムデ》中《ジュン》氏が日本に亡命してきたとき、亡命者はお前と金大中《キムデジュン》氏二人しかいなかったはずだが、なぜ大統領になった後金大中《キムデジュン》氏からそんなに冷たくされたんだ？　冷遇されたどころか、敵視されたんじゃないのか？尻尾を振れば、何かそれらしいポストにつくこともできただろうに、お前こそ後悔はしないのか？」「やいこいつめ、お前はお前が正しいと信じる道を行ったし、俺は俺なりに自分が正しいと信じた道を行っただけで、後悔なんかあるわけないじゃないか？」「それもそうだね、後悔はないよな。」

第2章

「解放軍」がもたらした戦争

日本のために身を捧げよと叫んだ春園李光洙、六堂崔南善

私がこの世に生を受けた時、父はおくるみに包まれた私を礼拝堂の聖壇の上に寝かせ、この子を神様に捧げますという誓いの言葉を捧げたといいます。捧げるというのは私を聖職者、つまり牧師にさせるということで、それで私は中学校の二年くらいまでは、長じて牧師になるのは当然なことだと考えていたのです。

ある日学校から家に帰ると、父と母が大きな声で言い争っているではないですか。私は後にも先にも二人が激した言葉で言い争う場面など一度も見たことはないのですが、母は絶対に息子を牧師なんかにさせるわけにはいかないと父に食ってかかっていました。父が開拓教会の仕事をしていたとき苛まれた貧困が母は身にしみていたのです。その時の二人の妥協案は、牧師の代わりに医者にさせるということでした。私は父母には従順な子どもだったのでしょう、それなら医者になるよと、私はその場で二人の前で約束をしたのでした。

京畿中学を出たのは真珠湾攻撃の翌年の一九四二年ですが、学校での成績はどんじりに近いもので、城大（京城帝大）医学部は言うまでもなく、京城医専や当時のセブランス医専（今の延世大学医学部）など、いわば当時では二流の学校の入試にも到底挑戦できるような状況ではありませんでした。そのうえ軍事教練の点数が落第点の五三点だったので朝鮮のなかでは私のような者を受け入れてくれる医学校はなかったことでしょう。それで日本に飛び出していったのです。京畿中学で後れをとった成績を浪人しながら一気に取り戻そうという覚悟だったのです。

その時もっと心に差し迫っていた恐怖は、次の年一九四三年（昭和十八年）からは朝鮮人にも徴兵令が実施される予定になっていて、私や同年配の二四年（大正十三年）生まれの朝鮮人は日本軍への入隊が義務化される予定になっていることでありました。但し医学部か工学部に限っては徴兵の義務を免除されることになっていて、あの時私からすれば医学校に入れるかどうかは文字通り生きるか死ぬかの問題であったわけでした。

まずは今の市ヶ谷通りにあった予備校に入り、ありったけの力をふりしぼって勉強に熱中しました。明け方から夜遅くまでそれこそ捩じり鉢巻き、そこまで精神を集中させて勉強に励んだのは生まれて初めてでしたが、こうして半年ばかりしてみたら、その予備校の定期模擬試験では英語であれ数学であれ主席の座を占めるのは大抵私でした。もしこのくらいの実力を身に付けた私が再び京畿中学に戻るとすれば、俺も秀材と言う者の部類に入るのではないか、密かにそんな気持ちもしなくはありませんでした。当時私が目標に定めていた学校は言うまでもなく慶應大学医学部予科です。慶應大学は「脱亜入欧」思想の提唱者で有名な福沢諭吉の創建による大学で、これが問題を抱えた思想だという事実を知るまでには長い歳月が流れましたが、しかし当時からすればリベラルな色彩が濃厚なハイカラな学校であり、しかも慶應は旧韓末時代尹致昊《ユンチホ》や兪吉濬《ユギルチュン》のような人物に思想的な影響を及ぼしたこともあり、当然私の第一志望は慶應であったのです。

しかし、元来名門として名高い上に、医学部に入学すれば軍隊に行かなくても済むという特典が付いているので、同年輩の日本の生徒たちにしてみれば、是が非でも入りたい学校だったことでしょう。募集人員はわずか一〇〇名でありましたが、実に三五〇〇名もの受験生が集まってきたのです。空の星をもぎ取るとはこういうことを言う言葉でしょうが、なんと私はその星を取ることに成功したのでした。ああ、助かった！　合格者名簿に自分の番号を発見したときの喜びは到底言葉では言い尽くせるものではありませんでした。また実際入ってみると、朝鮮よりも規律が緩くて、日本の学友たちとも気兼ねなく下宿の部屋を訪ねて行ったり、誰それ君と呼び合う仲になったりして、本当に刑務所から抜け出した囚人さながら胸いっぱい解放感を満喫しながら大路を闊歩するような気持ちでした。

慶應大学予科がある横浜の日吉はその時分は閑散としたのどかな村で、緑の森に囲まれた牧歌的な学園の里でした。その上、白壁の校舎はひときわ優雅であり、校庭には赤いロードデンドロン（石楠花）が咲き乱れていて、これはみな父母のお陰でしたが、植民地の民としては稀有な自由を謳歌していたのではなかったでしょうか。

入学式も終わり実験室で顕微鏡を覗いたりしていたそんなある日、何か通知書のようなものが舞いこんで来たので、東京市内の神田にある明治大学の大講堂に行ってみたら、その時留学生として来ていた数千人の朝鮮の学生たちでその広い講堂が埋め尽くされていたのです。その年（一九四三年）からは朝鮮人の青年にも「学徒動員令」が下され、徴兵対象より歳が上でも、専門・大学に在学中の学生たちは全員学徒志願兵として戦場へ狩り出されることになっていました。その大会は朝鮮の学生たちを鼓舞激励するための集会だったのです。

壁には、「殺身成仁」（身を殺して仁を成す）とか「大義滅親」（大義のためには親の言うことも顧みない）とかの垂れ幕が掛けられていて、肩に大きな星をつけた偉そうな日本の軍人たちが壇上を占めるものものしい雰囲気の中で、春園李光洙《イグァンス》、六堂崔南善《チェナムソン》がマイクを握って熱弁をふるいはじめたのでありました。

「朝鮮民族の真の繁栄のためには、我々は皆朝鮮人であるということを忘れ、血も肉も日本人となり天皇陛下の真の赤子をして命を捧げなければならない」というのが春園の主張であり、続いて立ち上がった六堂は何やら高句麗の歴史から説き始めた熱弁をふるっているうち、あまりに興奮していたのか、ベルトが外れてズボンがずり落ちてしまう醜態を演ずるや、座っていた数千人の学生たちが「ワーッ」と一斉に立ち上がり、馬鹿野郎、犬畜生めと二人に罵詈雑言を浴びせるという修羅場が展開されたのでした。そのときの光景を目撃した人間は、今やもう私以外ほとんど残っていないだろうし、この機会に歴史の証言の一コマとしてここに書き残しておきたいと思うのです。

嵐の前夜に出会った終生の伴侶

一九四二年日本に渡ってきて一年間、浪人生活をしながら住んだところは、早世した姉の夫、つまり私の義兄がやはり留学生として法政大学を出る時まで世話になっていた、ある名門の家柄の邸宅（王子所在）でした。しかし翌年入学した慶應大学は、そこから通学するにはかなり遠いこともあって、やむなく学校の近所に下宿を探すこととなったのです。たまたまその家の奥方がこう私に耳打ちしてくれました。横浜の日吉にある慶應大学の校舎の一部が海軍に接収され、軍人たちが大勢押し寄せてきているので、近所の住民たちはどうせ部屋を貸すのなら、軍人よりは学生に貸したほうがよいと思っているらしいというのです。その足で日吉に赴き、ほとんど半日かけて街中をくまなく歩き回ったのですが、結局無駄足になってしまいました。空き部屋はないということでした。聞いていた話とは大違いで、がっかりしながら、これで最後にしようとある横道に入ってみると、そこは落ち着いた佇まいの住宅街でした。ふと見ると庭の芝生もよく手入れされ、門から玄関までの小径に何となく雅趣が漂う一軒の家が立っていたのです。玄関を開けて入ると主人の奥さんが出てきたので、慶應大学医学部の新入生ですが下宿を探しているのですと、辞を低くして来意を告げました。その時、私は十九歳、顔にニキビだらけの少年です。応対に出られたおばさんは、そんな顔の私を憎からず思ってくださったのか、明日もう一度来てくれと言われました。まだ娘が学校から帰ってきていないので、相談してから知らせるということだったのです。

プロテスタンティズムの長老派を創始したのはカルヴァンですが、彼の主張は予定論というものでありました。人間が救いを受けるか受けられないか、つまり死んでから天国に行けるか行けないかは、その人間が生まれる以前から予め創造主によって決められているというのが予定論の趣旨ですが、死ぬ瞬間は、その人間が歩んできた人生歴程の総決算の時であり、だとすればその人生の悲喜哀楽はあらかじめ定められたプログラムによるものだという意味になりかねませんし、要するにカルヴァンは長老派の創始者として信者たちに、人生は運命のしからしめるものだという一種の宿命論を説いたということにならないでしょうか。とはいえ、たとい私が長老派の家庭で成長したのは事実だとしても、まさかそのまま宿命を信ずることなどできるはずが無いではありませんか。

ところがです。不思議なことでありますが、八十歳の人生を生き抜いてきて、今こし方の路を振り返ってみると、あの時十九歳の歳で下宿を探そうと日吉の町のその家の玄関を開けたその瞬間、私の人生のその後の歴程はすべて決定されたようなものであるのです。予定論そのものなのです。

もう一度来いと言われるままに、次の日また行ってみました。そのおばさんは、いつでもいいから引っ越してくるようにと言って下さるので、明日荷物をもって参りますとお礼を言ってから家を出ました。その家の娘さんに会っておこうというつもりもないままにです。その時、顔も見ずに出てきたその家の娘さんが今日まで偕老を期して人生の路をともに歩んできた現在の妻であり、私を心からかわいがってくださったおばさんが、義母になったというわけなのです。

そしておばさん、娘さん、そして下宿生の私の三人で朝夕一緒にご飯を食べながら、仲睦まじくひとつ屋根の下で生活をするようになったのです。

入学式直後の四月、連合艦隊司令官山本五十六海軍大将が乗っていた搭乗機を、ソロモン群島で追撃されて戦死し、追悼会が学校で開かれたり、何かただならぬ事態が近づいてきているという予感はありましたが、B29の爆撃が本格的に始まったのは、次の年からで、私は勉強に熱中しながら平穏な学窓生活を続けていたのです。

当時の日本では医学生といえば、必ずドイツ語の勉強に集中せねばならず、クラスメイトたちも、誰がシューベルトのセレナーデをドイツ語で先に歌えるようになるか競争をしたものです。私は声楽を専攻していた姉がいつも歌を口ずさんでいたためか、もちろん歌詞は朝鮮語でしたが、メロディーは体に染みついているも同然で、クラスで一番初めにセレナーデをドイツ語で歌えるようになったのは私でした。それから何十年の後、医者ではなく運動家として再び日本にやって来て、若い人たちと親しくなり、ビールでも何杯かひっかけたあと、すぐシューベルトの歌曲をドイツ語で歌っては拍手喝采を浴びたりするのは、慶應大学時代に身に付けたドイツ語の実力のお陰なのです。

雪降る極寒期が近づく前、平穏で風のない冬至前後の何日かの間のことを英語でハルシオンデイズ

(halcyon days) と呼ぶのですが、私にとって大学予科時代の二年間のその安穏な時期が、まさにそうした日々でありました。そのあとすぐに、厳冬雪寒の時季が迫ってくるのですが……。

爆撃の恐怖の中での愛の誓い

東京で真昼に米軍のB29爆撃機が編隊を組んで押し寄せてきたのを遠くから目撃したのは、一九四四年一一月頃でした。その年の六月にはすでに米機動部隊がサイパンを占領したというニュースが新聞にも出たので、遠からずその島を基地として長距離爆撃機が日本本土攻撃をするだろうという予想はしていたのです。

四五年に入るや、正月頃からしょっちゅう空襲警報が鳴っていて、三月一〇日明け方には、なんと三〇〇機を超えるB29が群れをなして押しよせ、東京の下町一帯が廃墟になっただけではなく、その晩、火に焼かれて死んだ人間が一〇万名を超えるという驚くべき惨事が繰り広げられました。私がいた日吉は遠くサイパンから飛んできた爆撃機が東京に行く道筋だったのか、飛行機の中にいる米軍パイロットがほとんど見えるほどの低空飛行で数限りなく飛んで行ったのです。梯子をかけて屋根に上って見たら、東京方面は火の海です。米軍がちょうどその日を選んで大爆撃を断行したのは、その日が日露戦争のとき日本が勝利をおさめた奉天の戦いを記念する陸軍記念日であったからだと思われるのです。その日の米軍の空襲は実に身ぶるいがするほど恐ろしいものでした。

そんな歳月が流れていたその年六月初めのある日、家から手紙が舞い込んできました。驚いたことに、どうやって手に入れたのか東京から福岡までの汽車の切符が同封されていました。その頃はそんな切符など並大抵のことでなくては日本の中にいても入手できるものではなかったのです。そして、火曜日の午前一〇時ならいつでも構わないから、福岡近郊の雁ノ巣飛行場に行って待てば、飛行機がきてソウルまで乗せてくれるから、家に帰って来いとの父の言いつけが添えられていました。その時は学校もある地方都市に疎開するという噂も出回っていたところでほとんど授業も途絶え、関釜連絡船は米海軍潜水艦によってことごとく撃沈されてしまい、船便も無くなっていたのです。大切な息子をそんなところに置いては爆撃で殺されてしまうと、両親は必死の努力で救命策を講じたのでありました。

後で分かることになりますが、ソウルの龍山《ヨンサン》に司令部を置いている日本陸軍第二〇師団の連絡機が毎週火曜に一回、汝矣島《ヨイド》と雁ノ巣の飛行場を往復していたのですが、その連絡機の日本人パイロットに金を握らせ頼んだのでした。

かすかな記憶ですが、ある日曜日の朝、東京駅から汽車に乗ったと思います。福岡まではまる二四時間かかる旅だったので、福岡市内で一晩泊って次の日一〇時に合わせ雁ノ巣飛行場に行く予定でした。

問題は家を発つ前の日の夕方に繰り広げられたドラマであります。翌朝には発たなくてはなりません。多感だった頃の少年が二年もの間過ごした家を離れることになって、私が木石でもない限り、どうして心が千々に乱れないことがありえましょうか。彼女は翌日別れを告げるとすれば、何時また逢えるようになるのか、再会を期し難いのがその時の状況でしたから、胸の中は穏やかではあり得なかったでしょう。お母さんは部屋におられ、彼女と私は庭の床机に腰をかけて互いに一言もなく黙って空ばかり見上げていたのです。その日に限ってB29の来襲もなく、初夏の澄んだ空には静かに天の川が流れていました。その頃は日吉の空でも夜ともなれば燦爛とした天の川の流れが見えていたのです。

その時彼女はそっと私の肩に頭を乗せていましたが、暫くすると洟水をすすり始めました。私が、いかなる言葉をもって語りかけたにせよ、彼女の胸の内を慰めてあげることができたでしょうか。彼女を胸に抱き締め、耳元で約束をしたのでした。必ずまた帰ってくるから待っていてくれと。

夜が更けてから、私が寝床につき寝付かれない時を過ごしていると、奥の自分の部屋からかすかに彼女の忍び泣きの声が聞こえてきたかと思うと、それが次第次第に号泣に変わっていくではないですか。これはいけないと思い、起き上がって服を着替えて外に出て行こうとすると、お母さんが入ってこられました。そして私に聞きました。あの子があんなに泣いているのにどうしたらいいのだろうかと。彼女を部屋に連れてきてくださいと申し上げ、私は二人の前で厳粛に約束をしたのでした。誓って必ずまた戻ってくるから、私の言葉を信じて待っているようにと。

翌日家を出るのですが、東京駅まで送って行くと言っていた彼女の眼は腫れ上がり、とても外出できるような状態ではありません。門の前で別れを告げ東京駅に向かったのですが、何と不思議なことでしょうか、本当にその日からちょうど五年四カ月ぶりの一九五〇年一〇月、約束どおり回り回って太平洋を越えアメリカから日吉の昔そのままの家に再び戻ってくることになったのです。まさに奇蹟が起こったのです。

日本の降伏、そして「解放軍」として迎えられたアメリカ

四五年六月のある日曜日の夕方、福岡に到着して泊る旅館を決め、そこで本やノートをまとめておいた

旅装を解いたのですが、その時はもう食糧がなくて、旅館でも客に食事を出すことができなくなっていたのです。日吉の下宿のお母さまが作ってくれた握り飯で夕飯を済ませ、疲労のあまりそのまま眠り込んでいたら、突然サイレンが鳴りひびき、人々の騒ぎ声が聞こえてきたのでした。ぱっと起きて窓の外を見たら、もう火の手が隣の家まで迫っているではないですか。B29の爆撃が始まったのです。リュックサックを背負う暇もなく、そのまま外に飛び出し、人々が群れをなして集まっている公園のようなところに向かい、そこで一晩明かしてから、空が白むと歩いて飛行場に向いました。平時ならば福岡市内から雁ノ巣までは路面電車があったはずですが、すべて途絶された状況だったため、海沿いの道に沿って飛行場にたどりつきました。美しい海でした。午前九時前頃だったでしょうか、私はわけもわからぬまま呆然と立って手紙の指示通り一〇時を待つほかはなく、原っぱに立ちつくしていたら、果たせるかな上空にトンボのような飛行機が現れ着陸したのです。連絡機でした。

飛行機が再び空に飛び立つと、一緒に乗っていたある日本の乗務員が耳打ちしてくれました。龍山《ヨンサン》の陸軍司令部からの情報では、近くにアメリカの航空母艦はいないが、ひょっとしてグラマン戦闘機に遭遇することにでもなれば玄界灘に墜落し、魚のえさになるほかないと言うのでした。

海上を飛ぶ一時間程の間、緊張し通しではありましたが、天気は晴れ渡っており、足元を流れゆく白雲の下に見える碧い海の景色はただ溜息が出るほど美しかったのでした。ともかくも、あっという間に無事汝矣島《ヨイド》飛行場に着陸し、気が抜けるほど簡単に家に帰って来たのです。その日夕食は、親たちがどこであれ程貴重な牛肉を手に入れてきたのか、コムタン（肉汁）やらノビアニ（焼肉）やら豪華な御馳走が並び、お膳の脚がしなるほどでしたが、母と娘の二人が向かい合っているはずの日吉の家のことが気になり、つらい思いでもありました。

その間アメリカのB29が朝鮮を空襲することはなく、むしろ朝鮮人の間では、日本が負ける日、我々は解放され、国が独立するだろう、というカイロ宣言（一九四四年一一月）の約束は、漠然とながらかなり広範囲に知れわたっていたのでした。この噂が外部に漏れた経路は二つだったと後で判ったのですが、ひとつは「京城放送局」（JODK）の朝鮮人職員が傍聴した海外放送を噂として広めたということ、もうひとつは夢陽《モンヤン》呂運亨《ヨウンヒョン》先生の地下組織である「建国同盟」傘下のある京畿中学生が自分で組み立てた短波ラジオを家の地下室でこっそり聞いて、すぐにその情報を夢陽《モンヤン》先生に伝えたということでしたが、ともかくこのような噂が広まったので、特に婦人たちは飛行機の上からでもすぐ識別できるよう、白い服を着て歩いたというのでした。白い服であれば朝鮮人だということが分かり、アメリカの戦闘機のパイロットは決して朝鮮人には機銃を撃たないだろうという確信からであったのでした。家の門柱に羊の血を塗っておけば死の天使はイスラエルの民の家だと知って、禍を及ぼさないだろうという、『旧約』の過越し祭の信仰がまさにそれであるわけですが、この素朴な信仰がいかに無残に踏みにじられるようになるのか、またそれがどれだけ大きな失望を私たちに抱かせることになるのか、だんだんと明らかになるでしょう。

とはいえ、カイロ宣言の内容を具体的に知る人はなく、日本がいつ降伏して、アメリカはいつ我々に解放をもたらしてくれるのかを知る人もおりませんでした。

しかし、それこそマタイ福音書二四章の言う「盗賊」の如く、何の前ぶれもなしに、ついにその日は突然やって来たのでした。八月一五日の正午、京城放送のラジオで天皇裕仁の玉音放送が始まったのですが、当時のラジオは何せ雑音が激しくて、よくは聞き取れなかったものの、日本が連合軍に降伏したという趣旨だけは正確に知ることができたのです。私が飛行機に乗せられ、日本から父母のもとに帰り着いてから二カ月ばかり後であったのです。

一族郎党を部屋に呼び集め、ついに解放の日が来たことを神に感謝し、また主の摂理に従って我が民族に解放の喜びをもたらしてくれたアメリカに対し祝福を与えたまえと、むせび泣くような声で祈った父の姿が、つい昨日のことのように鮮やかに目に蘇ってくるのです。エホバの神の御志《みこころざし》により日帝を打ち破って、解放の歓喜を我々に抱かせてくれたアメリカに対する感謝の念は、父も私もまったく同じく真摯で強烈だったのは言うまでもありません。

沖縄を出発したホッジ中将麾下の第二四軍団が二一隻の艦船に分乗し、第七艦隊の護衛を受けながら三日間の航海を経て、九月八日仁川《インチョン》の月尾島《ウォルミド》に上陸、二〇〇台のトラックに分乗し京仁《キョンイン》街道を疾走してソウルに入城するのは翌九月九日のことでした。解放が伝えられたその日、朝鮮人は万歳を叫んで大喜びして、家にこっそり仕込んでおいたマッコリを甕ごと道端に持ち出して、道行く人々に一杯ずつ振舞うなど、一様にお祭り気分で盛り上がっていたのでした。

米軍のソウル入城——その時すでに引かれていた三八度線

アメリカ軍がソウルに入城してきたのは一九四五年九月九日でありますが、それ以前すでに三八度線が引かれて国が二つに分断されていた事実を知っている人はそのとき一人もいませんでした。しかも、彼らのソウル入城以前、沖縄の米軍と総督府の間に、どのような無線連絡が行き交っていたのか、また九月六日米軍の先遣隊が秘密裏に飛行機でソウルに飛来し、総督府の日本人たちと飲めや食えやの盛大な宴会で陽気に時間を過ごしながら、どのような密談を取り交わしたのか、それから六〇余年が過ぎた今日正確に知る人は、歴史の専門家も含めて、果たしてどのくらいいるのだろうか、疑念を抑えることができません。

三八度線で朝鮮がアメリカとソ連の二つの国の管轄区域に分けられるという噂が広がりだしたのは、解放のその日から一〇日くらい過ぎた八月二五日頃ではなかったのかと思うのですが、その噂がわずか五年の後に来る恐ろしい災難の火種のもとだったという事実を知る人は、誰もいなかったのです。

日本政府の代表として陸軍参謀次長河辺虎四郎陸軍中将がマニラに到着したのは八月一九日であり、後に正式に発表されるべき連合軍司令部の「一般命令書（General Order）第一号」をあらかじめマッカーサーから引き渡されたのはその明くる日でありますが、まさにその命令書の中に三八度線の設定に関する説明が含まれていたのです。ソウルの朝鮮総督府が東京から連絡を受けたのは八月二二日であったと記録に記されていますが、どういうわけか、これが正式には発表されず噂でだけ広まったので、よるとさわるとその話題で人々の心はざわめいていました。

そうした九月二日のことだったと思いますが、P38とかいう胴体が二本の飛行機が飛来して、汝矣島《ヨイド》飛行場上空を旋回し、ビラをまいてはどこかに飛び去りました。五日後にもまた同じようにビラがまかれたのです。

村の人々は、そのビラを持ってきて、英語を知っているという私に何の意味かと尋ねました。しかし今考えると恥ずかしいことこの上ないことですが、英語が少しばかり分かる私にしても、目に一丁字もない村の人々にしても、ビラの内容についての無知さ加減においてはまったく一緒でした。そのビラがもし英語の試験問題だったとしたら、私は知っている単語と文法の知識を総動員して、あるいは満点をつけられる程の回答を提出しえたのかも知れません。しかしその文章が本当は何を意味するものなのか、率直に言ってその時の私には理解する能力はありませんでした。そのビラを詳しく読んでみると、こんな内容でした。

①米軍が上陸した後、諸般の命令は既存の行政機構を通して発布される。

②日本人および米上陸軍に対する反乱行為は厳罰に処せられるだろう。

③その厳罰の中には死刑も含まれる。

もしその時の私にこの文章の真意がきちんと理解できたとしたら、当然何のたわごとかとかんかんになって怒ったことでしょう。

①我々は解放されたと小躍りして喜んでいるのに、なぜ既存の行政機構、つまり総督府を通して命令を受けねばならないのか。

②アメリカの上陸軍に対してはそうだとしても、日本人に対する反乱行為を厳罰に処すというのはどういうことであり、

③しかもそれに対する処罰の中に死刑が含まれているとは、これが果たして我々に解放をもたらしてくれたという米軍の言い草であるのか？

話を戻して、仁川《インチョン》の月尾島《ウォルミド》に上陸したホッジ中将の米軍部隊が二〇〇台余りのトラックに分乗して京《キョ》仁街道《ンイン》を疾走しながらソウルに入城した九月九日の話をするとしましょう。

私は米軍部隊を歓迎しようと、はやる気持ちで前日から家で大騒ぎをしていました。その時は貴重品だった木綿のキャラコを二疋も持ち出して、英語で一つには「われわれの解放軍（Emancipator）アメリカ軍

大歓迎」と書き、もう一つには「平和の使徒（Apostles of Peace）に神の祝福を」と毛筆で自ら筆で書いて横断幕を作ったのです。そして翌日の昼、永登浦《ヨンドゥンポ》駅前大通りに詰めかけた群衆たちにその横断幕を高々と掲げさせ、私は喉が張り裂けんばかりに万歳を叫びながら米軍を迎えたのでした。

これは実に逆説的で予言的な光景ではなかったでしょうか。米軍が入ってくることで起きたのは戦争であって、「平和」でありませんでした。また彼らが我々にもたらしてくれたものが真の解放であったならば、何故にわれわれは「第二の解放」だの「第二の建国」だのを叫ぶ必要があったのでしょうか。

それはともかく私が横断幕に書いた、「Emancipator」という英語の単語が彼らには意外なものであり、とても印象的だったのでしょうか、米軍政が実施されると、ソウルと仁川《インチョン》の間を走っていた小型の蒸気機関車には「解放者《ヘバンジャ》」という、朝鮮語としてはあまり馴染みがなく、不自然な名前が付けられ、私は苦笑いを浮かべるほかありませんでした。

後から知った事実ですが、その時米軍は朝鮮人たちが敵愾心を抱いて銃撃してきたり、爆弾テロをしかけたりしないかと相当恐れていたというのです。それは自分たちが朝鮮人に敵愾心を抱いて、いざとなったら一戦交える覚悟でひどく緊張しながらソウルに向かっていたからなのですが、群衆たちが万歳を叫び、解放軍として自分たちを迎えてくれたことを、むしろ訝しく思ったわけでした。

彼らがどうしてそんなにまで恐れの気持ちを抱きながらを朝鮮に入ってきたのか、いまその理由を語らなければならない時が来たようです。

日本人を救う目的で朝鮮にやってきたアメリカ軍

マッカーサーの命令で、マニラの米軍第二四軍団と朝鮮の日本軍第一七方面軍の間で無線連絡が始まったのは一九四五年八月三一日午後六時、指定された周波数は昼間四五五〇、夜間一〇五〇キロサイクルで、使用言語は英語と指定されていました。その時総督府には英語が堪能な小田安馬という補佐官がいましたが、この人に関する話は後からまたするとしましょう。

無線交信が始まるや、「警察に対する朝鮮人暴徒たちの暴力行為は、到底見るに耐えない」「武器弾薬の略奪が各地で横行している」「共産主義者らが乱暴狼藉をはたらいている」「独立を扇動する者たちが騒乱を起こしており、平和と秩序は紊乱の極に達している」「米軍が上陸すると、朝鮮人の赤色労働組合が破壊工作を敢行する可能性が濃厚だ」などなど、朝鮮人に対する根拠のない中傷と悪罵がソウルからマニラへ洪水のごとく流れ始めたのでした。もし朝鮮人に対するこのような中傷と罵倒を注ぎ込んだとすれば、当然自分たち日本人は「不逞鮮人」の乱動を阻止すべく全力をあげていると同時に、米軍の上陸に際しては全面的な協力を惜しまないだろうくらいの媚びへつらいはあったのではないでしょうか。

仁川《インチョン》上陸を控えた四日前の九月四日、南朝鮮駐屯米軍司令官に予定されていたホッジ中将は、麾下二四軍団の将兵たちに次のような緊急通告文を下したのでした。「朝鮮人はアメリカの敵と規定されており、従って降伏に付随するすべての条件を履行する義務を負わせる一方、日本人は我々の友好国民と見なす。」

四四年六月、アメリカ軍がノルマンディー上陸を強行したのは、ナチスドイツを叩きフランスを救うのが目的でした。ところがそれから一年三カ月後の米軍の仁川《インチョン》上陸は、逆に日本を救い朝鮮を叩こうというのが目的だったとしたら、これは何と嘆かわしい逆説なのでしょうか。

ついにホッジ一行が仁川《インチョン》に到着した九月八日、仁川《インチョン》の住民たちは喜び勇んで万歳を叫びながら埠頭に押しかけていったことでしょう。しかし、黒い警察服に着替えた日本軍武装部隊が立ちはだかり接近を遮ったのです。それでも群衆たちが埠頭の方に入って米軍を歓迎しようとしたところ、日本軍は即刻発砲し、二人を撃ち殺したのでした。死んだ二人は建国準備委員会傘下の治安隊に所属している権平根《クォンピョングン》と李錫九《イソック》であったと、ブルース・カミングスの著書『朝鮮戦争の起源Ⅰ』には記されております。朝鮮人は絶対に接近させてはならず、言うことを聞かなければ発砲してもかまわないとホッジは予め日本人に許可を与えていたのでした。解放直後のあの日（九月二日）、米軍の飛行機が撒いて行ったビラの真意が何だったのか、いま分かったでしょうか？

今度は、英語が堪能な小田安馬の話でありますが、九月六日ホッジの一行に先立ってアメリカの先遣隊三一名がソウルに入り、総督府の日本人高官たちと賑やかに酒盛りをして何日かを過ごしたという驚くべき事実を明らかにすることにしましょう。先遣隊の引率者ハリス中将は金浦飛行場に到着し、出迎えの総督府歓迎団が差し向けた車で宿舎の朝鮮ホテルに向かう途中、車に同乗した通訳に、「ミスター小田安馬に会いたい」と言ったところ、その通訳がまさに小田安馬だったので、互いに驚いたということが記録に残されていますが、ハリスは朝鮮に来ていたある宣教師から、「英語が流暢で信頼できる人物」として小田の話を聞いていたのでした。

先遣隊の任務は、後続部隊のための宿舎・病院・倉庫などの提供を要求するという比較的簡単な事務だったのですが、仕事が終わるとすぐ日本側主催の宴会が始まり、明け方の三時まで飲めや食えやの豪華絢爛たる宴会を楽しんだと記録されています。次の日の午前一〇時、まだ口から酒の臭いが消えていなかったハリスの米軍側と、ひどく緊張していた遠藤政務総監の総督府側が、総監の応接室で実務に関する会議を始めたのですが、まずハリスから今後米軍が、現存する総督府の人員と機構をそのまま使用して統治を実行することに異議はないかと話を切り出したのです。

これはまさに願ったりかなったりではないのか。心の中で快哉を叫んだ遠藤が「いま将軍のおっしゃったことは重大事項ですから、文書で残していいですか」と尋ねると、些かばかり酔いの醒めたハリスは「本件を正式に決定するのは後から来るホッジ中将であって、本官の任務は我々の意図を簡単に知らせ、その準備を促すものと理解せよ」と言ったといいます。

ともかくその会議で合意した了解事項は次のようなものでした。「アメリカ軍司令官は行政全般にかけて日本総督に指令を下すが、具体的な行政に対する管理監督は、既存の機構たる総督府を通して実施する」（*Bulletin of Asian Schools*, 1973. 12）。

マッカーサー司令部が天皇制をそのまま維持し、統治施策の実施は既存の日本政府の機構に一任するという政策を用いたように、米軍は南朝鮮でも総督府をそのまま維持して、あらゆる統治と行政を日本人に委ねるつもりだったのです。よってカイロ宣言がその時点で既に不渡り手形となったのは明らかです。

奇妙な偶然のいたずらとでも言うべきでしょうか、一九五一年に板門店《パンムンジョム》で休戦会談が始まったとき、私はマッカーサー司令部から派遣されて、そこで通訳の仕事をすることになりますが、さっき話題にした先遣隊の隊長ハリス中将もそこに来ていて、彼の通訳も務めたのです。小田安馬の仕事を私が引き継いだ格好ですが、これは偶然にしてはずいぶんと奇妙な偶然ではないですか。

痛恨の三八度線――一方的に米軍が引きソ連が黙認

せっかく話が出たついでに、朝鮮を「自由で独立した国」にしようと約束した、あの「カイロ宣言」というものが、どのような手続を経て発表されたのか、もう少し具体的に探ってみましょう。案外このことは一般的には知られていないのです。

一九四三年一二月一日、ルーズヴェルト・チャーチル・蒋介石の三巨頭の名前で発表されたこの宣言文の冒頭には、「朝鮮人民の奴隷的状態に留意して」という言葉がでています。だんだんと分かってきた事実ですが「朝鮮の独立」だとか、「彼らの奴隷的状態」だとかという概念は、もっぱら蒋介石総統の主張で挿入されたもので、それは蒋介石が重慶を離れる前、金九《キムグ》先生が訪ねて朝鮮独立の当為性について説得工作を繰り広げたからであったのでした。

記録を見ると、この宣言文の最初の文案は朝鮮を「可及的速やかな時期に」(at the earliest possible moment) 独立することとなっていましたが、ルーズヴェルトがそれを「適切な時期に」(at the proper moment) と修正し、再びチャーチルが「イン・デューコース」(in due course) に表現を変えたというのです。英語のこの表現は微妙で、朝鮮語では「適切な時期に一定の手続きを踏んで」くらいに翻訳することができるでしょう。

この表現から分かることは、この時チャーチルはイギリスを始めフランス、オランダなど西欧の国家が支配してきたアジアの植民地域をそうおいそれと放棄してはならないという考えを抱いていたのでしたが、西欧の植民国家の中には暗黙のうちに日本も含まれていたという驚くべき事実です。朝鮮戦争はアメリカが勝手に引いた三八度線の故に発生した悲劇であるから、これを取り払い、今は消滅してしまった民族共同体を回復する、すなわち南北の統一を成就するのが韓国民主化運動の原点だということを私は主張してきたではありませんか。そしてその三八度線、誰もが知っているようで詳しくは知らないこの分断時の話をしてみようと思うのです。

日本が八月六日と九日、続けざまに原子爆弾の洗礼を受け、無条件降伏を要求する「ポッダム宣言」（七月二八日）を受諾するしかない土壇場の状況で、ひたすら国体の問題、すなわち「日本は天皇を中心とする神の国」という点を果たして連合国が認めるのかどうかをめぐって、日一日と決定を延ばしてきたのです。

御前会議が国体維持を条件に受諾を決定したのは、八月九日深夜から一〇日の未明にかけてで、その通報が中立国スイスとスウェーデンに発信された時点や、アメリカ当局がその通報を受けた時間がいつだったのかは確実ではないながら、大急ぎで国務次官マックロイが国務・陸軍・海軍の三省の調整委員会（SWNCC）を開催したのはワシントン時間で一〇日の深夜から一一日の未明にかけてでした（東京時間では一一日午後）。その時マックロイはディーン・ラスクとチャールズ・ボンスティールの二人の大佐にアメリカ側にもっとも有利に朝鮮半島を二つに分ける分割線を決めろと命令を下したのでした。

その時点でソ連軍はすでにスチャコフ大将が指揮する第二五軍が朝鮮の境界線内に入ってきていましたが、朝鮮半島から最も近い距離にある米軍は一〇〇〇キロも離れた沖縄のホッジ中将麾下第二四軍団だけだったので、アメリカとしては余程急がねばならなかったのでしょう。マックロイは二人の大佐を会議室の隣の部屋（ペンタゴン四階八六八号室）に詰めさせ、三〇分以内に決定を下せと命令したのですが、あろうことかその部屋の壁には、小学校の黒板にでも掛かっていそうな小さな朝鮮の地図だけがあったというのです。二人は三八度線を示し、この程度ならばソ連側も受け入れるだろうし、また分断線の南側にソウルが含まれているので、マックロイも満足し、これを承認したのでした。

ここでとりわけ明らかにしておくべきことは、多くの人は三八度線はソ連とアメリカの話し合いの結果合意の上で決められたと思っているのですが、それは錯覚で三八度線はアメリカが単独で決定したのが事実だということなのです。

マッカーサーの「一般命令第一号」に入っている三八度線の条項がモスクワ駐在軍事使節団団長ウィリアム・ディーンを通じてスターリンに知らされたのは八月一五日のことで、それに彼が黙って同意したのは、もしもソ連が朝鮮の三八度線を受け入れれば、日本の北海道の分割占領ぐらいはアメリカが承諾してくれるのではあるまいかと考えたからで、いってみれば口の中にモチを入れる前にキムチの汁から先にすすってしまったスターリンの早合点の結果だったわけであります。

私と一緒に八九年三月平壌《ピョンヤン》を訪問した文益煥《ムンイクファン》牧師が金日成《キムイルソン》主席と会ったとき、一番初めに取り交わした約束は、「よその国が勝手に引いた三八度線、それを何で先祖さまの位牌でもあるかのように後生大事に抱え込んでいるのか。こんな状態が半世紀もの間続くというのは民族の恥であり、これを取り払って一九九五年を『統一祈念元年』にしよう」というものだったのです。この約束の言葉は文《ムン》牧師が先に提唱し金主席が受け入れたもので、その反対ではないということをここに明らかにしておこうと思うのです。

残念なことに文《ムン》牧師は九四年一月一八日、金主席は六カ月後の七月八日、相次いで世を去りました。文《ムン》牧師は私より六歳年上で、金主席と私は十二歳の違いですが、私一人だけ残されてしまい、その時のことを今しみじみと回想しながらこの文章を書いているのです。

民団も総連も参加した夢陽呂運亨追悼講演会

一九四五年九月九日、麾下第二四軍団の兵力の護衛で仁川《インチョン》街道を疾走しソウルに入城したホッジ中将が、総督府第一会議室で当時の総督阿部信行と差し向かいに着席し、降伏文書の調印式に臨んだのはその日の午後三時四五分、簡単に式が終了したのが午後四時二〇分だったと記録されています。

調印式が済むと総督府の正門に翻っていた日章旗が降ろされ、代わりに星条旗が軍楽隊の吹奏楽が響く中で掲揚されましたが、ここから始まるアメリカの支配が平和ではなく戦争を、解放ではなく分断の桎梏をもたらす信号だったという事実を、誰がその当時予見することができたでしょうか。

このあたりで、抜かすことのできない大事な話をしたいとおもうのですが、それは私が多少なりとも分別がつき人間として覚醒してから、いつも民族の傑出した師表と仰ぎ見ながら生きてきた夢陽呂運亨《モンヤンヨウンヒョン》先生に関する話です。

解放から二年程して、我が家は永登浦《ヨンドゥンポ》を離れソウル市内の苑西洞《ウォンソドン》に引っ越したのですが、そのすぐ隣町は夢陽《モンヤン》先生が住んでいらした桂洞《ケドン》だから、いわば隣同士だったわけです。また、家から仁寺洞《インサドン》界隈を経て鍾路《チョンノ》に出るときは、安国洞《アングックトン》の四つ角に「勤労人民党」という看板が掲げられた夢陽《モンヤン》先生の事務所があったので、通りからではありますが、しゃれた服装の夢陽《モンヤン》先生のお姿をよくお見かけしたことがありました。

しかし、先生に馴れ馴れしい素振りで御挨拶申し上げるとか、お宅に参上してお話を伺うなどということは、もちろん若輩だったこともあり畏れ多くて到底思いもよらないことでありました。

それから何十年かの歳月が過ぎ、私が亡命者として日本で民族運動を始めたとき、心の中では夢陽《モンヤン》先生の伝道者を自認していたのでありますが、在日同胞社会はといえば民団と総連に別れ、互いにいがみ合って暮らしているという光景を見ながら、ふと霊感《インスピレーション》のように、左右や南北を集結できる精神的な力が、まさに夢陽《モンヤン》先生にあるのではないかという考えがふと脳裏をかすめたのでした。そんなことから、八五年七月一九日、夢陽《モンヤン》先生の三九周忌を迎え、初めて追悼講演会を東京のアルカディア市ヶ谷で開き、その後毎年追悼会を続けたのでした。

特に初めて開かれた夢陽《モンヤン》追悼講演会は、盛大だったばかりでなく実に意義深い集まりでした。四八年、南北に分離政権が樹立されるときに、在日同胞社会も民団と総連の二つの団体に別れたのですが、元々は一つの組織である在日朝鮮人連盟傘下の団体で、夢陽《モンヤン》先生が凶弾に倒れた四七年七月、二つの団体の成員たちは、皆心を一つにして非業の死を遂げられた先生の逝去に涙を流したという前史があったのです。何十年か振りに南と北が初めて席をともにし、ただ御一方の魂をたたえ、互いが離ればなれになって以来、互いに消息をさえ交わすことなく何十年もの歳月を過ごしてきた無念さを語り、酒を酌み交わしたという意味から、その時の追悼会は実に画期的な集まりであったのでした。

しかも、更に不思議なことは、まさにこの追悼会がそれから四年の後の一九八九年文益煥《ムンイクファン》牧師と私が手を携え平壌《ピョンヤン》を訪れる直接のきっかけになったという事実であります。八七年だったか、国連の主催でナイロビで開かれた国際女性問題会議に日本から取材で行ったのが『朝日新聞』の女性記者松井やより氏でしたが、そのナイロビの国際会議の北朝鮮代表として平壌《ピョンヤン》から来たのが、夢陽《モンヤン》先生の二番目の娘さんである呂燕九《ヨヨング》氏だったというわけです。

松井女史は今は故人ですが、昔日本軍が犯した朝鮮人慰安婦についての蛮行を国際的に糾弾する仕事で盛んに飛び回っていたときで、そんなことから私とはいつも連絡をとりあっていた人ですから、当然のこと私が主催している夢陽《モンヤン》追悼会の話もごく自然に燕九《ヨング》氏との会話で話題にのぼったのではないでしょうか。無念にも銃撃を受けて亡くなった自分の亡父のことを忘れず、その魂を讃える追悼会を毎年開いている南側の人間で亡命者として日本に来ている鄭なにがしという人物の話はとても意外だったことでしょうし、胸に込み上げる感情を抑えきれず、燕九氏は松井女史の前で声を上げて号泣したというのです。

夢陽《モンヤン》が逝去されて二五日後の四七年八月三日、ソウル運動場には一〇〇万人の群衆が参席する中、葬儀が挙行されましたが、私は八月一五日にはアメリカに留学する船に乗る予定で目が回るような忙しさで参席できませんでしたが、それからちょうど四〇年という永い永い歳月が流れた後、私が日本で開催する夢《モン》陽《ヤン》追悼会が縁となって、文《ムン》牧師とともに平壌《ピョンヤン》を訪問することになるのですから、まさに摂理というものはこのようなことを言う言葉ではないか、と驚くほかありません。

雲散霧消した独立の夢——夢陽の試練

振り返ってみるに、勤労人民党の事務所があった安国洞《アングックトン》の近所で、私が遠くからとはいえ、しばしばお姿をお見かけすることができた四七年頃の夢陽《モンヤン》先生は、企図されたことがすべて思うようにいかず、失意の日々を送られていたときではなかったろうかと思われるのです。

すでに日帝の統治下で地下組織の建国同盟を作られ、四五年八月解放の当日から即刻、建準（建国準備委員会）を組織され、アメリカの仁川《インチョン》上陸に先立つ三日前の九月六日、電撃的に人共（朝鮮人民共和国）の創建を宣布されましたが、これが一〇月一〇日、軍政庁長官アーノルドの野卑極まりない声明文の一撃であえなく瓦解してしまい、一一月一二日窮余の一策として人民党を組織されたものの、内部分裂でこれもまた有名無実の存在となるや、翌年一〇月一六日に看板を掲げたのが勤労人民党だったのです。夢陽《モンヤン》先生はこれを足がかりとして、左右合作と南北統一の夢を実現しようとし、これが或る程度現実性を帯びるようになるや、これを嫉視する勢力の放った刺客により四七年の七月一九日、暗殺の憂き目に遭われたのでした。

経済学にグレッシャムの法則、つまり悪貨は良貨を駆逐するという法則があるではありませんか。誰が良貨で誰が悪貨かは見る立場によって異なるでしょうが、解放直後のその多事多難であった時代を振り返ってみれば、私はまさに絵に描いたようにグレシャムの法則が作用した有様がはっきりと目に浮かんでくるのです。

夢陽《モンヤン》先生が創建した「人共」についても、無定見にも軍政庁と対立するような組織を造るとは非常識な短見だったとか、己の立場を弁えず自分の力を過大評価した傲慢さの結果だとか言って夢陽《モンヤン》を貶す人たちがいるのですが、夢陽《モンヤン》の決断は短見でも傲慢さの結果でもなかったと私は断言したいのです。

オーストリアは一九三八年、自ら進んでヒットラーのナチスドイツと合邦（Anchluss）することを決定した国でした。しかしヒットラーの自殺でドイツが敗亡するや、今度はいち早く右派（国民党）・左派（共産党）・中道派（民主社会党）の三派から成る政府を組織し、米・ソ・英・仏の四カ国連合軍を迎え入れたのでした。オーストリアは決して「解放された国民」として連合軍を迎えうる立場にはなかったのですが、素早く左右の均衡がとれた政府を樹立したおかげで分断を防ぎ、賢明にも単一国家としての独立を獲得したのです。最初の「統治協定」を見ると、連合軍四カ国が満場一致で賛成しない限りオーストリアは独自で政策を実施することができないということになっていました。しかし二番目の「統治協定」の段階になると、四カ国が満場一致で反対しない限り、オーストリアはいかなる政策も独自に実施できるという自由を獲得したのでした。

当時の夢陽《モンヤン》先生が遠くにあるオーストリアの情勢までを正確に把握しておられたとは考えにくいのですが、右派に李承晩《イスンマン》・金九《キムグ》・金性洙《キムソンス》、左派に金日成《キムイルソン》・李康国《イカングック》・李舟河《イジュハ》、そして中道派に金奎植《キムキュシク》と呂運亨《ヨウンヒョン》ご自身で構成する三派連立政府（人共）を樹立した後、米軍を迎えようとした構想は、彼の慧眼と鋭い政治的感覚を立証するものではあっても、決して短見による勇み足であったとは言えないでしょう。

前にも言ったように、米軍は既存の総督府を存続させたまま、それを通して政策を施行するという漠然とした構想の他は、何ら具体的な統治の腹案も無しに上陸してきたというのが実情でありました。もし米軍に媚びへつらい、夢陽《モンヤン》を中傷する勢力の蠢動が無かったとすれば、「人共」は現実的な統治機構として歴史的任務を遂行した可能性が充分にあったと私は信じるのであります。

金九《キムグ》先生は夢陽《モンヤン》を暗殺した同じ勢力によって、やはり凶弾に倒れた方でありますが、その白凡《ペクポム》先生はおっしゃったのです。御自身は、現実的か非現実的かではなく、それが正道であるか邪道であるかを見極めながら進むべき道を選ばれたのだと。私が今、齢八十を超えた年寄りとして過ぎし日を振り返ってみれば、夢陽《モンヤン》が生き、そして去ったその時も、そして今の時代も、邪道だけれども現実的ならば躊躇せずにその道を歩く人々があまりに多いのではなかろうかという思いを禁じ得ないのです。また、そうした人々がいつも勝者として権勢をふるうのが常であるのです。

その時一〇月一〇日発表されたアーノルド声明の英語の原文がハーバード大学に所蔵されているという話を聞いて、知り合いを通して入手して読み下していきながら、神経を逆なでされる思いでありました。「興行の価値さえもない操り人形の芝居を演じながら、政府の高官を僭称する卑劣な詐欺師だ」と夢陽《モンヤン》を罵倒するその声明文が発表されたとき、満面の笑みを浮かべ手を叩いて喜んだであろう者たちの表情を想像するにつけ、彼らと自分が同じ民族だという事実が、あまりにも恥ずかしく嫌悪感を抑えることができなかったのであります（アーノルド声明の英語の原文は『シアレヒム』第八号に掲載されている）。

より進化した日本人、チンパンジーに近い朝鮮人

一九四五年八月、突然訪れた解放直後、小学校から専門学校に至まで休校状態が続いていましたが、日本の医科大学に籍を置いていた学生たちは京城大学（京城帝国大学の後身・ソウル大学の前身）医学部に編入が認められ、再び学校に通いはじめたのです。

翌年の一〇月に学校に行ってみたら、軍政庁が出した「国大案」（国立大学案）に対して正しいの正しくないので、学生たちは左右に分かれ、左派は反対であり、右派は左派の主張に反対というわけで、毎日のように争いのなかで日を過ごしているところでした。これより先の四五年一二月、米・英・ソの三相会

議がモスクワで開かれ、米・英・中・ソ四カ国によるいわゆる「五カ年を限度とする信託統治案」が発表されるや、左右は賛託と反託に別れて命がけの争いが繰り広げられていたのでした。

信託統治案が発表された直後には、左であれ右であれこれに対する反対という点においては一致していたのです。後で夢陽《モンヤン》先生とともに人民党を組織することになる左派の白南雲《ペクナムン》氏でさえも「アメリカ人が食べ残したビーフステーキも、ソ連人が食べ残したボルシチも我々に必要はない。我々にはキムチがあり、我々も我々の子孫たちもそれで生きていくことだろうから、どうして信託統治のようなものを受け入れることができようか」と涙ながらに大衆たちに訴えたのでした。あの当時は、私もやはり「キムチ派」だったでしょう。

私は勉強に熱中したかったのですが、「国大案反対同盟休校」を引き起して授業を妨害する左派の学生たちが気にくわなかったので、ともすると私はあの時大学では右翼扱いを受けていたことでしょう。とにかく私はノンポリであったし、学内外で繰り広げられている左右の対立騒動の中で、脇目もふらず勉強に励んでいました。特に羅世振《ナセジン》教授が指導される解剖学には興味を惹かれました。死体解剖も熱心にしました。解剖台に載せられた実験用の死体は、頭部・胴体・下肢の三つの部分に分けられ、各部分ごとに学生が二人ずつ、すなわち一体の死体には学生六人ずつが配置され、三つの部分の解剖を全部終えるまでには、三体の死体を扱うわけです。

習慣に染まるというのは実に恐ろしいことで、午前中の実習が終わり昼食の時間になると、水道水でただ洗うまねだけで手の汚れを落とし、メスでずたずたに切り裂かれた死体の横に座って平気で弁当をたいらげてしまうのです。いくらフォルマリンで防腐の措置がされているとはいえ、死体の腐った悪臭が実験室の中を満たしていただろうに一向に平気でした。医者になるためには、必ず通らなくてはならない過程だと信じていたからでしょうか、解剖実習には何の苦痛も覚えませんでした。

その上、羅世振《ナセジン》教授のユーモア溢れる講義に私は魅惑され熱心に傾聴しました。男性が成年になれば喉の中程の軟骨が少し飛び出だして突起ができるのですが、結喉と言われるこの突起の部分は、女性に対しては性的魅力を感じさせる特別な装置だというのです。はっとして、自分の喉のその部分をなでてみながら、「へへーっ」と笑ってしまいましたが、確かに地上にいるあらゆる動物たちは、雌雄にかかわらず異性の注目を引くために、自分自身も意識していない何らかの装置を体に備えているのではないでしょうか。女性には、――これももちろん羅教授の講義で聞いた話ですが――胸骨から耳の下までつながる項《うなじ》に細くて長い筋肉が伸びていて、ある瞬間頭を横に回したときは、その筋肉が膨れ上がることがあるじゃありませんか？　それが、シュテルノクライドマストイデウス（Sternocleidomastoideus）という長いラテン語の名前の筋肉ですが、今でも、あまり混んでいない電車に乗って、モディリアーニの女人像ほどではないにしても前の座席に座っている首がちょっと長い若い女性が、窓の外を見ようと頭を回すその瞬間、そのシュテルノ何とかの筋肉がぽっこり膨れ上がり魅力的だなと感ずるのです。やはり私も男性ですから。

日本民族が朝鮮民族に比べて、より進化した高等民族だということを解剖学的に証明するために、総督府が莫大な費用をかけて研究したということも、羅教授の講義で聞いた忘れられない話です。人間が口の中で食べ物を咀嚼するとき下顎を動かす筋肉が咬筋ですが、何千体の死体を対象に咬筋の重さを量ってみると、体重に比べて咬筋が日本人よりも朝鮮人の方が重いという結果が出たというのです。つまり、チンパンジーに近いというわけです。咬筋は固い食べ物を食べれば大きくなり、柔らかい食べ物を食べれば小さくなるので、咬筋の大きい小さいは生活の習慣と生活程度の違いによるものではないでしょうか。エンゲル係数の高い家の者の咬筋は大きくなり、逆の場合咬筋は小さくなるでしょう。同じ民族の内でも。

そんな「科学的」な調査が京城帝大医学部に委託され進められたわけで、若い頃の羅教授も医学部解剖学教室の助手時代、その調査に参加するしかなかったのですから、その仕事を手伝わされながら羅教授の心中は、どれ程惨憺たるものだったでありましょうか。

突然決定されたアメリカ留学

今振り返ってみると解放の翌年の一九四六年は、託治（信託統治）をめぐる左右の対立が火花を散らす中、四年後に迫ってくる朝鮮戦争がほとんど確実にその兆しを顕わにしてきた年ではなかったかと考えるのです。

「託治」に反対する右翼の運動は、いつの間にか託治そのものの可否を問うのではなく、親米反ソの運動に変質していき、それにつれて託治に賛成する左翼の運動は、不可避的に親ソ反米運動の色彩を帯びるほかない様相を呈していったのでした。このさなか、ひとまず三月（一九四六年）に開かれた米ソ共同委員会が決裂し、五月には無期休会に入ったので、米ソの冷戦は世界のどこよりも朝鮮半島を舞台に最も先鋭的に展開していきました。これを待っていたかのように李承晩《イスンマン》は、その年の六月三日、南側だけの単独政府樹立を主張するいわゆる「井邑宣言」を発表しましたが、この宣言の中には武力を用いて北を討つという北伐の主張も含まれていたのです。金九《キムグ》先生が李承晩《イスンマン》と手を切ったのは、おそらくこの時であっただろうと思われますし、夢陽《モンヤン》先生が危機感に駆られながら左右合作運動を始められたのもこの頃だったと思われるのです。

この不吉な一九四六年を振り返ってみて忘れることができないのは、秋の収穫が終わった一〇月、日帝時代から続いていた米の強制供出の問題から大邱《テグ》で火の手が上がった農民抗争ですが、熾烈だった抗争そのものよりも私がもっと衝撃を感じたのは、朝鮮語学者であった李允宰《イユンジェ》先生の息子さんが、決起した農民反乱軍と一緒に大邱《テグ》警察署を襲撃し火を放ったという罪で、軍政裁判で死刑を宣告された事実でありました。

李允宰《イユンジェ》先生が誰であるのか、お名前を覚えている人さえも今は稀でありましょうが、日帝時代に密かに朝鮮語字典の編纂を進めていたいわゆる朝鮮語学会事件で捕まり、連行された今は北の地、咸興《ハムフン》警察署で拷問を受けて命を失った著名な語学者が彼でありますが、先生を拷問で殺した咸興《ハムフン》警察署の親日警官が解放後に南に逃げてきて、大邱《テグ》警察署の署長の座におさまっていたのです。この事実を知った李先生の息子さんは、大邱《テグ》抗争の時、農民たちに加勢し警察署を襲撃して火を放ったのですが、アメリカ軍政庁からすれば、暴徒は暴徒であり警察は警察だということだったのでしょう。各界の嘆願にもかかわらず、その息子さんは死刑に処せられてしまったのです。李先生は、ちょうど私の姉が通った培花女子校の朝鮮語教師だったためお名前を覚えていましたが、当時言論界は親日派の跋扈を糾弾する大きなテーマとしてこの事件を扱ったのでした。

ともかく、熱心に学校に通っていた翌年一九四七年のある日、父がアメリカから帰ってこられた裵敏洙《ペミンス》牧師に会ってきたという話の末、それとなく、お前アメリカに行きたくはないのかと尋ねたのでした。まるで私の気持ちを探るかのような言い方でした。

裵敏洙《ペミンス》牧師は、日帝時代警察に逮捕される直前危機一髪のところで国を脱出し、十数年もの間アメリカで亡命生活をされた後、解放になるやアメリカ軍政庁の職員となって帰ってこられた方でした。幼いとき、父が私の手を取って、裵《ペ》牧師の奥さんが一人で息子を抱え、いつ帰るかも分からない夫を待ちながら暮らしておられた家を時折訪ねることがありました。そのようなことから、そのお宅の住所が西大門《ソデムン》の近くの紅把洞《ホンパドン》一〇番地だったということを今でも覚えているのですが、今から考えれば御一人で暮らしておられた夫人に些かながら、こっそりと生活費を手渡すために幼い私を連れて訪ねて行ったのではなかったろうかと思うのです。

ところで、裵《ペ》牧師はどうしてアメリカに亡命なさったのか、今になり別に隠す必要もあるまいと思われ、その理由を明かそうと思うのですが、金日成《キムイルソン》主席の父親がキリスト教の長老金亨稷《キムヒョンジク》先生であって、この方が組織した民族運動の団体が「国民会」だったのです。元々平壌《ピョンヤン》出身の裵《ペ》牧師がそことつながっていて、そのことを嗅ぎつけた日本の警察が追跡を始めるや、裵《ペ》牧師は危ういところで脱出に成功しアメリカに身を隠したのでした。私がその事実を知るのはもちろんずっと後の話ですが。

結果的に私は四七年八月、アメリカ軍政庁が発給してくれた旅券を持って、裵《ペ》牧師の息子さんと同じ船でアメリカに渡ることになるのですが、行きたければ行ってもいいよと、まるで息子の背中を押すみたいに私に勧めた父にしても、すっかり乗り気になって、じゃあ行きますと決断した私自身にしても、今考えてみると利害得失上からはとても計算が合わないおかしな判断を下したわけでした。

私は医者になりたかったのだし、そのままソウル大学校医科大学にとどまって勉強を続ければ、三年後の一九五〇年には卒業して医者の資格を取れる状態にありました。しかし、なぜその時にそれを放り出して、医大でもない文理科大学に転学する決心をしたのか、アメリカという巨大な国を自分の目で確かめてみたいという衝動のためだったのでしょうか。とにもかくにもソウル大の医科大学を中退したままアメリカに旅立ったのでした。発つまえに、どんな思いからだったのか安国洞《アングックトン》にある羅世振《ナセジン》教授のお宅を訪ね、お別れの挨拶を申し上げたのですが、もしそのままソウル大学にいたならば、後日羅教授のように、私も人類学の大家として名を馳せていたかも知れませんし、その可能性は充分にあっただろうと思うのです。

統一を念願、四〇年の歳月を飛び越えた白凡の足跡

アメリカで私が出た学校は、ジョージア州アトランタにあるエモリー（Emory）大学で、この学校は旧韓末、独立協会を組織して開化運動を推進した尹致昊《ユンチホ》先生が出られた学校でもあります。その学校に行くことになったのは、幼いときに通った永登浦《ヨンドゥンポ》教会の担任牧師であられ、当時海外から帰国した韓独党（韓国独立党）の活動家でもあった朴鶴田《パクハクチョン》牧師が斡旋してくださったからですが、朴牧師はソウル大学張利《チャンイ》郁《ウク》総長と交流があったという縁で、その方が選んで下さった学校だったというわけです。

その時私が何の書類をどこに送って入学手続きをしたのか、何せ遠い昔のことで記憶が定かではありませんが、朴牧師は当時白凡《ペクポム》傘下の韓国独立党と深くつながって活躍していたためか、朴牧師の言いつけで金九《キムグ》先生が住んでおられた京橋荘をお訪ねした記憶は鮮明に残っています。四七年八月三日夢陽《モンヤン》先生の葬儀が済んだ後、出発が差し迫ったある日、お酒を一本提げて、日帝時代の名前そのままに竹添町と呼ばれ

ていた京橋荘を尋ね金九《キムグ》先生にお会いした上で、留学のためアメリカに発ちますとご挨拶を申し上げました。金九《キムグ》先生は、アメリカに行ってしっかり勉強しろと激励の言葉をかけて下さいましたが、私はまだ青臭い学生でしかなく、先生はすでに七十の峠を越えられた百戦錬磨のご尊老ではないですか。その時私が青二才ではなく、もう少し社会の経験を経ていて我が近代史がどのように動いているのか、少しばかりは論理的に考えることができていたとしたら、どれ程多くのことを先生にお尋ねし、また愚見ではあれ、どれほど多くの自分なりの意見を申し上げられたことでしょうか。

あの頃はどんな時代だったかを想起してみてほしいのです。信託統治に対する賛否で日ごとに左右の対立が先鋭化していくなか、南だけの単独政府の樹立と北伐（戦争）を主張してやまない李承晩《イスンマン》の動きと、左右合作並びに南北統一を主張する呂運亨《ヨウンヒョン》派の熾烈な競争のなかで一九四六年が過ぎ、翌年の三月に入るとアメリカは、当時の冷戦はいつでも熱戦に転じさせうるという意思を込めたいわゆる「トルーマン・ドクトリン」を宣布したのでありますが、李承晩《イスンマン》からすれば我が意を得たりと言わんばかり、どれほど嬉しいニュースだったことでしょうか。

一方、呂運亨《ヨウンヒョン》先生は左右合作委を足がかりに、いったん無期休会に入った米ソ共同委員会の再開のために必死の努力を傾けた結果、その年の五月二一日、第二次共同委の開催にまで漕ぎつけることに成功しました。このきわどい綱引きの中で呂運亨《ヨウンヒョン》派の勢力が反対派を押さえる気配がはっきりとしてくるや、七月一九日、呂運亨《ヨウンヒョン》先生は恵化洞《ヘファドン》ロータリーで凶弾を浴び命を失ったのでした。

私がお会いした頃の金九《キムグ》先生は、四六年六月、李承晩《イスンマン》が「北伐と南だけの単独政府の樹立」を主張したいわゆる「井邑発言」を発表するや、それまでの盟友であった李承晩《イスンマン》とは手を切り、その年一〇月になると信託統治問題でいままで対立状態にあった夢陽《モンヤン》の左右合作運動を支持する旨の声明を出されたのでありました。そのような状況の中で李承晩《イスンマン》一派により夢陽《モンヤン》が暗殺されたわけですから、金九《キムグ》先生の心中はいかばかりであったでしょうか。自らの身辺に迫り来る危険に対しても、何かただごとならぬものを実感しておられたのではないでしょうか。

　そんな状況のなかで、ただ畏まったまま座っている幼い私に、先生は何か意味のあるお話をされるわけにもいかなかったことでしょう。その時アメリカの空軍学校で訓練を受けている息子さんの信氏が熱心に勉強しているというお話をお伺いしたのをきっかけに、いとまごいをしたのでありましたが、あの時私が座っていたまさにその場所で、四九年六月、安斗熙《アンドゥヒ》は先生に向かって拳銃を発射したのでした。

　翌四八年四月、先生は周囲の猛烈な反対を押し切って三八度線を越え、平壌《ピョンヤン》を訪問されるのですが、今思い返すと、私が京橋荘でお目にかかったその時は、すでに先生は分断と戦争の危機を食い止めるべく、三八度線を越える決心を固めておられたのではなかろうかと思うのです。

　金九《キムグ》先生が平壌《ピョンヤン》を訪れたことも、一九四九年六月二六日、安斗熙《アンドゥヒ》の撃った凶弾で先生が命を奪われたことも、私がアメリカに行っていた間に起ったことですが、何と不思議な因縁でありましょうか。先生が亡くなられてからちょうど四〇年目の年の四月、私は金九《キムグ》先生が歩まれた道に沿い、文益煥《ムンイクファン》牧師と共に三八度線を越えて平壌《ピョンヤン》を訪問し、南北の統一を誓う四・二共同声明を世に出すに当たっての産婆役を果たすことになるのです。

　文《ムン》牧師と私が発つに先立ち『ハンギョレ新聞』に託した別れの挨拶について、この機会に簡単に紹介しておこうと思うのですが、一行が北京に向け成田空港を出発する前日の四月二三日、当時東京特派員だった李柱益《イジュイク》記者を呼んで夕食をともにしながら、我々の平壌《ピョンヤン》到着が確認されたあとの二六日頃発表してくれるよう頼み、予め準備しておいた国民に対する挨拶文を李君に託しました。その中にちょうど四〇年前、金九《キムグ》先生が三八度線を越えるに当たって国民に残された一編の詩が引用されています。次のような内容であります。

進み行く雪の野の道　（踏雪野中去）
心して踏みたがえるべからず　（不須胡乱行）
我の行く今日の足跡　（今日我行跡）
あとの者の標《しるべ》なれば　（遂作後人程）

私の人生のゴルゴダの丘、アメリカに第一歩

アメリカ行きの貨客船で仁川《インチョン》港を発ったのは一九四七年八月一五日、船の名前は「ジェネラル・ゴードン号」だったと記憶していますが、出発の朝、家を出る前に父が家族の者らを集めて家族礼拝を捧げたとき、特に選んで歌わせた讃美歌が一四九番「主よ御許に近づかん」でありましたが、その二節は、家郷を離れ遠い旅路を行くイサクの子ヤコブが、野の道で石を枕にして寝ている間、天の御使いたちが梯子を上り下りするなか、神が祝福を与えて下さった夢を見て眠りから覚め、その場に石の壇を築いたという旧約聖書創世記の説話がその内容です。父はあえてヤコブの故事を家族たちに解説するようなことはしませ

んでした。家族の者はよく知っている話だったからです。

仁川《インチョン》港を出航したその船には、朝鮮人の乗客が奇妙なことに三三名でした。まだ大韓民国が樹立される前の、アメリカ軍政庁時代だったので、青雲の志を抱いてアメリカに発つその三三名は、みなそれぞれに三・一運動の時、民族を代表した三三人の志士を自認していたと言っても過言ではなかったでありましょう。


その時の三三名がサンフランシスコで散り散りになった後、それぞれどのような人生の道を歩むことになったのか知る由もありませんが、私が同じ船室でちょうど二週間をともに過ごしながら、太平洋を渡った崔仁圭《チェインギュ》氏だけははっきりと覚えています。忘れようにも忘れようのない人物だからであります。彼は軍政庁でどこかの部署で課長を務めていた人物ですが、もう少しばかり英語の実力に磨きをかけようと思ってアメリカ行きを決心したようでした。彼の判断では私の方が英語の実力では若干上だと思ったのか、文法書を持ってきてあれこれ聞いてくるので、太平洋を渡る二週間の航海の間、私は彼の英語教師の役目をすることになったのでした。崔仁圭《チェインギュ》が誰なのか急には名前が思い出せない人がいるかも知りませんが、一九六〇年の四・一九学生革命を呼び起こした三・一五不正選挙を総指揮したという罪で、朴正熙《パクチョンヒ》のクーデターのあと、いの一番に捕われて死刑に処せられてしまった李承晩《イスンマン》政権末期の内務部長官が「崔仁圭《チェインギュ》」なのです。その点からすれば崔仁圭《チェインギュ》が青雲の志を抱いてアメリカに向かったときのその船は、彼にとってはイギリスのサウザンプトンを発ってニューヨークに向かう途中、氷河にぶつかって沈没したタイタニック号だったと言うこともできるのではないでしょうか。

飛行機に乗って旅行する時代ではないその当時、サンフランシスコからジョージア州アトランタに行こうとすれば、まず大陸横断鉄道サンタフェラインに乗って五日間かかってシカゴに到着、そこで南下する汽車に乗り換えて二日間程もかかるという気の遠くなる旅をせねばなりませんでしたが、シカゴを発った南行列車がメイソン―ディクソンライン（Mason-Dixon Line）、つまり黒と白を分けるアメリカ版三八度線を越えるとき、車掌が来て黒人の乗客たちを怒鳴り散らかしながらそっくり別の客車に移動しろと駆り立てる光景に出くわしてしまったのです。アメリカが白人優越主義の国だということを知らなかったわけではないのですが、黒人たちをまるで動物のように追い払う凄惨な光景を目の当たりにしながら、口を開けるといつも「人間の自由と平等」を唱えるアメリカという国のもう一つの様相が強い印象として胸に迫ってきたのでありました。

その遠い遠い旅の果てにアトランタ駅に到着しましたが、そこは後年アメリカ憲法が唱える「人間の自由と平等」とは白人だけのものではなく、黒人のものでもあるという主張を掲げて黒人の公民権運動を推進し、そのために暗殺されたマルティン・ルーサー・キング牧師が生まれ育ったところでもあります。そのアトランタ市のエモリー大学で秋学期から留学生活を始めたのでした。

振り返って見ると、そのまま家に留まっていたら、平凡ながらも医者として穏やかな一生を過ごすことができたはずだったのですが、アメリカに来たばかりに経験しなくてもいい多くのことを経験し、知らなくてもいい多くのことを知ることになりました。我が国には昔から識者憂患という言葉があるのですが、その結果、アメリカ政府から「忌避人物」（persona non grata）という烙印を押され、解放後、韓国人としては一番初めにアメリカの地を踏んだ留学生でありながら、朝鮮戦争の時にアメリカを離れて以来、二度とその地を踏めなくなったばかりではなく、自分の国からも不穏分子というレッテルが貼られ、今日まで四〇年も異郷の地で亡命者として一生涯を過ごす結果となったのです。だから、その時私を乗せて仁川《インチョン》港を出港したその船は、私にとってもまた大西洋を渡ろうとして沈んだ難破船タイタニック号だと言えるかも知れません。

しかし、私自身はそれが必ずしも私にとってはタイタニック号ではなかったと信じながら生きてきたというのが事実であります。もしゴルゴダの丘で受けたイエスの苦難が神の呪いからではなく、むしろ大いなる祝福のせいであったと考えるならば、私が歩んできた茨の道は、むしろ私を選んで与えて下さった神の祝福ではないのか、そのような思いを振り払うことができないからであります。

アメリカに発った日、父が選んで歌った「賛美歌一四九番」を今この文章を書きながらも、改めて噛みしめるほかありませんが、今日までの茨の道の旅路が、険しく苦しい道ではあったにせよ、むしろ感謝しながら、ヤコブのように旅の途中石を枕にして寝た場所に、石の祭壇を築かねばなるまいというのが率直な気持ちであるのです。

李承晩大統領の斡旋による奨学金

一九四七年八月、アメリカ留学に来るときも医者になろうという意志ははっきりしていたので、エモリー大学でも専攻は自然科学系の化学でした。アメリカでは文理科大学を出てから医学部に進むのが普通だからです。その頃、例えば酸素を吸収し二酸化炭素を排出する動物の血液の中のヘモグロビン（赤血球）と、反対に酸素を排出して二酸化炭素を吸収する植物の葉の中のクロロフィル（葉緑素）は、その分子の化学構造が驚くほど似ていて、違う点は、ただ分子の核が赤血球では鉄（Fe）なのに反し、葉緑素ではマグネシウム（Mg）であるだけだという事実を学びながら感じた生命体の神秘に対する驚きは今でも新鮮です。また、動物体でも植物体でも蛋白質を構成する最も単純な化学構造のアミノ酸は、ロイシン（leucine）という物質なのですが、これを偏光計にかけると偏光の方向はいつも左偏で、右偏という例外は無いということにも私は驚くばかりでした。分子の立体構造によっては、当然に偏光の方向が右偏もあり得るわけですが、生物体内のロイシンは例外なく左偏だということは何を意味するものでしょうか。

地球上に生命が誕生したのは、遥か四〇億年前だといいますが、それならば生命の「創造」、あるいは「発生」は、たった一回だけだったと推測するのがより論理的であり、またその過程で現れた生物は、植物と動物の共通の祖先だといえる生命体であったはずですが、一体それはどのような化学構造の生物体だったのでしょうか。「ワトソン・クリック」の研究チームによって、遺伝子（DNA）の二重らせんモデルが提示されたのは一九五三年ですから、四七年当時エモリーで私が接した生命科学は、まるで幼稚園生のままごと遊びのような初歩的なものでしたが、それでも、その時に受けた自然科学の訓練が、あとから文章を書く上で必要な論理的思考の基礎になったのではないかと感じることがあるのです。

自然科学だけではなく、歴史や社会科学の分野に接する機会が与えられたのも、私にとっては大きなプラスでありました。アダム・スムスの『国富論』が発刊された年は一七七六年でしたが、たまたまアメリカという国が創建されたのも同じ年であり、これが決して偶然ではなかったということに気付いたのもその頃のことでありました。

プロテスタントの信者たちの勤倹で質素な生活倫理が、西ヨーロッパで資本主義を生むに至ったとのマックス・ウェーバーの主張に接しながら、社会科学での論理構造は、このような方式で組み立てられるのだなあと悟るところが多かったのです。ずっと後になって、左右合作を模索した夢陽《モンヤン》先生の生の軌跡を私自身が辿りながら、ウェーバーが「市民的自由を通した国民化」を模索したという事実を知るようになった時、彼が生きたドイツの一一月革命（一九一八年）の時の時代環境をじっくりと考えてみたことがあるのです。当時貴族的な右派は、「市民的自由」に冷淡であり、一方、階級主義の主張に熱中していた社会民主党的左派は、「国民化」に冷淡ではなかったでしょうか。従って、ウェーバーもまた、夢陽《モンヤン》先生のように「左右合作運動」をしたと言うことができるし、あの頃些かなりとも接することができたウェーバーは、思想的に私には大きな助けになってくれたと言えるでしょう。

ここらあたりで、李承晩《イスンマン》大統領との因縁を語らなければならないでしょう。エモリー大学で二学期目に入る頃、結核が発病し療養所暮らしを余儀なくされてしまったのでした。金を節約するあまり、食うものもろくに食わずに頭ばかり使っていたためだというのは明らかでしたが、学校が紹介してくれたほとんど無料に近い療養所で一年近くを過ごして学校に戻ってみると、家を出るとき父が手に握らせてくれた一〇〇〇ドルの金は、ほとんど底をついてしまった状態であったのです。学校に登録はしたものの登録金は滞納しており、本当にどうしてよいかお先真っ暗だったのです。その時は一九四八年に大韓民国が創建され、李承晩《イスンマン》博士が初代大統領に就任していくらも経たない時でしたが、私は勇を鼓し恥も外聞もなく李大統領に長い手紙を書いたのです。誠意を尽くし、今アメリカで学費が切れて私が苦境に置かれている状態を訴え、助けてくださいという嘆願の手紙でありました。手紙は英語で書きました。

それからしばらくして、学校当局から呼ばれて出頭してみると、四〇〇ドルを渡されたのでした。父からの送金でした。当時としては、かなりの大金でしたが、景武台《キョンムデ》（大統領官邸）が父を呼んで格安の公定の交換レートで送金の手続きを取らせてくれたのです。その後、もう一回今度は三〇〇ドルが送られてきて、次からは李大統領の御自身の斡旋でシカゴに本部を置く財団から育英資金を受けられるようになったのです。

私が学費の心配なくアメリカの大学を卒業し、大学院にまで進むことができたのは、このような経緯《いきさつ》があってのことでありますが、天の助けとはまさにこのようなことを指して言う言葉ではないでしょうか。私は心の底から李承晩《イスンマン》大統領をありがたく思い、近況を報告する手紙を景武台《キョンムデ》宛てに出すと、その都度フランチェスカ夫人から心のこもった丁寧な返事が送られてきたのです。卒業のときはお祝いにネクタイも外交パウチの便で送って頂いたのでありました。

かくして話が大きく一回転し、フランチェスカ夫人の直接の指示を通して、駐米大使張勉《チャンミョン》博士から電話を受け、学業を一時中断したままマッカーサー司令部勤務のため東京に発った一九五〇年一〇月にまた戻るわけでありますが、私を乗せた米軍の輸送機が日本の地に近づくにつれ、私の心は乱気流に遭ったように複雑に揺れざるを得ませんでした。そこは五年前、「必ず帰ってくる」という約束を残して別れた女性がいる所ではありませんか。

激浪をかき分け初恋千代子との百年佳約

私を乗せた米軍の輸送機が給油のために一時ウェーク島に寄った後、東京に到着したのは、一九五〇年一〇月下旬頃。米軍司令部である程度落ち着いてから、日吉の昔の下宿を訪ねたのは一一月初旬頃でした。ソウルにいるときにも、アメリカに留学している時にも、千代子との文通はそれなりに途切れることはありませんでした。しかし旅客機が一日に何十便も太平洋を飛び交っている今ならいざ知らず、その時は到底「待っていてくれ、必ず帰るから」という約束の言葉を守れるような状況にはありませんでした。

今は結婚適齢期というのは別にないようなものですが、私がアメリカで大学院に進学した時は歳が二十六歳で、同じ歳の千代子にすればその時代の適齢期はもう過ぎていたでしょう。当然のこと、私は自分なりに自制しながら、手紙を書くたびにいい人が現れたら昔のことは忘れて結婚をするように、とそれとなく勧めていたのでした。

しかし、突然、朝鮮戦争が勃発し、突如として私が日本に戻らねばならないという思いがけない事態が起こったのです。輸送機が着陸態勢に入り、日本の上空で旋回し始めたとき、私の心はどれほど錯雑なものであったでしょうか。

一一月初旬のある日、PXに行って石鹸、化粧品、チョコレートなどなど、手に持てるだけ買ってカバンに詰め込み、夕暮時その昔の家の門に足を踏み入れました。庭の芝生は掘り返されて野菜畑となり、晩秋に黄色く枯れたカボチャの蔓が侘びしく延び放題のままでながら、多感だった少年時代を送ったその家は、昔の佇まいそのままにそこにあったのでした。玄関に入って、少々控え目な声で「ただいま」と声をかけると、すぐ私の声に気付いた母と娘が驚いて急ぎ足で出てくるではありませんか。母と娘は驚きはしながらも、恰も当然帰るべき人が帰ってきたという風に、あれこれと問いただすこともなく夕飯の支度が始まり、昔のように三人でお膳を囲んで食事をしたのです。果たして、私を待っていたからそうなのか、そうではないのか、気恥ずかしくて聞いてみるような雰囲気ではありませんでしたが、千代子は嫁に行かずに、横浜の米軍部隊でタイピストとして仕事をしながら生計を立てていたのです。千代子のお父さんは、終戦直後、世を去られたということでありました。

その日は私が前に使っていた部屋で泊まったのですが、敷き布団も掛け布団も昔のままのものであったのです。もしこの話をある人が小説として書いたとすれば、あまりにも偶然が重なり安手の三文小説としか認められなかったでしょうが、「天の配剤」というものが実際にあるとするならば、私と千代子の間の縁《えにし》が、まさにそれだと言うほかないではありませんか。

東京都内には、もちろんGHQが用意してくれた宿舎がありましたが、週末になればまるで出張から帰ってきたその家の息子のように日吉の家で過ごしたのですから、近所の人たちは当然のこと結婚式はいつなのか、期待をしていたことでありましょう。

クリスマスが近づいたので何かを買ってあげようかと千代子に尋ねたら、それが余程履いてみたかったのでしょう、かかとの高いハイヒールとのことでした。東京の銀座で一番派手な靴屋に行って、自分で選んでこれがほしいというので支払いを済ませて出てきましたが、その靴一足の値段が千代子がもらっている月給よりも高かったのでした。千代子の月給は当時の金で一万円くらいでしたが、私がGHQからもらっていた給料はそれに比べ二〇倍に近いものでした。思ってもみなかったその靴を買って貰って銀座の町を歩く千代子も千代子ながら、私自身もどれほど満ち足りた幸せな気持ちであったでしょうか。ソウルにいる家族は、押し寄せてきた「中共軍」に街を占領され、あたふたと釜山に避難を余儀なくされた「一・四後退」の悲劇が目の前に近づいていているときだったというのにです。

そのことはともかくとして、しばらくしてから文益煥《ムンイクファン》牧師に会い、結婚式の主礼（媒酌人）になってくださいとお願いをしました。文《ムン》牧師は、私の経歴を詳しくご存じでおられるだけに一言だけお聞きになったのでした。「あんたがエモリー大学を無事に出ることができたのは、李承晩《イスンマン》大統領のお陰だったが、日本に来るや否や結婚するとなると、そこらへんの行きずりの女性だという誤解を免れないだろうし、その上相手が日本の女性だと来れば李大統領との縁は切れるだろうが、それでも構わないのか？」

私は予め答えのようなものを準備していたわけではなかったのですが、とっさに言葉が出てきたのです。「離婚歴のある女性だという理由で、議会の保守派がシンプソン夫人との結婚に反対するや、躊躇《ためら》うことなく大英帝国の王冠を捨てたエドワード八世のような人物もいるではありませんか。覚悟はしているのです。」

文《ムン》牧師は「それならいいだろう」とおっしゃって主礼を引き受けてくださったのです。そして幼い頃の青臭い恋で終ったかも知れない私と千代子との愛は、五一年七月、お互いの誓いを全うし、東京日本橋の小さな教会で結婚式を挙げたのでした。

運命の分かれ道、UNTCOK（国連臨時朝鮮委員団）による三月一二日の票決

私が父母の膝元を離れ、アメリカ留学を経て再び日本の地を踏むまで三年ばかりの歳月が流れましたが、外国にきていたその間ソウルで起きたことと、それに対する私の認識が、以後私の人生の歴程の方向を左右する決定的な要因になったわけですから、その間どのようなことが起こっていたのか、かいつまんで述

べてみたいと思うのです。

まず一九四七年七月、夢陽《モンヤン》先生が銃弾で命を落とし、三カ月後、左右合作委員会は自然消滅の形で解散に追い込まれ、せっかく再開された第二次米ソ共同委員会も一〇月一八日、中断されてしまうのです。するとアメリカは待ってましたとばかり、モスクワ三相会議の決定を一方的に破棄し、朝鮮問題を国連の舞台に移す手続きを踏むようになるのです。これは戦後処理関連の紛争には国連は関与してはならないという国連憲章第一〇七条の規定に違反することであり、ベルリン障壁の問題が一度も国連の場に持ち込まれたことがなかったのもそのためだったのでした。朝鮮の分割の問題も「戦後処理の問題」であったにもかかわらず、アメリカのごり押しで朝鮮問題は第二回国連総会に上程され、その年一一月一四日の「総会決議文一一二―一一」というのが採択されました。この文献は何を言っているのか理解しがたい曖昧で粗雑な文章からなっていますが、簡単に言えば次の二つの事項を決定したものであったのでした。

（一）朝鮮の国民政府（National Government）を樹立するため四八年三月三一日以前に選挙を実施する。

（二）この選挙で朝鮮人の代表が正当に選出されるのを保証するため、監視と協議を任務とする国連臨時朝鮮委員団（UNTCOK）を設置するが、委員団は次の八カ国で構成される。オーストラリア・カナダ・中国（台湾）・エスサルバドル・フランス・インド・フィリピン・シリア。

インド代表K・P・S・メノンを団長とする国連臨時朝鮮委員団一行がソウルに到着したのは、四七年の年末で、年が明けてからメノンは、李承晩《イスンマン》、金九《キムグ》、金奎植《キムキュシク》などの人々と会い、政府樹立のための選挙についての協議を始めました。しかし呂運亨《ヨウンヒョン》の暗殺で左右合作運動が瓦解されて以降、左派の人士たちのなかには誰一人アメリカが意のままに牛耳りかねない選挙に参加しようという人物はいませんでした。その上、ソ連が拒否権を握っている国連安保理を避けて問題を総会に引きずりこんだアメリカのやり方にソ連が不快感を表している状況の中で、選挙を三八度線以北でも実施するというのはあり得ないことであるばかりか、更に半官半民の右翼暴力団組織（郷保団）が手段を選ばない暴力行為を恣にしている状況では、三八度線以南においてさえ公正な選挙の実施が可能のようには思われませんでした。

そのような情勢で選挙は不可能だという事実を報告するため、メノンは国連に戻って問題の再検討を要求したのでしたが、選挙の可否を問う票決で一九四八年二月二六日、ソ連の反対にもかかわらず、無条件で選挙をしなければならないという決定がアメリカの圧力で下されたのでした。

その結果を持ってメノンはソウルに戻るのですが、この状態で三八度線以南だけの単独選挙を強行すれば、それは間違いなく戦争を引き起こす危険な火遊びで、委員団の中から反発が巻き起こりました。一番激烈に反発した国は奇妙なことにオーストラリアとカナダですが、この二カ国はアメリカが自分の言うことなら素直に聞いてくれるだろうと固く信じていた国ではないですか。

こうして、ソウルの朝鮮委員団はそれでも単独選挙の可否を決定するため、三月一二日、現地でもう一度票決を行ったのでした。

メノンはちょうどその時、インドとパキスタンが分離問題で苦しんでいた最中でもあり、朝鮮が南北対立の状況になっていくことに心を痛めていて、そのような不幸な状態を防ごうと力を尽くした人物だったのは間違いのない事実だったでしょう。四八年一月二一日、彼がソウルに来て初めて委員団の任務を説明したラジオ放送の内容に目を通して見ても、彼の本心は明確に推し量ることができるのです。「もし歴史を遡って、最も早い時期に形成された統一国家があったとすればそれは朝鮮であり、朝鮮は同一の言語を使い、同一の伝統を愛してきた単一国家でした。今朝鮮は南北対立で苦しんでいるが、統一を成し遂げ外国軍隊の基地になる道を選ばず、二大勢力間の黄金の架け橋になることを私は心から願っています。」

ともかく三月一二日、ソウルで実施された朝鮮委員団の票決に話題を戻したいのですが、委員団八カ国中、フランスとシリアは棄権し残りの六カ国がどう出るかによって、南北の運命が左右されるというぎりぎりの分かれ道に立たされたのです。台湾、フィリピン、エルサルバドルの三カ国はアメリカに言われれば、無条件に追従する国であり、オーストラリアとカナダは反対だったので、結局インド代表メノンがどう出るかが問題だったわけでありました。もしメノンが反対票を投じたとするならば、可否同数となり問題は再び国連総会に差し戻されたはずで、それにもかかわらずアメリカが単独選挙を強行したとしても「国連が監視した選挙」で樹立された正当政府を擁護するという口実を使って、世界平和のために生まれた国際組織である国連が朝鮮戦争の当事者として首を突っ込み、残忍な殺戮戦を繰り広げた世界史上の悲劇は起こらなかったのではあるまいかと私は思うのです。

色仕掛けで生まれた南だけの分断国家

「太古の昔から統一された一つの国家だった朝鮮を、二つに分ける単独選挙は絶対にありえない」と公言してきた人物こそメノン団長ではないでしょうか。しかし、意外なことに一九四八年三月一二日、国連朝鮮委員団の票決で彼は賛成票を投じ、結局四対二の多数決で単独選挙案が通過したのでした。

メノンの突然の変心は、女流詩人毛允淑《モウユンスク》の色仕掛けが功を奏した結果であるのですが、これについては毛允淑《モウユンスク》自身の証言を聞いてみるのがいいでしょう。「もし私とメノン団長との友情関係が無かったとしたら、単独選挙は無かっただろうし、従って李承晩《イスンマン》博士が大韓民国大統領の座に就かれたことも考えられない事実なのだ」（『新東亜』一九八三年二月号）。

またメノン自身は何と言っているでしょうか。「外交官としての長い期間、私の理性（reason）が心情（heart）によって揺さぶられたのは、私が国連朝鮮臨時委員団の団長を務めた時が最初で最後だったが、私の心情を揺さぶった女性は韓国の有名な女流詩人マリオン毛（毛允淑《モウユンスク》）だった」（『メノン自叙伝』一九七四年、ロンドン）。

些細な偶然がどのように一つの民族と国家の運命を決定的に左右することができるのかについて、メノンと毛允淑《モウユンスク》の痴情関係は実に適切な一例を残してくれたと、オーストラリア国立大学マコーマック教授は語っております（『シアレヒム』第九号一九八七年一〇月）。

三月一二日の票決で南朝鮮の単独選挙の実施が決定されるや、金九《キムグ》先生は「国連という機構が我が子孫万代に亘って洗い流せない怨恨を残した」という嘆きの言葉を残し、三八度線を越えて訪北の道に発たれましたが（四月一九日）、それに先立ち済州島では単独選挙に反対する民衆の反乱が起こり、二五万の島民のうち少なくとも五万名が命を失ったという四・三抗争の惨劇が繰り広げられたのでありました。

それでも五月一〇日に実施された単独選挙で李承晩《イスンマン》博士は大韓民国初代大統領になり、平壌《ピョンヤン》に行ってこられた金九《キムグ》先生は建国の翌年四九年六月二六日、李承晩《イスンマン》に与する勢力により暗殺されたのですが、奇しくもその日からちょうど三六五日目の五〇年六月二五日、朝鮮戦争が勃発することになるのです。

一つここで述べておきたいことは、「単独選挙で樹立された南の政府は、第二回国連総会決議文（一一二―Ⅱ）が要求する国民政府（National Government）として認定することはできない」という理由から、オーストラリア政府はその年の八月一五日、大韓民国建国宣布式に代表団の派遣を拒否したという事実であります。

ここで私自身の話に触れる時がきたと思われるのですが、千代子と結婚してからいくらも経っていない頃、一九五一年秋のことだったでしょうか、京畿中学の同期同窓だった白南奭《ペクナムソク》君が訪ねてきました。白《ペク》君は駐日代表部で柳泰夏《ユテハ》公使の秘書か何かの仕事をしていると自分を紹介しながら、景武台《キョンムデ》（大統領府）から連絡が来たので訪ねてきたというのです。ああ、遂に来るべきことが来たのか、私は緊張しながら白《ペク》君が訪ねてきた理由に耳を傾けたわけですが、ともかく「鄭敬謨がマッカーサー司令部のGHQで何をしながら、どう過ごしているのか確かめてこい」というのが景武台《キョンムデ》からの指示であったのでした。言うまでもなく本国に帰って大統領府で仕事をせよということではないですか。

私は率直に自分の身の振り方を伝えました。かくかくしかじかの因縁から日本の女性と結婚したのだということを。それからほどなくして白《ペク》君がもう一度訪ねてきたのでした。案件が大変微妙で、公式のルートで形式的に報告するのも何なので、自分で直接ソウルの景武台《キョンムデ》に出向いて大統領に報告を申し上げたのだが、大統領は顔を真っ赤にして激怒しておられたというのです。こうして李承晩《イスンマン》大統領との縁は切れたのでありました。

それも仕方のないことだと私自身覚悟していたのは、自らを僭越にもエドワード八世になぞらえていた一面はともかくとして、李大統領には大変申しわけないことながら、私は私なりに李大統領に抱く失望感が無くはなかったからという胸の内を明かしておかなくてはならないでしょう。

忠清南道大田《チュンチョンナムドテジョン》の近くに朗月里《ナンウォルリ》（現大田広域市朗月洞）という所があるはずです。朝鮮戦争初期にその村で、アカだという理由から老若男女を問わず大勢の村人が虐殺された恐ろしい事件があったのでした。今考えればその事件は全国的に左翼だと目された三〇万人もの無辜の農民たちが虐殺された、いわゆる補導連盟事件をとりあげた記事だったのですが――この身の毛もよだつ残酷な事件の記事が、イギリス労働党の機関誌『デイリーワーカー』のウイニントン記者によって詳しく報道されたことがあったのです。

すると、今度は慶尚南道《キョンサンナムド》で起こった居昌《コチャン》良民虐殺事件についても、相次いでいくつかの英字新聞で報道され始めました。当時国内でこの事件が報道されたのかどうかさえ分かりませんでしたが、国軍第一一師団の兵力が、居昌《コチャン》村の一二〇〇名近い村民たちを国民学校の校庭に集め機関銃の一斉射撃で殺し、死体を焼いたのですが、まだ生きていて火の中から這い出してきた幼い子どもを、軍人どもが軍靴をはいた足で炎の中に蹴り返した等々、なぜ李承晩《イスンマン》大統領の統治下の韓国でこのようなことが起こりえたのか、李承《イスン》晩《マン》大統領に対する反感もさることながら「解放者《ヘバンジャ》」だと私自身あれほど熱狂的に歓迎した米軍が我々に何をもたらしたのか？　平和だったのか、解放だったのか？　身を置いている組織が米軍司令部だったゆえに、心の中の苦悩はより深刻なものであったのでした。

韓国語を解しえなかった停戦会談の韓国軍代表

開城《ケソン》から場所が移され板門店《パンムンジョム》で休戦会談が始まったのは一九五一年一〇月からでありますが、私が東京にあるＧＨＱの命令で板門店《パンムンジョム》に派遣されたのは、次の年の早春だったと記憶しています。

五〇年六月二五日に朝鮮戦争が勃発してから、わずか三日目の六月二八日には人民軍がソウルを占領したのですが、いったんソウルを放棄した「国連軍」が仁川《インチョン》上陸に成功し、ソウルを取り返したのは、九月二八日でありました。しかし、「国連軍」はソウル回復に止まらず、一〇月七日に三八度線を越え北進を始めたのですが、それより先、韓国軍は一〇月一日、一足先に行動を開始し、いわば国連軍の先遣部隊として北の地に攻め込んだのでした。しかし、破竹の勢いで鴨緑江《アムノックカン》の国境地帯に向かって突進していた「国連軍」を阻止したのは、待ち構えていた中国軍一〇〇万の大軍でした。もし三八度線を越えるのが韓国軍の単独兵力なら黙過するが、米軍部隊（国連軍）が三八度線を越えるときは座視しないであろうという周恩来の事前警告をマッカーサーが無視した結果でありました。「国連軍」と韓国軍が中国軍に追われて敗走しながら再びソウルを放棄するや、ソウル市民たちはあの寒い冬の日、一斉に釜山に避難する一・四後退の悲劇を味わうことになりました。「国連軍」が隊列を整えなおしてもう一度ソウルを回復した三月一四日まで、ソウルは押したり押されたりの戦火の洗礼を四回も受けたわけで、どのような言葉でその惨状を表現しえたことでしょうか。米軍の輸送機で金浦空港に降り立ち、ソウルの市内に入ってみると、市街地はほとんど廃墟と化していて、人々はほとんどすべて避難してしまい、大通りでさえ人の子一人見当たりませんでした。日帝の支配から解放されたと小躍りして喜んだのはついこの間のことではなかったのか。これは一体何たる悲劇だろうか。涙とため息を抑えることができませんでした。

空港からまず梨泰院《イテウォン》にある国連軍司令部（以前の日本軍第二〇師団司令部）に入り、板門店《パンムンジョム》に行くジープの手配を頼むと担当の米軍の軍曹は私を日本人二世だと勘違いしたのでしょう、親切にも一言注意をしてくれたのでした。

「この滅茶苦茶な国ったらまるで泥棒どもの巣窟ですからね、所持品をなくさないようグークども（韓国人の蔑称）には気をつけてください」（This d-d country is a den of thieves. Watch out for Gooks. They will steal anything you've got.）

アメリカ人軍曹の注意をじっくり噛みしめながら、土ぼこりをかぶって真っ白くなった姿で汶山《ムンサン》のとある果樹園に設営された米軍キャンプに入りました。米軍キャンプは臨津江《イムジンガン》の南岸の汶山《ムンサン》にあり、休戦会談が開かれる板門店《パンムンジョム》は北岸にあって、米軍はヘリコプターで川の向こう岸を往き来していました。当時人民軍の代表は南日《ナミル》将軍、中国軍代表は鄧華大将、そして国連軍代表はジョイ（C. Turner Joy）海軍中将でしたが、韓国軍は李承晩《イスンマン》大統領が休戦会談自体に反対していたため、正式には代表を派遣せず、オブザーバーと連絡将校が各一名ずつ出席しているという状況でありました。

当時双方の協議は休戦ラインの設定と捕虜の交換に関する問題だったことから、私は米軍と中国軍の測量技術者たちがコンパスと三角定規で朝鮮半島を南北に切断する作業の現場を何度か目撃するはめになりましたが、祖国の大地が両断されるその光景は、あたかも骨肉の誰かが生体解剖を受けている場面のようで、それを目撃するときは本当に胸が痛みました。

捕虜交換問題が案件として取り扱われる予定の日には、米軍代表団は会議場に向かう前、相手方がこう出てきたときは、我々はこう対応しようというふうにリハーサルをするのが通例になっていたので、そのような日は私は通訳だからそのリハーサルに参席していたわけです。

そんなある日、私の後ろの席からひそひそと話す日本語が聞こえてくるではありませんか。「相手側に捕らえられているアメリカ軍捕虜の数はしかじかであり、こちらの手中にある相手方の捕虜はしかじかであるが、その中に含まれている反共捕虜はざっとこのくらいである」といった具合の日本語でした。このような場で一体なぜ日本語が聞こえてくるのか、驚いて後ろを振り返ってみたのです。後になって知った事実ですが、英語を日本語に通訳している人物は韓国軍の連絡将校李寿泳《イスヨン》大領であり、日本語を聴きながら頷いている人物は韓国軍オブザーバーとして派遣された劉載興《ユジェフン》陸軍中将だったのです。韓国語が全く分からず、日本語に訳してもらってやっと分かるという人物が星をつけて韓国軍の将軍の職にあるとは、一体どういうことでしょうか。

旧韓末の頃、留学生として派遣されていた日本の陸軍士官学校二六期の卒業生の中で、民族主義者である李青天《イチョンチョン》のような方は、一九一九年の三・一運動の時に日本軍から脱出し、上海臨時政府管下の光復軍司令官を務めることになるわけですが、そのまま日本軍にとどまり、京畿中学の配属将校を経て解放後に国軍初代参謀総長を務めた李應俊《イウンジュン》のような人物がいたことは前にも話をしたことがあるから覚えているかと思いますが、日本軍に服務していた親日派の劉升烈《ユスンニョル》大佐が同じ二六期生の劉載興《ユジェフン》中将の父親であって、柳中将は幼いときから日本陸軍幼年学校に入学し、徹底的に日本人としての教育を受けた人物だったのです。日本語通訳を介さないことには双方の間でどのようなことが話し合われているのか皆目見当もつかない人物が堂々と将軍の星をつけ、韓国軍代表（オブザーバー）として停戦会議の席に鎮座しますという滑稽な光景が展開されていたのでした。

ジョイと南日との間の火花を散らす舌戦

板門店《パンムンジョム》の休戦会談で、私はただの通訳だったのであり、米軍側の発言を相手方に伝えることで自分の役目は終わるわけですが、元々性格がつむじまがりだったせいか、米軍側の発言が果たして正当なものであって論理的に矛盾がないのかどうかについては、どうしても心に引っかかり、通訳としての任務を果たしながらも気恥ずかしい思いに悩まされたことが一度や二度ではなかったという事実をここで告白しておきたいと思うのです。

一九五〇年九月二八日、米軍はいったん人民軍に占領されていたソウルを回復した後、すぐに人民軍を追撃しながら三八度線を越えたのでした。米軍は北の人民軍が「国境線」である三八度線を越えてきたという理由で、国連をして侵略者の烙印を押させた上で反撃に出たのでありますが、もし米軍が相手の兵力を三八度線の外側に追放するに止まらず、自らが「国境線」を越えて追撃を続けるのなら、今度は米軍が「侵略行為」を犯したという非難が国連のなかから出るのではあるまいか。そのような理由から暫くの間足踏みをしていたものの、一〇月一日、韓国軍にまず三八度線を越えさせ、その一週間後の一〇月七日には米軍部隊自身も三八度線を越えたわけですが、その時アメリカ政府は二つの理由をあげてその正当性について国連を説得したのでした。

一番目の理由は、三八度線とは元来存在していない想像上の分割線（imaginary line）に過ぎないということであり、二番目の理由は南北の統一政府を樹立するためには今が絶好の機会だということであったのでした。

それならばですね。北側がもし、我々こそが南北の統一のために、お前らの言うとおり元来存在していない想像上の分割線三八度線を越えたのに、それがどうして侵略なのかと食ってかかってきたら、果たしてどちらの言い分を理不尽な詭弁だと言うべきでしょうか。捕虜交換や休戦ライン設定のような事務的な事案は双方のプロジェクトチームが作業を進めたけれども、戦争そのものの本質を糺す本会議では、「国連軍」を代表するジョイ提督と人民軍を代表する南日《ナミル》将軍とが向き合って火花を散らす論戦を繰り広げるのが常で、そんな会談が開かれる日には、私もまた緊張感に包まれて会議場に入らざるを得なかったのでした。

その時私が見た南日《ナミル》将軍は、背丈の高い凛々しい偉丈夫であり、長靴を履いた軍服姿も威厳に満ちていて、そのまま映画の一場面に現われてもちっともおかしくない堂々たる軍人でありました。彼が拳で机を叩かんばかりに憤激しながら、あなたたちに何の権利があって他人の国に攻め入り、爆撃で都市を破壊したりナパーム弾のような大量殺傷武器でまるで虫けらのように人々を殺しまくっているのかと相手に迫ってくる場面もあり、これは手に汗を滲ませるような一場のドラマのようであったのでした。

そんな時、ジョイ提督が、具体的にどんな言葉で反論したのか記憶が鮮明ではありませんが、当時の状況からして、その反論はあらまし次のような内容のものではなかったでしょうか。

「大韓民国政府は、国連監視の下に実施された五・一〇選挙で樹立された政府であり、これが国連第三回総会決議文一九五—Ⅲ（四七年一二月一二日）に依ってその正当性を認定された唯一の正当政府であるにもかかわらず、あなたたちはそれを無視して三八度線を越えて侵犯したではないか。これは明白な侵略行為であって、我々はその侵略行為を撃退するために警察行動をとったのであり、その正当性は国連安保理文書「S-1588」(五〇年七月七日)にも明示されている通りではないか。あなたは今、私が何の権利でこの席に就いているのかを問うたが、これは人類平和のために創立された国連から委託を受けた権利であって、この厳然たる事実を忘れないでほしい。」

ジョイ提督のこの抗弁は誰が聞いても苦しいものだったでしょう。ずっと後の話になりますが、ブルース・カミングス教授はまさにジョイのこのような抗弁を皮肉るかのように、それならば「コリアンたちがコリアを侵犯したというのか?」(Koreans invaded Korea?)という反問でその論理的矛盾を突いたのでした(『朝鮮戦争の起源』)。

ともかく南日《ナミル》将軍に対する畏敬の念のようなものは、会議に参席した米軍代表団全体にも広がって、ジョイ提督は私的な席でも、むしろ李承晩《イスンマン》大統領に対しては、敬称をつけずに「シンマン・リー」と呼び捨てにしながらも、南日《ナミル》将軍に対しては、きちんと肩書きを付けて「ジェネラル・ナミル」と呼んでいたのが印象的でありました。

ともかく、英語も分からなければ双方の間で行き交うウリマル(韓国語・朝鮮語)を理解できなかった劉載興《ユジェフン》中将のことですが、ただぽかんと所在なさげに会議場に座っている彼の姿を見るにつけ、韓国語の諺に「借りてきた麦の袋」というのがあるのですが、情けないと言うのか恥ずかしい思いをどうすることもできませんでした。

蛇足ながら一言つけ加えたいのですが、当時南日《ナミル》将軍の通訳は薛貞植《ソルチョンシク》という人でしたが、『東亜日報』の主筆を務めた薛義植《ソルウィシク》先生の弟で、日帝時代に延禧専門学校英文科を卒業した秀才でした。解放後、米軍政庁に勤めていたのですが、何か気に障ることがあったのでしょう、そこを飛び出し三八度線の向こうに行った人であるのです。若干教科書的な堅い英語ながらも、文法的には完璧な英語を駆使していたのが今でも記憶に残っております。

ソ連を抜かした「国連軍」——アメリカによる名義の盗用

一九五一年のある日、用事があって休暇を取りソウルに行き、夕方頃になって汶山《ムンサン》のキャンプに戻ってみると、キャンプ全体がざわめいていて、「コーネル・リー　ナンバーワン」と、韓国軍の連絡将校李壽《イス》栄《ヨン》大佐を褒めちぎる声があちこちから聞こえてくるではないですか。

一体何事が起こったのか、李大佐の姿は見えなかったので、夕食のとき食堂で隣の席に座っている一人の将校にそのわけを尋ねたら、その日実に奇妙な事件が板門店《パンムンジョム》近くの中立地帯で起こったというのでありました。

休戦ラインを中心とした南北二キロの中立地帯には、航空機はもちろん、護身用の拳銃以外は武器の搬入が禁止されていたのですが、その日はどうした理由かアメリカの戦闘機が中立地帯の上空に入り、休戦ライン以北にある農家に機関銃を撃ちこんだ結果、三歳になる女の子が射殺されたという事件が発生したというのです。そのため人民軍側から抗議の緊急連絡が来て、共同調査チームが現地に出動したのでした。

こうした場合、普通は米軍のダロウ（Darrow）大佐が行くのですが、その日に限って彼は休暇（R&R）で日本に行っていて不在であり、仕方なく李《イ》壽栄《スヨン》大佐が代わりに国連軍代表として出て行ったというのです。

ところがです。当時の国連軍の規定では公用語は英語に限定されていたため、李大佐は韓国人でありながらも相手側との対話は英語でするほかなかったのでした。そして、李大佐の韓国語通訳として同行したのが、海軍大尉ホラス・アンダーウッド（延世大学創立者アンダーウッド牧師の子）だったというわけで、韓国人李大佐が話す英語をアメリカ人アンダーウッド大尉が韓国語に通訳するという喜劇的な場面で見せた李大佐の対応ぶりが実に気が利いていて――どんな具合に気が利いていたのか、そのときはよく知らなかったのですが――それでキャンプ内の軍人たちが喜んでいるとのことでありました。

何日か後に、その時どんなことがあったのか李大佐に直接訊いてみたら、李大佐が言うには、その日は本当にみっともない思いをして、家に帰ってから恥ずかしさのあまり眠れなかったのだと詳しく話をしてくれたのですが、私自身その話を聞き情けなく恥ずかしい思いでありました。

その日相手側の代表として出てきた人物が張春山《チャンチュンサン》大佐だったのですが、私自身何度か会ったことがある彼は、小柄ながらがっちりした体格で、咸鏡道《ハムギョンド》なまりの強い軍人らしい軍人であったのです。

ともかく李大佐の表現どおりに言うなら、わが方の記録によると、その日航空機が中立地帯の上空を飛んだという事実はなく、従って三歳の子どもが射殺されたという事実については何らの責任も負うことはできないということを、自身のまあ出鱈目な英語で何とかかんとか相手に伝えたとのことでした。自分のこの英語らしくもない英語をアンダーウッドが引き受けて、子どもの頃しばらく宣教師の子としてソウルで育ったときに、洟垂れ小僧たちと一緒になって遊びながら覚えた悪口くらいは言える程度の韓国語の実力で通訳をしたと言うのですから、その光景がどれほど滑稽なものだったかは想像に余りあるではないですか。しかもわが方の航空機（our plane）があなた側の子供（the child of your side）を殺したとか殺さなかった云々の言葉を英語でしゃべるときは恥ずかしくて顔から火が出るような思いであったと言うのでした。

調査がすべて終わり互いに別れるようになった時、北側の張大佐が一言声をかけてきたと言うのです。

「おい、李大佐！　お前さんは毎日ステーキばかり食ってるせいで、ウリマル（朝鮮語）はすっかり忘れたみたいだね？」

これに李大佐が仕方なくまた英語で弁明するしかないし、相手の張大佐に言ったというのです。「我々は自由人であるゆえ、ウリマルで話をしたいときにはウリマルを話し、英語をしゃべりたいときは英語でしゃべるのだ」と。

李大佐のこの答弁をアンダーウッドがまた朝鮮語らしくもない朝鮮語で訳したのでしょう。聞き終わった張大佐は、李大佐の顔をにらみつけながら、「このクソ野郎め」と罵倒したあと、ペーッと李大佐の足元に痰を吐きつけてから、とぼとぼと立ち去って行ったというのです。

その後ホラス・アンダーウッドはその時感じた恥ずかしさのせいだったのか、韓国語を正式に学び、流暢にウリマルを駆使するようになったと聞きました。李大佐は朴正煕《パクチョンヒ》時代にフランス駐在大使に抜擢されたのですが、七二年パリの自宅で疑問死を遂げたという話であり、張大佐の消息は全く知る由もありません。

それはともかくとして、ジョイ提督と南日《ナミル》将軍の対決といい、李壽栄《イスヨン》大佐と張春山《チャンチュンサン》大佐の対決といい、板門店《バンムンジョム》休戦会談の現場で展開された双方の「決闘」の場面は、象徴的に朝鮮戦争の矛盾と欺瞞を鮮明に見せてくれたのであって、この戦争が「韓国人の自由を擁護するために取られた警察行動だった」とのアメリカの主張が、果たしてどの程度説得力を備えたものであるのか、我々が何の疑問もなく受け入れてもかまわないものなのか、私自身国連側の一員として行動していただけに、その点は心を苛む苦悩の種であったのでした。

それればかりではありません。国連が自らの名において朝鮮戦争のような軍事行動をとるときには、安保理常任理事国全員の軍事参謀総長で構成される参謀会議を置くことが要求されているにもかかわらず（国連憲章第四七条）、ソ連が安保理をボイコットしているなか、アメリカが「S-1588」を通過させ、単独で支配権を行使することができる「国連軍司令部」なるものを設置したことは、誰が見ても国連憲章の規定に反する違法行為であったのでした。「国連軍」なるものは今もむかしも存在した例しはないのです。

板門店《バンムンジョム》の会議場に掲げられた国連旗を指さしながら「あれは不法だ」と相手方が怒鳴りちらかす場面を見るたびに、私の心は揺れ動き、自分のおかれている立場に不安を覚えざるを得なかったのです。

朝鮮戦争とベトナム戦争――アメリカ分割統治の双生児

板門店《バンムンジョム》で休戦協定が調印されたのは、一九五三年七月二七日ですが、その時私は東京の米軍司令部に戻っていたため、調印式の現場にはいませんでした。

その頃、東京に戻ってきた私は、文益煥《ムンイクファン》牧師とともに主に日本語が分かるハワイ出身の日系二世たちに韓国語を教える仕事をしながら、表面的には結構のんびり平穏な日々を送っていたけれども、学業を中断したまま、未来が見えない生活に身を委ねながら若い日々を過ごしていたのですから、心が安らかなはずはありませんでした。

文《ムン》牧師は神学の勉強を続けるために五四年にプリンストン大学へ去っていかれましたが、その年四月には長男剛憲《カンホン》が生まれたので、妻子を日本に置いたまま文《ムン》牧師の後を追ってアメリカに戻るのも容易なことではなく、どうしたらいいのか全く方向を見極めることができず悩んでいたのでした。

ちょうどその頃、心理的に私に大きな衝撃を与えた事件が起こったのでしたが、それはアメリカの支援の下ベトナムに再び戻ってきたフランス軍が、北部のディエンビエンフーの戦いでホーチミンのベトナム軍に叩きのめされ、面目丸つぶれのまま白旗を揚げて降伏したという途方もない事件でありました。それは子供が生まれてから約一カ月後の五四年五月七日のことでしたが、その報に接した私はもちろん言うまでもなくホーチミン将軍、いや「ホーおじさん」のために快哉を叫ばざるをえませんでした。植民地の民だったベトナム人が宗主国フランスを打ちのめしたのですから、私にとってそれはどれ程痛快なことだったでしょうか。

アメリカはフランスを差し置いて、直接ホーチミン側と交渉を始めようと、その年七月からジュネーブで休戦会談を開き、北緯一七度線でベトナムを南北に分けた後、傀儡ゴージンジェム親米政権を立てて戦争を拡大していくのですが、それはまさに朝鮮半島で使った手法そのものではありませんか。折しも板門《パンムン》店《ジョム》で調印された朝鮮戦争の停戦協定第六〇項の規定に従い、四月からジュネーブで政治会談が開かれていたのですが、同じ時に同じ場所で二つの会談が同時進行の形で開かれていたのは、朝鮮戦争がベトナム戦争であり、ベトナム戦争が朝鮮戦争であることを端的に物語る事実ではありませんか。

最初の子供の出生とディエンビェンフーにおける歴史的な事件が時間的に重なったということはもちろん偶然の一致だったかも知れませんが、その時に生まれた息子に対し、将来自分が人間としてやましくないまともな父親の役目を果たすためにも、一日も早く米軍のGHQを離れなければならないという焦燥感で心が揺れ動きながらも、新しく子どもが生まれた家族の生計を支えるためには、アメリカのGHQに頼らなければならないという奇妙なジレンマに陥り、実に悩ましい思いで毎日を過ごしていたのでした。

一八世紀のイギリス人ファラデーは、ほとんど独学で研究を重ね、電気分解に関する「ファラデーの法則」を発見した偉大な化学者ですが、彼は篤実なキリスト教徒として、創造主が宇宙を支配する法則を探求したいという、言ってみれば神学的な動機から科学者になった人物でした。

我々人間（ホモサピエンス）を含むすべての生物体の進化を説明するダーウィンの進化論は、私としては否定せねばならない理《ことわり》のない真実でありますが、アメリカではこれを虚偽であると否定し、政治的にも相当な発言権を行使している原理主義者《ファンダメンタリスト》たちが大勢いるのです。学校においてさえ進化論を教えることを法的に禁止し、進化論を教えたという理由で生物学の教師が逮捕され裁判にかけられるという滑稽な事態が今日のこの世の中で、しかもアメリカのような国で罷り通っているのですが、これはどういうわけでしょうか。原理主義者たちの愚を嘲笑するのは簡単なことですが、ダーウィンの進化論にも万人を納得させるには、何か不足している点はないだろうか、それは今日までも私が抱いている疑問点の一つでもあるのです。

すべての生物体がどのような道筋をたどって、今日の形態として存在しているか、生命に関する「どのように」（How）は、ダーウィンの進化論が語るそのとおりでありましょうが、しかし一個の生命体である私はなぜゆえにここに存在しているのであろうか、ホモサピエンスがホモサピエンスである限り、この問いは人類が絶滅する日まで続くことでしょうが、しかしその瞬間まで自らの存在に対する問いかけ、すなわち生命に関する「なぜ」(Why)については、ダーウィンの進化論は沈黙するしかないのではないでしょうか。

というわけで、その時の私は、今やもう実験室で研究に没頭する化学者としての夢は棄てるしかないながら、何としても母校エモリー大学に戻って、言うなれば目的論的な観点から科学と神学を連結させるような研究をして本を書いたりして生きる道はないだろうか、と誠に僭越で身の程知らずの考えに浸っていたのでありました。

その時は米軍GHQの言語学校も少しずつ閉鎖されつつあり、どのみち米軍を辞めねばならない時が近づいていたのですが、意外にも、もう一度板門店《バンムンジョム》勤務をしろという命令が下ったのです。少しばかりは学費を蓄えておく必要もあって、五五年の秋頃、再び板門店《バンムンジョム》のキャンプに戻ったのでありました。

ところが、その板門店《バンムンジョム》のキャンプで、その後の私の人生を決定的に左右することになる意外な不祥事が起こったのです。

忌避人物の烙印――板門店からの追放

一九五六年になると、高度成長の波に乗った日本は自信満々として「もはや戦後ではない」と政府の経済白書に謳うほど目覚ましい経済復興を遂げていたのですが、このように急速な高度成長は、言うまでもなく朝鮮戦争のおかげで突然天から降り注ぐドルの雨（特需）のためであり、政治的にも社会党を万年野党に押し込んだ上で、自民党が一党永久執権を謳歌できる、いわゆる「五五年体制」を確立することで、政治風土が急速に右傾化していった時だったのがあの頃であったのです。

軍国主義の色彩が濃厚な日本の右翼勢力の復活を日本現代史では、「逆コース」と言いますが、この「逆コース」を後押ししているのがアメリカの力でした。

その年（一九五五年）の秋、米軍の輸送機に乗って日本を出発し金浦空港に降り立ってみたら、戦争の惨禍で故国の山河は荒れ果てるだけ荒れ果て、高度成長の熱気で沸き返っている日本の派手な姿に比べてあまりにその差が大きくて、自然とため息が出てきました。ふとベトナムのことを思い出しながらあるいはアメリカの政策は、経済的に復興し政治的に右傾化している日本に朝鮮半島の再支配を託そうということではないか、そんな疑いがむくむくと黒雲のように湧き上がってきたのです。これが何の根拠もない杞憂ではなかったということは、だんだん明らかになることですが、ともかく複雑な心境で板門店《パンムンジョム》の米軍キャンプを再び訪れたのでした。

アメリカは五四年のジュネーブ協定で北緯一七度線を境界にしてベトナムを南北に分けた後、南側のゴージンジェム親米政権を育成強化する政策に没頭しましたが、韓国に対する政策も奇妙にもそれとぴったり同じなので、アメリカのやり方には敵意と嫌悪感を抑えることができませんでした。

そうだとしても、米軍に頼って暮らしている分際で、彼らに面と向かってアメリカの政策を批判したことはなかったと私は今でも信じています。とはいえ自らの言動と態度に用心が足りなかったのか、あるいは心の中の火の玉があまりにも熱かったせいなのか、知らず知らずのうちに周りの人間たちから疑いの目で見られていたようでした。

ある日のこと上部から呼び出しを受けて行ってみると、大佐級の軍人たちが円座を組んで座っていて、その場で私に解雇を通告し、同時に板門店《パンムンジョム》から去るよう退去命令が下されたのです。何か起訴文のようなものが朗読されたわけでもなく、私に抗弁の機会が与えられたわけでもなかったので、形式が整った軍事裁判ではなかったものの、私がアメリカにとって「忌避人物」(persona non grata)だということを正式に通告を受けたという点からすると、一種の裁判だったと言えるでしょう。

その時の口頭での通告内容は今も記憶していますが、次のようなことでした。


「板門店《パンムンジョム》のような敏感な部署であなたが勤務しているというのは、アメリカの国家利益と一致しない」(Your presence in such a sensitive post as Panmunjom is incompatible with the best interest of the U. S.)

その当時はマッカーシズムが吹き荒れていた時で、例えばH・ノーマンのような世界的な東洋学の碩学が自殺に追い込まれたり、チャーリー・チャップリンのように第二次大戦中、アメリカのために抜群の勲功を立てた著名な映画俳優でさえ、赤色分子との嫌疑をかけられアメリカから本国のイギリスに追放された時でしたから、私に何の弁解の余地があったでしょうか。むしろ当然だという気持ちで、次の日板門《パンムン》店《ジョム》を去ったのでした。米軍当局は親切にも護衛兵を二人も付けて私を飛行機に乗せ、東京の米空軍基地である横田空港まで連れて行ってくれて、そこで私を「釈放」してくれたのです。

私がその時アメリカにありがたいと思ったのは、もし彼らが、なにかそれらしい理由をつけて――つけられるような理由があったとも思われませんが——私の身柄を韓国政府に引き渡していたなら、間違いなく私は特務隊の取り調べを受けたはずで、「スネーク金《キム》」（金昌龍《キムチャンヨン》）のような徒輩の手で命を永らえることは難しかったろうと思えたからであります。それが五六年五月のことでありました。

アメリカがソウルに入城してきた四五年九月のその日、私は彼らを「平和の使徒」、「正義の解放軍」と心から歓迎したのではなかったでしょうか。日帝の降伏を告げる天皇の「玉音放送」を聞いて、私は感激のあまり我が民族に解放の喜びを抱かせてくれたアメリカに祝福を与えたまえと、父と共にひざまずいて神に感謝の祈りをあげたのではなかったでしょうか。そんな米軍に対する畏敬と憧憬が、あまりにも熱かったことから、医学の勉強を中断してまでアメリカに駆けつけて行った私ではなかったでしょうか。

そんな私が奇妙なことに、そのアメリカから忌避人物の烙印を押されるようになったのですから、笑うほかありませんでした。人生はアイロニーだと言いますが、横田空港に降り立ち家に向かいながら、今更ながら人生の旅路の不思議な屈曲を感じざるをえませんでした。

第3章

ソウルの異邦人

荷物をまとめてソウルへ——一四年間の生き別れの始まり

米軍司令部から「忌避人物」との烙印を押された以上、東京のアメリカ大使館が私にビザを発給してくれるはずもなく、母校エモリー大学に戻って学業を続ける夢も破れたので、これから一体どうすべきなのか、横田空軍基地から家に向かいながら思いに浸っていました。あれこれ考えた末、とにかく自分自身が何者であるか自ら証明するためにも、本国に帰るのが正しい道だろうと決心したのでありました。

その時、別な選択が一つあったとすれば、解放直前まで学籍を置いていた慶應大学医学部に復学する道だったでしょう。その当時外地に出ていた軍人たちの中で、三十をとうに過ぎた歳で入学試験を受けて医大の一年生になるという例はいくらでもあったので、慶應大学を訪ね、ソウル大学とエモリー大学での学歴を提示して復学を申請したら、学校当局が認めてくれる可能性は充分にあったでしょう。にもかかわらず、その時の心境としては、医者として一生涯を送るという考えに拒否感が込み上げていたのでした。その間経験してきたことがあまりにも多く、それを知りながら知らぬふりをして一生を送るにしては、あまりにも耐え難い現場を目撃してきたためでしょうか、とにかく他のことは考えず本国に帰らねばならないという考えが私の背中を押してやまないのでした。帰って具体的にどんなことをすべきであるのかという腹案のようなものがあったわけでもないのにでありました。

ここで中国の文豪魯迅先生の話をしなければなりません。魯迅（一八八一年～一九三六年）は、中国が最も絶望的な暗黒の中にあった時代を生きた人ですが、若くして医学を学ぼうと日本に来て、仙台医専（現東北大学医学部）に籍を置いた留学生でした。その時は日露戦争（一九〇四年〜〇五年）で日本全体が戦勝ムードで沸き立っていた頃でしたが、ある日満州で戦っている日本軍の勇猛な姿を学生たちに見せるため、スパイだと捕まえられてきた中国人を、日本刀で首を切って殺す処刑の場面を、幻燈で見せるという催しが教室であったというのです。しかし、見物人として動員されそこに集まった中国の農民たちは、無表情でその残酷な光景をぼんやりと突っ立ったまま見ていたのでした。魯迅は、中国四億の民衆が精神的に病んでいるのに、自分が将来医者になって肉体的に病んでいる何百人くらいの中国人の治療に当たるということに何の意味があるのか、はっきりとそう悟ったあげく、その場で医学を中断し文筆活動を始めたのでした。魯迅先生は文筆活動を通じて辛亥革命を経た後でも、深い眠りから覚めようとしない中国大衆たちの覚醒のため、例えば『狂人日記』『阿Q正伝』のような多くの文章を残したではないですか。

私が後日、日本に来て亡命を宣言して文筆活動を始め、日本人を交えた聴衆の前で講演会のようなものを開くと、その中の日本人から、鄭先生あなたが医学の勉強を中断して、今文筆活動をしているのは、魯迅先生から精神的な刺激受けたためではないですかという質問を今もしばしば受けることがありますが、それはとんでもない誤解であって、恥ずかしながら私が米軍司令部から追放された後、慌てて韓国に帰る決心をしたその当時は、私は魯迅の「魯」の字も知らなかったということを告白せねばならないでしょう。

いずれにせよ日吉の家に帰り、妻の千代子にだけ、板門店《パンムンジョム》でかくかくしかじかのことがあったと簡単に説明して、ソウルに帰る決心を伝えたのでした。落ち着いたら知らせるから、その時はソウルに来るようにという言葉を残し、妻と三歳になった長男剛憲《カンホン》を義母に預けたまま、私は一人ソウルに帰ったのでした。妻千代子は、その時も今も夫である私がこうだと言えば、そのとおりに受け入れ、黙々と従うばかりの善良を絵に描いたような女性であります。私がソウルに帰るというと、何も言わず荷物をまとめて、私を見送ってくれました。それが私は私なりに、千代子は千代子なりに孤独と絶望の中で過ごすことになる一四年間の生き別れの始まりだったとは、私は想像すらもできませんでした。一九五六年三十二歳の時に家を出て、七〇年四十六歳になって帰ってきた一四年の間、私自身が困窮の中でもがきながら暮らしていて、ビタ一文生活費を送ってやれる状態ではなく、千代子は仕事をしながら母親の世話をし子どもを育てるしかありませんでした。その苦労はいかばかりであったでしょうか。

しかし一四年ぶりに文なしのうらぶれた姿で帰ってきた、夫らしくない夫の私を不平の一言もなく迎えてくれたのでした。その間つらくて悲しかったと言う繰りごとを私は一度も聞かされたことはありませんでした。

非常戒厳令下のソウル——李承晩への個人的感謝と深い失望

一九五六年五月初め、帰ってから何をするのか何の準備もないまま妻子を日本に残し一人で帰国してみたら、ソウルには非常戒厳令が敷かれ、人々は恐怖に震えており、そのものものしい雰囲気はただごとではありませんでした。偶然にもその時は第三代正副大統領選挙のために人々は浮き足立っていたときで、たまたま私がソウルに到着する数日前の五月五日、野党民主党の大統領候補だった申翼熙《シンイクヒ》先生が遊説の途中、裡里《イリ》駅の列車内で変死体で発見されたのでした。その直前、漢江《ハンガン》の河原で三〇万の人に向かって獅子吼した彼が突然亡くなったという話を聞いて、激憤した群衆が景武台《キョンムデ》（大統領官邸）に押し寄せ、入口で警察隊と衝突し、あわてた政府当局が非常戒厳令を発布したのでした。その申翼熙《シンイクヒ》とは誰だったのでしょうか？

一九一九年上海で臨時政府が樹立されたときから、金九《キムグ》先生とともに異国の地で辛酸を嘗めながら独立運動に身を捧げてきた方が申翼熙《シンイクヒ》先生であるのですが、金九《キムグ》先生が李承晩《イスンマン》一味の勢力によって暗殺された事実から推測して、彼の突然の死を自然死だと信じる者はおらず、李承晩《イスンマン》大統領に対する非難と敵愾心は、あたかも燎原の火のように広がっていったのでした。李大統領は個人的には私が一方ならぬ恩恵を蒙った恩人ではないですか。しかし、道義に反する彼の振る舞いに対しては、私も国民の一人である以上心からの憤激と嫌悪感を抑えることはできませんでした。

申翼熙《シンイクヒ》亡きあとの五月一五日、予定通りに選挙は実施され、大統領には自由党の李承晩《イスンマン》現大統領が一方的な勝利を収めたのですが、副大統領には申先生のランニングメートとして出馬していた張勉《チャンミョン》候補が、自由党李起鵬《イキブン》候補を押さえ勝利したのでした。当然と言えば当然とでも言いましょうか、この時から張勉《チャンミョン》副大統領に対する暗殺劇が仕組まれ始めたのです。当時李大統領の歳は八十一歳だったのですから、いわゆる有故（死亡）はいつでもあり得ることだし、大統領の継承権をもつ副大統領選挙は事実上の大統領選挙に等しく、副大統領の座を張勉《チャンミョン》が占めるようになったことは、李承晩《イスンマン》以下自由党としてみれば地団太を踏んでも飽き足りない痛恨事であったでしょう。

そんな状況の中で九月二八日がやってきたのでした。その日ソウル市民会館で開かれた民主党全党大会に張勉《チャンミョン》副大統領が足を踏み入れた瞬間、拳銃の音が鳴り響いたのです。幸い銃弾は張副大統領の手の甲を掠めただけで事なきを得ましたが、下手人が誰であれ李承晩《イスンマン》大統領にこの事件に対する責任がないと言えるでしょうか。

現場で逮捕された犯人は、金相鵬《キムサンブン》という者だったのですが、彼は取り調べの場で、「自分は『東亜日報』の記者だと言いながら、記者証まで提示した」と当時の政府機関紙、『ソウル新聞』はでかでかと報道しましたが、『東亜日報』はうんともすんとも言わないまま沈黙を守っていたと記憶しているのです。

その後明らかにされた事実は――その後とは事件から五年経った一九六〇年の四・一九学生革命以降のことですが、犯人金相鵬《キムサンブン》をそそのかしたのは、治安局特殊情報課長の張栄福《チャンヨンボク》という者で、その張を背後で操縦していた人物は内務部長官の李益興《イイクフン》であったのでしたが、この者は日帝時代平安北道《ピョンアンブクト》の博川《パクチョン》警察署長をしていた根っからの親日派だったのです。博川《パクチョン》と言えばとりわけ民族運動が熾烈だった土地柄ではありませんか。その時代朝鮮人として博川《パクチョン》警察署長を務めたとすれば、彼がどれ程徹底的に総督府に忠誠を尽くしていたか分かるというものではないでしょうか。

犯人金相鵬《キムサンブン》は内務部長官李益興《イイクフン》から暗殺が成功した暁には、ある運送会社の社長にしてやるという事前の約束があったので拳銃を撃ったということも明るみに出たのですが、李益興《イイクフン》自身はもし張勉《チャンミョン》の暗殺劇が成功していたとすれば、何かより大きな報酬を李大統領から与えられるだろうと確信していたのではないでしょうか。

私が選りに選って日本人の女性と結婚したことが李承晩《イスンマン》大統領の逆鱗に触れ、勘当の仕打ちに遭ったとしてもそれは覚悟の上でのことであり、そのことについて私は不満がましい思いを抱いたことはありませんでした。むしろ彼は個人的には私が大恩を忝《かたじけな》くした恩人だという事実を片時とも忘れることはなかったのです。

然しながらなぜあの方が民族に対する裏切り者の中でも最も腐り果てたゴミどもばかりを周辺に呼び集め、道理に外れたことにのみ耽っておられるのか、深い失望感を覚えざるをえませんでした。

やがてそのような失望感が決定的な嫌悪感に駆り立てられる事件が発生したのです。理不尽極まりない濡れ衣をかぶせたうえで、政敵である竹山曺奉岩《チュクサンチョボンアム》先生を絞首台に掛けて殺害するという裁判劇です。この様を見ながら、李承晩《イスンマン》博士は一日も早く大統領の座を去らなくてはならないと私は確信するようになったのでした。

曺奉岩の絞首刑――政権崩壊の序曲

今やかなりの年寄りでもなければ竹山曺奉岩《チュクサンチョボンアム》（一八九八年〜一九五九年）先生のお名前を記憶する人も珍しいと思うのですが、大韓民国が創建された一九四八年に行われた制憲選挙の時、全くの無名であり金も組織もない彼が仁川《インチョン》から出馬して、見事当選を果たし国会議員になったのは、日帝時代から抗日運動に携わっていた彼の際立った人となりが人を引きつけたからだと思われるのです。

彼が生きた時代は、民族問題について何か考えるような人であれば、誰であれ些かばかりはマルクスだのレーニンだのの主義に心が染まった時代ではなかったでしょうか。実際においては、民族主義とマルクス・レーニン主義は互いに相いれない思想でしたが。曺奉岩《チョボンアム》先生もその時代を生きた知識人の一人として、当然のことながら左傾的であったでしょうし、一九二五年朝鮮共産党が組織されたとき、朴憲永《パクホンヨン》とともに創党メンバーとして入党した方であったのです。しかし解放後、南労党の朴憲永《パクホンヨン》とは折り合いがあまりよくなかったためか、転向を宣言し右翼の政客として政界に姿を現した人物でしたが、国会議員に当選するや否や李承晩《イスンマン》大統領によって初代農林部長官に抜擢された事実から見ても、彼がたちどころに人の目を惹く卓越した人格の持ち主だったのは、ほぼ想像がつくではありませんか。

私と竹山先生とは、二十歳以上も歳の差があり、また先生が国内で活躍されていた時は私はずっと国外にいたので、先生に直接お目にかかったことはないのですが、呂運亨《ヨウンヒョン》先生が残された文章を見ると、彼はよく酒を嗜み、詩を吟じ、慷慨が胸に満つれば人はばからずはらはらと落涙するような好漢だったというのです。その竹山先生を李承晩《イスンマン》は北と内通したという言われのない濡れ衣を着せ、絞首刑に掛けて命を奪ったのでした。

竹山《チュクサン》先生は、李承晩《イスンマン》政権の下で農林部の長官を務めながら、大統領としての李承晩《イスンマン》の人間的資質や経綸に対して何かを感じるところがあったのでしょうか、一九五二年第二代大統領選挙のとき、彼の対立候補として出馬を宣言したのでした。「不埒な奴だ」という憎しみは、既にその時から買っていたと思われるのですが、李承晩《イスンマン》票は五〇〇万、曺奉岩《チョボンアム》票は八〇万で、投票と開票のときの不正を考慮すると、曺候補の票は八〇万をはるかに上回るものであったのは確かであり、李大統領が「不埒な奴」という程度を越えて「これはほっておけない男だ」という危機感を抱くようになったといっても無理はなかったでしょう。

とにかく問題は、五六年申翼熙《シンイクヒ》先生が遊説中に列車内で変死体として発見された第三代大統領選挙のときのことですが、この時、組織を終えたばかりの進歩党を背景に曺候補が挙げた戦果は、李承晩《イスンマン》の肝胆を寒からしめるほどのものであったのでした。

この話は、進歩党の副大統領候補として曺先生と共に立とうとしたけれども、野党連合という名分のために候補の座を民主党の張勉《チャンミョン》氏に譲った朴巳出《パクキチュル》氏が、朴正煕《パクチョンヒ》時代であった七〇年代しばらく日本に来ていらした時、私に直接聞かせてくれたことですが、あのとき釜山の各区では、どの区においても曺奉岩《チョボンアム》票だらけで、警察のほか監視人のいない開票場では、仕方なく曺奉岩《チョボンアム》票を真ん中に挟み、上下に李承晩《イスンマン》票をくっつけたサンドイッチの束を作るほかなかったけれども、終いには李承晩《イスンマン》票は上下にくっつけるものすら足りなくなるほどだったと言うのでした。

李承晩《イスンマン》大統領が竹山先生に殺意を抱き始めたのはこの頃であったと思われるのです。梁明山《ヤンミョンサン》という偽りの証人を立てて、北朝鮮と内通し二万ドルの政治資金を受け取ったという冤罪を被せ、国家保安法違反で曺先生を逮捕するのですが、それは五八年一月二八日のことでありました。

大法院は予め書いておいたシナリオ通り、一九六〇年に予定された第四代大統領選挙から約一年前の五九年二月二七日、死刑確定判決を下したのでした。弁護団はすぐ再審請求を申し立てたのですが、大法院は一方的にこれを棄却し、その年の七月三一日、棄却の判決が出てわずか一〇時間の後に死刑が執行されたのでした。曺先生は恰も夕食を済ませた後寝室にでも入られるような沈着な足取りで、絞首台に登って行かれたということでした。

時局の険悪さがこんな具合である中で、当然のこととして私はすでに李大統領からは勘当され憎しみを買っていたはずであり、しかも思想が疑わしいという理由で、米軍司令部からは忌避人物との烙印を押されて追放処分を喰らっている私としては、大韓民国の地のどこに立つべき場所がありえたでしょうか。板《パン》門店《ムンジョム》での裁判のあと、それでも自分が何者であるかということを自ら証明するためには本国に帰るのが正しい道だと信じ、妻子を日本に置いたまま帰ってきたのでしたが、ああ、それが誤った判断だったと気づいたときは既に時遅しであって、もう私は袋の中のネズミのように、抜け出そうといくらもがいても抜け出す穴が見えませんでした。

ところが、毎日を不安と恐怖の中で呻きながら過ごしていた翌六〇年、四・一九学生革命が起こり、李《イ》承晩《スンマン》政権は打倒されたのです。私はその日詩人申東曄《シンドンヨプ》が詠じたような「一点の曇りのない晴れ渡った青空」を帰国後初めて見ることができたのでした。もちろん、李承晩《イスンマン》政権を打ち倒した四・一九という爆弾に火をつけたのは、催涙弾の直撃を受け命を落とした幼い少年金洙烈《キムジュヨル》君の死体が、その年四月一一日馬山《マサン》沖で浮かび上がったという事実でしょうが、曺奉岩《チョボンアム》先生が処刑に処せられたとき、李承晩《イスンマン》政権崩壊の序曲はすでに始まっていたと、今も私はそう信じているのです。

六〇年七月総選挙——最初で最後の投票

一九六〇年四月一九日、学生革命で李承晩《イスンマン》政権が倒れるや、「ふー」と私は安堵のため息をついたのでした。ここで私が四・一九を呼び起こした三・一五不正選挙の内幕について詳しい解説を並べる必要はないでしょうが、李承晩《イスンマン》大統領の四度の連任のためにやらかした不正選挙の手口は、三代選挙の時とまったく同じものでした。

ただ一つ不思議なことがあったとすれば、自由党李大統領に対抗して民主党党首趙炳玉《チョビョンオク》氏が大統領候補として出馬を宣言してから、癌手術を受けるためアメリカに渡っていたその年二月一五日、ウォーターリード（Water Reed）陸軍病院で病死したという事実だったでしょう。

結果的に李承晩《イスンマン》の対抗馬趙氏への同情票が副大統領候補張勉《チャンミョン》氏に集まるだろうことは火を見るより明らかで、当時内務部長官だった崔仁圭《チェインギュ》は自由党の副大統領候補李起鵬《イキブン》氏を当選させるため、あらゆる不正手段を総動員したのでした。その時の李大統領は八十五歳という高齢だったという理由もありました。

三・一五不正選挙が終わった直後のことでしたが、ある日道を歩いていたら黒い自動車が私の横に止まり、窓を開けて私を呼ぶ人物がいたのですが、驚いたことにそれは不正選挙の総指揮者崔仁圭《チェインギュ》内務部長官だったのです。自分の車に私を乗せて、当時の中央庁（日帝時代の総督府の建物）の自分の事務室に連れて行き、お互い差し向かいでコムタンを食べながら話をしたのでした。仁川《インチョン》港から同じ船に乗ってアメリカに渡ったのは四七年八月だったのですから、一三年ぶりに思わぬところで会うことになったわけです。久闊を叙すと言っても私は黙りがちでしたが、彼はよくしゃべりました。その時は言ってみれば、自分が全力を傾けた犬馬の労が功を奏し、李承晩《イスンマン》博士と李起鵬《イキブン》氏を正副大統領の座に就かせるのに成功したのですから、誇りがましい思いもあったのでしょう。別れ際に崔仁圭《チェインギュ》が私に投げかけた言葉は忘れられないのですが、彼はこう言いました。「もし李承晩《イスンマン》大統領がいらっしゃらなければ、我が大韓民国は一体どうなるだろうか。滅びてしまうのではないのか？」

その言葉を聞いてからわずか数日後、四・一九が起こったのでしたが、五月二九日、李博士とフランチェスカ夫人はうらぶれた姿でハワイへ亡命の途につき、いったん副大統領に当選した李起鵬《イキブン》国会議長一家は、一時西大門《ソデムン》景武台《キョンムデ》とまで言われた居邸は押し寄せて来た群衆に火を放たれて全焼し、行き場を失って景武台《キョンムデ》の一室に身を寄せてから数日後の四月二八日、李大統領の養子に行っていた長男、康石《カンソク》君が撃った拳銃で、李起鵬《イキブン》自身、夫人朴瑪利亜《パクマリア》、次男康旭《カンウク》君とともに四人の家族が全員命を落とすという悲劇が起こったのでした。

国会では内閣責任制へと憲法が変わり、七月二九日総選挙が実施され、いまや国全体がどうやら良い方向に動き出したのだと思われ、国民の一人として誇らしげに一票を投じたのでしたが、それが私にとっては最初で最後の投票権の行使となったのでした。この時の総選挙で張勉《チャンミョン》内閣の成立が発表されたのが八月二三日で、それから九カ月も経たない六一年五月一六日、いきなり朴正熙《パクチョンヒ》がクーデターを起こし、張《チャン》勉《ミョン》政権を暴力で踏みつぶしてしまったのでした。

朴正熙《パクチョンヒ》が昔、満州軍の陸軍少尉だった「高木正雄」だという事実はすぐに人々に知らされ、まさかそんな人間が起こしたクーデターのために、それでも民主的な手続きを踏んで成立した張勉《チャンミョン》政権が倒れるはずがあるものか、私もそう信じ周りの人たちも皆そう考えていたのでした。

当時はテレビなどというものは無くて、新聞は信用できず、私は毎日ラジオにかじりついて、米軍の英語放送に耳を傾けていたのですが、その時の駐韓米軍司令官はマグルーダー、アメリカの代理大使はマーシャル・グリーンで、二人ともそれぞれに声明を発表し、アメリカが認めるのは張総理の合憲政権だけで、勝手にクーデターを起こして戒厳令を布いたいわゆる軍事政権なるものは認めることはできないということを、ほとんど毎時間に一回ずつ放送し、行方を眩ました張勉《チャンミョン》総理は速やかに避難場所から出てきて事態を収拾してほしいと訴え続けていたのでした。その時張総理はクーデター軍の銃声に怯え宿所の半島ホテルを抜けだし、カトリックの女子修道院かどこかに身を隠していたのでした。私は私なりに張勉《チャンミョン》氏のことを案じながら成り行きを見守っていたのですが、張勉《チャンミョン》氏は一体どこに隠れたまま姿も見せないのかと、やきもきしていたわけですが、どういうわけか、二、三日後からはだんだんアメリカ側の口ぶりがおかしくなり始め、一八日頃になると誰が聞いても、ほとんど確実にアメリカはクーデター政権を認めるという方向に態度が変わっていったのでした。

その時私が直感的に感じたのは、ひょっとして日本の政府筋が背後で何か工作をしているのではあるまいかという疑念であったのです。前に日本の五五年体制と、五五年体制が突き進めている逆コースの話をしたことがあったのですが、この五五年体制が確立される過程で、一番核心的な役割を演じた人物が岸信介だったということを思い返してください。岸は「満州国は俺が作った作品だ」と豪語するほど満州国を自由自在に操っていた人物なのですから、かつて満州国の陸軍少尉を務めた人物が韓国のストロングマンとして浮上したとすると、それはいかばかり嬉しいニュースだったでしょうか。朝鮮戦争が勃発するや、これこそは「天佑神助」じゃないかと膝を叩いて喜んだという吉田茂のように、朴正熙《パクチョンヒ》のクーデターのニュースを聞いた瞬間、岸は万歳でも叫びたい心境だったのではなかったでしょうか。

五・一六クーデター——支持外交に出た日本の内情

日本の政府が、アメリカに対して何か背後からの工作を仕掛けているのではないかという私の疑念は、正確に的中したのでありました。アメリカがクーデターの初期に朴正熙《パクチョンヒ》を嫌っていたのは、朴が一九四八年に発生した麗順軍事反乱のとき主導的な役割を果たした左翼分子だったからでしたが、日本人は別の角度から朴正熙《パクチョンヒ》の利用価値を評価していたのでした。

朴正熙《パクチョンヒ》は一九四二年満州国軍官学校を卒業するとき、卒業生代表として満州国皇帝の前で演説文を読み「大東亜共栄圏を樹立せんとする聖戦のために、私は桜の花のように潔く散る覚悟です」という誓いの言葉を述べたばかりでなく、日本陸軍士官学校時代には、彼の日本人らしい立ち振る舞いがあまりにも徹底していたので、同級生からは「特等日本人」というあだ名を進呈されていたという事実くらいのことは、岸信介を主軸とする日本の満州閥の政界人たちには即刻伝えられただろうと思われるのです。

六〇年安保闘争のあと岸から総理職を引き継いだ池田勇人が、対米工作のために日本を発ったのは、朴《パク》正《チョン》熙《ヒ》のクーデターから約一カ月後の六月一九日であり、実際ケネディー大統領と会って、韓国問題を討議したのは六月二二日のことだったのですが、その時池田がアメリカは朴《パク》正《チョン》熙《ヒ》を認めるべきだと説得した論理の根拠は、大体次のようなものだったと記録には残されているのです。

「韓国は太古の大国主命《おおくにぬしのみこと》の時代から、日本とは密接不可分の関係にある国であって、もしも釜山に赤旗が翻るということになれば、これは日本はおろかアメリカにとっても由々しい事態ではなかろうか。朴政権が民主主義的な政権ではないということは、今更言うまでもない事実だろうが、韓国のような国に民主主義を期待するのは、百年河清を待つようなもので、朴はすでに反共を国是として宣言しているからには、日本としては朴の反共政権を推す必要があり、このために日本はアメリカに代わって韓国に対する経済援助を開始する用意がある。」

（『戦後日本の外交』三省堂、一九七一年）

その時アメリカは対外貿易の赤字が急速に増えていて国家財政が危機状態に陥っており、日本が自ら進み出てアメリカの代わりに韓国に対する経済援助の責任を負ってくれるとすれば、これはまさに願ったり叶ったりではないのか、ケネディーが膝を叩かんばかりに喜んだであろうことは火を見るより明らかではありませんか。

アメリカの態度が朴のクーデターを支持する方向に傾いたのは、すでに池田が日本を発つ前からだったのですが、政策的に支持を決定したのは池田がケネディーに会った六月二二日であった事実には疑いを容れる余地はないでしょう。

ところで、池田がケネディーの前で唱えた、「大国主命《おおくにぬしのみこと》」という太古の時の人物とは一体誰なのでしょうか。前の文のどこかで、日本の神話では、朝鮮に出てくる天帝・桓因《ファニン》に該当するのが天照《あまてらす》だという話をしたことがあったのですが、その孫の瓊瓊杵尊《ににぎのみこと》がいわゆる天孫として下界（高千穂）に降臨するや、恐縮のあまりそれまで自分が支配してきた国、出雲の領土を、そっくり献上したという国譲りの神話の中の人物が、他ならぬ大国主命《おおくにぬしのみこと》なのです。しかもこの人物は日本の神話で朝鮮の地から日本に渡ってきた人物だということになっているのです。

池田が神話の人物、大国主命《おおくにぬしのみこと》を引き合いに出した理由は何だったでしょうか。たとえ朴正熙《パクチョンヒ》が過去左翼活動をしたという、すねに傷をもつ人物だとしても、この男が自分の支配する国の領土をすべて、天孫民族たる我々日本人に献上しうる人物なので、心配せずに我々の手に委ねてほしい――そんな意味はなかったのか、読者たちは頭を冷やしてよく考えてみてほしいと思うのです。

池田―ケネディー会談の結果は即刻朴正熙《パクチョンヒ》に伝達されただろうし、朴はアメリカに感謝のしるしとして、アメリカ独立記念日の七月四日を期して、「反共法」を公布すると、アメリカはよく分かったと言わんばかりに七月二九日、朴政権に対する正式な支持声明を発表したのでした。

池田によるケネディー説得が成功し、朴正熙《パクチョンヒ》はその年一一月一二日、東京を経てアメリカに行き、一四日ワシントンでケネディーに会うのですが、まず東京に到着した朴は、池田は言うまでもなく、むかし満州での陸軍少尉時代、はるか雲の上のご主人様でいらした岸信介にまで会えたのですから、その感激と喜びはいかばかりであったでしょうか。日本に対する忠誠の表れとして、朴が後日自らの親日反共独裁を日本の明治維新にあやかり、「維新革命」と名のったのも誠に宜なる哉であったのです。

翌一九六二年二月、吉田茂元総理は、やはり韓国問題を討議するためワシントンでケネディーと会って帰ってくるや、得意満面次のような言葉を吐いたのでした。

「我が日本は、伊藤博文の道に従い、再び朝鮮の地に根を下ろさなければならない。」

(『日韓問題を考える』太平出版社、一九六五年)

一言だけ付け加えると、吉田は麻生太郎元総理の祖父であり、岸は安倍元総理の祖父だという事実であるのです。

七十歳の独立運動家の拷問死――朴正熙による反共法

四・一九学生革命でもたらされた民主政権を銃剣で踏みにじった朴正熙《パクチョンヒ》が、アメリカが自分に抱いていた疑いを晴らしてくれた恩恵に感謝し、また日本が自分に寄せている期待に応えるため、アメリカ独立記念日の七月四日を期して反共法を公布したというのは、前の文章でも述べたとおりですが、これを公布してから朴が一番真っ先に逮捕し投獄した人物が崔謹愚《チェクヌ》（一八九二年〜一九六一年）先生でありました。

崔謹愚《チェクヌ》先生は、日本に留学し現在の一橋大学の前身である東京商科大学に在学中、三・一運動の導火線となった「東京留学生二・八宣言」（一九一九年）に署名した一一名の中の一人であって、後に日本の警察の追跡を逃れて上海に渡り、臨時政府の初代警務局長を務めるなど、一九一七年生まれの朴正熙《パクチョンヒ》がいわばおむつを着けていたときから民族運動のために東奔西走された方ではないですか。「解放」以前、夢陽《モンヤン》先生とともに「建国同盟」を組織する仕事に参加し、その後「建国準備委員会」の総務部長の職を務め、夢陽《モンヤン》先生と苦楽を共にした高邁な人格の持ち主で、実に民族の師表たるにふさわしい方だったのであり、共産主義者ではもちろんありません。

その崔先生が四・一九以後、暗殺された夢陽《モンヤン》先生の同志たちを糾合し、社会党を組織したという罪で捕まり、殴る蹴るの残忍な拷問に耐えられず、一九六一年八月三日、七十に近いお歳で獄中で命を落とされたのです。八月だから、うだるような暑いさなかの夏の日だったことでしょう。

これに続き、さらに身の毛もよだつような怖ろしいことがその年の年末が近づいていた一二月二一日に起こったのですが、それは内務部長官崔仁圭《チェインギュ》と『民族日報』社長趙鏞壽《チョヨンス》の処刑のことであるのです。

崔仁圭《チェインギュ》の罪は言うまでもなく三・一五不正選挙に対する責任ですが、四割事前投票だとか、買収による棄票の強要だとか、更には予め組織された三人組、九人組などを通じた相互監視だとか、その罪が法の制裁を受けてしかるべきとの事実を誰が否定しえましょうか。

しかし、いわゆる革命裁判所において崔仁圭《チェインギュ》を絞首台に掛けたのは、「主権者たる国民の基本権を蹂躙した」罪の故だったのですから、ナンセンスにしてもこれ以上のナンセンスがありえましょうか。韓国語の諺に川辺につながれた牛でさえ呵々大笑するという喩がありますが、民主的な手続きで樹立された合憲政権を銃剣で踏みにじり、主権者の基本権を奪ったのは一体どこの誰なのですか？

崔氏と同じ日に処刑された趙鏞壽《チョヨンス》社長は、記録によれば五一年九月密航で日本に渡ってきて、四・一九後の六月にまた密航で帰国した人物とありますが、彼が日本にいた時も、帰国して忙しく飛び回っていた時も、私は直接会ったことのない人でした。しかし、彼が四・一九直後、昂揚した民族感情の波に乗って、『民族日報』のような媒体を創設し、南北間の協商と交流を主張したとすれば、それは称賛されてしかるべきことであり、どうして絞首刑の理由になり得るのでしょうか。朴正煕《パクチョンヒ》への激憤、それが罷り通っている時代への絶望、そして全身に鳥肌の立つような恐怖、趙鏞壽《チョヨンス》という人間が処刑されたというニュースを聞いた瞬間、私は到底言いようのない感慨の渦で胸を揺り動かされていたのです。自分が何者であるかを、自らが証明するべきであるという考えから、向こうみずに本国に帰ったのですが、それが毒蛇どもがうようよする爬虫類の巣窟に、自ら足を踏み込んだ愚かなまねだったと気づいたときは、もう時遅しであったのでした。

どんな手を使っても、妻子がいる日本に帰らねばならないと焦ってはいたものの、だからといって密航船に乗ることもできず、これといった手立ても見つかりません。すでに家族たちとは五年もの間、生き別れの状態だったのですが、その当時は旅券の発給を受けて日本大使館で入国ビザをもらえば、すぐに行けるような時代ではありませんでした。妻子の顔をほんの少しでも見るためには、まず香港まで行って日本行きの飛行機に乗り換え、羽田空港に降りて、七二時間の通過ビザで家に二泊三日の滞在許可を得てから、三日目には再び荷物をまとめてソウルに戻らねばならなかったのです。そのわびしく辛い離別の旅でしたが、それでさえ、一度しようと思えば高い旅費もかかる上に、年に一度か二度、客人のようにちらっと現れてはまた消え去るのですから、立ち去る私も私ながら、見送る妻の胸の内はどれほど辛く苦しかったでしょうか。それでも、立ち去らねばならない三日目の日の朝になると、妻は何も言わず一つ一つまとめた荷物を私に渡して、羽田空港まで見送ってくれたのでした。次はいつ来るのか、彼女は私に聞くこともしませんでした。今ちょうどこの話を書いている私に、書斎へお茶を運んできたり、何かと世話をしてくれている年老いた妻千代子の姿を見ながら、もう何十年も過ぎ去った昔のことながら、その頃の胸の痛かった思い出がまたよみがえり、思わず目頭が熱くなるのをどうすることもできないのです。

金を失い家も売り飛ばされた苦難のソウル暮らし

英語のことわざに、「戸棚の中の骸骨」（A skeleton in the closet）というのがあるのですが、「他人には知られたくない身内の秘密」という意味であるのです。二泊三日の家族訪問を繰り返していたその頃、私がソウルでどのように暮らしていたかを語ろうとすると、どうしてもその「骸骨」のことに触れないわけにはいかず、ためらいながらも戸棚の中のものを取り出して見せるのですが、それは母方の叔父と弟にまつわる家内の事情であるのです。

一九五六年、日本から本国に帰る決心をしたとき、それでも当面の生活費程度は予め家に送っておいたはずでした。その当時は銀行を通して正式に送金ができる時代でなく、現金を持ちこむことも許されなかったので、日本にいる信用できる知人に日本円を託し、これに相当する金額をソウルで受け取って使うようにと弟に連絡をしておいたのですが、ソウルに着いてみるとその金がまるごと消え失せていたのです。弟が労せずして大金が入る儲け話があるという叔父の口車に乗せられ、すべてをすっとばしてしまったのでした。その叔父という人は、昔から姉である私の母にうまく取り入っては小遣いをせしめていく癖があり、父が生きていた時分から身内の中では嫌われていた人物だったのですが、分別のない弟がその叔父の甘言に騙されて勝手なことをしてしまったのでした。

もちろん咎は弟にもあったでしょう。朝鮮戦争の時、軍隊から出てくるや、勝手に私には何の相談もないまま兄のいる日本に来るつもりで密航船に乗ったものの、日本の警察に捕まり、対馬の厳原警察署の留置場に監禁されているから、なんとか手を尽くしてくれという電報がある日舞い込んできたのです。今でも悔やまれるのは、その時知んぷりをして、そのままほったらかして置いた方が、むしろ本人には薬になったものを、父が世を去った直後でもあり、可哀相だという思いから各方面に手を回し、ようやく仮釈放が認められて私が住む所まで来ることにはなったのですが、それがかえって未熟な弟には良くない影響を与えたと思えてならないのです。米軍司令部で勤務しながら兄が感じていた心理的葛藤など知る由もない弟は、兄が毎日自家用車を運転して通勤する姿を朝晩見つめながら、ただわけもなく上辺だけの恰好よさに幻惑されやすまいか心配でもあり、何をするわけでもなしにぶらぶら遊んでいるのを見るのも見かねて、航空券を買ってやってソウルに送り返したのでした。

しかし、私が心配したまさにそのとおり、弟は死ぬ日までその上辺だけの恰好よさから抜けきらず、金といえばどんな金だろうと分別もなく使ってしまい、情けないことながら地道に人生の路を拓り開こうという意識を失い、おかしな幻を追いつづけ、生まれつき明敏な才能に恵まれていながら、一度もそれを開花させる機会を失ったまま虚しく一生を過ごして、二〇〇八年私より先に世を去りました。すでに立ち去った弟に、あまりに惨い言葉を吐くようで、今ためらいながらこの文章を書いているのですが、ともかくあのとき弟に託しておいた「ソウルでの定着金」は跡形もなく消えてしまったのでした。悲劇の始まりだったのです。

私がソウルに戻ったとき、母と弟は朝鮮戦争の直前に父が亡くなった後、前に話をしたことのある苑《ウォン》西洞《ソドン》の二階家を処分し、京畿中学校があった花洞の一角にある規模の小さい平屋に移り住んでおりました。しばらくその家に身を寄せていた私は、弟が結婚すると言うので、近くに二階の部屋を一間借りてやもめ暮らしを始めたのですが、そんなある日、母が来て家の権利証を私に差し出しながら、ハンコを押せと言うのでした。ハンコを押さないと、弟が大変な目に遭うと言うのです。こんな家でさえ、もし無くなればお母さんは一体どうされるつもりですかと尋ねても、母は頑として聞き入れませんでした。あたしの心配は要らないからハンコを押せというのです。私も根負けをして言われるままにハンコを押したのでしたが、何日かのあと弟夫婦はどこかへ姿を消してしまい、その家は人手に渡ったあと、頼るところが私しかない年老いた母は文字通り路頭に迷うことになってしまったのでした。間借りした他人の家の片隅に老母を引き取り、中年のやもめ男の毎日の暮らしがどれほど惨めだったことか想像してみて下さい。父は無住宅の低所得層のために二〇〇軒もの営団住宅を建設したのですが、息子の私は自分が無住宅低所得者へと転げ落ちてしまったのですから、自分自身の苦痛もさることながら、年老いた母の心境はいかばかりだったでしょうか。

そんな老母も一九六八年不遇のどん底の中で亡くなり、妻子がいる日本に再び戻ってから亡命を宣言するのは、GHQに追放されて帰国してから一四年が過ぎた七〇年だったのですが、今振り返っても、その一四年間の辛苦は到底筆舌に尽くしうるものではありませんでした。

別に自慢にもならないこんな話を打ち明ける理由は、そのとき経験した骨身にしみる苦難を語らずして、その後の私自身を説明することができないからですが、昔、孔子様が故郷である魯の国を離れ国外で放浪生活をなさったとき、ご自身のみすぼらしい姿を「喪家之狗」に譬えられたのですが、他郷でない他郷で、やもめでないやもめ暮らしをしていた私こそ、まさに「喪家之狗」であったという事実を今告白しておこうと思うのです。

窮乏の中でなされた張俊河先生の思想的変革

ソウルに戻ってからの私の立場は、木の枝に止まってはいても心はいつも豆畑にあるという鳩どころか、罠に掛かったイノシシのように、暗闇の中でいつ迫ってくるか分からない猟師への恐怖であがいていたようなものであったので、どこかに気持ちを定めて一つの仕事に専念するという心境にはなれませんでした。ポッタリチャンス（風呂敷の中に教材をつめて売り歩く行商人）と言われる、大学の時間講師もやったし、この会社あの会社と臨時職員をやりながら職場を転々とするなど、本当に孤独で絶望的な日々であったのでした。

ここまで書いてきてふと思い出すのは、洗うが如き惨憺たる赤貧の中で暗殺された一九七五年八月頃の張俊河《チャンジュナ》先生の生活であるのです。金芝河《キムジハ》の譚詩「五賊」を掲載したという罪で雑誌『思想界』は七〇年五月号を最後に出版停止の措置を受け、しかも出版社の借金のために住んでいらした家までが人手に渡り、先生は町はずれのスラム街同然の面牧洞《ミョンモクトン》の貸し間で、奥様が封筒貼りの内職をしながら得る収入でかろうじて糊口をしのぐという苦境を経られたのでしたが、むしろその絶望的な苦境の故に、先生は思想的に革命的な変革を遂げられたのでありました。

『思想界』の創刊号が戦乱を避けて移された臨時首都釜山で出されたのは五三年四月でしたが、若干意外と思われるかも知れませんが、雑誌を作った最初の資金の出所は釜山のアメリカ広報院（USIS）だったのです。だから反独裁運動に際立った足跡を残した『思想界』ではありながら、言うなれば、アメリカ中央情報部（CIA）の代弁誌として発足したと言っても過言ではないでしょう。

避難時代の五一年一月、李承晩《イスンマン》は第二代大統領の座を狙い、「スズメバチ団」だの、「白骨団」だのを名のる暴力団を動員し、反対勢力を脅迫する一方、非常戒厳令を布いて野党の国会議員たちを手当たり次第捕まえるなど、いわゆる「釜山政治波動」を起こしたのでした。李承晩《イスンマン》をこのままにしておいたらアメリカの対外的な立場が困難になるだろうという危機感から、トルーマン大統領は五二年六月李承晩《イスンマン》に対する警告として「アメリカが韓国を援助している目的は、ただ民主主義を守るためである」という声明を発表したりしました。一方、張先生は中国における光復軍の時代からずっと行動を共にしてきた鐵驥李範奭《イボムソク》将軍が、帰国後「朝鮮民族青年団」（族青）を組織すると、その傘下で仕事をしていたのですが、その勢力が日に日に膨張するや、恐れをなした李大統領は五二年九月、「族青」に対し粛正令を下し、一日にして没落の悲運を嘗めることになったのです。張先生としては、金九《キムグ》先生が暗殺された怨恨もあり、李承晩《イスンマン》には憎悪の念を抱いていたのは当然であり、従って簡単に言えば、アメリカはアメリカなりに、張俊河《チャンジュナ》は張俊河《チャンジュナ》なりに、李承晩《イスンマン》を除去する必要に迫られていたのであり、両者は自然と手を結ぶようになって、『思想界』の発行が始まったのでした。このような背景を考えるならば、当然『思想界』が狙った批判の目標は、欧米的民主主義の規範を逸脱した李承晩《イスンマン》の独裁だけであって、アメリカが犯していた犯罪的な行状に対しては沈黙を守っていたと言うべきでしょう。張先生自身韓国的クリスチャンとして体内に沁みこんでいる「親米反共」の垢を落とせなかった点もなくはありませんでした。

　そんな張先生が運動家としての革命的な意識の変革を起こしたのは、日本を背景とする朴正熙《パクチョンヒ》に対する憎悪と、その朴正熙《パクチョンヒ》という親日勢力の背後がほかならぬアメリカだという点を悟ったからだと私は考えるのです。七二年九月号の『シアレソリ』（民衆の声）に発表された張先生の「民族主義者の道」を読んでみると、新しく生まれ変わった張先生の姿をはっきりと見て取ることができるでしょう。この文章の中で張先生は「全世界の汚物が我が国に流れ込んできて、人類史上最も戦慄すべき国際犯罪がこの国を舞台に繰り広げられているにもかかわらず、民族分断を強要する強大国の前に膝を屈し、ただ権力を掌握し維持することにのみ汲々とする事大主義の輩ども」を痛烈に糾弾しているのです。この文章で張先生は初めて「世界史で最も残忍な帝国主義と軍国主義の悪魔たち」に敵意を表明することをもって、一時手を結んでいたアメリカに向かって糾弾の矢を放ったのでした。そしてまた我が民族の苦痛の根源が分断にあることを喝破した後、「すべての統一は善であるのか？　然り。我々にとって統一以上の至上命令は無い」と叫ぶことによって、反共主義からの完全な脱皮を表明したのでした。

　くりかえして言いますが、張先生はその苛酷な貧困を通して革命的な民族主義者へと生まれ変わったのであり、私自身同じような体験を経たがために、先生の内面的な変化を充分に理解できると思うのです。私が書いた著書『引き裂かれた山河』（ハンギョレ出版、二〇〇九年再版）に出てくる三人の先覚者の中に張先生がいますが、文益煥《ムンイクファン》牧師が八九年、何のためらいもなく私とともに平壌《ピョンヤン》を訪問することになった最も大きな理由の一つは、張先生に対する私と文《ムン》牧師の共感が完全に一致したからだということを、ここで明らかにしておきたいと思うのです。

良い職場を振り切って追われるように「亡命」

私が韓国にいる間、それでも職業らしい職業に就いたことが一回だけあったとしたら、それは蔚山《ウルサン》に石油化学コンビナートの建設が始まった頃、技術顧問という職責で一時商工部に勤務したときだったと言えましょう。一九六九年頃だったでしょうか。その頃は石油化学がどのようなものなのか、技術的に分かる人間があまりいなかったため、青瓦台《チョンワデ》があれこれ人を求めていたところ、アメリカで有機化学を勉強してきた人間がいることを知って、ある秘書官が私に連絡をしてきたのでした。私のために別に事務所を設けてくれて、蔚山《ウルサン》に建設が予定されていたエチレン一〇万トン規模の工業団地の建設のために、そこでおよその構想を私の手で作成したのでした。

その団地を構成することになる各工場の製品別に生産規模、工法（プロセス）の選定、電力需要と建設費、これに伴う借款金額、借款償還のための製品価格の算定等々、石油化学に関するこうした作業は、私にとって余技程度のものにすぎなかったのですが、それでも大変熱心に仕事をしました。石油化学全般にわたる韓国の市場性と展望について、私が英語で書いて提出した報告書がそのまま経済企画院の公文書として外国に発送されることもしばしばあったので、私がもし出世のために、朴正熙《パクチョンヒ》の目にとまるようう まく立ち回ろうとしたとしたら、それなりの機会も充分にあっただろうと思うのです。しかし、鳩の気持ちはいつも豆畑にあるように、そのまま木の枝に止まっているという考えは、もうとうの昔に消え失せていたのです。

私が亡命を決心し韓国を離れようとしていると、石油化学を担当していた商工部工業局長呉源哲《オウォンチョル》氏が、ある名の知れた大きな会社の社長と一緒の食事の席で、「そのままいれば、結構なポストに就職もできるはずなのに、どうして辞めて日本に行こうとしているのですか?」と辞を尽くして私を誘ってくれたのでした。確かにエチレン一〇万トン規模で始まった蔚山《ウルサン》化学団地は、その後ドイツや日本に肩を並べられる五〇〇万トン規模に発展し、そこに入った会社の中には財閥級の企業に成長した例もあったので、その時呉源哲《オウォンチョル》氏の誘いを受け入れていたら、今よりは余程楽で裕福な生活ができたのかも知れません。

しかしどうしても、この誘いを受け入れる気持ちにはなれず、「一日も早くお前はこの国を離れなくてはならない」と言う声が耳に聞こえると同時に、後ろから背中を強く押されるような異常な力を感じずにはいられませんでした。創作と批評社の白楽晴《ペクナクチョン》先生の言葉を借りれば、象徴的に言って一九七〇年代以降の韓国民主化ないし人間解放の運動に対し最初の起動力を与えたのは三つの事件だったというのですが、一つ目は、金芝河《キムジハ》が軍事独裁政権の腐敗と横暴を告発する詩「五賊」を発表したこと、二つ目は豚小屋にも劣る劣悪な作業場で、無慈悲な搾取に苛まれている幼い女工たちの惨状を見るに見かねて、全泰壱《チョンテイル》が自らの体にガソリンをかぶって焼身自殺をとげたこと、三つ目は工事現場の労働者たちの耐え難い人生を嘆き恨んだ末、ダイナマイトを口の中に入れることになる東赫《トンヒョック》のことを描いた黄皙暎《ファンソギョン》の小説「客地」が出版されたことであったのです。

しかし私が最終的に韓国を離れる決心を固め有効期間六カ月のパスポートを握って、金浦空港を離れた七〇年九月、それまでに私は全泰壱《チョンテイル》も金芝河《キムジハ》も黄皙暎《ファンソギョン》も誰一人についても知らず、会ったこともありませんでした。

心理学者ユングが提唱した学説の中に、「集団的無意識」というのがあり、われわれの心の深いところに、いわば先祖の代から遺伝的に受け継いできた無意識というものが座を占めていて、一定の状況に直面すると、その無意識が集団的に発動されるというのがユングの主張であるのですが、今振り返って考えると、彼らと私は互いに共有している無意識の衝動に集団的に衝き動かされていたのであり、たとえ各自は互いに面識もなく、それぞれのとった行動は同じものではなかったとはいえ、同じ時に同じ船に乗って同じ方向に旅立った旅人たちだったとは言えないでしょうか。

さて、日本という国は時たま少しばかり常識に外れたことをする国だと私は思うことがあるのですが、日本の男性と結婚した外国人の女性は日本に居住する権利を付与されるのに対し、日本女性と結婚した外国人の男性には居住権を与えるというのが法律的に禁止されている国であるのです。少なくとも私のときはそうであったのでした。しかも朴政権を嫌っての私の亡命を日本政府が快く受け入れてくれる可能性は皆無であったのです。飛行機のタラップを上がるときの気持ちは千々に乱れて重く、故郷の地に永遠に別れを告げるという感傷、日本政府と相交えねばならない闘いへの不安、私の涙腺にはそんなにまで多量の涙が溜められていたのか自分でも驚いたほど、私は飛行機の中でずっと涙を流しつづけておりました。

第4章

亡命時代

新聞社投稿で始めた文筆活動

韓国に戻って落ち着きしだい呼び寄せるから、しばらくの間待っていてくれと妻に言い残して家を離れたのが一九五六年でありました。それから一四年が過ぎた一九七〇年に帰ってみると、ソウルに発ったときに三歳だった長男剛憲《カンホン》は、もう大学に行く準備をしなければならない高校生に育っており、二泊三日の旅行で行き来しているうちに儲けた次男雅英《アヨン》も、もう十三歳になって中学校に行く少年に成長していましたが、私がお前たちの父親であり、母親の夫だということについて、まったく疎遠がましい雰囲気はありませんでした。とはいえもしその時に家族のもとに帰る決心をしなければ、息子二人を失ったかも知れないぎりぎりのところだったのでした。その間の状況から推して、あなたたちの父は事情があって、しばらく家を離れて本国に行っているだけで、日本人ではなく韓国人だということを妻がどれだけ熱心に子どもたちに言い聞かせていたことでしょうか。

ノルウェイの作曲家グリークの歌曲の中に「ソルヴェイグの歌」というのがあるのです。家を飛び出し勝手気ままに放浪の年月を経た後、歳を取って分別がつき、やっとのこと帰ってくるあきれ返るほどどうしようもない夫ペールギュントを偲んで、永い間ひたすら帰りを待つ貞淑な妻ソルヴェイグの悲歌がそれであるのですが、私こそは無責任極まりないペールギュントであって、妻千代子はまさにその悲歌の主人公ソルヴェイグだったのでした。

「ソルヴェイグの歌」はソウルでの放浪の時も、そして今もしばしば私が口ずさむ歌ですが、何の因縁であるのか、少年の頃から私はこの歌が好きで、私が中学生の頃、自分の手で写し取った楽譜が今も日吉の家の書庫の中に保管されているのです。

「冬もいに　春過ぎて春すぎーてー　真夏も暮れて年は行く年は行く　やがて帰らん
愛《め》ぎし君　愛《め》ぎし君　熱き心に我は待ちぬ我は待ちぬ　あー、あー」（訳詞、高田清）

どのようなことがあっても、もう再び家族と別れて暮らす生活はすまいと決心したあげく日吉の家に帰ってはきたものの、日本に来て何をするのか計画のようなものがあったわけではもちろんありませんでした。まずは日本語を英語に翻訳する手間賃稼ぎで糊口をしのぎながら、心の底から湧きあがる諸々の想いを抑えがたく、あれやこれやと短いエッセイみたいなものを書き始めたのでした。もし韓国にいながら韓国語で書いたなら、すぐさま捕まえられるような内容の文章だからもちろん日本語でしたが、とはいえあの頃誰一人出版社や言論界に知人がいたわけではなく、どこかに発表するとか、出版するとかの展望や可能性があってのことではなかったのです。

発表や出版の可能性のない文章を無闇やたらに書きまくったとすれば、それは些かばかり気のふれた人がすることでしょうが、おそらくそれが「見えざる手」とでも言うものであったのでしょうか、心の中でたぎるものを文章にでもして吐き出さずにはおれない衝動が私の背中を押すような、そんな心境であったのです。

そうしながらふと『ジャパン・タイムス』の読者寄稿欄に書いた投稿が、かなりの反響を呼び起こした二〇年前の記憶が思い出され、今度は『朝日新聞』読者投稿欄「声」に向けて、まるで速射砲を撃つように続けざまに文章を書き送ったのでした。しかも書くたびにそれが掲載されたのです。その中には七一年五月一八日付紙面に出た次のようなものもありました。

「歴史の歯車はいま大きく動いており、韓国政府の意図が何であれ、遅かれ早かれ始まるべき南北政府次元の接触は誰もさえぎることはできないだろう。民族愛の回復のため、南北の民衆たちの努力に対して、日本は理解と共感を持ってくれるよう望む。」

いきなりこんな文章を書き送ってくる韓国人は一体どんな人物なのか、新聞社も訝しく思ったのか、ある日「声」欄を担当している東野紅一という方から電話がかかってきたのでした。一度お会いしたいということであったのです。

約束の日、朝日新聞社の食堂でお会いしたのですが、投稿欄は元々定年間近の老練な記者が担当するのが通例のようで、当時四十代だった私よりはずっと上の年配の方で、洗練された風貌の人物でした。そのとき色々な話を交わしたのですが、もう六年も前の韓日協定(日韓基本条約締結)当時、韓国の学生たちの反対運動がどれだけ熾烈なものだったのか、協定以後日本から流れ込んでくる政治資金が権力層にどんな形の腐敗を呼び起こしているのか、新聞記者の彼にとってさえ驚くべきニュースだったようでした。ただ彼のみならず、日本の言論全般で韓国問題は興味の対象ではない時代だったので、当然と言えば当然のことだったでしょう。

話の最後に東野氏は私に尋ねるのです。投稿文以外で書き貯めた原稿はないのか、あれば見せてほしいというのでした。そして何日か後、二〇〇字詰め原稿用紙約一〇〇枚位の原稿を持って再びお会いしたのですが、東野氏は原稿をざっと見たその場で言ってくれました。「これならば大丈夫。続けて書いてほしい」とのことでした。文筆家鄭敬謨誕生の瞬間であったのです。

こうして朝日新聞社で発刊された私の本、『ある韓国人のこころ』が世に出ることになるのですが、それが奇しくも七・四南北共同声明が出されてからわずか二カ月後の七二年九月のことだったのでした。

預言書のようだった著書『ある韓国人のこころ』

一九七〇年九月、韓国を離れる時六カ月期限のビザを出してくれた日本政府（入国管理事務所）は、一回は在留期限を延長してくれましたけれども、その後からは絶対にだめだと首を横に振るばかりでした。不法滞在の身でしたからいつ警察が捕まえに来るか分からない不安な状況のなかで、あたかも時間と競争するかのように忙しく筆を走らせたのでした。

その間せわしく図書館にも通って各種の資料もあさりながら、単行本一冊くらいの分量になる三二編のエッセイを書いて朝日新聞社に送ったのは七二年二月初旬だったのですが、不思議なことにちょうどその頃、キッシンジャーは密かに北京を往き来しながら、中国との和解を模索する交渉を繰り広げていたのでした。

ツァイトガイスト（Zeitgeist／時代精神）というドイツ語の言葉があります。七一年が暮れようとする頃、アメリカはベトナム戦争の泥沼の中で抜き差しならない苦境に置かれている一方、中国は中国で共産世界内でのヘゲモニーを巡って中・ソ論争に頭を痛めていて、こうした状況から何か驚くべき歴史の転換が訪れるのではなかろうか、単に私だけではなく多くの人々が無意識の中にではあれ「時代精神」の息吹を感じていたまさにその時、私は何かに取り憑かれたように新しい歴史の開幕を告げるさまざまな文章を書いていたのでした。もちろん私がその当時キンシンジャーがこっそり北京を往き来していたという事実など知る由もなかったのですが、とにかく原稿を仕上げて朝日新聞社に届けてから幾日も経たない七二年二月二一日、ニクソン大統領とキッシンジャー国務長官を乗せた飛行機が北京空港に到着し、出迎えの周恩来総理と握手を交わすという驚天動地の場面が発表されたのでした。

私も驚きましたが、朝日新聞出版部の職員たちも驚いたはずではありませんか。この予言的な本はすぐにも出さなければならないが、著者が滞在許可もなく国内に留まっている「犯罪人」だから、新聞社としても困惑したことでしょうし、しかも本が出た後に筆者の私が本国に強制送還でもされたら、鄭敬謨の身の安全がどうなるかは保証の限りではなかったでしょう。そのため朝日新聞側が、私に亡命許可を出すよう日本政府を相手に強力な交渉を始めてくれたのでした。

しかしその交渉は容易なものではありませんでした。日本政府が全力を挙げて支持する朴政権に対して批判を浴びせるだけでなく、日本に対しても耳の痛い言葉をためらわない韓国人に何で日本政府が亡命など認める理由がありえたでしょうか。その上日本人の妻も日本国籍を離脱して韓国人になっていたのですから、妻の行為は当時の日本人の常識からすれば一種の裏切り行為でもあったのです。

このような状況の中で、朝日新聞側の依頼を引き受け交渉に立ち上がって下さった方が、南北を含めて在日同胞のことならば先頭に立って一肌脱いでくれることで知られた田中宏先生（現龍谷大学教授）だったのでした。この方の粘り強い努力の結果、日本政府は朝日新聞社が身元を保証するという条件で、やっとのことと亡命に該当する「特在」（特別在留許可）を私に認めることになったのです。これを受け新聞社は直ちに発刊作業を始めたわけで、発行の時期が七・四南北共同声明とほとんど一致する時点であったのです。いくら偶然の一致だとはいえ、私にとってはどれほど劇的で不可思議なことだったでしょうか。

七二年九月「南北統一の夜明けに」という副題がついた私の本、『ある韓国人のこころ』が発刊されるや、その直前の七・四共同声明のインパクトもあって、いままで未知の人物だった「鄭敬謨」という亡命者が、突然日本の知識層の間で有名人として浮上するようになったのでした。

翌年の一月、『朝日新聞』でも誉めすぎだと思えるほどの書評を掲載してくれました。「西欧文明国側の仲間入りをしたからと言って、名誉白人然と振るまうことに恥ずかしさを感じない日本人、関東大震災の時、六〇〇〇人を超える朝鮮人を残虐な手口で殺害したことに目をつむったまま、『寡聞にして私は日本人が朝鮮人に対して非行を行ったという事実を知りません』と言った日本の総理佐藤栄作の破廉恥な発言など、日本に対する批判は辛辣だが、その辛辣な論理を裏付ける著者の文学・歴史・美術に対する深い造詣には驚くほかない。」

ところで、先に七一年五月『朝日新聞』への投稿文の中で私は「韓国政府の意図が何であれ遅かれ早かれある南北の政府次元の接触はだれも遮ることはできないだろう」という予言めいた言葉を語ったのですが、私は単に頭の中に閃いた予感を語っただけで、よもやそれが七・四共同声明という形で実現するとは夢にも思いませんでした。七・四共同声明はどのような状況の下で発表されたのでしょうか。

ニクソンが日本政府には一言の連絡もなしに北京に姿を現したときの日本政府の狼狽ぶりを想像してみて下さい。あたふたと北京に駆けつけていった田中角栄総理からすれば、米中間の新しい関係が日本の対韓政策にどのような変化をもたらすであろうか、それがおそらく一番の課題ではなかったでしょうか。ニクソンは次のように言ったと伝えられております。「韓国は日本自身の問題ではないか」と。アメリカは朝鮮半島から手を引くとも取られかねない発言です。ニクソンのこの発言は即刻朴正熙《パクチョンヒ》にも金日成《キムイルソン》にも伝えられたでしょう。「自主、平和、民族団結」の三大原則に基づいた七・四共同声明はここから始動がかけられたと思うのです。

亡命者同士——金大中との東京での出会い

一九七二年という年は、韓国の歴史が経験した衝撃的な状況から見ても、また私自身に訪れた一身上の激変から見ても、実に多事多難な一年でありました。

前にも強調したように、朴正熙《パクチョンヒ》は国際情勢の圧力に押され、渋々七・四南北共同声明に同意はしたものの、三日後の七月七日、国務会議を招集し、「七・四南北共同声明が出たからといって、小躍りして喜ぶ輩がいるだろうから、こういう者らに目を配ると同時に、反共教育をより一層強化せよ」との訓示を垂れたのでした。当時朴正熙《パクチョンヒ》がどれほど腸が煮えくり返るような思いをしていたのか分かるではありませんか。その年の一〇月一七日、国会を解散し、全国に非常戒厳令を宣布したいわゆる「一〇月維新」クーデターは七・四共同声明など眼中にもないという意思の表明であったのです。

その一週間前の一〇月一〇日、金大中《キムデジュン》氏が日本に来て亡命を宣言したのでした。それからしばらくして金大中《キムデジュン》氏から連絡が来て会うことになったのですが、またちょうどその頃、あとで「韓民統」（韓国民主回復統一促進国民会議）の中心人物としてクローズアップされることになる裵東湖《ペドンホ》氏と会ったかと思うと、さらに日本での私の文筆活動の足がかりとなってくれた、雑誌『世界』の編集長安江良介氏を知ることとなったというわけで、以後私が日本で繰り広げることになる様々な行動と密接に関係するこれらの人士たちと、こうして立て続けに縁を結ぶことになるうえで連結の環となってくれたのは、いうまでもなくその年九月、朝日新聞社から出版された私の本、『ある韓国人のこころ』であったのでした。

金大中《キムデジュン》氏と初めて日本で会ったのは、一二月に入ったある冬の日で、場所は東京神田所在の寿司屋だったと記憶しております。これは私の勝手な推測ですが、危険が迫っているから早く身を隠せと誰か耳打ちをしてくれた人がいて、あたふたと入国ビザも無しに日本に逃げて来たというのがおそらく亡命の真相だったでしょうが、日本に来てから誰と会って何をするという事前準備のようなものはなかっただろうと思うのです。そして日本に着いた直後、偶然私の本が目について、それで一度会ってみようと連絡をしてきたのではなかったでしょうか。金大中《キムデジュン》氏の連絡を受けた瞬間、私が直感的にある使命感のようなものを感じたのは事実です。朴政権を避けて日本に来た亡命者は私と金大中《キムデジュン》氏の二人だけだということが、単なる偶然ではなく、今こそ私が打って出るべき時だということを私は熱く感じずにはいられませんでしたし、私はそうした熱い心で彼に会いに行ったのでした。もちろん初対面です。

初対面の挨拶を終えてから、私は心の中の感慨を率直に申し上げました。前の年の七一年四月、朴正熙《パクチョンヒ》を相手として闘った第七代大統領選挙は、投票と開票の過程で行われたはずの不正を勘案すれば、事実上の勝者は金大中《キムデジュン》先生であって、たとえ金先生が亡命者として今日異国の地に来ておられるとしても、私は国民の一人として自分の国の大統領とお会いしている心情であることを辞を低くして申し上げました。その場で二人の亡命者は、虚心坦懐に意見を交換し、私としてもこの方のためなら犬馬の労を惜しむまいと、心の中で誓ったのでした。

裵東湖《ペドンホ》氏に会ったのは金大中《キムデジュン》氏に会うより少し前で、私を裵氏に紹介してくれた人物は朴徳萬《パクトクマン》氏でした。ある機会に偶然目について読んだ新聞が、『統一朝鮮新聞』（日本語）だったのですが、朴政権に対する批判や、日本政府の朝鮮半島政策についての批判的論評など相当的を射た文章が載っていて、逸る心を抑えながら新宿の裏通りにあるその新聞社を訪ねて行って会ったのが朴氏であったのです。私は事実のまま日本で誰も知っている人がいないという事情を打ち明け、私が同志として交わるに値する個人やまたは団体があれば紹介してほしいと頼んだのです。そこで朴徳萬《パクトクマン》氏の紹介で会ったのが裵東湖《ペドンホ》氏だったのです。裵氏は元々は民団所属だったのですが、七・四共同声明以後、民団を脱して、「民族統一協議会」という新しい組織を率いている方だという事実を朴氏から聞いただけで、裵氏がそこに至るまで民団の中でどんな複雑な事情があったのか、新しく作った組織の構成員がどんな人たちなのか、詳しい事情は皆目見当もつきませんでしたが、昔満州国で判事をしていたとかいう権逸《クォンイル》のような人物が支配していた民団組織から飛び出したという事実だけでも、私にとって嬉しい出会いでありました。翌年金大中《キムデジュン》氏が拉致された後から、私が快く「韓民統」の機関誌『民族日報』の主筆という肩書で論陣を張るようになったのも、裵氏との縁がそのきっかけであったのです。

『世界』の編集長安江良介氏との出会いは後でもう少し詳しく話しますが、私の本を読んで深い感銘を受けたということで、一度お会いしたいと丁重な言葉を伝えてきたのは、私が金大中《キムデジュン》氏と会った直後のことだったのですが、安江氏からの伝言を私に伝えてくれた人物も先ほどの朴氏だったと記憶しています。

今から振り返ってみても不思議なことでしたが、私とは関係なく別途に裵東湖《ペドンホ》氏グループと金大中《キムデジュン》氏の連携が成立したことから、「金大中《キムデジュン》・鄭敬謨・裵東湖《ペドンホ》」という三人の奇妙な出会いが、以後複雑きわまりない紆余曲折を経ながら、韓国現代史の重要な一ページを形成していくということになるのです。

現代史の激浪の中、同じ舟に身を任せた三人

裵東湖《ペドンホ》氏が「民団」（大韓民国居留民団）組織を飛び出し、別に「民族統一協議会」という新しい組織を結成することになったのは、いわゆる「録音事件」が契機になったという事実もだんだん分かってきたのでした。

一九七一年三月、民団の団長の選挙が行われた時、候補として出た人物は、主流派の李禧元《イヒウォン》と非主流派の柳錫濬《ユソクチュン》でしたが、非主流派の柳錫濬《ユソクチュン》の選挙参謀が裵東湖《ペドンホ》だったのでした。主流派の肩を持つ金在権《キムジェクォン》公使（金大中《キムデジュン》拉致事件の現場指揮者）が、非主流派の裵氏を攻撃するため公開の席上で発表したのが、自分が持っているという録音テープであって、そのテープには裵氏があるホテルで朝鮮総連の幹部たちと会って密談を繰り返したときの内容が入っていると断言したのでした。結局テープの具体的な内容は発表されることなく、密談があったということも証明されないまま選挙で当選したのは主流派の李禧元《イヒウォン》でしたが、まさにその直後七・四共同声明が発表されたのを契機に、非主流派裵氏の一派（民団東京本部・神

奈川県本部・在日韓国青年同盟等）は民団を脱退して新しい組織、民族統一協議会を設立したのでした。ちょうどその頃、裵氏は私と、そして亡命を宣言した金大中《キムデジュン》氏と別々に会って、いわば呉越同舟のように三人が同じ舟に乗ることになったのでした。

しかしこの三人のために韓民統という存在が劇的に浮上し、これが組織されていく途中の七三年八月、「金大中《キムデジュン》拉致事件」が発生し、中央情報部（ＫＣＩＡ）の工作船龍金号の船上から金氏が海に投げ込まれるぎりぎりの瞬間、キッシンジャーの指示で飛んできたヘリコプターのおかげで死を免れ、何日かぶりにソウルの東橋洞《トンギョドン》の自宅に戻ったという活動写真のような事件が繰り広げられました。これを契機に、途方もない歴史が始まるのですが、皆さんに記憶を改め、その後発生した長い長い現代史のあらましを想起してほしいと思うのです。

まず七九年イランで起こったホメイニ革命の余波で、当時の中央情報部長・金載圭《キムジェギュ》が拳銃で朴正熙《パクチョンヒ》を暗殺することになり、やはりテヘラン事態の延長線上で、八〇年五・一八光州抗争が発生し、その時金大《キムデ》中《ジュン》氏が逮捕され死刑を宣告されたのは、彼が日本で反国家団体韓民統を組織し、その首魁の座にあったというのが理由でした。

さて一九八〇年の五・一八光州抗争の時の軍部勢力の狼藉があまりに残忍だったため、その鬱憤が七年後、朴鍾哲《パクチョンチョル》君の拷問死によって爆発し、一九八七年の六月の民衆抗争を呼び起こし、それ故に「六・二九宣言」が出て、アメリカ亡命から戻ってから自宅で蟄居していた金大中《キムデジュン》氏にまで大統領候補として出馬できる「特権」が与えられたのでした。

しかし、候補単一化を拒否した金大中《キムデジュン》氏の賢明さを欠いた行動のため、突拍子もなく政権を盧泰愚《ノテウ》の手中に引き渡すという結果が招来されたので、「六月抗争」の時の熱い熱気はあっという間に冷めてしまい、方向感覚を失った民衆たちは、行き場を失ったまま散り散りになってさまようことになったのでした。

この絶望的な事態を打開し、それでも今日語られる「八七年体制」というものが維持されてきた決定的な力を発揮した人物は、苛酷な国家保安法に背きながらも平壌《ピョンヤン》を訪問し、金日成《キムイルソン》主席と会談を重ね、その成果を四・二共同声明という形に残した文益煥《ムンイクファン》牧師であると私は確信しているのですが、その四・二声明のお陰で、ようやく持続された六月抗争の熱気を足がかりに、金大中《キムデジュン》氏が盧泰愚《ノテウ》、金泳三《キムヨンサム》に続いて大統領の座につき、かつての同志だった文《ムン》牧師の足跡を辿って平壌《ピョンヤン》を訪問（二〇〇〇年）、金正日《キムジョンイル》国防委員長と会い、六・一五共同声明が発表されたのです。その後、南北を網羅しながら全世界的に展開された民族運動は、四・二声明を受け継いだ六・一五精神を土台にしていることは改めて言うまでもないことですが、金大中《キムデジュン》拉致事件を始発点とし、六・一五南北共同声明に至る長く複雑な九折羊腸の歴史の節目ごとに一定の役割を担ったのが金大中と鄭敬謨、そして裵東湖《ペドンホ》氏傘下の団体だったのでした。

とすれば、この三者が互いに助け合い協調するなかで、各自が歴史的な役割を担当したのかといえば、そうではありませんでした。不信と対立、そして激しい軋轢葛藤の中で三者は各々担わされた任務を歴史の舞台の上で演じただけだったのです。

そうとはいえ、まず私自身が韓国を離れてから二年もせずに朝日新聞社から本を出版することで、日本での文筆活動が可能になる基盤を確保していたという事実、金大中《キムデジュン》氏が一〇月維新クーデターの気配を予め察知し日本に来て亡命を宣言したという事実、更には民団非主流派の裵東湖《ペドンホ》氏が民団組織から離脱し、民族統一協議会という新しい組織を結成したという事実、以上の三つの事実が相互に何の関連もなく別々に発生し七・四共同声明直後、とにもかくにも同じ舟に身を任せ、歴史の激流にのって流れてきたという事実は、偶然にしてはあまりに奇妙な偶然であって、いまこの文章を書きながらも実に不思議なことだったという思いを禁じ得ないのです。

安江良介氏との出会い

月刊誌『世界』の編集長安江良介氏と初めてお会いしたのは、「金大中《キムデジュン》拉致事件」が起こる以前の一九七三年二月頃だったのですが、彼が朝日新聞社から出た私の初めての本を読んだ後、前に言った朴徳萬《パクトクマン》氏を通じて、「是非一度お会いしたい」と丁重に言づてをしてきたからでした。

盛餐とも言うべき酒肴が並べられた食卓を囲み、二人は多くの話を交わしたのですが、偶然のことながら対話の話題は甲午農民戦争だったと記憶しているのです。この戦争は本来、「人乃天」(人すなわち天)という一言で要約できる、水雲崔済愚《チェジェウ》先生の思想を基礎とする宗教運動がその始発点でしたが、この運動が政治性を帯び、一大革命運動として八道江山の津々浦々に広がるや、朝鮮の朝廷は鎮圧のために清国に派兵を要請し、これにかこつけて日本も軍隊を派遣して革命運動を壊滅させると同時に、朝鮮をアジア全域に対する侵略の足掛かりにしようとしたということ、これは日本自身にとっても不幸な戦争だったというのが私の主張でした。

「水雲先生の「人乃ち天《チョン》」という思想は、当時朝鮮社会にはびこってた『人乃ち賤《チョン》』という思想の病弊を革命的に覆そうとした優れた思想で、すべての人間は自らの内に神性を備えているということを語った点において、人間平等を誰よりもより具体的に喝破したものであり、ただ我が朝鮮のみならず、全人類社会に対してさえ普遍的なメッセージを盛り込んだ先進的な思想だった」と、若干酔いが回ったこともあり、私はかなり興奮した語調で、初対面の安江氏に、いわば雄弁をふるったわけでした。彼が手帳を取り出し、私が語る言葉を熱心にメモしていた姿が、もう三十余年が経った昔のことながら、今もはっきりと記憶に浮かんでくるのです。

水雲先生と、『キリスト教の本質』を書いたフォイエルバッハは、ほぼ同時代を生きた人物でしたが、広く知られているように彼は著書で「ホモ／ホミニ／デウス」(homo homini deus)という有名な言葉を残したのでした。「人間は人間自身に対して神だ」という意味のこのラテン語は、彼が無神論を主張するなかで出た言葉で、水雲先生が述べた「人すなわち天」とは必ずしも同じ意味ではありませんが、人間が神性を備えているという発想は共通であって、宗教思想的な見地からも大変興味深い事実ではなかろうかと思うのですが、その戦争の時、すなわち日清戦争の時、日本人はこれを文明と野蛮の戦争だと主張したのでした。

もっとも東学の農民軍は、靴といえば草鞋を履いており、武器といえばせいぜい火縄銃程度でしたが、これに比べ日本軍は牛革の軍靴を履き、持ち込んだ武器は最新式の村田連発銃で、五万の農民軍は爆風に襲われた萩の枝のように倒れてしまっただろうし、そのとき津波のように朝鮮に押し寄せてきた日本軍はいかばかり誇りがましく意気揚々であったでしょうか。

しかしながら、その当時の日本人の「宗教」は、せいぜい「近代化」であり、東学農民軍の信仰は人間平等を主張する「人すなわち天」だったとすれば、何れが文明で、何れが野蛮だったかは歴史が証明してくれることと私は思うのですが、嘆かわしいことに、日清戦争のとき一番先頭に立って「文明対野蛮」を主張した人物は、例えば朝鮮のキリスト教に大きな影響を与えた内村鑑三先生だったのでした。

私はおそらくこの話をしながら、表情が相当激していたと思うのですが、安江氏は日本が広島と長崎において原爆の洗礼を受けた悲劇の出発点が、結局はその甲午農民蜂起に対する干渉から始まった日清戦争だったというご自身の見解を披瀝しながら、私に日清戦争当時の日本の外務大臣陸奥宗光が残した回顧録、『蹇蹇録』を知っているかと問うのでした。陸奥宗光という名前くらいは覚えていましたが、『蹇蹇録』は読んだことがないと言うと、その大まかな内容を私に説明してくれたのでした。

「日本が中国を蚕食して行くためには、朝鮮という足場が必要だが、清国は朝貢関係を通して朝鮮に対する宗主権を主張している。だから、まず始めに、折良く起こった「東学の乱」を口実に清国をして朝鮮に兵力を派遣させるようにして、次に、これをきっかけに日本も朝鮮に兵力を派遣し、最終段階で、戦争に勝った後、朝鮮を中国との朝貢関係から離脱させ、名目上の独立国を自称するようにさせた後、徐々に朝鮮を日本の植民地にして行くべきである」と言うような緻密な戦略を立て実践した人物が陸奥宗光であって、日本の伝統的な対朝鮮外交政策を理解するためには、彼が残した『蹇蹇録』は必読書だと私に告げてくれたのでした。

その日の安江氏との出会いは実に意義深く、日本で必ず会わねばならない人物に会ったという感慨を感じました。夜が更けて別れ際に、彼は辞を低くして言うのでした。「もし先生がおっしゃりたいことがあれば、いつでもいいですから雑誌『世界』を利用して下さい」と。

韓民統との悪縁の始まり

安江編集長に会って家に帰った翌日から、彼が必読書だと教えてくれた『蹇蹇録』を耽読する一方、熱心に図書館に通いながら、頼まれたエッセイの執筆を始めました。そうして四〇〇字詰原稿用紙五四枚に及ぶ長文の原稿を渡したのですが、題目は、「韓国第二の解放と日本の民主主義」で、それは一九七三年五月頃のことだったと記憶しています。しかし実に奇妙なことに、「金大中《キムデジュン》拉致事件」が発生したまさにその日の八月八日、全国で発売が始まった『世界』九月号には私が書いたこの文章が載っていたので、これはまたどれ程不可思議な奇跡だったでしょうか。

『世界』九月号が、私自身仰天する程の巨大な衝撃を日本社会に与えることについては、後でまた言及する機会があるでしょうが、とにかくその頃裵東湖《ペドンホ》氏から、創刊されたばかりの民族統一協議会の機関誌『民族時報』に文章を書いてほしいとの要請を受け、すぐに「K君への手紙」も連載が始まったので、突然仕事がどっと押し寄せてきて目が回るような忙しい日々を過ごしていたのでした。

そんなある日、若い人が四、五人が家を訪ねてきて、深々と頭を下げてから、自分たちの研修会に来て講演をしてほしいと頼むのでした。私が書いた朝日新聞社の本『ある韓国人のこころ』も読み、『民族時報』に連載されている、「K君への手紙」も読んで、いままで聞いたこともなかった斬新な内容に感動したというのでしたが、聞いてみると彼らは民団を抜けて、裵東湖《ペドンホ》氏のグループに合流した、「韓青」（在日韓国青年同盟）の盟員たちだったのです。韓民統の母体が、まさにこのグループであったわけです。

快く講演の要請を承諾して彼らを送り出した後、私は私で胸に込み上げるような感動を抑えることができませんでした。『論語』の中に、齢《よわい》四十にして「無聞」ならば、つまり人々の耳目を引くことができなければ、畏るるに足らず（不足畏也）、つまり取るに足らない人物だという言葉があるのですが、私が韓国を離れた時の歳が四十六歳、それまで暗闇の中で絶望の日々を送っていたのですから、孔子の言葉のどおり私は完全に無聞であり、故国にいる間じゅう、韓国人のいかなる若者たちがお話を伺いたいと言って私のところに訪ねて来ることがあり得たでしょうか。

東京郊外の五日市にある韓青所有の建物、「花郎台」で研修会が開かれているというので、約束の日に、私は心をこめて作成した講演のテキストを抱えて訪ねて行ったのです。差別が激しい日本社会の最底辺に追いやられ、悩み苦しみながら生きている在日同胞たちの生活を私自身切実に感じとっていたわけでもあり、その日の講演ではただ日本だけでなく、普遍的な課題として最下層を構成する社会階級が身につけるべき気概とでも言いましょうか、挫けることなく試練に耐える心構えが話の主題だったと記憶しているのです。その時参考に引用したのがイタリアの作家イグナチオ・シローネが残した言葉で、それは「社会の最低層が新しい価値観を獲得すれば、その社会自体が変革を引き起こす」（When the lowest stratum of a society acquires a new value, the society itself will undergo changes.）という有名な金言でありました。

韓青の盟員たちの中には大学を出た人もいたことだし、英語で翻訳されたシローネの言葉を黒板に書きながら、いわば熱弁を振るっていたのですが、その時思いがけなく裵東湖《ペドンホ》氏がある見知らぬ人と一緒に会場の中に入ってきたのでした。彼が遠くまでわざわざ私の講演を聞きに来てくれたことを、私は大変ありがたく思ったのです。

講演が終わった後、私はその晩は若い人たちと一緒に花郎台に泊まるつもりでしたが、裵東湖《ペドンホ》氏が一緒に東京まで帰ろうと言って、自分が乗ってきた車に私を乗せたのでした。後ろの一番右には見知らぬその人が座り、私は左の席、そして裵氏は真ん中に座って車が走り始めたのですが、右に座っていた彼が、なにやらぶつぶつと吐き捨てるように言うのです。

私はどーっと疲れが押し寄せて、こっくりこっくり居眠りをしていたのでしたが、ふと聞いてみると、それは私に対する罵倒なのでした。

「野郎奴が……、韓国人なら韓国語をしゃべったらどうだ。生意気に英語なんかをしゃべりやがって!」

その日の講演は日本語だったのですから、「韓国人なら韓国語云々」とは単なる言いがかりではないですか。彼は途中で挨拶もなく車を降りて立ち去ったので、裵氏に聞いてみたのです。

「誰ですかあれは?」

「ええ、韓青の元の委員長です。」

「名前は?」

「郭東儀《クァクトンイ》ですよ。」

郭の私に対する理不尽な罵倒は明らかに彼の嫉妬からでしたが、その後三〇年余り続く永い間の韓民統との悪縁はその時から始まったのでした。

金大中氏への期待と失望の交錯

金大中《キムデジュン》先生と初めてお会いしたのは、前にも述べたように、先生が亡命を宣言した一九七二年一二月のある日でした。先生がわざわざ人を遣わして私に会おうと言って来られたのは、これから亡命者として新聞のような媒体を通してPR活動をなさる計画なので、力になってほしいという意向からであり、そのことについては初対面のとき話し合いもあったのでした。先生も私も二人とも亡命者として異国の地に来ている境遇であり先生のその仕事のためなら、本当に犬馬の労を惜しむまいと、どれ程熱い思いを抱いていたでしょうか。私は日本に来てやっとのこと本の一冊くらいを出しただけの、いわば文筆家としては駆け出しの青二才に過ぎず、たとえ天下を号令するような大文章を書いて世に発表したところで、それに何の意味がありえたでしょうか。

しかし私がもし、朴正熙《パクチョンヒ》と争った末に捲土重来を期して日本に一時亡命してきた金大中《キムデジュン》先生の口を借りて、ただ単に南側だけでなく、南北を合わせた民族全体に向けて、我々が置かれている現況を語り、外勢の強要によって不当にも分断の苦痛の中で呻吟している民族をして、その桎梏から解き放たれ、真に自由な一つの統一された国民たらしめるためには、我々はこの道を行くべきではないか、その方向を提示するとすれば、その一言一言がどれ程大きな力を発揮しうるであろうか。金先生と会った後、私は弾む心を抑えながら、約束の地に向けて今まさに紅海を渡ろうとするモーセと金先生の姿を重ね合わせ、しばらくは遠大な夢の中で日々を過ごしていたのでした。

そして二度目に金先生に会ったのがいつだったか、記憶がはっきりしないのですが、場所は裵東湖《ペドンホ》グループが金大中《キムデジュン》氏を迎え入れるために準備した、東京のど真ん中の神田所在のかなり豪華な四階建てのビルであったのでした。裵東湖《ペドンホ》グループと金先生の協力関係が、どういう経路をたどって成立したのか私には分かりませんが、私がその事務室に出入りするようになった頃には、もう両者の関係はまとまっていたのでした。とにかくそのビルの事務所で、あの人物、生意気に英語なんかをしゃべりやがってと私に面と向かって罵声を浴びせた郭東儀《クァクトンイ》ともまた会うことになり、そして程なく「金大中《キムデジュン》首席秘書官」という大ぶりな名刺を振りかざしながら偉そうな顔をしている趙活俊《チョファルジュン》、さらに金先生の小学校の同窓だということで側近を自負し、それが何か特権でもあるかのごとく振舞っていた金鍾忠《キムジョンチュン》など、いろいろな人物と会うことになったのです。

そんなある日のこと、金先生がドアを開けて外に出ていったとき、郭が私のわき腹をつつきながら、「あれが何クリスチャンだって?」と気に食わなそうに先生をあごで指すではないですか。「宗教はアヘン」というくらいの、どこかで聞きかじったような社会主義の知識を私に披露したのでしたが、それを聞きながら何か不吉な思いがしたのでした。この人たちと手を組まずに、別の選択はなかったのか。金先生が気の毒にも思えてなりませんでした。

その事務所の構成員たちは、それでも私が尊敬を込めて接していた裵東湖《ペドンホ》氏を別にすれば、一様に中身の含量が不足したような人物たちばかりで、亡命を宣言した金先生が果たして同志としてつきあってもかまわない人物たちなのか、疑わしく思わざるを得ませんでした。

それはともかくとして金先生が初めて会ったとき話をした新聞について、どのようにしていこうというのかその後一切話がなく、少々気がかりでもあったので、ある日皆がいる前で尋ねてみたのです。その時点で私はまだ積極的には『民族時報』に関与してはいなかったのです。

「お会いしたときお話しになった新聞の件ですが、それはお出しになるのですか?」

「ええ、出しますよ。」

「じゃあそれは韓国語の新聞でしょうね?」

「いや日本語です。」

「誰に読ませるのでしょうか?」

「これから私はアメリカと行き来しながら色々と活動を開始するので、私のアメリカでの動向を日本の国会議員の誰それ先生方に読ませる新聞です。」

そして私が聞きもしないのに、お金の話を切り出してきたのでした。

「ひと月に一〇万円払ってあげるから、私の小学校の同窓生の金なにがしからもらって生活費として使い新聞も出してほしい。」

その当時金先生がせわしげに日本の国会に出入りしながら、宇都宮徳馬、河野洋平など、右翼の自民党の中ではそれでも良識派と言える約一〇人ばかりの「AAグループ」(アジア・アフリカ研究会)に大きな期待をかけていたことは私も知ってはいたのです。しかし、その何人かの日本人の政治家に読ませるために新聞を出せと言うのですから、それを聞いた私の失望はいかばかりであったでしょうか? 自分の側近である金なにがしから月一〇万円をもらって生活費に使い、そして新聞も出せとの言い方は、私にとってどれだけ屈辱的に聞こえたことでしょうか。その時私には金大中《キムデジュン》先生と手を取り合って駆け出すとすれば、その金の一〇倍、一〇〇倍の資金を集められるという自信に満ちあふれていたのでした。もしも先生が、「亡命者の私に金などあるはずはないが、しかし何とか工面して生命保険料としてあなたに月五万円は保障するから、命をかけて一緒に駆けてくれないか」と言われたとするなら、私はどれほど感激し涙を流したでしょうか。

「私が無政府主義者？　光栄です」

人は誰であれまずは外面《そとづら》だとか、差し出された名刺のようなものから相手を値踏みするものであって、金大中《キムデジュン》氏が私をその程度にしか見なかったからといって、敢えて不満がましく思うわけにもいくまいと私は感じておりました。もし私にどこそこの大学の教授くらいの肩書があったとか、国会議員でも一度ぐらいやったとかいう経歴でもあったとすればいざ知らず、論語の言葉どおり、齢四十を過ぎて「無聞」だったから、金大中《キムデジュン》先生の目に「畏るるに足りず」と映っても無理もなかったろうと思ったのでした。

ある日、事務所で何人かが集まった場で、気がかりにもなったので、失礼にならないように気遣いながらも単刀直入に先生に訊いてみたのです。

「先生はこれから何をなさるつもりなのか、具体的に説明をしてくださいませんか？」

それに対する答えは「第二の四・一九革命」であったのです。

「私がこれから日本とアメリカを行き来しながら両国の政界を動かせば、きっと本国で第二の四・一九が起こるだろうし、その時は私が韓国に戻って革命委員会を組織することになるでしょう。」

その話を聞きながら、私は四・一九学生革命についての金先生の認識が的外れのものではあるまいかと少々いぶかしく思ったのでした。四・一九によって李承晩《イスンマン》政権が倒れ、結果的に民主党政権が出現したのは事実だとしても、激しく降り注ぐ銃弾をくぐり抜け李承晩《イスンマン》政権を打倒した学生たちの闘争は、何も民主党を次期政権の担当者として想定していたわけではありませんでした。

四・一九の詩人申東曄《シンドンヨプ》は、何と叫んだのか？

抜け殻は去れ／漢拏から白頭まで／胸に沁みる香しい土のみが残り／その他のすべての鉄屑は去れ

四・一九革命の精神は「その他のすべての鉄屑は去れ」という一言に尽きるものであって、この点についての金先生の四・一九に対する理解は、はずれているのではないかと思わざるを得ませんでした。そのうえ先生が「革命委員会」を云々されたので、私はキューバ革命を思い浮かべるほかなかったのですが、キューバと韓国は、たとえ歴史的な背景や置かれている状況は同じものではないながら、「その他のすべての鉄屑は去れ」という絶叫においては四・一九革命とキューバ革命は、精神的には共通したものだと私は信じていたのです。

そのとき、やはり金先生は韓国民主党の伝統を受け継いだ新民党の政客だということを改めて思い知らされました。韓国民主党とは金九《キムグ》先生の言葉を借りれば、「敵どもが降伏した前夜まで、彼らの本拠地である総督府をわが家の如く出入りしながら、彼らの勝利のためにあらゆる誠意を捧げた人士たちの集団」ではなかったでしょうか。その韓国民主党が民国党、民主党、新民党と幾度か看板を替えはしたものの、彼らの事大主義思考は根深く生き残っていることを誰が否定しえましょうか。もっとも金先生がそうした流れの政治家の中では、韓国の問題を民族次元で論じた最初の人物だったということくらいの認識が、私に無かったわけではありませんでした。

しかし、アメリカ人や日本人たちを説得して、第二の四・一九を起こし、それを基盤として革命委員会を組織するというのは、「木に縁りて魚を求める」にも程があり、私には到底納得できるような発想ではありませんでした。少し腹も立ち、感情も昂ぶっていた上に、革命を云々する金先生の話もあったことから、ふとキューバ革命の時ボリビアで銃に撃たれて死んだチェ・ゲバラのことが思い浮かび、少々激した口ぶりで一言言ってから座を立ち外に出て行ったのです。

「金先生、私に新聞を出せと言わず、むしろ銃を撃てとおっしゃってくださいな。」

そうして何日か後、石川某という日本人が金先生の遣いでわが家を訪ねて来たのでした。鄭敬謨が一体どんな人間だか、ちょっと探って来いという意向だったのでしょうか。その人を適当にあしらって帰したあと、私の心情は穏やかではありえませんでした。金先生が、「鄭敬謨、あんたは一体何を考えているのか」と問い質したければ、私を呼んで直接尋ねてみるなり、三顧の礼とまでは至らずとも、ご自身が私を訪ねてこられるなりするべきであって、いやしくも命をかけて民族運動を共にする同志を求めている人間として、日本人に頼んで私の意中をさぐらせるとは、いったいこれはどういうことなのか。懸けていた期待が大きかっただけに金先生に対する失望も大きなものでした。それから暫く日が経ったあと、「鄭敬謨は無政府主義者だから、絶対に近づいてはならん」と地方巡回に出ている金先生が、会う人会う人に、そう触れまわっているということも私の耳にも聞こえてきました。

昔、本物の無政府主義者だった丹斎申采浩《タンジェシンチェホ》先生は、上海臨時政府の初代大統領だった李承晩《イスンマン》から共産主義者として激しい憎しみを買っていたのですが、私は共産主義者でもなく、無政府主義者でもないながら、金大中《キムデジュン》氏からそれ程まで憎しみを買っているとすれば、いまや自分は丹斎先生と同じ位相の人間として価値が値上げされたのではないかと、一人苦笑いをするほかありませんでした。

再侵略を目論む日本にぺこつく朴政権

言いたいことがあれば、いつでも自分が編集長をしている『世界』に書いてほしいという安江良介氏の言葉を聞いてから、何かに取りつかれたように文章を書き始めてから、エッセイ「韓国第二の解放と日本の民主主義」の原稿を安江氏に渡したのが一九七三年五月頃だったということは、すでに前に言ったとおりですが、韓国の第二の解放を語ったその文章の時代的背景を少しばかりここで紹介しておきたいと思うのです。

我々韓国人は解放された国民だと自ら信じており、また日本人は自国が民主化された平和志向の国家だという点について、ほとんど疑いを抱いていませんが、実相はどうでしょうか？

一九六五年に発刊された『日韓問題を考える』は日本に来てほとんど最初に読んだ本ですが（太平出版社刊）、ここには「日本の統治は朝鮮人のために有益だった」との第三次韓日会談代表久保田貫一郎の有名な妄言を始め、「日本は伊藤博文の道に従って今一度朝鮮に根を下ろさねばならない」との六二年の吉田茂の妄言はもちろん、読んでいるうちに背すじが寒くなるような妄言が限りなく羅列されていたのです。

特にその中には「現在の日本が、日清戦争、日露戦争に引き続いて、三度立ち上がり、三八度線を鴨緑江の外側に押し返せなければ、祖先に対して申しわけない。これは日本外交の任務である」というのもあったのです。一九五八年、第四次韓日会談の時の首席代表沢田廉三のこの発言は、いつか日本は明治時代のように朝鮮を馬蹄で蹂躙してみせるという野心を赤裸々に表したものですが、ならば沢田の発言は何の根拠もない出まかせのものかと言えば、絶対にそのようなものではないのです。

日本の自衛隊が作成した秘密文書で、「三矢作戦」という膨大な文書があるのです。「三矢」、つまり三本の矢とは日米韓の三国を指す言葉ですが、これば今わの際の毛利元就が三人の息子に団結の要を諭した故事に基づく言葉であるのは言うまでもないでしょう。これは第一動から第七動まで、朝鮮での軍事行動を想定した綿密な作戦計画であって、第四動の段階で日本軍は朝鮮半島に上陸、第七動に至るとアメリカが原子爆弾を北朝鮮に落として勝利を収めれば、その後日本軍は国連軍の一翼として朝鮮に駐屯しつづけるということになっているのです。これが完成したのは、韓日条約二年前の六三年だったのですから、五八年の沢田廉三発言の時点で「三矢作戦」の輪郭はすでに確定していたと見て間違いないでしょう。この秘密文書は一九六五年二月、国会の場で社会党の岡田春夫議員が暴露してから広く知られるようになったもので、民主化したという日本がこれほど虎視眈々と朝鮮への再侵略の機会を狙っている状況の中で、六五年六月二一日、韓国の外務部長官なる者（李東元《イドンウォン》）が、佐藤栄作総理に腰を屈めながら「日本を兄の国と思って仕える所存ですのでよろしく頼む」といったような卑屈な言辞を弄したかと思えば、続く九月一九日には陸軍参謀総長だとかいう肩書きをぶら下げた者（閔基植《ミンキシク》）が佐藤に向かって、「日本が助けてくれなければ、我々は滅びるほかないから、韓国をヨソの国と思わないで助けてくれ」とかの、腑の抜けた言葉を吐くのを聞くにつけ、韓国も韓国なら、日本も日本だという嘆きのため息を抑えることができませんでした。韓国でよく使われている四文字熟語に「識者憂患」というのがあります。知らねばそれこそ「知らでありしを」で過ごしたのでしょうが、なまじっか知っているばかりに私は憂いに悩まされたということでしょうか。

歴史は繰り返すと言いますが、その昔、一九一一年辛亥革命で中華民国が満州族支配のくびきから抜け出したとはいうものの、それは真の解放ではなかったのでした。四年後に実権を握った軍閥の頭目袁世凱が皇帝の地位を狙って、日本が提供しようという経済援助に目がくらみ、中国全土の植民地化を目論む「対華二一カ条」の要求にかぶりついてしまったのです。日本はその交換条件として皇帝の地位に就くことを支持してくれるというので、自信をもった袁世凱は一九一五年一二月、皇帝に即位することの可否を「国民会議」にかけ、参加者一九三三人全員の満場一致で皇帝と認められたのでした。

一方、日本を背中に背負った朴正熙《パクチョンヒ》も維新クーデター後の七二年一二月、永久執権の可否を「統一主体国民会議」なるものにかけ、いわゆる体育館式投票で参加者二三五九人中、無効票二票をのぞいた二三五七人の賛成で「総統」の座に就くことになったのでした。

辛亥革命後の中国と、「解放」を迎えたという韓国の姿が、どうしてこれほどまで似ているのか、驚かざるを得ません。

中国の文豪魯迅先生は、当時自国の状況を見ながら、弟子で恋人でもあった許廣平宛の手紙（両地書）にこう嘆きの言葉を残しました。

「最初の革命は、ただ満州朝廷をひっくり返すことだったので比較的簡単に成就できました。しかしその次の改革は、国民自らが自らの悪い根性を改革せねばならないことでしたので困難が伴い、不幸にもそこで後ずさりしてしまいました。だからこれからもっと重大なことは、国民性を叩き直すことでなければなりません。そうでなければ専制だろうが、共和制だろうが、それ以外の何であろうが、看板を掛け替えるに過ぎず、中身がそのままなら希望はないと言わねばなりません。」

中国を目覚めさせた三・一運動とアメリカに衝撃を与えた四・一九革命

『世界』(一九七三年九月号)に投稿した文章の中で私は、中国が最も絶望的であった時代を生きた魯迅先生は、希望の光をほとんど見ぬまま亡くなった方であったけれども、私はそれでも韓国の未来に対して全く失望にばかり浸っているわけではなくて、三・一運動の衝撃で起こった中国の五・四運動と、四・一九革命に触発されたアメリカの先進的な学生運動を例に挙げ、いつかは韓国人の胸の中に力強く吹いてくるであろう「シン・パラム(心を奮い立たせる風)」の力が、日本の真の民主主義を呼び醒ますことになるのではあるまいかという希望を披瀝したのでした。

第一次世界大戦後、ベルサイユ講和会談の時、英米の西洋勢力が参戦国であった中国を無視して、むしろ日本に肩入れしながら、中国に対する日本の不当な要求をそのまま聞き入れる仕打ちに憤慨した中国人たちが一斉に立ち上がり、全国的な反帝運動に広がったのが五・四運動だったのですが、この運動は二カ月前に朝鮮で起こった三・一独立運動から受けた衝撃がその直接的な原因だったのでした。

中国の新民主主義革命を呼び起こした五・四運動の出発点は、やはり北京大学であり、その日、つまり五月四日、北京の天安門には「朝鮮の三・一に続け」という垂れ幕が翻ったと記録には残っているのです(北京大学学生誌『新潮』一九一九年四号)。

当時北京大学の学生だった傅斯年《フシニエン》は「朝鮮独立運動が与える新しい教訓」という文章を通して、それが第一に道義的な力に依拠した非暴力運動だった点、第二に成否を顧みず、むしろ失敗するのを知りながらも断行された革命だったという点、第三に一身の利益に左右されることなく、ひたすら純潔な動機で動いた学生たちが主軸となって進められた運動であったという点において、朝鮮の三・一運動は「未来の革命運動のための重大な教訓を含んでいるもの」であるという評価を下したのでした。またアメリカでも六〇年代の先進的な学生運動が起こった直接的な契機は、韓国の四・一九革命にあったという点をその文章で指摘したのです。

一般的に社会問題に無関心だったアメリカの学生たちが、中産階級的価値に疑問を抱いて反抗する動きが芽生え始めたのは一九六〇年以降で、例えば「学生非暴力調停委員会」(ＳＮＣＣ)がアトランタで組織されたのは一九六〇年一〇月であり、また「アメリカの核政策、妄想的反共主義、軍産複合体、従属国家の独裁政権を支援するアメリカの外交政策」等々を糾弾する「民主社会学生連盟」(ＳＤＳ)の組織大会がミシガン州アナーバーで開かれたのは一九六〇年五月だったのでした。

一九六〇年以前の沈黙の世代(silent generation)には見えなかった貧困・暴力・人種差別・侵略戦争など、アメリカ社会を蝕んでいる構造的な病弊に対して、六〇年を契機にして多くの学生たちが目を開くようになるのですが、「六〇年」という年の意義は果たして何であったのか。この質問に対し、『預言的少数派』

（*A Prophetic Minority*）の著者、ジャック・ニューフィールド（Jack Newfield）の言葉を借りるならば、様々な要因の中で、最も直接的なインスピレーションを一つだけ指摘するならば、それは六〇年に李承晩《イスンマン》独裁政権を打倒した韓国の四・一九革命だったということでした。

このような意味で、私は日本社会に対して質問を投げかけたのです。もし中国とアメリカが韓国の三・一と四・一九を通して何かを獲得したということが否定できない歴史的事実であるならば、解放に向かう韓国人の情熱が日本社会に対しても、ある歴史的な衝撃を与える可能性を否定できるだろうか。そして私はこの文章の結論で、もし日本人の民族的優越感が明治一〇〇年の間に日本が経験した飛躍と栄光を土台にするのであれば、その対称点に朝鮮民族の屈辱と悲哀があったということを想起させた次に、であればこそ、韓国の真の「第二の解放」は、日本の偽りでない「第二の民主化」と有機的につながっているという点を指摘したのでした。

締めくくりとして、韓国語の「シン・パラム」の意味を紹介しながら、わたしはこう問いを投げかけたのでした。「人が人を憎しみ疑う必要がなく、強制ではなく自らの意志で行動できる、解放された人間の内面的な歓喜を象徴するのが、この「シン・パラム」であるが、唇の動きがひとりでに歌となり、足の歩みがひとりでに踊りとなる、この神秘的な風（パラム）が吹いてくる日を、今韓国人たちは一生懸命手を合わせて祈っているのであって、韓国人たちのこの切実な祈りが途絶えない限り、その日は必ず来るだろうが、韓国人たちの胸の中にこの風が巻き起こるとき、日本に吹き寄せてくる風はないのであろうか？」

三・一独立宣言の中に、朝鮮の独立はむしろ日本を道徳的堕落の奈落から救いあげる梯子になりうるという言葉があります。私も自分の文章の中で被害者と加害者の同時救済の思想を語ったのでしたが、今振り返ってみると、よく夢を見る文益煥《ムンイクファン》牧師のように、私はこの文章に託して壮大な夢を見たのではなかったでしょうか。

金大中拉致事件の日のこと

朴正熙《パクチョンヒ》が維新クーデターを起こしたのは、一九七二年一〇月一七日であり、その気配を察した金大中《キムデジュン》先生が危険を避けて急遽日本に逃げてきたのは、その一週間前の一〇月一〇日だったということは前にも書いたとおりですが、クーデターで国会が解散された国会議員のパスポートが無効になったために、金先生は一時極めて困難な立場に追い込まれたのは事実でした。幸い国際赤十字社が特別パスポートを発給してくれて、それで翌年アメリカに発たれるのですが、私とは連絡が途切れて、発たれた日付は何時だったのか記憶がありませんが、アメリカの各処を回って活動を開始されたということは噂で知っていたのです。

そんなある日、正確には七三年七月一〇日、安江良介編集長から事務所に電話がかかってきたのです。「自分と金大中《キムデジュン》先生の対談を『世界』九月号に載せる予定だけれど、時間が差し迫っている。今日の夕方何時到着の飛行機で金先生は日本に戻る予定なので、空港まで出迎えに行って、できるだけ早く自分に連絡をいただけるよう伝えてほしい」と頼まれたのです。七月一〇日と私が覚えているのは、それが自分の誕生日の前の日だったからですが、そんなことなら私ではなしに、「主席秘書官」趙活俊《チョファルジュン》がいるではないかと思いながらも、そうした内輪の事情を安江さんに言うわけにもいかず、ともかく羽田空港に出向いて、飛行機から降りてきたばかりの金先生に安江さんの伝言を伝えたのでした。その時、どうしたことか出迎えたのは不思議なことに私しかいなかったのです。

後から知った事実ですが、その時金先生は、七月六日、ワシントンのメイフラワーホテルで、林昌栄《イムチャンヨン》氏、安柄国《アンビョングク》氏らを主要な構成員とする「韓民統」（韓国民主回復統一促進国民会議）アメリカ本部の結成を済ませ、同じ組織の日本本部を結成するため東京に戻ってきたのでした。

安江さんの伝言を聞いた金先生は、分かったと言いながら、挨拶の一言もなく、さっさと一人でタクシーに乗って夕闇のなかに消えて行ったのでした。金先生がどこに行ったのか、その時は知る由もなかったのですが、後で聞いた話を総合して推測すると、彼が行ったのは上野所在の「タカラホテル」であって、そこには後で韓民統日本本部を構成することになる裵東湖《ペドンホ》・郭東儀《クァクトンイ》・趙活俊《チョファルジュン》・金鍾忠《キムジョンチュン》・鄭在俊《チョンジェジュン》・金《キム》載華《ジェファ》氏らが待っていたようでした。そしてその時そこで、組織の議長として金大中《キムデジュン》氏が、副議長として金載華《キムジェファ》・鄭在俊《チョンジェジュン》が推戴され、郭東儀《クァクトンイ》組織局長、金鍾忠《キムジョンチュン》国際局長、裵東湖《ペドンホ》常任顧問などが決められたようでした。鄭副議長は、元民団東京本部の団長をしていた人であり、金副議長は、郭東儀《クァクトンイ》の義父であるわけですが、この中で常任顧問裵東湖《ペドンホ》氏の位置ははなはだ特異なものだったと言えるでしょう。

私が初めて会ったのは裵氏であり、金大中《キムデジュン》氏との協力関係を構想し実行した人物も彼だっただろうという点から見ても、組織の核心はやはり裵顧問だったのですが、しかし実際にはその組織を動かす実力者は意外にも郭局長だったというわけで、これは金づるを握っているのが彼であったということが、だんだんと私にも分かるようになったのでした。ともかく私の知る限り、アメリカ本部には何々局長だとか、事務総長だとかという大仰な肩書きのようなのは無かったのであり、このことから察するに、日本の組織の構造は、すでに金大中《キムデジュン》氏が帰ってくる前に出来上がっていたのでした。したがって金大中《キムデジュン》氏には苛酷な言い方になるかも知れませんが、彼は予め彼らが掘っておいた落とし穴に自分の方から足を踏み入れてしまったのだと、私は今もそう信じているのです。

タカラホテル会議が終わった後の金先生の去就については、私には全く分からなかったのですが、日本に戻ったその日から、金先生は日本の公安と、韓国中央情報部（ＫＣＩＡ）、そして正体不明の探偵会社ミリオンサービスなどの三重の監視と尾行を受けるようになったので、直感的に身辺の危険を感じていただろうと思われるのです。

私はその時、組織とは直接のつながりのない、いわば圏外の人間として、ひたすら組織の機関誌『民族時報』を出すことにだけ熱中していたので、詳しく金先生の動向を知る位置にあったわけではありませんでしたが、韓青副委員長の金君夫《キムクンブ》を隊長とする警護隊が組織され、ほとんど毎日居場所を変えて秘密裏に動いていることくらいはもちろん知っておりました。

そんなある日のこと、つまり八月八日、事務所近くのそば屋で昼飯を食べていたら、金先生がホテル・グランドパレスで拉致され姿が消えたという急報が飛び込んできたのです。食べかけの昼飯をほったらかして、タクシーを飛ばし、息せき切って拉致現場のホテル二二階に駆けつけたわけでした。午後三時を若干過ぎた時刻でしたが現場にはフォルマリンの悪臭が鼻をつき、到着したばかりの警察が指紋採取などの現場捜査を始めていて、そこで私がうろうろしていても手の打ちようが無いではありませんか。その時ぱっと稲妻のように脳裏にひらめいたことがあったのです。私はすぐ下に降りて、タクシーを捕まえ新宿の京王プラザホテルに急いだのですが、そこにはアメリカからいらっしゃった林昌栄《イムチャンヨン》先生が宿泊しておられることを知っていたからでした。

「金大中を救って下さい」――キッシンジャーへの哀訴

拉致現場で脳裏をかすめたこととは、何だったでしょうか？　どうかどうか金大中《キムデジュン》先生の命を救ってほしいと日本政府に訴えかけたところで、思わしい反応があるとは思われず、訴える相手があるとすればやはりアメリカで、さらに具体的には国務長官キッシンジャーではなかろうか。彼が果たして金先生の生命を救ってくれるかどうかは別として、金大中《キムデジュン》氏の命を救いうる位置にいる人物は世界広しと言えどもキッシンジャー唯一人だというのが、その時の私の判断であったのでした。京王プラザホテルに駆けつけたのはそのためだったのでした。

しからば、その時キッシンジャーは金先生の命を救うことに、快く一臂の力を貸してくれるのだろうかどうか？　その可能性は半々だろうと私は踏んでおりました。

半々というのは、キッシンジャーはその時、チリのアジェンデ大統領を激しく嫌っていたのですが、金先生はいわば「コリアのアジェンデ」ではないですか。金先生がアメリカ滞在中に「アジェンデ政権は民主的な手続きを踏んで成立した政権である以上、アメリカはこれを認めなければならない」と、機会あるごとに主張していたということも聞いており、それは金大中《キムデジュン》氏が自分と朴正熙《パクチョンヒ》と比べながら、民主的な手続きのないまま政権を握った朴正熙《パクチョンヒ》を批判する論理の一環だったでしょうが、アメリカ政府を説得する論理としてはこのような主張はあまり適切ではあるまいと私は感じていたのでした。アメリカは、民主政権だから支持し、独裁政権だから支持しないという国ではないですから。

とはいえ私としては一か八か金大中《キムデジュン》氏の命を救うためにはキッシンジャーの一臂の力にすがるほかなかったのですけれども、では東京にいる私がどんな手段で金先生が陥っている危機的な状況をキッシンジャーに知らせることができるのか、その方法が問題ではありませんか。

とにかくホテルに着いて林昌栄《イムチャンヨン》先生の部屋に飛び込むと、先生も何をどうしてよいのか、なすすべもなく呆然と愁いに沈んで窓の外を眺めていらっしゃるだけでした。林先生は、張勉《チャンミョン》の民主党政権の時、国連大使を務められた方で、八月一五日に予定されていた「韓民統」結成大会に参加するため、ニューヨークから東京に来られていたのでしたが、ほとんど生涯をアメリカで過ごされたので顔も広く、言葉はアメリカ人よりも格式の高い英語を流暢にしゃべられる方だったのです。私が林先生のところに駆けつけたのはそのことが念頭にあったからでした。

どうしたらこの緊急事態をキッシンジャーに知らせることができるだろうか、二人は顔を突き合わせ戦略を練りました。すぐに二人が同時に頭に浮かべた人物は、その時タフト大学にいたグレゴリー・ヘンダーソン教授であったのですが、彼は駐韓アメリカ大使館で文政官を務めた人で、私も何度かソウルで会ったことがありました。ヘンダーソン教授とは莫逆の間柄の林先生が、手帳に書いてあるヘンダーソン氏の電話番号も私に見せて下さったのです。

その次が問題でしたが、まずヘンダーソン氏に急報を伝えたら、次にハーバード大学のジェローム・コーエン教授にそれが伝わるだろうし、コーエン教授を通して元駐日大使ライシャワー氏に伝達されるだろう。そこまで行けばキッシンジャーに到達するのではなかろうか。こうして、林昌栄《イムチャンヨン》↓ヘンダーソン↓コーエン↓ライシャワー↓キッシンジャーのリレーチームが構想され、第一報がヘンダーソンに飛ばされたのでしたが、その時間はおそらく午後四時近くだったと思うのです。ヘンダーソン教授と接触を始める前に、林先生はアメリカ大使館に電話をかけて、米軍横田基地の米軍部隊の指揮官の電話番号を聞き出し、彼らに、韓国の軍用機が何か異常な動きを見せないか注目してほしいという警告を伝えておきました。「これこれこういう名前の韓国の著名な政治家が、韓国の秘密警察によって東京から拉致されたので云々」ということを米軍将校に伝えたところで彼がどの程度理解しえたかは知る由もありませんでしたが、しかしその時の危機的な心境では、そんな措置さえも必要だと思わずにはいられなかったのでした。

東京の午後四時といえば、ニューヨークは夜中の二時です。急報を受けたヘンダーソン教授がどんなアクションを起こしたのか、その時は全然分かりようがなく、拉致された金先生が生きているのか死んだのか、生きているならどんな状態にあるのか分からないまま、その日を過ごしましたが、その日「金大中《キムデジュン》拉致」の知らせが伝わるや、東京中が大騒ぎになったのは自然の成り行きだったでしょう。

しかしまさに奇跡的だったとしか他に言いようのないことが起こったのですが、拉致事件が起こったまさにその日が、『世界』九月号の販売が始まる日で、その九月号には私が寄稿した長文のエッセイ「韓国第二の解放」とともに、安江氏と金先生の対談、「韓国民主化の道」が載っていたのです。対談「民主化の道」で金先生は、「無原則を原則とする朴政権」のあり方を辛辣に批判したのでした。

アジェンデを見放し、金大中を生かしたキッシンジャー

金大中《キムデジュン》先生が拉致された翌日の八月九日、韓民統の事務所は黒山の人だかり。東京中のありとあらゆ

るマスコミの記者たちでごった返していたのです。一体金大中《キムデジュン》とは誰であり、韓国中央情報部（KCIA）はどんな組織であるのか、そしてその背後の朴正熙《パクチョンヒ》政権とはどんな政権なのか尋ねにきた人々だったのですが、そのとき期せずしてその組織のスポークスマンの役割を果たすことになった私は、多くを語る代わりに山と積まれた『世界』九月号をばらまけば、それで充分だったのでした。私が書いた文章は、「朴—金」の対立には言及してはいなかったのですが、解放の実体のない韓国と、民主化は虚像に過ぎない日本とがからみあっている現況の歴史的背景を論じており、その上金先生と安江編集長の対談で、金先生自身の言葉で説明した朴政権の実態は、韓国中央情報部が何のために白昼東京のど真ん中で彼を拉致するという犯罪を引き起こしたのかを雄弁に語ったわけで、記者たちには充分な解答になっていたのでした。

『世界』九月号は各本屋ともその日のうちに売り切れ、翌日頃からはどこの本屋に行っても、「増刷中につきお待ち下さい」という貼り紙が見られ始めました。その九月号は一〇〇万部以上という『世界』としては空前絶後の売れ行きだったと聞きましたが、なぜよりによって『世界』発売の日に事件を引き起こしたのか、中央情報部長李厚洛《イフラク》はまさに地団駄を踏みたいような心情だったことでしょう。

ともかく金先生の生死も分からぬまま不安な幾日かが過ぎましたが、事件五日目の一三日の晩、東橋洞《トンギョドン》の自宅の近所で犯人たちから釈放されて、無事戻ってきたと知らせが発表され、殴られて顔が傷だらけではあるものの、生きている姿が写真でも報道され安堵のため息をつくことができたのです。しかし中央情報部の工作船龍金号に乗せられ、手足を縛られて右腕には鉄球がはめられたまま、今まさに海に放り投げ出される直前、飛行機かヘリコプターが爆音と共に飛んできて、すんでのところで助かったという金先生の証言が伝えられたのは、ずっと後のことでありました。

金先生の証言によると、船の上で赤い光りがぴかぴかして飛行物体の爆音が聞こえてくると、船が狂ったように走り始め、それから三〇分か四〇分後、船員の一人が船倉に降りてきて慶尚道《キョンサンド》なまりで、「金《キム》大《デ》中《ジュン》先生、助かりました」と言ってくれたということでしたが、その時船がどこに向かっていたのかははっきりしませんが、時間は九日の明け方五時か六時頃だったということでした。

それならば暗殺中止を指令したその飛行物体は、一体どこの所属で誰の指示を受けたものだったのか、それは今日まで分からない謎ですが、翌年になって、相次いで私を訪ねてきたヘンダーソンとコーエンの両教授が伝えてくれた話から、おおよそ推測することはできたのでした。

ヘンダーソン教授が夫人と一緒に私を訪ねてきたのは七四年五月頃と記憶しておりますが、私はお二人を東京でも有名な寿司屋にご案内し昼食を振る舞いながら詳しい話を聞くことができたのでした。

ヘンダーソン教授が林昌栄《イムチャンヨン》先生の緊急電話を受けたのは、ニューヨーク時間で七日の午前二時、その電話をすぐにコーエン教授に伝え、コーエンはすぐライシャワー氏に知らせ、遂にフロリダのキーウェストで休養中だったキッシンジャー長官に事態が伝えられたのは、ニューヨーク時間で明け方の四時、つまりフロリダ時間でも午前四時だったのです。その時キッシンジャー長官がどのようなアクションをとったのかは自分も知り得ないとのことでしたが、金先生の命を救ったその飛行物体がキッシンジャーの手配によるものだったということは容易に想像しうることでした。とにかくフロリダ時間で七日午前四時、東京時間で八日の午後六時ですから、ホテルの部屋から始まった電話連絡作戦は二時間後にキッシンジャーを動かすことになったのではないでしょうか。もしヘンダーソン教授にかけた電話が一五分だけ遅かったら、金先生の運命がどうなっていたか、全身に身の毛がよだつ思いだったのです。

後日コーエン教授も訪ねてきて、いろいろな話をしたのですが、私の経歴を知らない彼が、英語をどこで習ってそんなにうまいのかと言うので笑ってしまったということもありました。

この電話作戦の話は、私が韓民統から追放をくらった後になって明らかにされ、新聞にも報道されたし、NHKの「キーパーソン」という番組でも取り上げられて、金先生自身もよく知っているはずですが、その時この仕事の主役を演じた生前の林先生は、金大中《キムデジュン》氏は五・一八光州事態の後、アメリカに亡命してきて四年間もワシントンに滞在していながら、すぐ隣のニューヨークにいる自分に電話の一本もかけてこなかったと、大変心外に思っておられたことをつけ加えておきます。

最後にもう一言つけ加えたいのは、前に話したチリのアジェンデ大統領の話ですが、金大中《キムデジュン》拉致事件の翌月の九月、チリでピノチェトのクーデターが起こり、アジェンデは大統領官邸で反乱軍と闘っている最中に銃弾を浴びて命を落としたのです。ところがピノチェトのクーデターを背後で操った人物が、まさにキッシンジャーだというのが一般的な説ですから、世の中は本当にカレードスコープ（万華鏡）の中とでも言うべきでしょうか、不思議な思いです。

『世界』七三年九月号の力

『世界』一九七三年九月号の話をもう少しするなら、「金大中《キムデジュン》拉致事件」が起こった日に発売されたという偶然の一致で、少なくともこの雑誌の九月号を読んだ日本の知識層一〇〇万人以上が「第二の解放」についての私の見解を知るようになったお陰で、亡命後わずか三年にもならない時点で物書きとしての私の地位は確定したことになりました。この文章は、その年に発表されたエッセイの中で、菊地昌典東京大学教授によってベスト3の中にに選ばれ、七三年一二月一七日付『読売新聞』で発表されました。

また私自身も少々驚いたことには、翌年八月に日本の英文雑誌『ジャパン・インタープリター』（*The Japan Interpreter*）がその全文を翻訳して発表したのですが、その文章を紹介する序文で訳者フランク・ボールドウィン氏は次のように語っているのです。

「朴独裁政権に対する反対運動において、在日韓国人の知識層は運動の最前線を担っているが、ここに紹介する闘争的で、また博学な知識を基礎にした筆者鄭敬謨の論考は、韓日関係の今日と明日を語る預言的な文章だ。」

『世界』九月号に刺激を受けた日本の知識人たちが「金大中《キムデジュン》救出運動」の先頭に立つために組織された団体が、日韓連連（日韓連帯連絡会議）で、その中心人物が青地晨先生でいらしたのですが、彼は七七年『朝日新聞』が発行した『現代人物事典』の「鄭敬謨」の欄に、私にとって身に余るほど高い評価を書いて下さったのです。

「鄭敬謨の文章を構成する欧米と東洋に関する教養は、妥協のない清冽な革命家の気質を感じさせるものだが、文章に漂う格調と気品は、彼のパーソナリティーと教養からくるものであろう。」

『世界』九月号には金大中《キムデジュン》先生の肉声が記録された「対話」も掲載されており、これが日本社会に与えた衝撃は実に並外れたもので、拉致事件と共に朴正熙《パクチョンヒ》独裁政権に対する非難は、あたかも活火山の爆発のような巨大な力で日本人たちを揺り動かしたのでした。また韓国内の政治問題を主な話題として取り上げることがほとんどなかった外国のメディアも、競って韓国問題を報道するようになり、金先生の名声は世界的に鳴り響くようになったのでした。逆説的に言えば、たとえ本人は拉致されて自宅に監禁されていても、日本とアメリカを行き来しながら政治活動を展開していた拉致以前の金先生より、何倍、いや何十倍の力を発揮するようになったと言うべきでしょうか。

朴正熙《パクチョンヒ》が金載圭《キムジェギュ》の銃撃で命を落とし政権が崩壊したのは七九年一〇月だったのですが、実際その政権の基盤にひびが入った最初の打撃は、既に六年前の七三年八月の拉致事件と『世界』九月号の力によるものだったと言っても、そう言い過ぎではあるまいと私は信じているのです。

先に米中修交会談の時、北京にあたふた訪ねていった佐藤栄作総理にニクソンが「韓国は日本自身の問題ではないか」と言ったということを前後の脈絡なしに引用しましたが、もう少し詳しく説明すると、この言葉は六九年一一月、ワシントンで発表された「ニクソン・佐藤会談」の声明文にある、「韓国の安全は日本自身の安全のため緊要だ」という部分から引用したものでした。この言葉をあらためて解釈するなら、アメリカは韓国に対する支配権を日本に引き渡すという意思を表示したものだったと私は思うのです。これが七・四南北共同声明の直接的な動機になったものであり、私が『世界』で語った、「第二の解放」も、このような政治的背景を念頭に置いて書いたものであったのでした。したがってそのエッセイは当面する国内政治よりも、少なくとも一〇〇年くらいは遡って、東アジア全体の動きを鳥瞰する形式で叙述された歴史論文だったと言うことができるでしょう。

　その当時、私がもし韓国にいながらそのような文章を書いたとすれば、すぐに手錠をかけられて刑務所に入れられたでしょうし、これを書こうという勇気も起こらなかったでしょうが、それでも今は韓国の状況が少しはましになったと言える状況ではないでしょうか。

『世界』のあの文章は英文にも訳され、歴史学徒ならば充分に学位論文の一つや二つくらいは書けるだけのいろいろなヒントや資料を発見できるはずですが、この文章が韓国語に翻訳されたことはなく、当然と言えば当然かも知れませんが、その間誰一人私を訪ねてきて、その文章をちょっと見せてほしいとか、この部分についての追加資料は無いのかと要求してきた韓国人はおりませんでした。些かだだをこねるように聞こえるかもしれませんが、少しばかり寂しい思いも無くはないのです。

韓国の第二の解放と日本の民主化

『世界』を通じた私の主張は九月号で終わったのではなく、安江良介編集長の要請で一〇月号にも「金《キム》大中《デジュン》拉致事件に対して日本が負うべき責任を問う」という表題の文章を発表しました。

　この文章で私はまず、極端に道徳性が欠如した朴正熙《パクチョンヒ》維新政権の本質を暴露した後、政治家金大中《キムデジュン》としては亡命がほとんど不可避的な選択だったという点を指摘しながら、拉致され朴の手中にある彼に迫りつつある生命の危機を訴えました。歴史的な卑近な例として挙げたのは、もちろん北朝鮮と内通したという罪で李承晩《イスンマン》に処刑された竹山曺奉岩《チュクサンチョボンアム》氏事件だったのでした。

曺奉岩《チョボンアム》氏に対する起訴状には、「被告は北韓の指令を受けていた傀儡たちと手を組んで、反国家団体である進歩党を結成し、その首魁に就任したのであるから」その罪は死刑に値するとなっていたのでした。

朴政権から反国家団体と目されている「韓民統」が議長として推戴する予定だったと公開的に発言している金先生が、どんな立場に置かれているのか、その危機的状態を日本の世論に訴える一方、拉致事件は日本に対する主権の侵害であるにもかかわらず、事件究明に消極的なばかりか、朴政権を引き続き支持する動きを見せている日本政府の責任と倫理性を問うたのでした。

東橋洞《トンギョドン》の自宅で軟禁されていた金先生が、事件後初めて記者たちの前に姿を現したのは、七三年一〇月二六日だったのですが、金先生はその記者会見でまず始めに、今回の事件で韓日友好関係が損なわれることがないことを望むということ、二番目に、「現状復帰」のために日本に戻る考えはないということ、そして三番目に、今後政治活動には一切関与しないということなど、三項目を発表したのでした。

しかし、その記者会見の場面を日本でテレビで眺めながら、思い出してひやっとしたのは、まさにその前日の新聞に載ったソウル大学崔鐘吉《チェジョンギル》教授の「自殺事件」のことでした。韓国中央情報部の発表では、崔教授があるビルの四階から身を投げて自殺したということでしたが、事実は拷問で死んだ死体を自分たちが窓の外に投げ捨てた「死体遺棄」の事件だったのであり、これが金大中《キムデジュン》氏に対して、「言うとおりにしないで、記者たちの前ででたらめをぬかした日には、お前もこうなるぞ」という脅しだったというのはあまりに明白なことであったのです。

拉致事件をもみ消すための政治的な金として日本円で三億円が、朴から誰それ誰それの手を経て田中角栄総理に渡されたという噂が広まる中、金鍾泌《キムジョンピル》総理が謝罪特使として東京に現れ、田中角栄を総理官邸に訪ね、申しわけありませんと頭を下げる代わりに、日本はこれ以上事件を問題にしないばかりか、経済援助も再開するという、いわゆる「第一次政治妥結」がなされましたが、それは金大中《キムデジュン》の記者会見があってから約一週間後の一一月二日のことであったのです。こんな有様を見ながら、執筆を始め翌年の一月号の『世界』に発表した文章が、「恥ずかしい者同士の連帯」だったのでした。

事件当時日本政府が見せた態度は、実にあきれるほど常識からはずれたものであったのです。その日犯行現場に駆けつけてみたら、事件発生から二時間もしてやっと現れた日本の警察が、指紋採取などの現場検証をしていたという話は前にしたとおりですが、韓国大使館の一等書記官金東雲《キムトンウン》の指紋が現場で採取されたのは、恐らく当日中だったはずですが、彼が何事もなかったかのように空港をすりぬけて帰国した後、ほとんど一カ月が経った九月五日になって初めて、日本政府はしぶしぶ彼の出頭を韓国政府に要求したのです。もちろんその要求は拒絶されるわけですが、初めから日本政府には事件究明の意思などあったはずもなく、金東雲《キムトンウン》に対する出頭要求も見え透いた芝居でしかありませんでした。

しばらく後に金先生とも近かった国会議員の宇都宮徳馬氏に会ったら、「恥ずかしいです、恥ずかしい限りです」と恥ずかしいという言葉を何度も繰り返しておられました。また、『朝日新聞』七三年一〇月二二日付読者投稿欄「声」にも、「日本政府が金大中《キムデジュン》氏の人権回復に誠実でなかったことは、日本人の総体的な道徳性の問題ではないか」と問い、この問題は日本社会の「倫理的劣性」を物語るものだと嘆く文章が掲載されておりました。

白昼に他国の首都で政敵を拉致していく国の国民である私は、もちろん自分の国を恥ずかしく感じる人間でしたが、この事件を契機に日本人の中にも自分の国を恥ずかしく感じる人間がいるということを発見したのは、些かばかり意外でもあり感動的な経験であったのでした。

自国の姿を恥ずかしいと思う私のような韓国人と、やはり自国のありようを恥ずかしく思う日本人たちが力を合わせたならば、韓国の真の「第二の解放」と、日本の偽りのない「第二の民主化」が成し遂げられる日が来るのではないか、私はこの論考においても頭の中で大きな夢を描いてみたのでした。

金大中を非難する極右の大物とのテレビ討論で完勝

満州軍陸軍少尉高木正雄が韓国の大統領になった時、日本の右翼勢にとってどれほど胸のすくような慶事だったでしょうか。彼らは朴正熙《パクチョンヒ》を、解放の時の最後の総督だった第一〇代阿部信行の代を継いだ、一一代朝鮮総督くらいに思ったとしても不思議ではなかったでしょう。

だから朴政権に反抗する「チョーセンジン」は当然のこと不逞鮮人であり、朴正熙《パクチョンヒ》に正面切って闘いを挑み、日本に亡命してきた金大中《キムデジュン》ごときは許すことができない不穏分子だったというのは、彼らの論理からすれば当たり前のことであったのでしょう。

一九七三年八月、「金大中《キムデジュン》拉致事件」が発生した当時、自民党の中でも最も右翼的なグループは「青嵐会」でしたが、これに属する自民党の重鎮中川一郎や、現東京都知事石原慎太郎などが、拉致された金大《キムデ》中《ジュン》氏に浴びせる悪罵は、到底聞くに堪えない野卑なものでしたが、私がまず一発食らわせたのは石原慎太郎でした。

「金大中《キムデジュン》は元々心情が低劣な人間であるばかりか、今回の入国(亡命のときのビザ無しの入国のこと)は不法入国である以上、日本政府が彼の人権に対して何か責任でもあるかのように言うのはずうずうしい主張である。」「日本は韓国に精神的な負債があるから、金大中《キムデジュン》事件に対して、あまり強く朴正熙《バクチョンヒ》の責任を追及するのは不当だ。」

このような石原の発言は、「韓国の自由、日本の自由」『文藝春秋』七五年一一月号から引用したものですが、この文章の中で陸英修《ユクヨンス》狙撃事件に関する部分において石原は、「犯人文世光《ムンセグァン》は日本で生まれ日本で育った人間だから、半分は日本人ではないか。日本政府は責任を感じて一日も早く韓国に謝罪特使を送れ」と、見え透いた言葉を並べたてたのでした。文世光《ムンセグァン》のことを「半分は日本人」だと思ったはずのない石原のこの言葉は、早く経済援助を再開しろという主張に他なりません。

この文章を読んだ私はすぐに文藝春秋社を訪ね反論の掲載を要求し、次々号（一九七六年一月号）に「石原の自由と私の自由」という文章を書いたのですが、その後あちこちから聞こえてくる話から判断する限り、彼にとって私の一撃は相当痛かったようでした。

一方、中川の金大中《キムデジュン》氏への雑言は、「他国に来て自分の国の悪口を言って回る金大中《キムデジュン》は売国奴だ」というものでした。我々の歴史をひもとけば、異国の地で風餐露宿《ふうさんろしゅく》の苦難の中で闘った数知れぬ亡命者たちの哀歓で綴られた歴史ですから、改めて言うまでもないことながら、例えばドイツでもナチスの時代に亡命者となってヒットラーと闘った末帰国し、総理になったウイリー・ブラントのような人物がいるではありませんか。しかし日本は「天皇の治《しろし》め給う神の国」であるから、外国に逃れて自分の国の軍国主義と闘った亡命者がただ一人もいなかった歴史を、むしろ誇りがましく思う国ではないのか、このような国にいきなり金大中《キムデジュン》が入ってきて亡命を宣言し、朴正熙《パクチョンヒ》との闘いを演ずるということは、それこそ売国奴の仕業以外の何事でもなかったわけでした。

しかし日本人の中にも、中川の言動を気恥ずかしく思う人が全然いなかったわけではなく、ある日、テレビ東京でキャスターを務めていた筑紫という人が韓民統の事務所に私を訪ねてきて、中川一郎を相手に一対一の一騎討ちをしてみる意思はないかと尋ねるのでした。快くその提案を受諾し、すぐ決闘の準備を始めたのです。

二人がカメラの前に座ると、私はそれでも日本の国会議員である中川氏のIQ（知能指数）に敬意を表し、綿密に準備して行った様々な論拠を提示しながら、亡命が是か非か、相当水準の高い一般論から論争を始めたのでした。

『論語』の「微子」編に、「殷の国に三人の仁者がいた（殷有三仁焉）」という言葉があります。これら三人の仁者は暴君紂王の時の人であるのですが、その中の比干は処刑され、箕子は奴隷に身を落とし、微子は国を去って亡命者になったのですが、これら三人はすべて義のために身を犠牲にした仁者たちだと孔子は褒め称えたのであって、亡命者だからという理由で微子を罵倒はしなかったという話もしたのです。

しかし、こんな次元の話は彼には馬耳東風であって、到底理解させることはできませんでした。時間はどんどん経っていくので、孫文先生が誰だか知っているかと尋ねたら、ああ尊敬する方だと返事をしてきたのでした。私はその機会を逸せず、たたみかけるように尋ねました。一九一一年一〇月辛亥革命の時、革命が成功したという緊急電報を、先生が受け取ったのはどこだったか知っているかと。知るはずがありません。私は大声で叫んだのです。

「亡命地デンバーですよ。アメリカコロラド州デンバー！」

私の言葉が終ると同時にテレビ論争も時間切れで終わり、私は完全なKO勝ちで彼を打ちのめすことができたのでした。出がけに中川が近づいてきて私に聞くのでした。「どこで何の学校を出たの？」私はただ大声で笑うほかありませんでした。

反独裁英文情報誌『コリア・ニュースレター』

「金大中《キムデジュン》拉致事件」以降、新聞・雑誌・テレビ、そして講演などを通じた私の言論活動は、——自画自賛に聞こえはすまいか躊躇しながら言うのですが——掛け値なく華麗だったという表現が誇大とは言えないくらい活発なものでした。私が『民族時報』を出している韓民統四階の事務室はいつも訪ねてくる記者たちで混み合っているような状況だったのです。

市民団体の雑誌『オルタ』の編集人だった内海愛子恵泉女子大学教授が、対談記事の取材で訪ねてきた場で、——これは私が韓民統から追放されてから私塾「シアレヒム」を創設した後の話ですが——金大《キムデ》中《ジュン》拉致事件当時を回想し、「突然彗星のように日本に現れた眩しい存在だった」と持ち上げてくれるので、何か恥をかかされたみたいに顔が赤くなったことも今これを書きながら思い出されるのです（『オルタ』一九九二年三月号）。

せっかく自慢話を並べたついでに、心血を傾けて発行していた英文通信紙『コリア・ニュースレター』

（KN）についても、この機会に一言付け加えさせて下さい。

『コリア・ニュースレター』は「韓国の抵抗の声」（Voice of the Korean Resistance）という副題で、約一〇〇〇部印刷され、一九七四年五月から七六年三月まで三九回にわたって隔週ごとに発行されたのですが、まず東京に駐在している外信記者たちのプレスクラブと外国大使館に無料で配布され、私が個人的に知っているアメリカの大学教授たちとか上院議員たちにも発送されたのです。

前に『世界』に載せた「韓国の第二の解放」が英文誌『ジャパン・インタープリター』（*The Japan Interpreter*）にその全文が翻訳されたとき、実力を発揮してくれた、F・ボールドウィン前シカゴ大学教授に手伝ってもらい、私が書いた英文原稿に彼が巧みに手を加えてくれたことで、たとえ小さな媒体とは言っても、『コリア・ニュースレター』は私の期待をはるかに上回る効果を発揮してくれたのでした。

今そのニュースレターを束ねた小冊子を見てみると、第三七号（一九七六年二月一日付）に次のような文章もありました。

「国民たちには自由は非現実的なものだと言いながら、維新体制を支配する朴正熙《パクチョンヒ》自身はどんな自由を享受しているのか？　銃口を向けて憲法を廃止する自由、国会議員たちを捕まえて拷問にかける自由、政敵金大中《キムデジュン》を外国で拉致する自由、自分を大統領に選ぶ者を自分が任命する自由、自分の子を生んだ情婦（鄭仁淑《チョンインスク》）を中央情報部に命じて殺害させる自由……これに比べれば「朕は国家」とうそぶいたフランスのルイ一四世はむしろ穏健な君主ではなかったろうか？」

また第二〇号（一九七五年六月一日付）には次のような言葉も記されていました。

「アメリカは今でも、北朝鮮に対する韓国の最も強力な武器は、三七〇〇万の人口を結束させている情熱的な反共主義だ、という幻想を信じているが、雑誌『思想界』の編集人で反体制運動の指導者である張俊河《チャンジュナ》氏はこれに対し何と語っているか。韓国で朴政権と結託して利益を得ている特権層の比率は、総人口の〇・三%だが、これはフランス革命当時、ブルボン王朝と結託していた貴族階級が全人口に占めていた比率と同じものである。朴正熙《パクチョンヒ》が韓国のルイ一六世だということを、どうしてアメリカは理解できないのだろうか。」

しかし、この英文通信誌『コリア・ニュースレター』の発行を続けられなくなる事態が韓民統内で起こったのでした。その事態とは、泣いたらいいのか笑ったらいいのか分からない抱腹絶倒の悲喜劇で、これについては後に言及する機会があるでしょうが、いずれにせよ第三九号（一九七六年三月一日）で発行を中止するという通告が出た後、どうして止めるのか本当に残念だという読者たちの電話と手紙がひっきりなしに私のところに届いたのです。

『ワシントン・ポスト』東京特派員ジョン・サール、「発刊停止と聞いて衝撃的を受けた。停刊の理由は何なのか。」

ロスアンジェルス・メソジスト教会のグレン・フラー担任牧師、「本当に興味津々な通信誌で、いつも次号が待ち遠しかったが、中止するとは実に惜しい。」
ハーバード大学ジョージ・ウォード博士、「KNは重要なニュースソースで、国際的に韓国の抵抗運動を知らせるのに大切な役割を果たしてきた。トロントで開かれた韓国問題についての講演会でも、これが伝えてくれた情報が緊要なテーマとして論議されたのであるが、理由は分からないが発行が中止されたとは、これは国際的連帯運動にも大きな打撃だと言わざるを得ない。」

朴正熙の緊急措置と『朝日新聞』の輸入禁止

話がこれから展開されるかなり複雑な話題に移る前に、読者たちの記憶を新たにする意味で、今までの話を整理してみようと思うのです。私が日本に亡命してきてわずか二年後の一九七二年の七月、七・四南北共同声明が発表され、その二カ月後の九月、「朝鮮統一の夜明けに」という副題が付いた初めての著書『ある韓国人のこころ』が朝日新聞社から出版される奇跡が起こったのでした。その直後、その本のお陰で亡命者金大中《キムデジュン》先生に会うことになり、続いて『世界』の編集長安江良介氏が同志として私を迎てくれたお陰で、「韓国の第二の解放」を執筆したのですが、奇妙なことに、金大中《キムデジュン》氏が拉致されたまさにその日（一九七三年八月八日）『世界』九月号が全国で発売され、そこに載った私の文章を少なくとも一〇〇万人を越える日本の知識人たちが読んでくれるというもう一つの奇跡が発生したのでした。

金大中《キムデジュン》拉致事件の後にも、朴正熙《パクチョンヒ》独裁政権を相手にした私の「一人闘争」は、新聞・雑誌・テレビ・講演・英文通信誌『コリア・ニュースレター』などを通じて、粘り強く展開されたという事実は、聞きようによってはいかにも法螺話に思えるほど前の文章で具体的に説明したのですが、この「一人闘争」の絶頂は、七三年に逮捕され監獄に繋がれた張俊河《チャンジュナ》先生に遠くから思いを馳せながら、私が『朝日新聞』に書いた文章で堪忍袋の緒が切れた朴正熙《パクチョンヒ》が、『朝日新聞』輸入禁止令を出すという、実に驚くべきことが起こったことでした。

政敵を外国で拉致するという犯罪をもいとわない維新独裁の狼藉を糾弾しながら、張先生と白基玩《ペクキウァン》先生など、三十余名の在野人士たちが維新憲法撤廃を要求する「一〇〇万名署名運動」を始めたのですが、燎原の火の如くとは、まさにこのようなことを指して言う言葉だったでしょうか、七三年一二月に入ってから始まったこの運動は、あっという間に署名者が一〇〇万を突破する勢いで全国的に広がっていったのでした。

これに驚いた朴正熙《パクチョンヒ》は、まず張俊河《チャンジュナ》先生を逮捕し、年が明けるや憲法論議を禁止する「緊急措置第一号」を発令したのです（七四年一月八日）。これを見て私は黙っているわけには参りませんでした。そこで書いた文章が、「韓国の改憲運動と緊急措置」だったのですが、これが『朝日新聞』（七四年一月三〇日付夕刊）に出るや、韓国政府は二月四日、当時一日に一五〇〇部ほど韓国に入って来ていたこの新聞の輸入を禁止したのです。文化広報部スポークスマンは、私を名指しで「親共分子」と規定し、改憲運動や緊急措置について「このような分子が書いた悪意に満ちた論評と記事を掲載しながら、あたかも北朝鮮の代弁紙のような報道を繰り返す『朝日』に対して輸入禁止措置をとる次第である」という声明を公式に発表したのです。

私が書いた文章に対して、朴正熙《パクチョンヒ》がなぜそれほどまでに腹を立てたのか、少しばかり説明が必要だろうと思われますが、維新憲法も一応は憲法である以上、改正についての手続規定がなくはありませんでした。憲法の改正は、①国会の議決、②統一主体国民会議の議決、③国民投票による確定という三段階の手順を踏まねばならないのですが、この三段階の手順はいずれもが駱駝のために設定した針の穴であり、絶対に通過不可能な手順だったのでした。私はこの三つの手順がどれ程野卑で、見え透いた欺瞞であるかを明らかにした後、韓国問題についてアメリカ上院外交委員会が発表した「フルブライト報告書」（七三年二月）の結論部分（第一四章）を紹介したのです。報告書は次のような結論を下したものでありました。「朴正《パクチョン》熙《ヒ》大統領の一人支配体制に反対する韓国人としては、極端な非合法的手段を動員するほかに、朴の退陣を要求する道はないが、実際において朴自らが大統領の座から退くか、死ぬか、または革命が起こるか、この三つの選択肢以外に、朴の退陣を実現させる方途は無いだろう。」

結局その六年後、朴正熙《パクチョンヒ》はフルブライトが予測した第二の選択肢のとおり、中央情報部長金載圭《キムジェギュ》の撃った銃弾で命を落として退陣することになるのですが、私が書いた文章のために、朴正熙《パクチョンヒ》がそれほどまでに激怒し、『朝日新聞』に対して輸入禁止令を下すとは、片や驚きながらも、私の心情はいかばかり痛快かつ爽やかであったでしょうか。筆を走らせた私の手にそれほどの力があったのか、自分でも驚くと同時に、そのような力を私に授けてくださった神に感謝せずにはいられませんでした。

尹伊桑、鄭敬謨、文益煥からなる反独裁三角編隊の飛翔

朴正熙《パクチョンヒ》を相手にした私の一人闘争で、私の一撃を食らった朴正熙《パクチョンヒ》が他に報復手段はないので、悔し紛

れに『朝日新聞』に対して輸入禁止措置をとったのなら、これは軍配は私の方に上げられたということではないか、私はそう思いながら、生まれて初めて「ああ、俺はこういう仕事をするために人間として生まれてきたのだ」ということを実感することができたのでした。その時が一九七四年でしたから、私の歳が五十になる年だったわけですが、孔子は――孔子のことをしょっちゅう持ちだすのも何ですが――齢五十になったときの心境を「知天命」と言われました。天命を知ったという意味だったのでしょう。

不思議な偶然の一致ですが、孔子様は五十五歳の時、のっぴきならない事情で故郷の地、魯の国を離れ、六十八歳の時までちょうど一四年の間、異郷の地を放浪しながら暮らされたのですが、前にも言ったように、私もまた一四年を異郷ではない異郷の地で、やもめではないやもめ暮らしの苦労に耐えながら過ごしたのですが、孔子様はそのつらかった一四年間の放浪生活を振り返りながら、ご自身のみすぼらしかった姿を、「喪家之狗」に譬えられたことがあったのでした。私自身一四年間の放浪生活を顧みるたびに、孔子様がおっしゃった言葉を実感として感じざるをえないのです。

今度は孟子の言葉ですが、告子下編に次のような言葉があるのです。「天が今将にある人に大きな仕事を任せようとするときは（天将降大任於是人）、まずその人間の心を苦しめ（苦其心志）、筋骨を疲れさせ（労其筋肉）、体を餓えさせ（餓其體膚）、その生活を困窮させるが（空乏其身）、これは彼の心に勇気を吹き込み（勇心）、性根に忍耐力を養うことによって（忍性）、できなかったであろう仕事を充分できるようにさせるため（曽益其所不能）だ。」私はおこがましくも、自らを天に選ばれた人物だと自認するのではありませんが、齢五十にして、ようやく己の行くべき道を探し当てたという意味で、孟子のこの言葉も想起しないわけにはいきませんでした。

真にその時は、韓民統という組織の中にいながら三面六臂の活躍を展開したと言っても決して言い過ぎではなかっただろうと思うのです。

尹伊桑《ユンイサン》先生がドイツからいらした機会に韓民統が開いた、私と尹先生の共同講演会が記憶に蘇るのですが、数千名が押し寄せて、日比谷公会堂が立錐の余地もないほど人で埋め尽くされ、これ以上入ることができずに数百人が公会堂の外の日比谷公園に屯していた光景は今思い出しても感慨深いのですが、その頃がおそらく韓民統が組織体として存在感を発揮し、華麗に脚光を浴びていた絶頂期だったと言えるのではないでしょうか。尹伊桑《ユンイサン》先生とは亡くなられる日まで深い友情で結ばれていたましたが、初めて東京でお会いする以前、私はすでに朝日新聞社から出した本で、東ベルリンスパイ団事件で拉致され、獄中で生死の境をさまよっていた尹先生を紹介したことがありました。六八年、その寒い冬に暖房装置もないソウル西大門《ソデムン》刑務所の監房で、凍える手を息で温めながら完成したオペラ『胡蝶の夢』が初めてドイツのミュンヘンオペラ劇場で公演されたとき、感動した聴衆たちが一斉に立ち上がり、処刑の日を待っている遠くの尹先生に向かって、実に二〇分間の拍手を送ったという話もその本で詳しく紹介されていたのでした。

七〇年、私がソウルを離れ亡命することになった理由の一つが、尹先生のような芸術家を外国で拉致し、死刑に処して殺そうとする朴正熙《パクチョンヒ》に対する呪うような憎悪だったのですが、意外にも尹先生と東京で会うことになり、私は本当に会わねばならない同志に会ったという気持ちであったのであり、尹先生は尹先生で同志として交わるべき友と東京で会ったと思われたのではなかったでしょうか。あの頃、尹伊桑《ユンイサン》—鄭敬謨の「軸」がごく自然な形で形成されたのですが、文益煥《ムンイクファン》牧師は、七五年、張俊河《チャンジュナ》先生の暗殺事件をきっかけに民主化運動に飛び込んできた方でしたから、この時点ではまだ運動圏の中に姿は見せていなかったのですが、文《ムン》牧師が実に殉教者的な情熱で運動を展開し始めるや、ソウルの文、ベルリンの尹、東京の鄭で形成される三角軸を中心に反独裁民主化運動は全世界に広がっていったのでした。

この運動は何十万、何百万の集団的力で展開されたのであって、ただ何人かの人間の名前をあげて、それが運動の核心だったと言うことはできないでしょうが、今言った三角体制の象徴的な意義を否定することはできないだろうと思うのです。ただ問題はこの三角形を構成する、「尹―文―鄭」三人が、例外なく韓民統郭東儀《クァクトンイ》という人物にとっては敵意の対象でしかなかったという事実です。嫉妬だったのです。一方では気の毒だという思いも無くはないのですが、この嫉妬は劣等感から来たものであったのでしょう。

無知は犯罪――韓民統との悪縁

一つの組織体が機能を発揮しようとすれば、考え、語り、そして文章を書く能力が備っていなくてはならないでしょう。しかし、韓民統の組織の中にはそうした能力を持った人間はどこにも見当たりませんでした。その三つの機能を同時に一人で担っていたのが、単に「外から転がり込んできた石」に過ぎない私鄭敬謨だったのですから、その人たちの私を見る目が必ずしも穏やかなものではなかったのは無理もなかったでしょう。彼らにとっては組織が組織としてどう力を発揮するかよりも、誰が偉そうに振る舞うことができるかが、より大事なことであったのです。

先に、青地先生が私をほめる文章を、『現代人物事典』に書いて下さった話をしましたが、私はその人たちの生理を知る故に、朝日新聞社からそういう本が出たという事実さえ一年近くも彼らには知らせなかったのですが、不覚と言うべきか、ある日、事務所の若い人たちにその本を見せたことがあったのでした。その話を伝え聞いた郭東儀《クァクトンイ》は腸が煮えくりかえる思いだったのでしょう。早速、青地先生を訪ねて言ったというその浅薄な中傷の言葉！　私は韓民統の一員としてどれだけ日本人たちに恥ずかしい思いをしたでしょうか。

その中でも、一番私に悪意を抱いていた人物は、「金大中《キムデジュン》主席秘書官」趙活俊《チョファルジュン》であったのです。あの頃私が若い人たちが読むようにと、機関紙『民族時報』に「K君への手紙」を連載していて、その文章で私は、絶対王朝の君主としてイギリスの清教徒革命の時に処刑されたチャールズ一世の話であるとか、マリー・アントワネットが登場するフランス革命の時の話であるとか、若い読者たちには興味津々たる様々な歴史のエピソードを紹介したのでした。ところが「主席秘書官」殿にはそれが気に障って、耐えられなかったのでした。

「韓国の民主化はあくまで韓国の民主化ではないか。いつもフランス革命、フランス革命と言うが、これは一体何事だ？」

「主席秘書官」殿は、敢えて私の前に来て抗議をするのでもなく、ただ遠くの方でわめき立てるだけだったのですが、民主化だの統一だのを看板に掲げた組織の中でこれはありうべきことでしょうか。「韓国人なら韓国語で話すべきで、何で生意気に英語なんかしゃべるのか」と私に食ってかかった郭東儀《クァクトンイ》はこの組織の組織局長でしたが、こんなおぞましいことは外部の人間に想像だにできなかったことでしょう。

このあたりで、私がどんな理由で外信記者たちや日本にいる外国公館に配送していた『コリア・ニュースレター』（KN）の発行を中止せざるを得なかったのか、その抱腹絶倒の喜劇、いや幾ら泣いても泣きたりなかった悲劇について一言言わせて下さい。

ある日、韓民統の事務所に、ソウルにあるドイツ大使館の一等書記官を始め、職員四人が私を訪ねてきたのです。『コリア・ニュースレター』を読んで感嘆を禁じ得ず「エディター・鄭敬謨」が一体どんな人物なのか、一度会ってみたくて訪ねてきたというのでした。ソウルにあるドイツ大使館にまでは私が送るはずもなかったので、きっと東京のドイツ大使館からパウチ便（外交郵便）で受け取って読んだのでしょう。その内容がソウルで自分たちが目撃している状況と正確に一致するばかりでなく、むしろ自分たちが知らない話まで含まれていて、それを読んで互いに討論するときには、声が外部に漏れないよう、水道の蛇口をひねってざーっと水の音を出しながら、ひそひそと声を低くめて話をしたという話も聞かせてくれました。『コリア・ニュースレター』が提供する情報は自分たちに大変参考になっており、本国に送る報告書にもそれを反映させていると言ってから、ドイツ大使館の人たちは感謝しながら立ち去っていったのでした。

そんなことがあってから何日も経たないときだったのですが、「鄭敬謨はスパイだ」という噂が私の耳にまで聞こえてくるようになったのです。「西洋人たちがどやどや押しかけてきて鄭敬謨の部屋に入るや、ドアに鍵をかけて何やらひそひそ話をしていたが、しかもそれはみな英語であった。だから鄭敬謨はスパイではないか。」

このデマの出所はもちろん郭東儀《クアクトンイ》でしたが、彼の心境は分からなくもありませんでした。日本人の記者の大部分は男女を問わず四階にある私の事務室に来て話を聞くと、そのまま帰ってしまうのでしたが、三階にある誰それ先生たちにも挨拶くらいはしてから行ってくれといちいち注意することもできないし、私としても少々困った思いはしていたのです。ところが今度は西洋人までが自分たちには一言の挨拶もなく真っ直ぐ鄭敬謨の部屋に行ってそのまま帰るなんて、我慢ならなかったのでしょう。半狂乱状態になったのでした。

英語の格言に「無知は犯罪なり」（Ignorance is a crime）というのがあります。私は韓民統という組織が何も国家保安法のようなものに違反したなどということではなくて、これ程までに徹底的に無知だという点で、この組織は「犯罪集団」だと断定せざるをえないのです。

豪華住宅が原因で後見人を失った韓民統

韓民統、そのカラスの群れの集団的ないじめから逃れて私塾「シアレヒム」を創設し、そこで本も書き、雑誌も出し、また後進たちを指導しながら、一羽の白鷺となって南北間や日本人たちとの間の何の障壁もない自由空間を、気ままに飛び交うことになったわくわくするような話がまだ残っているのです。

また、その自由な活動の延長線で私が文益煥《ムンイクファン》牧師と手を携えて平壌《ピョンヤン》を訪問し、金日成《キムイルソン》主席と会って民族の未来について語り合い、四・二共同声明が出るまでの様々な歴史的なエピソードなど、後に続く人々のためにも、私が必ず残しておかねばならない長い長い話がまだ残っているのですが、この連載も、もう六五回にもなってしまいました。

早くこの話を書くためには、一九七八年、私が韓民統を抜けざるを得なくなった、当時受けた滑稽きわまりない「人民裁判」の話に触れないわけにはいかないので、もう三〇年の歳月が流れた昔のことでありながら、その時のことをできるだけまとめて簡単に述べてみたいと思うのです。

その年のある日、何かの用事があって家から裵東湖《ペドンホ》氏宅に電話をかけたのでした。夜の時間だったのに誰も電話に出てきません。翌日事務所に行って誰かにどういうわけなのかと聞いてみたのです。意外だという面持ちでその若者は聞き返してきたのでした。「ご存じなかったのですか　裵東湖《ペドンホ》先生が引っ越されたことを?」「引っ越し?　いつ?」「もう一カ月も前です。」

ちょっとおかしいのではないかという感じがしたのです。事務所の若い人たちまで皆が知っている事実のようだが、私にはどうして引っ越したという知らせがなかったのか。

その後しばらくして、鄭在俊《チョンジェジュン》の事務所で働いている金聲浩《キムソンホ》氏が訪ねてきたのです。彼は韓民統の人たちとは長年接触してきたということもあって、わけも分からず偶然そこに転がり込んでいったヨソ者に過ぎない私に、よくいろいろ裏話を聞かせてくれる人だったのです。

その日は特に喫茶店に私を連れ出して、「けしからん奴らだ」とかんかんになって裵東湖《ペドンホ》と郭東儀《クアクトンイ》に対する非難を浴びせかけるのでした。どこから入ってきた金なのか知らないが、二人はバブル期なら「億ション」と言えそうな豪華絢爛な邸宅を買って引っ越したというのです。

裵東湖《ペドンホ》の豪邸を見てきたある婦人会の人の話によると、客間の床には厚みのある絨毯が敷かれており、その上で子犬が遊んでいて、「あたしなんかは裵先生の家の犬になった方がいいわ」と言ったとか言わなかったとか、私には目を見張るような話だったのです。

何か思い当たるふしがあって、当時、韓民統の財政部長だった趙盛済《チョソンジェ》氏に会い、あなたは知っている事実かと訊いてみたのです。趙氏はパチンコ屋の経営で成功した大金持ちとして名が知られた人物で、多額の私財をはたいて韓民統の活動を助けていた人物だったのですが、彼は初耳だと言いながら、一瞬顔色が変わったのでした。

次の日、趙氏は韓民統の事務所に現れ、顔を真っ赤にし、私が聞くに忍びないほど激した言葉で二人を責め立てるのでした。「泥棒ども、貴様らそんな出鱈目をやらかしても構わないと思っているのか?」彼の叱り方が尋常でなかったので、心配になり、翌日、私は田園調布の趙氏の家を訪ねて行ったのです。一緒に食事をしながら彼は相当激しい言葉で韓民統の連中をこき下ろすのでした。

「芸はクマが演じて、金は中国人の王《ワン》さんが懐に入れるというでしょうが。鄭さん、あなたは芸を演じるクマで、奴らは金を懐に入れる中国人の王《ワン》さんなんですよ。金を送ってくれた人が、まさか豪邸を買いなさいといってその金を送ったはずは無いじゃないですか?」

それがいつ頃のことだったかと言えば、七五年九月以来、韓国の中央情報部が総連組織を崩壊に追いこむ目的で、総連系の人たちを相手に「墓参団」を組織する運動を繰り広げていたまさにその時だったのでした。総連系の人は、政治的な理由で北を支持しているものの、出身地は慶尚道《キョンサンド》や全羅道、それに済州島が大部分ではないですか。その運動を指揮していた人物が、駐日韓国大使館の趙一済《チョイルチェ》公使で、実際多くの人たちが墓参を兼ねて数十年ぶりにやっとのことで故郷《ふるさと》の地を訪問することになったのでした。すると総連組織では、墓参団に加わって故郷を訪問し日本に戻ってきた人たちを、片っぱしから除名処分にして追放したため、組織全体が大きな打撃を受けていたのでした。墓参団運動を指揮していた趙一済《チョイルチェ》公使と韓民統の財政部長の趙盛済《チョソンジェ》氏は、名前からも判るように同じ「咸安趙氏《ハマンチョシ》」だから、政治的立場がどうであれ個人的に互いに通じ合える仲ではなかったでしょうか。怒ったついでに間男をすると言う諺があるみたいに、趙氏はそのまま韓民統と手を切り、趙公使の案内でソウルを訪問することになるのですが、趙氏が金浦空港に到着し、飛行機から降りたときには、レッドカーペットが敷かれていたそうですから、これは韓民統の財政部長を引っこ抜いてきた趙公使の功労がいかに大きかったかを裏づけるものではなかったでしょうか。しかし元をただすと、趙盛済《チョソンジェ》氏をしてあちら側に走らせる上に決定的な役割を果したのは、韓民統の裵東湖《ペドンホ》と郭東儀《クァクトンイ》であったと言えるでしょう。

もう一言つけ加えるとすれば、もし韓民統という組織がどこかに秘密めいた一面があったとしても、趙《チョ》盛済《ソンジェ》財政部長がソウルに行った時、そっくり暴き出されただろうから、そのときからすでに韓民統は、どこも隠しどころのない丸裸の体になっていたのでした。

鄭敬謨追放のシナリオ

一九七八年のある日、何かの用事で大阪に行ったついでに、親しい友人の文秉彦《ムンビョンオン》氏に会ったのです。大阪に行くときはいつも文同志と会って一杯ひっかけるのが習わしのようになっていたのでしたが、少し前に裵東湖《ペドンホ》氏が訪ねてきて、私に対する些か耳ざわりな話を残して帰って行ったというのです。

「鄭敬謨が韓民統に属する青年同盟のある幹部に、これから先おれは郭東儀《クァクトンイ》相手にどちらが上なのか一発勝負を挑むつもりだが、その時お前たちはおれに付くのか、郭東儀《クァクトンイ》に付くのか」と訊いたというのです。

私はそれについて何も言わず、お金の話は無かったかと訊いてみたのです。案の定、裵氏は「韓民統の経費として、今急いで五〇〇〇万円が必要なので援助してほしい」と言ったということでした。文同志は「金の話なら、いままで鄭敬謨先生を通して要求があったが、なぜ今回はあなたが直接来たのか」と尋ねると、裵氏が困ったような表情で、「実は鄭敬謨がこれこれしかじかのことを青年同盟の幹部に言った」と、私について非難がましいことを言ったというのでした。

ここで文秉彦《ムンビョンオン》同志のことを紹介しなくてはならない段階に来たのですが、この人は不動産取引で巨額の財産を築いた人物であり、総連の中でも大物級の商工人として知られた人物であって、私が韓民統で新聞を発行する仕事を始めると、わざわざ私を訪ねてきて友人になってくれた人物でした。初めて文秉彦《ムンビョンオン》氏が私を連れて行ってくれた場所は、どこか山の中の静かな温泉宿だったと記憶していますが、文同志は商工人でありながら大変な読書家でもあって、朝日新聞社から出た私の初めての本から、『世界』に載った記事までみな読んで私に連絡してきたのであり、短い間に気の置けない間柄になったのでした。その時は、金大中《キムデジュン》拉致事件が起こり、南側の民主化運動の嵐が吹き荒れていた頃で、私が新聞を出していることを知ると、その費用に使うようにと大変な金額の資金を韓民統に出してくれたのでした。従って文同志と韓民統とのつながりは、あくまで私を通じてのことであり、裵東湖《ペドンホ》であれ郭東儀《クァクトンイ》であれ、文同志とは面識さえもあまり無かったのでした。しかし、まるで預けておいた金を引き出すように三〇〇万だ五〇〇万だという金を持って来いと裵氏から頼まれれば、私は初めは素直にそれに従っていたのですが、私がだんだんと言うとおりに動かなくなるや、裵氏が直接出て行ったわけでした。私に身に覚えのない濡れ衣をかけて組織から追い出し、また彼らからすれば都合の良いことこの上ないカモである文氏を独占しようという意図が見え透いていて我慢がなりませんでした。彼らは、文同志が惜しげもなく金を出してくれるのは、金大中《キムデジュン》氏を背負っている自分たちの金看板、韓民統のためだから、鄭敬謨を追い出せばその金は自分たちの懐に転がり込んでくるだろうし、また、鄭敬謨にしても、別にどうということもない人間でありながら、偉そうに振る舞っていられるのも、所詮は韓民統という看板のせいであるから、いったん組織から追い出された鄭敬謨なんて羽を挫かれたツバメのようなものだし、これぞまさにキジも食べて卵も食べる一挙両得の妙案じゃないか。彼らは恐らくそう考えていただろうと思うのです。結局キジも卵も彼らの口には入りませんでしたけれど、「郭東儀《クァクトンイ》に一発勝負を挑むから云々」という話を聞いたというその「青年同盟幹部」が誰であったか、聞かずとも金君夫《キムクンブ》だったでしょう。彼は金大中《キムデジュン》氏の警護隊長を経て、当時「在日韓国青年同盟委員長」をしていた者でしたが、私に対する追放劇のシナリオは恐らく金君夫《キムクンブ》の頭で編み出されたものだったでしょう。

東京に戻る列車のなかで、はらわたが煮えくりかえるのを我慢して、次に来る事態に備えて心の準備をしながらも、絶対に自分から出ていかないという決心を固めました。むしろ鄭敬謨が屈辱の中で追放をくらったという事実を残しておいた方が彼らに与える打撃は大きいだろうという計算があったのです。

次の日の朝、韓民統の事務所に出るやいなや、裵と郭の二人を呼んで座らせ、私からそんな話を聞いたという韓青同の幹部はいったい誰であり、いつどこで私がそれを言ったのか、その人間をここに呼んで来いと要求したのでしたが、二人は黙ったまま外に出て行ってしまったのでした。

その後何日かの間、彼らは彼らなりに、また私は私なりに決着の準備をしていたのでした。そして遂にその日が来たのです。裵東湖《ペドンホ》が、自分の部屋にちょっと来いと連絡をしてきたのでした。

「お前はペンタゴンのスパイ」——韓民統の人民裁判

一九七八年五月のある日のことですが、彼らが待機している部屋に入ると、裵東湖《ペドンホ》、郭東儀《クァクトンイ》、金君夫《キムクンブ》、そして趙活俊《チョファルジュン》が席に座っていて、民団東京本部団長鄭在俊《チョンジェジュン》が裁判長として私に向かい合った席から見下ろしていたのです。人民裁判が開かれたのです。

私が指定された席に座るや、鄭在俊《チョンジェジュン》の目配せで立ち上がり私に対する糾弾を始めたのは金君夫《キムクンブ》でした。彼は少し前まで、「金大中《キムデジュン》先生が我々の孫文先生なら、鄭敬謨先生は我々の魯迅先生であられる」などと歯の浮くようなことを平気な顔で言ったりしていたのですが、その日の裁判では彼が先頭切って糾弾を始めたのでした。総連の組織で誰かを追放するときは、その人の直属の部下に命じて糾弾を始めるということを耳にしたのですが、韓民統の裁判劇もまさにその仕来りをそのまま受け継いだものだったのです。

彼が、何やらわけの分からないことをだらだらと並べ立てるので、黙れとそれを制してから、裵氏に私に言いたいことがあったら、あなたが直接言えと言っても彼はだんまりを決めこむだけで、口をつぐんだままでした。そこでぱっと立ちあがり、この野郎あの野郎と私を罵り始めたのは、その組織の事務総長であり金大中《キムデジュン》氏から「首席秘書官」に任ぜられていた趙活俊《チョファルジュン》だったのでした。

「この野郎、おまえ股ぐらに何かぶら下がっているのがあるなら正直に言ってみろ。おれが何をどう言ったって?」

あまりに呆れ果てて、裵東湖《ペドンホ》の顔の表情を見ても、彼は我関せず焉とばかり、趙のその気狂いじみた暴言をだまって聞いているのでした。

前から裵東湖《ペドンホ》も趙の日頃の振舞いを快く思っておらず、私に不平をぶちまけたこともあったのです。「毎日酒ばかり食らって事務所には顔も出さないくせに、記者会見があるとなると、素早く嗅ぎつけて現れ、ちゃっかりと記者たちのまん前に席を占める」というふうにです。

ある日、「趙」の私に対する態度に我慢がならず、ある席で「裵東湖《ペドンホ》氏もこんなことを言っていた」と肚の中をぶちまけたことがあったのですが、それが趙の耳に入ったらしく、私に突っかかってきたのでした。しかしこの言葉は元々裵氏が言った言葉であり、私が言ったことでもないじゃありませんか。とはいえその時の演劇は、予め仕組まれたシナリオどおりに演出されたものに過ぎず、裵が趙のそのような気狂いじみた言動を遮るはずもなかったのでした。

その場にじっと座ってこの非常識きわまる罵詈雑言を浴びながら、本当にその時、金大中《キムデジュン》氏が恨めしかったのです。いくら亡命者として日本に来て、周囲にこれはと思う人間が見つからなかったにせよ、こんなぼろ雑巾のような者に「首席秘書官」の名刺を与えて、こんな狼藉をはたらかせるとは、本当に歯ぎしりするような思いでした。

後から判った事実ですが、金大中《キムデジュン》氏は日本に来るとき持ってきた亡命資金一〇〇〇万円を、この「首席秘書官」殿を信用して託したのですが、それを持って賭博場に行き半分くらいをすってしまったというのです。この話は、すってしまったその金の穴埋めをするしかなかった鄭在俊《チョンジェジュン》氏の事務所から出た言葉ですが、『史記』を書いた司馬遷が、漢の武帝について好ましくないエピソードまでみな記録に残したように、「首席秘書官」のこのことは誰が書くにしても金大中《キムデジュン》伝記の中には残しておくべき充分な価値がある史料だと私は信じるのです。

結局その日の人民裁判を要約すると、お前はアメリカの軍服を着てマッカーサー司令部（GHQ）にいた人間だから、ペンタゴンのスパイではないかということだったのですが、それならば文益煥《ムンイクファン》牧師や朴《パク》炯圭《ヒョンギュ》牧師もスパイだということではないですか。しかし無知蒙昧な彼らはその時、文益煥《ムンイクファン》牧師や朴《パク》炯《ヒョン》圭《ギュ》牧師がどんな人物かすら知っているはずがなかったのでした。

裵東湖《ペドンホ》・郭東儀《クァクトンイ》・趙活俊《チョファルジュン》、この三人が私に抱いていた敵愾心の理由は、まったく同じものではなかったでしょう。「裵」はおそらく私の態度が不遜だということだったでしょう。だんだんと分かってくるに従って、その組織の実権者は郭であって、裵はただ雇われマダム程度だから、私も失望して態度も我知れずそんな状況を反映したのではなかったでしょうか。鄭敬謨は才勝薄徳《さいしょうはくとく》、つまり才能はあるが徳のない者だと私をけなしていたということも聞いていたのです。

「郭」の場合は少し違っていたでしょう。その組織内での自分の地位は、任命者が別にいて、場合によってはいつでも首をすげかえられる可能性があるので不安だっただろうと思うのです。次は鄭敬謨に取り替えられるのではないかという疑心暗鬼の恐怖もあったのではないでしょうか。

「趙」はまた少し違って、その「首席秘書官」という肩書きが彼を苦しめたのでした。自分は金大中《キムデジュン》先生の何々だが、お前ごときが一体何だという優越感はあったでしょうが、その優越感を裏付けるほどの中身がなかったのでした。文章を書くとか、テレビに出るといったことは、元々首席秘書官の自分がしなければならないことなのに、鄭敬謨が代わりにやってしまうのだから我慢がならなかったのでした。「趙」の敵愾心は執拗なもので、私が韓民統を出た後、何十年も過ぎたあとまで私に対する中傷と罵倒は止んだことがなかったのでした。それでいながら金大中《キムデジュン》氏が大統領に就任したあと、頻繁にソウルを往き来しながら、青瓦台《チョンワデ》（大統領府）に事前の許可なしに自由に出入りできる特権をもっているのは自分ぐらいだと鼻高々に振る舞っているという噂も耳にしていたのでした。

第5章

私塾「シアレヒム（一粒の力）」の開設

私塾「シアレヒム」

「韓民統を追い出された鄭敬謨は、いまや唾を飲み込んだムカデ（羽を挫かれたツバメ）のように、言いたいことも言えず身動きもとれないだろう」と彼らは信じたろうが、実際私はしばらく家で休みながら充電をした後、動き始めました。それはかねてから構想を温めてきた私塾を根拠地とする多様な活動でした。渋谷でも一等地の、坂の上に位置する丸三ビルに二〇坪にはならないが、二〜三〇人は充分に座れる部屋を契約し、そこに私塾「シアレヒム」という看板を掲げたのでした。咸錫憲《ハムソクホン》先生が「シアレソリ」（民衆の声）という雑誌を出しながら天下に号令なさったのですが、私は咸先生より欲が深くて、「シアレヒム」（民衆の力）という看板を掲げ、体内からあふれ出る力を発揮してみようとしたのでした。それは一九七九年四月であったから、韓民統を離れて約一年後のことだったのです。

この私塾を根拠地として、まず私は人々を集めて韓国語を教える一方、日本とわが国が経てきた歴史を講義しながら韓国の民主化と統一運動の究極的な目標に関する思想教育を施したのでした。その教材として雑誌『シアレヒム』を出し、講演会も開いたりしたのですが、その時私の歳が五十五歳、どこからそんな力が湧きあがってきたのか、今振り返ってみても不思議なくらいだったのです。

『朝日』や『毎日』など日本の新聞が私が私塾を開いたということを記で書いてくれたお陰で、多くの人たちが集まってきたのですが、私を師と仰いでくれる弟子たちは南北を問わない在日同胞のみならず、日本人たちもたくさん混じっており、私の行動範囲は境界のない、真に解放された自由の空間であったのでした。

私があり得べくもない汚名を着せられて韓民統から追い出されたことを知った多くの人たちが韓民統との関係を断つと同時に、各自できる限りの財政的援助も惜しみませんでした。その中には、一〇万円の手形を一五枚も切ってくれながら、月に一枚ずつ銀行に入れて現金化して使ってくれと言う友人もいたし、私が自立するまで何年間も、まるで税金を払うように毎月一〇万円、あるいは五万円ずつ援助金を定期的に送ってくれた同志たちもおりました。

その事務所の契約金二四〇万円と、什器一切の費用を含め五〇〇万円の金を私に渡しながら、「これは裵東湖《ペドンホ》氏が来て要求した五〇〇万円を断って、代わりに出す金だ」と言ってくれたのは、前に語った文《ムン》秉彦《ビョンオン》同志でした。

ともかく詩人申東曄《シンドンヨプ》の長詩「錦江」をちりばめながら論じたエッセイ「時代の課題としての朝鮮半島」を内容とする雑誌『シアレヒム』創刊号が出たのは、八一年五月だったのですが、一冊四〇〇円の値段をつけた創刊号を発送しながら、内容を読んで共感を感じたら一〇号分四〇〇〇円を先払いしてほしいと、言ってみれば私が読者たちに無心をしたのですが、私も驚いたのです。一六〇〇人を超える読者たちが快く先払いに応じてくれて、七〇〇万円近い金が送られてきたのでした。

創刊号は八〇頁くらいの薄いものでしたが、例えば第六号や第九号は一五〇頁の分厚いものであったことから読者たちの諒解を得て、八七年一〇月、第九号でいったん幕を下ろしましたが、九一年七月からは一六頁からなるパンフレット形式の刊行物、『シアル』（粒）を創刊し、二〇〇四年八月、第四二号まで出し続けたのでした。約一三年にわたり、いわば定位点観測とでも言いましょうか、その時々の時事問題を扱いながらも、それが日本とアメリカと、さらに朝鮮半島の南北問題と歴史的にどのように絡み合っているのかを、いわば時間と空間を飛び越える一体的な視点を読者たちに提供したのでした。ある日本人読者は、「『粒』はミニコミではあるが、一般のマスコミが教えてくれない視点を提供してくれるので、いま日本には『粒』を読む日本人と、読まない日本人の二種類が混在しています」と、身に余る言葉を贈ってくれたのでした。また、多くの総連系同胞たちが、自分たちの組織から出されるどんな機関紙よりも、『粒』を熱心に読んでくれたということも、偽らざる事実であったのです。

この文章を読んでいる読者の中には、『シアレヒム』（一九九三年六月第六号）に載った、『たち裂かれた山河』を思い出す方もいることと思いますが、これが、「コルム」（肥やし）とかいう出版社から海賊版ながら翻訳され、多くの人たちが読んでくれたということは、私にも伝わってきて、当時建国大学で歴史を教えていた、方基中《パンキジュン》先生（延世大学に在職中二〇〇八年に死亡）が学生たちにこの本を読んでレポートを書けと言った罪で、六カ月の刑務所暮らしをしたという涙ぐましい話も聞いていました。

いつか私を訪ねて来た、前国会議員の金希宣《キムヒソン》氏（光復軍第三支隊長金学圭《キムハッキュ》将軍の孫）が獄中にいたとき、その本を密かに隠し持っていて、新入りの学生たちに必読書として読ませたというエピソードも聞かせて下さったのでした。

一房の菊を咲かせるために

私塾「シアレヒム」を始めてから最初に発刊した著書が、『岐路に立つ韓国』（未来社、一九八〇年三月）

で、これは朴正熙《パクチョンヒ》暗殺を契機として、これから展開されるべき事態の展望を叙述し、また遠い未来への希望を預言する内容を込めたものでした。今、この本を書庫から取り出してきて目を通すと、かなり長文の後記が目についたので、その内容を簡単に紹介したいと思うのです。その当時の心境がここに反映されていると思うからですが、その冒頭に『ヨハネ福音書』第九章にでてくる、盲し者がシロアムの池を訪れ、そこで初めて光を見ることができるようになった話から始っているのです。

イエスが道を行かれると、生まれつきの盲し者を見られた。弟子たちはイエスに尋ねたのでした。「ラビよ、この人が生まれつき盲なのは、誰が罪を犯したためですか。本人ですか、それとも父母ですか。」イエスは「本人が罪を犯したのでもなく、また、その両親が犯したのでもない。ただ神のみわざが、彼の上に現れるためである」と、お答えになったのです。そしてイエスは、地につばをし、そのつばで泥をつくり、その泥を盲し者の目に塗って言われました。「シロアムの池に行って洗いなさい」と。そこで彼は行って洗ったら初めて光を見ることができたという、よく知られたお話です。

その時も今も私は、我が韓国はシロアムの池に行って目を洗い、初めて光を見る前の盲し者だと考えているのです。韓国の民衆が分断の苦しみの中で呻吟しているのは、誰の罪のせいなのでしょうか。自身の罪でしょうか。先祖たちの罪でしょうか。もちろん韓国人たちに、「荒布をまとい灰の中に座って悔い改めなければならないほどの罪」（ルカ福音書第一〇章一三節）が無かったとは言えないでしょう。

咸錫憲《ハムソクホン》先生のおっしゃったように、「天気が良ければ今日はアメリカの爆撃機が北朝鮮に爆弾を落とすのに都合のよいお天気だ」と手を叩いて喜ぶような、実に天を恐れて然るべき罪をも犯し、外勢にへつらいながら、彼らの命ずるままに同族を仇だと思い殺戮をためらわなかった無知蒙昧な罪も無かったとは言えますまい。

とはいえ、韓国人を苦しめている分断の桎梏には、別の深い意味が隠されているのではあるまいか。神のみわざを現すために苦しみを背負わされているシロアムの池の盲し者が、まさに今日の韓国人ではないかという思いを、私は振り払うことができないのです。

歴史学者トインビーは、新しい文明を創造する力は、内的プロレタリアート固有の属性であると述べました。内的プロレタリアートというのは、「巨大な帝国の中で最底辺に追いやられ苦痛に呻吟するのを余儀なくされている最下層の階級」のことを言うのですが、この定義に一番適切に一致するのは、ローマ帝国のなかで迫害を受けたユダヤ人だとトインビーは言っているのです。

現在のパックス・アメリカーナ（Pax Americana）を、もしローマ帝国に譬えるなら、当時のガリラヤ湖の漁夫たちこそ、今日の韓国人ではないかと私には思われるのです。

金九《キムグ》先生は「人類社会は新しい生活原理の発見と実践を要求しているが、これこそは我が民族に課された天職である」と言われており（『白凡逸志』）、また全く同じ内容のメッセージを咸錫憲《ハムソクホン》先生も韓国人を貧しくみすぼらしい羊飼いの少年ダビデに譬えながら、ダビデの勝敗に全イスラエルの民の運命がかかっていたように、全人類の運命が韓国人の両肩にかかっているとおっしゃったのでした（『意味から見た韓国史』）。

これは単なる幻の夢なのでしょうか。たしかに「一九六〇年四月私たちは黒雲の帳を裂き破り／一点の曇りなき永遠の空を見た」と詠じた四・一九の詩人申東曄《シンドンヨプ》も逝き、「黒雲のない晴れ渡った空」は今も見えてはおりません。私たちは今日もまた「鉄甕の底を空だとばかり思い込みながら」生きているのです。

そうだとはいえ、私たちは未来を夢見る作業を止めるわけにはいかないのです。

一房の菊を咲かせるために
杜鵑《ほととぎす》はあのように春先から鳴いたのだろうか
一房の菊を咲かせるために
雷は黒雲の中であのように鳴いたのだろうか

この詩はもちろん、植民地時代に見せた心の揺らぎのため、いろいろと物議を醸している詩人徐廷柱《ソジョンジュ》の詩でありますが、私はこの詩は好きで時おりこれを詠じており、また李湖燮《イホソップ》作曲の「菊の花の隣で」も好んで歌っているのです。

血を吐くような杜鵑のような鳴き声も、黒雲の中で鳴り響く激しい雷鳴も、そしてまた霜の降りた昨夜、私が眠りにつけなかったのも、すべてが皆、一房の菊の花の黄色い花びらをつくりあげるためのものだと、私はそう信じようと思っているのです。

同志意識を目覚めさせた文牧師の獄中書簡

張俊河《チャンジュナ》先生が一九七五年八月一七日、同志たち四五人と一緒に抱川郡《ポチョングン》にある薬師峰《ヤクサボン》に登山に行った際、誰一人目撃者のない間に崖から「足を踏み外して」命を失ったというミステリーについては、項目をあらためて当時韓国国内の新聞が報道しえなかった詳しい話を書く予定ですが、張俊河《チャンジュナ》先生の死に衝撃を受けた文益煥《ムンイクファン》牧師が翌年決然と起ち上がり、「三・一民主救国宣言」を公表した後、まさに殉教者的な情熱で民族運動を展開したのでした。この闘争の中で文益煥《ムンイクファン》牧師は晩年まで全州《チョンジュ》、ソウル、南漢山城《ナムハンサンソン》、公州《コンジュ》などの刑務所を転々としながら、秋夕（中秋節）を七回、六月一日の誕生日を六回獄中で迎えるという苦難を味わうことになるのですが、そんな獄中生活の中で文《ムン》牧師が朴容吉《パクヨンギル》夫人を始め、家族に送った手紙が約六年の間に六八二通に達したのでした。

　文《ムン》牧師が書いた六八二通の獄中書簡をまとめた本が、『夢が訪れる夜明け』（春秋社、一九八三年）でしたが、これが私塾「シアレヒム」で韓国語を学んだ日本人の塾生たちの手によって翻訳され、日本語版が発刊されたのが一九八六年のことでした。この本の発刊は『毎日新聞』で報道されましたが（一九八七年四月二八日付）、その記事には翻訳チームの一人である吾郷氏が語った感想も含まれていて、「今日を生きる韓国人たちが、何を希求し、何を悲しんでいるかを知らせてくれる感動的な記録」という言葉も含まれているのです。またこの本のために、文《ムン》牧師が私に送った次のような書簡もこの本には載っております。

「私が海を距てたこちらから眺めて見ると、貴兄は虎児を得んものと、素手で虎穴の中に入り込んだ狩人ではあるまいかと思われるのです。

貴兄はいま、日本の良心を目覚めさせ、彼らをして再びいつかきた道に戻らせまいと必死になっているのですが、それは自民族に対する愛ゆえであると同時に、愛する妻の祖国であり血筋からすれば半分は二人の息子さんの祖国でもある日本に対する愛の故であろうと考えます。

貴兄が私を訪ねて来て、日本人女性との結婚の意思を表明しながら挙式のときの主礼をつとめてほしいと言った遙か昔のことを今思い出しているのですが、貴兄と私は長い流浪と遠い廻り道をした末に、再び民族主義者として熱い再会を遂げることができました。われわれの民族主義は、普遍的な正義と、すべての人に対する人類愛に基づくものであり、他民族に対する傲慢や優越感を排除しようとする性格の民族主義ではありませんか。今日の日本に対し、我々の民族主義が反発を感じる理由はまさにここにあるのであって、このような我々の民族主義を日本の人々が理解する日は、必ず来るだろうと私が信じるのは、貴兄の家庭がその日の到来を約束する保証だと考えるからです。

私が全州《チョンジュ》刑務所にいたとき、『我が民族の未来に希望を持て』と書いた詩があります。あなたはしばしばこれを自分の文章にも引用していますが、その中に『凍てついた大地の中で見開いているカエルの目差しをみよ』という一節があるではないですか。

私はまさに貴兄こそが凍土の中で痩せさらばえ、骨と皮だけ残したカエルだと思うことがあるのです。その目差しには近づいてくる春の息吹がみなぎっているからです。これから、玄界灘を隔てて両側にいる私と貴兄がなすべきことは、我々が一日も早く分断の桎梏から解き放たれる一方、また再び日本の侵略による被害者にならないよう、強固な統一国家の土台を築くことだと思うのです。

これは我々自らの幸福のためのみならず、日本がふたたび不幸な道に入りこむことを防ぐためでもあるのです。

このような観点から見れば、我が国と日本は、権力者たちの言うのとは違う意味で、運命共同体だと言うことができましょう。

そのような運命共同体を担うことができるほど、我が韓国の民衆的力量は成熟し続けることでしょう。

刑務所の鉄格子をこえて私が家族らに書いた書簡集が、貴兄の手により日本において翻訳出版されるようになったことを聞き、本当に、どれほど感激し嬉しく思っていることか知りません。この本が貴兄の仕事に対して、些かながら力となり、また日本の良心と韓国の民衆のこころをつなぐ上で何らかの役割を果たしてくれるなら、いかなる言葉をもってその喜びを表すことができるでしょうか。一九八六年正月　文益煥《ムンイクファン》」

民主闘士となって三〇年ぶりの再会

『夢が訪れる夜明け』の日本語の翻訳版のために文益煥《ムンイクファン》牧師が私に送って下さった書簡文は、以上のようなものですが、『夢が訪れる夜明け』の翻訳を終えて、私が獄中にいらっしゃった文《ムン》牧師に送った書簡文も紹介します。

私が、私塾「シアレヒム」でこの手紙を書いたのは、一九八六年七月のことだったのですが、この時、文《ムン》牧師は「集会と示威に関する法律」違反の廉《かど》で、西大門《ソデムン》刑務所に収監中で、実に六回目の獄中誕生日（六月一日）をそこで過ごされたときでした。

「益煥大兄へ　一九七六年「三・一民主救国宣言」事件を起こされて以来、大兄は獄中で迎えられた六回目の誕生日を過ごされました。いくら気丈な方たちだとはいえ、容吉奥《ヨンギル》さまやご高齢のお母さまの嘆きはいかばかりでありましょうか。

私は益煥大兄を思うときほど、われわれが狂わんばかりに喜んだあの年（一九四五年）の「解放の日」が、決して決して解放の日ではなかったということを痛感するときはありません。

日帝時代、数多くの先覚者たちが罪人として捕らえられて、拷問を受け、絞首台にかけられて命を奪われた峴底洞《ヒョンジョドン》一〇一番地のあの同じ刑務所の中に、今、大兄が閉じ込められているということが、それを雄弁に示しているのではありませんか。

大兄の竹馬の友尹東柱《ユンドンジュ》を福岡刑務所で惨殺した力、大兄の莫逆の友張俊河《チャンジュナ》を薬師峰《ヤクサボン》で謀殺した力、そしていま大兄の指導下にある、「民統協」（民主統一協会）を反国家団体と規定し、その「首魁」として大兄の命を狙っている力は、たとえ外面的にその形は異なっているにしても、根底においては繋がっている同一の力であるのです。民族に自由がないのが誰の目にも明々白々だった日帝時代に比べ、今はあたかもそれがあるかのように見せかける巧みな制度的装置があるだけに、事態はより深刻であり、より悲劇的であるのかも知れません。

私がまだ若かったとき、それこそ光と闇、甘きものと苦きものとの判別さえおぼつかなかった頃、奇《くす》しき縁《えにし》によって大兄と出逢ってから、おっしゃるように『永い流浪と苦悩の遠い回り道』の末、大兄と熱い再会がとげられたということに、どれほどどれほど熱く神に感謝しているかわかりません。

あの頃私たちが、アメリカの軍服をまとい、普通の日本人の一〇倍もの月給をあてがわれながらマッカーサー司令部（GHQ）に勤務していたとき、いつも私の心を苛んだのは出エジプト記のモーセの幻影でありました。ファラオの宮殿で暮らしながらも、結局はヘブライの民であったモーセが、自民族を迫害するファラオの宮殿を抜け出し、同胞達《はらから》の住むミディアンの地へ逃亡したということを思い浮かべるたびに、象徴的に言って、ファラオの宮殿であるGHQに対する拒否感を抑えることができず、自分の足でそこを離れられない自らに対して、恥ずかしさを感じないわけには参りませんでした。

結局、追放という形で、私はファラオの宮殿を去ることができましたが、大兄と同じ苦悩を経た上、それまで、我々の民族主義は偏狭な愛国主義をのりこえ、普遍的な正義と人類愛を基礎にせねばならないという大兄の言葉に勇気をえて、日本の女性を終生の伴侶にした後、今玄界灘を隔てて大兄は刑務所生活を繰り返しながら、私はまた私なりに亡命生活を続けながら、同じ道を進む同志として再び出会ったのは、創造主の奇《くす》しき摂理によるものではないか、ひざまずいて黙想にふけることもありました。

このようなことが、一定の必然性を帯びたものであるのか、それとも全くの偶然によるものであるのか、私にはよくわかりません。しかし偶然にしてはあまりにも不可思議な偶然であり、時に畏れ多い思いがしてくるのを抑えることができませんでした。

『夢が訪れる夜明け』の翻訳にたずさわった四人の塾生は全員日本人ですが、翻訳をしながら今まで想像もしえなかった別の世界を発見したと感想を述べています。このこともあるいはノアの方舟から飛んでいった鳩が、口にくわえて帰ってきたあのオリーブの若葉であろうかと思いつつ、大兄が言われた如く、『犬の糞ではないような明日』のために一生懸命美しい夢をみているのです。

一九八六年七月

東京で　鄭敬謨」

カミングス、マコーマックが我々に明かしてくれる歴史の真実

せっかく『夢が訪れる夜明け』の日本語版翻訳の話が出たついでに、私の手で翻訳し、私の手で出版した二冊の英語の本の話をしてみようかと思うのです。最初の本は、ブルースカミングス教授の著書『朝鮮戦争の起源』であり、二冊目は、ギャバン・マコーマック教授の著書『冷戦から熱戦へ』(日本語版の表題は、『侵略の舞台裏』)であったのです。

前の文章で、もう何カ所も引用したように、例えば、アメリカ軍が仁川《インチョン》に上陸する四日前（一九四五年九月四日）沖縄にあった二四軍団団長ホッジ中将が、麾下の将兵たちに通告文を出し、「日本人はアメリカの友好国民として待遇するが、朝鮮人は敵国民として取扱うべし」と命令したという驚くべき事実は、カミングスの本から引用したものであり、三八度線以南だけの単独選挙の可否を問う国連朝鮮委員団の票決（一九四八年三月一二日）で、予想を覆して委員長のインド代表K・F・S・メノンが賛成票を投じたために四対二の差で単独選挙の実施が可決されたわけですが、これは委員長メノンが、女流詩人毛允淑《モウユンスク》の仕掛けた痴情関係で理性を失ったせいだったという、民族的見地からは顔を赤らめるほかない恥ずかしい事実は、マコーマックの本から引用したものであったのです。しかもこの票決は、国連憲章を無視した違法なものでした。

カミングスの著書はその表題が『朝鮮戦争の起源』となっているものの、奇妙なことに、この本では朝

鮮戦争を扱った他の本とは違って、戦争が勃発した五〇年六月二五日については一言半句も言及がないという点は注目すべき事実と言うべきでしょう。

米軍部隊が仁川《インチョン》港に到着した四五年九月八日、黒い警察服に着替えた日本軍によって、アメリカ軍を歓迎しようと出てきた群衆の中の朝鮮人二名がホッジ中将の黙認の下で射殺されたという象徴的な事実から見て、朝鮮戦争はすでにその日から始まっていたということであり、本格的に戦争が起こった五〇年六月二五日当日、どちら側が先に第一発を撃ったのかを詮索するのは、むしろ戦争の本質を糊塗する愚かなことだというのがカミングス教授の主張なのです。

またこの本の副題が、「一九四五〜一九四七年」となっていることも大変示唆的で、これは米軍政三年間の歴史が、朝鮮戦争に向けて突っ走った前哨戦だったということを暗示するものではないのでしょうか。

オーストラリア人のマコーマック教授の本も角度は違うが、カミングス教授の本と全く同じ結論を語るものであるのです。

オーストラリアはカナダとともに、アメリカが自分が言うことなら従順に従ってくれるはずだと信じて、国連臨時朝鮮委員団（UNTCOK）の一員として指名した国だったのですが、三八度線の以北を排除して、南だけの単独選挙を強行することは戦争を引き起こす危険な火遊びだとして必死に反対した国だったのでした。そのうえ、単独選挙で樹立された政府は、四七年第二回国連総会の決議文が要求する「国民政府」(National Government) ではなく、あたかもこれが朝鮮全体を含む「国民政府」であるがごとくアメリカが主張するなら、それは「雨の降るおぼろ月夜」と言うに等しい、形容矛盾（oxymoran）に過ぎないという主張をオーストラリアは曲げなかったのでした。

こういう理由で四八年八月一五日、大韓民国建国宣言式にはオーストラリア政府は代表団派遣を拒否したのですが、こうした事実にしても、現実にあったことを恰も無かったように隠蔽したり抹殺しようとせず、率直に歴史を事実のまま直視せねばならないというのが私の主張であるわけです。

とにかく、この二冊の出版記念会を兼ねて、朝鮮戦争勃発四〇周年を記念するカミングスとマコーマック教授の記念講演式を九〇年七月九日、東京都内の学士会館で盛大に挙行したのです。

会が終わった後の宴会場にも、ぎっしりと参加者がつめかけてくれて、私は友人達の拍手に促されて、起ち上がり「懐かしの金剛山」を一曲歌ったのでした。練習もしていない即興の独唱で、伴奏は予め準備した楽譜もないまま、私塾「シアレヒム合唱団」の伴奏者、呉美枝《オミエ》女史のピアノ伴奏で、「夢路にも／忘れることのない金剛山は／我々を呼んでいる」と歌が終わるや、カミングスは私の手を取って、「私は、皆さんが私の講演を聞こうと集まってきたとばかり思っていたけれど、本当は鄭敬謨の独唱を聞きに来られたのではないのですか？」とおどけて言ったので、満場は笑いに包まれたのでした。

シアレヒムを支えてくれた頼もしい同志、金弘茂氏

「ピーするべき（避ける）ことは避け、アールしても（知らせても）構わないことだけ知らせよ。これがPRの要諦である」という有名な言葉があるのですが、これは『朝鮮日報』主筆鮮于煇《ソヌフィ》が生前に残した、なかなか気の利いた金言であって、私が亡命者として日本に来て、寄る辺のない孤独な立場ながら文筆活動を始めてみると、結果的に鮮于煇《ソヌフィ》とは正面からぶつかりあう道を歩くことになり、『朝鮮日報』からは

激しい憎悪を買うことになったのでした。

「日本には韓日関係を阻害しようと毒素を撒いている寄生虫のような分裂主義者たちがいるが、その中でも公然と「韓国第二の解放」などを主張している鄭敬謨は、韓日関係を台無しにしている毒の原液である。」

この文章は『朝鮮日報』東京特派員李度珩《イドヒョン》の記事（一九八〇年八月二〇日付）を引用したものですが、実際はこの文章を書かせた人物は主筆鮮于煇《ソヌフィ》ではなかったでしょうか。『朝鮮日報』が私を「毒の原液」と呼んでくれたとすると、これに優る賛辞はないのであり、鮮于煇《ソヌフィ》には深く感謝せねばなるまいと、私は今もそう思っているのです。

前の文章で紹介した、カミングス教授の『朝鮮戦争の起源』と、マコーマック教授の『冷戦から熱戦へ』は、いうなれば、「避けることは避けて、知らせてもかまわないことだけ知らせる」という言論人鮮于煇《ソヌフィ》の主張を正面から否定する哲学を基礎とする著書であるのです。それを自分の手で翻訳し、自分の手で出版し、そしてその二冊の出版記念会を盛大に挙行した事実は、私からすれば誇りがましいことであり、前の文章で些かばかり法螺まがいのことを述べさせて貰ったのですが、読者の中には、はて、徒手空拳で日本に来て亡命生活を始めたはずの鄭敬謨に、一体どこからそんな金が手に入って、こんなことができたのだろうか、怪訝な思いをした方がいたかも知れません。今その奇跡のような話をこの機会に明らかにしておきたいと思うのです。

私塾「シアレヒム」を構えて雑誌を出し始めたということは、前にも話したとおりですが、これにしてもただならぬ奇跡だったわけでしたが、実に信じがたい奇跡がもう一度私に訪れたのでした。

雑誌『シアレヒム』創刊号が出たのが一九八一年五月で、第二号が八一年七月に、第三号が同じ年の一二月に出ましたが、三号までの雑誌はかなり好評でした。多くの読者の共感を得て、購読料とは別に三万円とか五万円くらいの支援金がかなり頻繁に入ってきていたのでした。ところがある日入ってきた送金表を見ると、いつもより「〇」が多い金額だったのです。あれ？　一〇万円かと思いもう一度よく見てみたら、桁数が一つ上の一〇〇万円だったのです。名前も顔も知らない読者からの送金でした。

その場で電話をかけて、その人が住んでいるところを確認し、明くる日訪ねて行ったのですが、そこは東京から電車で一時間半ばかりの地方都市の静岡だったのでした。その時そこで初めて会ったのが、私より十歳ほど年が若い金弘茂《キムホンム》同志だったのです。

静岡で一晩泊まって多くの話を交わし、同じ民族主義者として私たちは何十年もの知己のような心の友となったのでした。その後二〇年近い歳月が流れる間、私が募金活動に時間を取られずに、安心して『シアレヒム』の活動を続けられたのは、その時こうして出会った金同志のお陰だったのです。彼はパチンコ屋を何軒か経営しているそこそこの企業人でしたが、稼いだ金は正しいことに使うという信念で一貫してきた人物でありました。カミングスとマコーマックの本を出し、しかも出版記念会まで開催できたのも、すべて私を心から信頼して、私がすることならばすべての力を傾けて後押ししてくれた彼の力があればこそのことであったのです。

幼い頃日曜学校に通っていたときに教わった話ですが、エリアがアハブ王の迫害を逃れてケリテ川のほとりに隠れている間、神の御使いとして一羽の善良なカラスが朝に晩にパンと肉片を運んできてくれたという話があります（列王紀・上・一七章）。金弘茂《キムホンム》同志は、まさにケリテの小川に隠れている私が餓えないように、神に遣わされていつもいつもパンと肉を運んでくれたありがたい善き一羽のカラスであったのでした。

一頭の蝶が北京あたりで羽を動かすと、廻り廻ってそれが太平洋を越えサンフランシスコを襲う台風にもなり得るという説があるのですが、出版記念会のとき開会辞のため壇上に立った金同志は、私がしばしば話していたその蝶の話を忘れないで引用してくれました。我々が今していることは、一頭の蝶の羽ばたきに過ぎないかも知れないが、いつかどこかで暴風となって吹き荒れるきっかけになりうる可能性を信じようと金同志は述べてくれたのでした。

アメリカ共和党全党大会に合わせた板門店斧蛮行事件

もうそろそろ、一九七五年の夏、張俊河《チャンジュナ》先生が四十数人の弟子たちを連れて薬師峰《ヤクサボン》に登られたとき不審な死を遂げられた話をしてもよいときが来たと思うのですが、その前にもう一つ、抜かすわけにはいかない話があって、それをいま明らかにしておこうと思うのです。

張俊河《チャンジュナ》先生が命を落とされたのは一九七五年八月一七日だったということは、大抵の韓国人なら記憶していると思われるのですが、次の年、つまり一九七六年八月一八日、板門店《パンムンジョム》で起こった「斧蛮行事件」（ポプラ事件）については、いわゆる三八六世代たちにしても、まだ十代の少年少女であったわけで、覚えている人もほとんどいないだろうし、さらにそれがアメリカと韓国のねじれた関係をいかに鮮明に知らせてくれる事件だったかをはっきりと理解している人はそう多くはいないのではないかと思いながら、今この文章を書いているのです。

「大統領緊急措置第一号」(一九七四年一月八日)で逮捕され刑務所に収監中の張俊河《チャンジュナ》先生が、病気を理由に釈放され自宅で失意の日々を送られている間、時々先生を訪ね、先生の意中を口頭で私に知らせるメッセンジャーの役目を果たしてくれていたアメリカ人の青年がいたのです。今はもう過ぎ去った過去の話だから名前を明らかにしても構わないと思うのですが、そのアメリカ人の青年とはリン・マイルズという名前の若者でした。

いつだったか、確か亡くなる直前の七五年初夏の頃だったと思うのですが、張先生がそのアメリカ人青年を通して私に伝えてこられた頼みがあるのですが、それは、アメリカで大統領選挙があるというと、不思議なことに板門店《パンムンジョム》が騒々しくなったりするが、来年がまさにその年ではないか、注意深く見守ってほしいと、簡単に言えばそんな内容だったのです。

果たせるかな七六年に入って、ハト派のジミー・カーター(民主党)と、タカ派の当時の大統領ジェラルド・フォード(共和党)との間で、駐韓米軍の存続如何をめぐり熾烈な舌戦が繰り広げられたのでした。前年の七五年はパジャマ姿でサンダル履きのベトナム軍にアメリカ軍がサイゴン(現ホーチミン市)から追い出されるという屈辱を舐めさせられた年ではないですか。

カーターは、ベトナムで味わった屈辱を繰り返さないためにも、駐韓米軍は撤収しなければならないと主張する一方、フォードは逆にベトナムで舐めた恥辱を雪ぐためにも、アメリカは朝鮮半島で軍事力を誇示しなければならないという主張だったのです。

私は驚きを禁じ得ませんでしたが、既にあの世に旅立たれた張先生が懸念されていた、まさにそのとおりの事態が板門店《パンムンジョム》で繰り広げられたのでした。

七六年八月一八日の朝、板門店《パンムンジョム》における休戦ライン上のポプラの枝を、米軍達が事前協議のないまま斧で切り倒そうとすると、その斧を奪い取った人民軍と米軍兵士の間で乱闘劇が繰り広げられ、その乱闘の中で、米軍二名が斧に打たれてその場で命を落としたのでした。すると待っていましたとばかり、即刻駐韓米軍は警戒態勢（コンディション・アンバー）に入ったかと思うと、航空母艦ミッドウェーとエンタープライズが黄海に派遣されると同時に、沖縄から飛来した長距離爆撃機が板門店《パンムンジョム》上空を旋回するなど、朝鮮半島全体が一触即発の危機状態に陥ったのでした。

そして翌日、つまり八月一九日、事件から二四時間も経たない時点で、次期大統領候補を選出する共和党大会がカンザスシティーで開かれたのですが、その会場のスクリーンには、アメリカの軍人が斧で切りつけられ、その場に倒れる板門店《パンムンジョム》での場面の映像が大々的に上映されたのでした。その日の党大会で駐韓米軍の存続を主張するフォードが圧勝し、大統領候補として選出されたのは言うまでもありません。

米軍兵士が斧で切りつけられて倒れる場面は世界中で放映され、金日成《キムイルソン》独裁下の北朝鮮がいかに残忍な体制であるのかをほとんど完璧に証明して見せたわけでしたが、問題はその「鮮明な動映像」の正体でした。突発的に起こったその場面が、あたかも商業用に制作された映画のように鮮明だったのはどういう理由だったのでしょうか？

事件直後の九月一日、アメリカ下院国際機構小委員会はこの事件についての聴聞会を開いたのですが、そこに出席した国務次官補ハンメルの証言によると、事件発生を予測でもしたかのように、米軍はその日一個小隊の兵力を約二〇〇メートル後方の地点に集結させて、そこにカメラを三台も設置して事件の全貌を撮影したということであったのです。

昔日本軍が、自らの手で鉄道を爆破して、それを中国人の仕業だと濡れ衣を着せた手法を彷彿とさせる事件が「板門店《バンムンジョム》斧蛮行事件」の真相でしたが、その「残忍無道な北朝鮮軍人たち」に殺害された可哀相な米軍「犠牲者」のために、弔慰金の募金に乗り出した愛国的な韓国人もいたということを私は今も忘れることができません。

ここで述べたその時の「ポプラ事件」の真相は既に私が出していた雑誌『シアル』（粒）に発表されたもので（三五号）、アメリカ下院の聴聞会の資料はカナダで『ニュー・コリア・タイムス』を出していた全《ジョン》 忠林《チュンニム》氏を通じて入手したものであることをつけ加えておきたいと思うのです。

日本の反対で挫折した駐韓米軍撤収

板門店《バンムンジョム》「斧蛮行事件」については、もっと話をしなければならないことが残っているので、もう少しだけこの話を続けさせて下さい。

先にも述べた通り一九七六年当時共和党の大統領候補フォードは、ベトナムでの恥辱を雪ぐためにもアメリカは朝鮮半島での軍事力を誇示しなくてはならないと主張し、反対に民主党のカーターは、ベトナムでの恥辱を繰り返さないためにも、駐韓米軍は撤収しなければならないと主張したのでした。

とにかく、駐韓米軍の撤収を主張するカーターがフォードを抑えて大統領選挙に勝利を収めたのですが、カーターが駐韓米軍の撤収を望んだもう一つの理由は、人権外交を掲げている彼からすれば朴正熙《パクチョンヒ》の目に余る暴力的な政治手法に嫌悪感を抱いたからであったのは事実だったでしょう。

しかしカーターの勝利が伝えられた瞬間から、「駐韓米軍を撤収するなんて、とんでもない話だ」と言わんばかり日本政府ではてんやわんやの騒動が起こったのでした。内外のマスコミを総動員した日本政府の組織的な反対運動は実に驚くべきもので、選挙直後のその年一一月の一カ月間、私の目につくままにメモ帳に記録しておいたものだけでも、次のようなものであったのです。

「小坂善太郎外務大臣インタビュー／『ニューズウイーク』一一月一日」
「東郷文彦駐米大使ミネアポリス演説／『ジャパン・タイムス』一一月九日」
「西山昭駐韓大使談話／『読売新聞』一一月九日」
「丸山昂防衛庁次官外信記者クラブ演説／『朝日新聞』一一月九日」
「久保卓也前防衛庁次官「論壇」寄稿／『朝日新聞』一一月一一日」

これらの人々が口をそろえて主張した一致した見解は、朝鮮人は南北を問わず、考えが未熟で幼稚な民族だから、米軍という重石が除去されれば、何をしでかすか予測もつかないではないか。だから、人権などといった問題で駐韓米軍を撤収するのは絶対にあってはならないということだったのでした。この点についてもう少し詳しく敷衍すると、例えば外務大臣小坂善太郎の発言ですが、彼の見解によれば、中国人はそれでも考えが大人の水準に達しており、アメリカが台湾から撤収するとしても安心できるが、北朝鮮の人たちには、それほどの成熟度が期待できないし、危険極まりないというものだったのです。

小坂が問題視しているのは、北朝鮮の人々の「メンタリティ」だったのですが、では韓国人に対しては、日本人たちがそれよりはましな評価をしているのかと言えば、もちろんそんなこともないのです。駐韓大使西山昭の発言を要約すると、次のようなものです。「単純に人権問題をもって朴政権を批判する人たちがいるが、人権問題はその国の国民の民度を勘案して考えなくてはならないだろう。日本におけるが如き民主主義を実施すれば果たして韓国がうまくいくのだろうか、より現実的に考えなければならない。朴政権は韓国が必要とする政権であって、朴大統領が単に私心を抱いて権力を振り回しているのでは絶対にない。」

いずれにせよカーターは駐韓米軍の撤収を公約に掲げ大統領選挙で勝利したにもかかわらず、日本政府が繰り広げた反対運動の嵐に巻き込まれ、結局は公約を取り消し、駐韓米軍の存続を発表せざるをえなくなったのですが、カーターが公約を取り消すまでの詳しい経緯を叙述した拙文は、カミングスなどアメリカの学者たちとの共著『二つの朝鮮　一つの未来』（御茶の水書房、一九八九年）に収録されております。

著名な論客であるばかりでなく、外交問題に関する限り日本政府に大きな影響力を及ぼしている岡崎久彦という人物の持論を要約すると、次のようなものです。「アングロサクソン国家（アメリカとイギリス）との同盟を堅持し、同時に反共熱に燃えている韓国に核武装をしたアメリカ軍が駐屯しているという、我々日本にとってこの上なく有利な状況を維持することに、日本の外交努力は集中されなくてはならない。」（『戦略的思考とは何か』中公新書、一九八三年）この論理を裏返して言えば、我々日本人がぐうすかいびきをかいて夜安心して眠ることができるよう、お前ら韓国人は、二四時間昼夜を分たず機関銃を構えて三八度線を守れということではないのでしょうか。

韓国には駐韓米軍の存続を願う人もおり、反対する人もいるのですが、どちらに立つにせよ駐韓米軍について、日本が韓国に期待するものが何であり、日本の期待と韓国自身の利害関係がどう絡み合っているのかは知っておく必要があるのではないかと私は思うのです。

疑問だらけの張俊河転落死

これでようやく張俊河《チャンジュナ》先生が一九七五年八月一七日、登山隊四五名を率いてソウルからバスで約二時間の距離にある抱川《ポチョン》郡薬師峰《グンヤクサボン》に登り、誰も目撃した人もなく高さ一二メートルの断崖絶壁から「足を踏み外し」命を失ったと言われているミステリーの真相を明らかにする番が来たように思います。

当時警察が発表した事件の顛末の中には、一行四五名の中に「金容雲《キムヨンウン》」(音訳)なる人物が証人として現れるのですが、張先生の側近たちによれば、偶然バスの停留所で合流したこの人物は元々一行の一員として一緒に行く予定の人々の中にはいなかったと言うのです。「金《キム》」は何年も前の選挙の時に張俊河《チャンジュナ》事務所に出入りしていた人物であって先生と面識はあったものの、ここ二、三年間は会ったことはなく、当時何をしていたかさえ誰も知らないばかりか、警察発表では「中学校の教師」ということになっているにもかかわらず、どこの学校で何を教えている教師なのかさえ誰も知っている人はいなかったというのです。

警察の発表を項目別に羅列すれば、次のとおりであるのです。

①一行が目的地に到着した時間は午前一一時半、登山隊一行は薬師峰《ヤクサボン》の水場のところで昼食の準備を始めたが（時間未詳）、張先生はそのまま引き続き山道を登られ、その時張先生について山道を登った人物は、金容雲《キムヨンウン》一人だけだった。

②張先生と金容雲《キムヨンウン》は、そのまま約二時間山道を登り続け、道が険しくなってそれ以上登れず、同僚ら一行が待っている水場を目指して山を下り始めた。

③三〇分程下ると、傾斜が七五度くらいで、高さが一二メートル程の崖道があって、張先生はその崖道を下ろうと、断崖の上の松の木の枝を手でつかもうとしたが、つかみそこねて下に転がり落ちた。

④金容雲《キムヨンウン》はまず近くの軍部隊に行って事故を知らせ（部隊までの距離は未詳）、それから水場に戻って一行の者らに事故が起きたことを通報した。

⑤登山隊一行は全員バスの停留所の向かって山を下り、その中の二人だけが金容雲《キムヨンウン》と同行して事故現場を目撃し、張先生の死亡を確認した。その時金容雲《キムヨンウン》は張先生の時計をはめていたが、それは別の登山客による盗難を防止するためであった。

以上が警察の報告であるのですが、これは誰が見ても辻つまの合わない話で、金容雲《キムヨンウン》自身が共犯だったということを物語る自白書のようなものではないでしょうか。後で知らされた家族らの証言と知人たちの現場踏査の結果、次のような疑問点が明らかになったのでした。

①張先生の致命傷は、右耳の後部に開いた二インチくらいの頭蓋骨の破裂であり、②傾斜七五度の岩盤から転がり落ちたというが、体重七三キロの張先生の体には、何の傷もなく、③衣服もきれいなままで裂けたところもなかった。従って、足を踏み外して岩の上に落ちたというのは事実ではなく、④松の枝とい

うのは、落ちた場所から距離が遠くて、それをつかもうとしたというのもフィクションであるばかりか、⑤金容雲《キムヨンウン》という者が張先生と一緒に二時間も歩き続け頂上を目指したが諦めて、三〇分程下山した所で事故が起こったということを額面通り受け入れたとしても、どうしてこの男はすぐに水場のところに来ずに、軍部隊に行ったのか。

とにかくその日午後六時、張先生が亡くなられたと家に通告してきたのは警察であって、登山隊の中で顔を見せた者は誰もいなかったというのです。これから見ても一緒に行った人たちが、どれほど恐怖におののいていたのか推測するにあまりあるではありませんか。

この事件について「疑問がある」という記事（『東亜日報』七五年八月一九日付）を書いた成洛吾《ソンナゴ》記者は警察に捕まえられて拷問を受け、「野党指導者の怪死」を打電した外信記者ローイ・ファンは一〇月三日、韓国からの追放命令を受けたのでした。

私が日本に居ながら「張俊河《チャンジュナ》墜落死」についてここに書いたような詳しい事実を知ることができたのは、先述したアメリカ人青年リン・マイルズを通じて咸錫憲《ハムソクホン》先生が私にその時の状況を詳しく知らせて下さったからで、これをもとにして書いた張先生への追悼文「張俊河《チャンジュナ》はどう生きて、どう死んだのか」は、その年『世界』一二月号で発表されたのでした。

金九《キムグ》先生が凶弾を受けて非命に斃れられた時、自らの胸を打ちながら、我々すべての者は金九《キムグ》先生が行かれた道を歩まねばならないと叫んだ方が張俊河《チャンジュナ》先生でした。先生は文字通り金九《キムグ》先生が行かれた道を歩まれたのですが、文益煥《ムンイクファン》牧師がその志を継いで張先生が行かれた同じ道を歩まれたのであり、その文《ムン》牧師と共に私自身同じ道を歩むことになったわけですから、このことは私にとってどれ程不思議な因縁でありましょうか。

光復軍張俊河と日本軍朴正熙の宿命的な対決

朴正熙《パクチョンヒ》と張俊河《チャンジュナ》が政敵として相対峙するようになったのは、一九六三年の大統領選挙で朴の対立候補だった尹潽善《ユンボソン》氏の選挙運動を張俊河《チャンジュナ》が先頭に立って支援した時からだったでしょうが、初対面はそれよりもずっと遡る解放直後の四五年八月で、出会いの場所は中国北京だったと記録には記されているのです。満州国軍出身の朴が日本の陸軍士官学校に編入され、第五七期生として卒業した年が四四年で、解放当時の所属部隊が駐屯していたのは、北京の東北一二〇キロに位置した平谷という村だったのですが、その村はすぐ横に万里の長城が延びていることから見て、朴の部隊は八路軍ないし八路軍と行動をともにしていた朝鮮人抗日独立義勇軍に対する討伐が目的だったとみてもかまわないでしょう。

翌年日本軍の敗亡が知らされるや、朴はいち早く軍服を平服に着替え、何人かの朝鮮人同僚とともに、同胞《はらから》たちの避難民の隊列に混じって北京に到着したのでしたが、そこには居留民保護のために既に重慶から派遣されて来ていた光復軍部隊が待っていたのです。張俊河《チャンジュナ》は光復軍第三支隊を率いる金学奎《キムハッキュ》将軍麾下の陸軍中尉として、満軍陸軍少尉朴正熙《パクチョンヒ》とそこで初めて会うこととなったのでした。

張俊河《チャンジュナ》とは誰か。二十代の学生張俊河《チャンジュナ》が日本神学大学在学中、朝鮮人「学徒志願兵」として招集され、平壌《ピョンヤン》第四二部隊に配属されたのは四二年一月で、命令に従って部隊と共に中国に向けて故郷の平安北道《ピョンアンブクト》朔州《サッチュ》を発つときに残した言葉は、「私は自らの成すべき任務を全うし、必ず戻ってくる」というものでした。

彼が言った、「自らが成すべき任務」というのは、日本軍を脱出して臨時政府がある重慶に行くという意味だったのであり、発つときに彼が夫人の金喜淑《キムヒスク》女史に残した書きおきには、「ローマ人への手紙九章三節」の言葉が記されていたのでした。それは使徒パウロの言葉「私は、兄弟骨肉のためなら（すなわち愛するわが民族のためなら）、たとえこの身が呪われて、キリストから捨てられようとも厭わない」という一節で、もし中国から送られてきた書信の末尾にこの一節が記されていたときには、自分は日本軍から脱出したことを意味するものだと承知するようにと、耳打ちしておいたということであったのでした。

ついに夫人にこの旨を伝えて、徐州の日本軍塚田部隊の兵営を脱出したのは四五年一月三一日で、そこから約三カ月間歩き続け二四〇〇キロの険しい山道を越えて、臨時政府がある重慶に到着し、金九《キムグ》傘下の光復軍と合流したのはその年の四月だったのでした（以上張俊河《チャンジュナ》『トルペゲ』「石枕」より）。

一方、満軍軍管学校を卒業するとき、満州国皇帝の前で、「私は大東亜共栄圏を樹立する聖戦のために、桜の花のように潔く散る覚悟であります」いう言葉を残した朴正熙《パクチョンヒ》は、日本の陸軍士官学校に編入された後も、日本人らしい振る舞いが際立っていただけではなく、天皇陛下に対する忠誠心もまた抜きんでて熱烈だったため、陸士校長が全校生を集めて、「高木（朴正熙《パクチョンヒ》）君はたとえ出身は半島人だとしても、日本人らしさでは誰にも引けをとらない」という賛辞を送ったというのです。

その後日本人の学友たちから「特等日本人」というあだ名で呼ばれたというのですが（金一勉編『日本人と朝鮮人』三一書房、一九七五年）、実際七九年に朴正熙《パクチョンヒ》が金載圭《キムジェギュ》に暗殺されたとき、多くの日本人が「最後の帝国軍人が死んだ」と言って、彼の死を悼んだのでした。国葬の時、日本政府の特使として参席した人物が、日本政界の満州閥の総帥であり、また韓国の「国家保安法」を口を極めて誉めていた岸信介だったという事実だけをみても、その哀悼の気持ちがどれだけ篤かったかが分かるというものではないでしょうか。

いつか張俊河《チャンジュナ》は朴正熙《パクチョンヒ》と会った席で、腹立ちまぎれに「もしも日帝時代がそのまま続いていたとするならば、お前は満軍将校として独立闘士たちへの殺戮を続けたのではないか」と面罵したことがあったとのことです（『新東亜』八五年四月号）。

怒りのあまり発したこの言葉は、実際、張俊河《チャンジュナ》自身が意識したよりも、さらに深い意味があったのではないでしょうか。正真正銘どこから見ても独立闘士に違いない張俊河《チャンジュナ》は、朴正熙《パクチョンヒ》によって三七回の逮捕と九回の投獄を経験し、遂には命を失ったのです。「独立闘士たちへの殺戮が続いた」というのは否定できない現実であり、そのような行為を恣にした人物が、昔の満軍少尉だったのなら、「もしも日帝時代がそのまま続いていたとするならば」という仮定法とは違うまた別の意味が含まれうるということにはならないでしょうか。

この話は概ね『シアレヒム』第九号を基にして書いた文章である故、私のこの自叙伝に加えてもよいのではないかと思っているのです。

「韓国は将棋で言えば、日本という王将を守るための飛車である」

一九八七年、文益煥《ムンイクファン》牧師の獄中書簡集『夢の訪れる夜明け』が日本語に翻訳出版された折に、文《ムン》牧師が私に送って下さった手紙は前に紹介したことがありましたが、読者たちの記憶を新たにしてもらうために、その中の一節をここでもう一度繰り返えさせて下さい。文《ムン》牧師は私に「日本の良心を目覚めさせ、彼らをして再びいつかきた道の轍を踏ませないよう、貴兄は必死の努力を傾けているが、それは自民族に対する愛ゆえであると同時に、愛する妻の祖国であり血筋からすれば半分は二人の息子の祖国でもある日本に対する愛ゆえであろう」という指摘をされました。そしてまた私を譬えて「虎児を得んものと、素手で虎穴に入っていった狩人」ではないかともおっしゃったのですが、文《ムン》牧師のおっしゃったことはまさにそのとおりだと言うべきでしょう。私がいるところがまさに虎穴ではないのですか。ただ一本の筆を武器にそこに入り込み、唸り声を上げるどう猛な者らを、蹴ったり叩いたりしたのですから、我ながら無謀極まりない行為だったのですが、それは逆説的に言って、社会的な地位とか経済的な得失において何も失うものがないという意味から、私はむしろ強者の位置に立つことができたからではなかったでしょうか。

光州五・一八抗争のとき(一九八〇年)、金大中《キムデジュン》氏に死刑が宣告され生命の危機が時々刻々近づいていた頃、日本の中では「韓国がどのような選択をしようと、それは主権国家たる韓国自身の権利であって、韓国の主権を侵害し、植民地としてあの国を支配した日本としては、いたずらに口を差し挟むべき問題ではない」という奇妙な論理で、暗に金大中《キムデジュン》処刑に肩を持つ者らが、官僚層や右翼的マスコミの中に横行していたのでした。また、このような輩どもの考え方の特徴は、韓国人とは南北を問わず民主主義を実践する能力が生態的に欠如している民族だから、光州でどのようなむごたらしい惨事が起こったにせよ、それに対して、ああだこうだとあげつらってみたところで無意味だということだったのでした。

五・一八が起こった直後の八〇年八月のある日、真っ赤になって怒った顔つきで「シアレヒム」の私の事務所を訪ねてきた二人の西洋人がいたのです。一人は、R・ウースティングというオランダ人で、もう一人はE・ベイカーというアメリカ人だったのですが、ベイカーは韓国語が堪能なばかりでなく、韓国史研究の仲間として私とは親しくつきあってきた友人でしたが、この二人は国際アムネスティ（AI）を代表して、金大中《キムデジュン》氏の安否を確認する目的でまず韓国大使館を訪ねたのでした。しかしビザが拒否されたため、次善の策として日本の外務省を訪ねていったというのです。そこで会ったのがアジア局長木内昭胤だったわけで、金大中《キムデジュン》氏は日本から拉致されていった人間である以上、金大中《キムデジュン》氏の身の安全については日本政府としても関心を持って対策を講じるべきではないかと言ったというのです。すると木内局長は次のように答弁したというのです。「韓国人は元来無知蒙昧な国民（backward people）で、民主主義などを行う能力のない連中だから、金大中《キムデジュン》問題についてああだこうだと言わない方がいいのではないか？・」

ベイカーとウースティングのアムネスティ代表団が怒り心頭に発して私を訪ねてきたのは、こんなわけだったのでしたが、私は即刻何らかの措置を取りうる立場でもないし、時を待つしかありませんでした。

そんな折りに、相当大きな講演会が大阪で開かれ、そこにスピーカーとして参加する機会を利用し、公開的に木内の妄言を糾弾すると同時に、このように浅薄で野卑な人物が外務省のアジア局長だということは、韓国はともかくとして日本自体の国際的な体面にも泥を塗るものだという点を指摘したのでした。

その時の講演の内容を要約した投稿文を書いて、大阪の朝日新聞社に送ったところ、それがその年の一二月六日付「論壇」に掲載され、相当な反応を呼び起こしたのでした。

後で知った事実でしたが、木内はその年の四月二二日、ある公開の席で「日本がもし「王将」なら、韓国はそれを守る「飛車」であり「角」だ」と、日本と韓国の関係を将棋盤にたとえて説明したというのです（吉岡吉典編『韓国を視る視点』白石書店、一九八〇年）。

私は何度も何度も粘り強く木内のこのような発言を公開的に糾弾しながら、「それでも「歩」でなくて飛車くらいに思ってくれているようでありがたい」と彼に皮肉を飛ばしたのですが、日本の外務省からの抗議や反論は一度もありませんでした。

とはいえ、私が亡命した時に身元保証をしてくれた朝日新聞社には、右翼団体から度々抗議が舞い込んでいて、そのようなことは今も続いていると聞いているのです。

韓国蔑視の日本人論客と紙面で全面対決

光州五・一八直後の一九八〇年六月五日、『朝日新聞』は「韓国・光州事件に思う」というタイトルで田中明という論客のエッセイを掲載したのでした。

エッセイには、まず一九六〇年四・一九学生革命以降、翌年の五・一六軍事クーデターに至る九カ月にもならない短い間に、二〇〇〇件以上のデモが発生したという事実を指摘し、その間、民主党の弱体政府はこれに対して手をこまねいているだけで、建設的な作業には手もつけられなかったので、五・一六までの民主党政権の九カ月とは「だらしの無い時代」に過ぎなかったと、暗に朴政権の正統性を示唆すると同時に、光州事件を単純に民主化を要求する学生や市民層と、維新体制を擁護しようとする軍部勢力の衝突だという単色的な描写では韓国の政治の実相を理解することはできないと、すこぶる「学術的」な見識を披露するものだったのでした。そして、なぜ南北を問わず朝鮮の地には民主主義が根を下ろせないのか、その「なぜ」を理解するためには、韓国の歴史と文化に堆積されている非民主主義的要素を掘り下げてみる必要があるが、例えば朝鮮王朝五〇〇年間の党争を見てもそこには権力にたどりつく自由を要求する同質者間の闘争があるのみで、歴史に展開される攻撃と復讐の連鎖反応の中のどこにも民主主義が成長する要素を発見することはできない。だから、たとえ民主化運動の中心人物を自称する尹潽善《ユンボソン》のような人間が政権を握ったとしても、「光州」のような事件が再発しないという保証はない、云々。

田中は少年時代を植民地朝鮮で過ごしたせいでしょうが（京城中学卒業）、朝鮮人に対する民族的優越感はほとんど体質的なもので、またその時受けた総督府の教育のせいでしょうか、朝鮮の歴史は一貫して党争が繰り返された歴史であり、それゆえに朝鮮人には独立する能力が欠如しているだけに、日本に支配されるのは避けられない運命だという偏見が体中に染みついているらしく、それが彼の文章の中に異様な体臭を発散させていることを私は直感的に感じることができたのでした。田中はまた、死ぬ前の朴正熙《パクチョンヒ》からソウルに作られるべき「韓日問題研究所」だか何だかの所長を任せるという約束から、定年を二年後に控えて、それまで勤めていた朝日新聞社を退職したという経歴を見ても、親朴的な傾向が濃厚な人物だということを彼自身否定できないだろうと私は思うのです。

そうした立場の自身の理念を立証するかのように、田中はある雑誌（『コリア評論』）に次のような言葉も残したことがあったのです。

「韓国はたとえ反体制だといえども、親米反共の点では足並みが一致している国だから、親米反共であるはずのない日本の左翼勢力が、日韓連帯のようなことを提唱するのはナンセンスではないか。」

田中が敵意を抱いて「左翼勢力」だと罵倒した相手は、先述した青地先生の「日韓連連」のグループを指しているのは明らかで、青地先生は私を「妥協なき革命家の気質を備えた人物」だと称賛して下さった方ですから、青地先生に対する田中の非難には、私に対する非難も混じっていると私は考えざるを得なかったのですが、青地先生の「日韓連連」を非難したその同じ口で田中は、『朝鮮日報』鮮于煇《ソヌフィ》に対しては、「私の心の友」という賛辞を惜しまない人物でもあったのでした（『ソウル実感録』）。

これは一種の相互作用であり、我々は田中を通して鮮于煇《ソヌフィ》が何者であるかを知ることができると同時に、鮮于煇《ソヌフィ》を通して田中が何者であるかを知ることができるのではないでしょうか。

とにかく「光州事件に思う」という田中の文章を読んで、私が黙っているわけには参りませんでした。すぐ朝日新聞社を訪ねてから反論を書かせてくれと要求したら、田中の文章を担当した文化欄の記者が、それならば書いてほしいと快く承諾してくれたのでした。すぐに筆をとって書いた反論「光州市民はなぜ」はその年の六月二四日付『朝日新聞』に掲載されましたが、これに対して田中が書いた反論が掲載されたのは七月七日。続けて私が書いた再反論は七月二一日に発表されたので、光州の問題は四回『朝日』の紙面で脚光を浴びたわけでした。

田中と私の間の論争は、いわば殺す側と、殺される側との闘いであり、言いかえれば、民族的優越感に浸っている日本の右翼勢力と、これに対抗する朝鮮の民族主義との間の決闘でもあったと言えましょうが、この闘いにおいて私が誰かに応援のようなものを期待したはずもなく、文字通り孤軍奮闘であったのでした。

第6章

アメリカと日本の本質を問う

「アメリカを信じるな」というカミングスの助言

私が亡命者として日本に来て民族運動を始めたとき、一番初めにぶち当たらざるを得なかったのが、日本社会に澎湃と漲っている民族的優越感だったのでした。我々に対する彼らの民族的優越感は実に根が深く、その根を掘り起こそうとすればするほど、その根源は日本人たちがほとんど偶像のように崇拝しているいわゆる「先覚者」たちに行き当たることになるのですが、その「先覚者」なる人物らは例外なく我が民族に対しては侵略主義者たちだから、私が日本に来て否応なしに手を着けなければならなかったのが、日本人たちが偶像とあがめている先覚者たちを対象にする一種の偶像破壊運動であったのです。

また日本人たちの「偶像崇拝」とそれに基づく民族的優越感を意図的に利用したり、そそのかしているのがアメリカの極東政策だという事実に目を開くようになるにつれて、私の関心は必然的に明治以降英米圏と深く絡み合っている日本の近代史を掘り下げてみる作業に繋がるほかはありませんでした。日本の近代史に対する私の探究は活動の重要な部分をなすものであったので、これに関連した話題をいくつか提供しようと思うのですが、その前にアメリカと日本の国家利益が韓国問題とどのように絡み合っているかを分かりやすく解説した文章を一つ紹介したいと思うのです。これは、私のアメリカ人の友人であるブルース・カミングスが書いた「韓国危機に対するアメリカの反応」というタイトルの文章で、私が翻訳して雑誌『世界』（一九八七年三月号）に載せた文章でもあるのです。

「①アメリカの視角から視れば、韓国は日本を防衛する前哨基地だという点で利害関係を計算しているのみであり、その国での民主主義や人権問題は二次的な関心に過ぎず、

②政府筋のアメリカ人たちの外交辞令的な発言が何であれ、韓国人は民主主義を実践する能力はないというのが彼らの本心であり、

③韓国は儒教を基盤とする権威主義的な国だから、民主主義が根を下ろすことを期待するのは難しい。

④韓国人（朝鮮人）に対するアメリカ人たちの蔑視は、歴史的に一九〇五年まで遡るもので、桂―タフト密約を通して、朝鮮に対する日本の植民地支配（保護領化）を認定したのも、朝鮮民族は自治能力に欠けているというセオドア・ルーズヴェルト大統領の判断が作用したからだ。」

結論的に言って、アメリカは二〇世紀の全期間を通して、朝鮮民族は民主主義を実践するには未熟な民族であるから、どのような形態であれ日本ないしはアメリカの管理（保護化、植民地支配、米軍政、信託統治、韓米合同司令部）なしには独立することはできない民族という前提の下に政策を樹立してきたというのが、歴史家ブルース・カミングスの結論であるのです。

以上のような結論に付け加えてカミングス教授は、韓国の民主化勢力に対して次のような同志的な助言もしているのです。

「アメリカとしては、韓国の独裁政権が悪辣であろうとなかろうと、日本を守る前哨基地としての

役割を果たしている限りそれで充分であって、アメリカ政府が民主化勢力側に立って、独裁政権の退陣のために力になってくれることはあり得ないことだから、この点を念頭に入れてから戦略を立てることが賢明だろう。」

また、別の文章でカミングスは、解放とともに朝鮮に上陸した米軍は、いつの間にか日本人が見たのと同じような視角で朝鮮人を見るようになったために、日本人たちに対しては、協力的で（cooperative）、秩序を尊重し（orderly）、また従順に話を聞いてくれる（docile）人たちだと好意的に見る反面、朝鮮人たちは頑固であり（headstrong）、言うことをよく聞かないだけでなく（unruly）、乱暴な（obstreperous）者たちだと嫌悪感を抱いていたという事実も指摘しているのです（『朝鮮戦争の起源』）。

韓国人は無知蒙昧な民であるから、民主主義を実践する能力が生まれつき欠如しているという、前に話した外務省アジア局長木内昭胤の思考や、また韓国人はその歴史と文化が足かせとなって、彼らに民主主義は、いわば「豚に真珠」だという田中明の思考を想起してみれば、これらの日本人たちの思考とアメリカ人たちの思考が、どうしてそこまで正確に一致するのか、おそらく驚きを感じる読者たちもいるだろうと思うのですが、この一致がどのように形成されたものなのか、それは自然発生的なものなのか、それとも意図的な政治工作の結果だったのか、これからこの問題について話を展開することにしようと思うのです。ここで前に言及したカミングスの助言の文章はソウルで発生した「八七年六月民衆抗争」の三カ月前に発表された文章であることを思い起こしてほしいと思うのです。

八〇年五月、光州市民に対する虐殺の惨劇が繰り広げられていた時、アメリカの航空母艦キティーホークが黄海沿岸に現れるや、これでやっと助かったと韓国人は皆万歳を叫んだのでしたが、ああ、わが民族は何と純朴で、何と無邪気な民族でしょうか！　アメリカの航空母艦キティホークは光州市民を助け殺戮者全斗煥《チョンドゥファン》をやっつけに来てくれたものだったでしょうか？

日本人の偶像に熱狂したアメリカ大統領

日本人たちが崇拝の対象としている明治時代の「先覚者」の中でも突出している人物が岡倉天心（一八六二〜一九一三）ですが、この人物は日本の伝統的美術のみならず、西洋とは違った日本的な東洋思想を流麗な英文で広く外国人に紹介したという点で、今日に至るまで日本人の間で特に尊崇の対象になっているのです。岡倉が残した英文の著書の中でも『茶の本』、『東洋の理想』、『日本の覚醒』はいわば古典として高校生たちにまでほとんど必読の書として推薦されている本ですが、この中で私が問題にしようとしているのは一九〇四年、日露戦争前夜にアメリカで出版された『日本の覚醒』であるのです。この本で著者は日本と朝鮮の関係を次のように説明しています。

「朝鮮の始祖である檀君《タングン》は日本の始祖天照大神の弟須佐之男の息子であるだけでなく、朝鮮は第一四代仲哀天皇の皇后である神功皇后が征伐軍を派遣し、三韓の地を征服した三世紀以後八世紀に至る五〇〇年の間、日本の支配下にあった固有の属州（original province）だった。従って、日本が日露戦争で勝利を収め、朝鮮を植民地として再支配するとしても、それは侵略ではなく歴史的現状復帰に過ぎない。」

歴史に対するこのような「該博な」知識に加え、美術の大家でもある岡倉天心は、次のようなこともこの本の中で言っているのです。

「朝鮮の古墳から出る出土品が、日本の古墳の出土品と瓜二つであることだけ見ても、日本が太古の時代からすでに朝鮮を支配していたということは明白な事実ではなかろうか。」

これは偽史ですらない、荒唐無稽な戯《ざ》れ言に過ぎないながら、日本が朝鮮を支配するのは歴史の必然だという思考を、大統領以下アメリカ政府の首脳部の頭の中に植え付けるのには十分な論理だったのでした。もう一つ、明治時代の先覚者として今日まで尊崇の対象となっている偶像が新渡戸稲造ですが、この人もまた流麗な英文で書かれた『武士道』という本を一九〇五年アメリカで出版することによって、洛陽ならぬ華城《ワシントン》の紙価を高めた日本の知識人であったのです。新渡戸の本は、日本人がどれだけ高邁で勇敢な武士道精神を受け継いだ優秀な民族であるかを、説得力ある文章で力説した本でありますが、その時ちょうど日露戦争に突入した日本に対する好意的な世論を喚起する上で決定的に寄与したという点で、この本は今日を生きる韓国の歴史家たちにも是非一読を勧めたい文献であるのです。『武士道』の中には取り立てて朝鮮人を侮辱的にあげつらった部分はありません。しかし新渡戸はその背後人物の一人が伊藤博文であり、統監府の嘱託として朝鮮各地を踏査した後、次のような報告書を提出したのでした。

「朝鮮人はその風貌から見ても、生活状態から見ても、到底二〇世紀の人種とは見えないほど原始的な民族であって、彼らの民族としての生存の期限はすでに終わっているように見える。いま朝鮮半島を蔽っているのは死の影である。」

（雑誌『三千里』三四号）

当時のアメリカ大統領セオドア・ルーズヴェルトは新渡戸稲造の著書「Bushido」に魅了されたあまり、何十冊もその本を購入して閣僚はもちろん、政府の各部署の官僚たちに読むようにと配布した事実も記録には残されているのですが、とにかくルーズヴェルト大統領の頭の中に「驚くべきマーシャルスピリット（武士道精神）で武装された優秀な日本民族」という概念と、「自分自身の防衛のために指一本動かせない、うすのろの未開人朝鮮民族」という概念が同時進行で浸透していくのに、岡倉と新渡戸による著書の影響力がどれほど大きな役割を果したことか、結果的にこの二人が日本の国家利益にどれほど大きな貢献をなしたことか想像するにあまりあり、何故に今日まで日本人がこの二人を偶像のように崇拝しているかその理由を理解することができるのではないでしょうか。

アメリカの積極的な支援の下、日本はロシアを打ち破って目ざましい勝利を収めていくその過程の中で、一九〇五年九月、ポーツマス条約の締結を数日後に控えたある日、ルーズヴェルト大統領は日本代表の一員である金子堅太郎をホワイトハウスに招いて昼食をともにしたのですが、その席で、次のような言質を与えたのでした。

「カリブ海沿岸地域のキューバをアメリカが支配しているように、黄海沿岸地域の朝鮮を日本が支配するのは当然のことだとアメリカは認める。」

桂―タフト密約――日米の分け前

日本人が「先覚者」として尊崇する偶像は、先に語った岡倉天心や新渡戸稲造に限らず、韓国には学界でさえも特に知られていない親玉のような偶像が別にいるのです。これについての言及は後でするとして、まずポーツマス条約が締結するすでに二カ月前の一九〇五年七月、アメリカの陸軍長官ウィリアム・ハワード・タフトと日本の総理桂太郎の間で成立した密約について、少しばかり話をしておきたいと思うのです。

「桂―タフト密約」として知られた日米間のこの秘密の取引を知っておかないことには、後から出る私の話、つまり朝鮮戦争が勃発した当時のアメリカと日本との相互の利害関係が何であったかをはっきりと理解することができないと思うからであるのです。

タフトがセオドア・ルーズヴェルト大統領の娘アリスを含む約八〇名の一行を率いてアメリカの支配下に入ったばかりのフィリピン訪問のためにサンフランシスコを出発したのはその年（一九〇五年）の七月八日であり、船が横浜に到着したのは七月二五日だったのですが、翌二六日、タフトは明治天皇の謁見を受けただけでなく、その日の晩に帝国ホテルで催された桂総理主催の盛大な晩餐会に参席するなど、一行は日本側から最大限の丁重な接待を受けたのでした。

問題は七月二七日の午前から始まったタフトと桂の長時間に及ぶ密談ですが、その席で両者の間に成立した了解事項は簡単に言って、日本がフィリピンに対するアメリカの支配権を認める限り、アメリカは韓国に対する日本の宗主権を認めるというものであったのです。

タフトがこの密談の内容を電報で本国政府に報告したのは七月二九日で、この電文報告書を読んだルーズヴェルトがその内容を全面的に承認するという返電をタフトに打ったのが七月三一日、そしてこの返電を受け取ったタフトが、マニラから桂にその内容を知らせる電文を打ったのが八月七日でした。普通、「桂—タフト密約」として知られた文献は、七月二九日、タフトが日本からワシントンに送った電文のことを言うのですが、アメリカが国際法上の条約でもない密約の形式で秘密裏に日本に朝鮮に対する支配権を認めるという歴史的事実をわれわれははっきりと記憶しておく必要があるだろうと私は信じているのです。

ルーズヴェルトの娘アリスは、一行とは別に韓国を訪問しようと九月一九日、ソウルに到着しましたが、その時高宗皇帝はアメリカの歓心を買おうと彼女に騎馬隊を先頭とする王室用の馬車を使用させるとか、礼砲を撃って敬意を表するという歓迎行事を開く予定であったのですが、日本人たちの反対でそれすら実現できなかったのでした。たとえ実現されたとしても果たしてそれが何の助けになったでしょうか。

一八八二年四月に締結された朝米修好条約第一条には「必須相助」という文言があって、それをわれわれの祖父たちは「もし日本が朝鮮を侵略するようなときには、アメリカはわれわれを助けて、日本の行動を阻止してくれる」という約束であるというふうに一方的に解釈していたのです。

当時アメリカ公使館の秘書だったストレートはその時韓国人を次のように評価していたのです。「日本人ならば命をかけて闘うだろうし、中国人ならば粘り強く抵抗するような状況でも、韓国人は二枚舌と二重行動をもって小賢しい策を弄するのが常である。」

せっかくここまで来たついでに、当時まだ三十歳の若き李承晩《イスンマン》氏が一九〇五年に独立請願書（ハワイ僑民会が採択した文書）を持ってルーズヴェルト大統領に会ったというエピソードを簡単に紹介しておきましょう。様々な紆余曲折の末、李承晩《イスンマン》氏が一九〇四年、同じ年にアメリカに渡った尹炳求《ユンビョング》氏とともにオイスターベイに滞在していたルーズヴェルト大統領に会ったのは、翌年八月四日でありました。しかし持って行った文書は駐米韓国公使館を経て伝達された高宗皇帝の親書でもなく、ルーズヴェルトとしては公式的に受理できる文書ではありませんでした。ルーズヴェルトはもしその文書が正式な窓口である韓国公使館を通して伝達されるならば受理しようという約束をして二人を帰らせたのですが、会った時間は三〇分だったと記録には残っているのです。

もちろん二人の韓国人と会ってくれたということだけでも、ルーズヴェルトとしては厚意を示したといえるでしょうが、その四日前の七月三一日にはすでにルーズヴェルトは桂—タフト密約を承認する電報を送っていたではないですか。既に覆水は盆に返らずの状態であったのでした。

先にうっかり落としてしまった話が一つあるのですが、それはルーズヴェルトがホワイトハウスに招いて昼食をともにしながら、韓国に対する日本の支配権を云々した日本人金子堅太郎は、ルーズヴェルトとはハーバード大学の同窓であったという事実です。

朴正煕とパーレビ――アメリカが育てた双生児

アメリカが一九四四年六月、ノルマンディー上陸作戦を強行した理由は、間違いなくフランスを救い、ナチスドイツを叩くのが目的でしたが、しかし振り返ってみるに、それより一年三カ月後に仁川《インチョン》に上陸した米軍は、反対に日本を救い、朝鮮を叩くというのがその目的だったのでした。彼らは解放軍ではなく、朝鮮戦争もまた朝鮮半島全域をかつての宗主国日本に引き渡そうとする、もう一つのベトナム戦争だということを悟って以降、私が歩んできた九折羊腸の長い長い人生行路の話を広げるうちに、話は一九〇五年、三十歳の若き李承晩《イスンマン》氏が米―日間にどのような裏取引があったのかも知らないまま、朝鮮に対する日本の侵略を食い止めてほしいと、純真にも「独立請願書」を持って、ルーズヴェルト大統領と会ったというところまで話が進んできました。

　私のこの回顧録をどこで終結させねばならないのか、まだ終わりは見えないのですが、私が八九年三月、文益煥《ムンイクファン》牧師と共に平壌《ピョンヤン》を訪れ、金日成《キムイルソン》主席と会うことになるあたりの話は、読者たちも気になるだろうし、この自叙伝で抜かすことのできない部分ですが、この顛末を打ち明けるためには、その前に八七年六月民衆抗争、八〇年五・一八光州抗争、そして七九年朴正煕《パクチョンヒ》暗殺劇と、短かった八〇年「ソウルの春」の話に触れないわけにはいきますまい。まず、金載圭《キムジェギュ》が朴正煕《パクチョンヒ》に拳銃を突きつけたときの世界情勢はどのような具合であったのか、まずこれについての私の判断から話の糸口を見つけていこうと思うのです。

　今振り返ってみると、七九年と翌年の八〇年は実に慌ただしく、そして悲劇的な年でありました。一〇月二六日（七九年）、突然雷が落ちたように朴正熙《パクチョンヒ》が拳銃で暗殺されたかと思えば、一二・一二事件で新軍部による権力掌握が伝えられ、年が変わるや二月には金大中《キムデジュン》・尹潽善《ユンボソン》等に対する復権措置で「ソウルの春」が瞬時顔を出したかと思いきや、すぐに血の臭いで光州を覆い尽くした「五・一八」市民虐殺の惨劇が起こり、前日の五月一七日、金大中《キムデジュン》氏が内乱陰謀罪で逮捕され、一一月になると日本にある反国家団体「韓民統」の首魁だったという理由で死刑宣告を受けるなど、途方もない事件が相次いで発生したのでした。それまで金大中《キムデジュン》氏の日本での活動については一切不問に付されてきたのですが、いきなり「韓民統」と関連づけた「反国家活動」が問題として浮上するようになったのは何故であったのか、本国にいる人々には納得がいかなかっただろうし、しかも韓国で起こった一連の事態の意味を遠く離れたイランの事態と関連づけて把握するのは容易なことではなかっただろうと思うのです。しかしよく考えてみれば、朴正熙《パクチョンヒ》の韓国と、パーレビのイランは政治的にも経済的にも互いに瓜二つな双子の国家ではなかったでしょうか。

　パーレビはアメリカを後ろ盾に秘密警察サバク（ＳＡＶＡＣ）を動員しながら、いわゆる近代化のための白色革命にかこつけて、ありとあらゆる暴力を振り回していた独裁者でありました。

　朴正熙《パクチョンヒ》もまたアメリカを後ろ盾に、秘密警察（ＫＣＩＡ）を動員しながら、いわゆる近代化のための維新革命にかこつけて、ありとあらゆる暴力を振り回していたとすると、韓国の朴正熙《パクチョンヒ》と、イランのパーレビが互いに双子のような存在だったというのは否定しがたい事実であろうかと思うのです。

　しかもパーレビはイランの石油利権を独占していたアングロ・イラニアン石油会社を国有化したという「罪」で、五三年、アメリカが後押しするクーデター政権によって、いったんは死刑を宣告されたモサデクの失脚後、アメリカの後押しで王位に就いたという点で、イラン人たちからすれば自分たちのナショナリズムを踏みにじった反民族分子だったのですが、朴正熙《パクチョンヒ》もまた四・一九政権と言える民主政権を銃剣で崩壊させた後、アメリカとともに日本の軍国主義勢力の庇護の下で執権が可能だったという点で、韓国人のナショナリズムを踏みにじった反民族分子ではないですか。

イランで起こった激烈な反米、反パーレビ運動の暴風の中で、パーレビ国王が家族を連れて国外に脱出し亡命したのは七九年一月一六日であったのですが、これと入れ替わるようにホメイニが亡命地パリからテヘランに戻ったのが二月一日で、これを契機に始まったホメイニ革命の熱気の中で、サバク部長ナシリ将軍以下四名の側近が処刑されたのは、パーレビが国外に去ってからちょうど一月後の二月一六日であったのでした。

その当時私が国外からイラン情勢を眺めながら、ホメイニ革命がこれから韓国にどのような影響を及ぼすことになるのか、具体的にそのありさまを予想していたわけではもちろんありません。しかしその年一月八日英文週刊誌『タイム』に載った私の投稿は次のように述べているのです。

「不幸を予見するというカサンドラ（Cassandra）の能力が私にあるわけではないが、現在我々が見ているパーレビのイランの状況は、これからの来るべき朴正熙《パクチョンヒ》の韓国の状況であろうが、私の耳にはすでにワシントン当局の悲鳴の声が聞こえてきている。朴をどうすべきなのか、ほかにこれはという決め手はないのか？」

顧みれば、この一文は結果的には朴正熙《パクチョンヒ》の暗殺を一〇カ月以前の時点で預言したものと言えるだろうと思うのです。

アメリカに棄てられた朴正熙を銃殺

一九七九年二月一日、一斉に蜂起した民衆たちの熱狂的な歓呼の中、ホメイニが亡命地パリからテヘランに戻るや、それを契機に起こった革命の炎の中で、二月一六日、イランの中央情報部サバクの部長ナシリ将軍以下パーレビの側近四人が無残に処刑されたことは、すでに述べたとおりですが、ここに掲げた写真を見てほしいのです。

右側の四人番号を胸に掛けた者が、処刑直前のナシリ将軍ですが、左の四人の死体は手前から最初がナシリ、次が人民蜂起中のテヘラン戒厳司令官ラヒミ、二人目がイスファハン基地の軍政長官ナジ、一番向こうに横たわっているのが落下傘部隊司令官スロラドです。この写真を見た瞬間、韓国の中央情報部長金《キム》載圭《ジェギュ》が感じたであろう驚愕と恐怖はだいたい見当がつくのではないでしょうか。

金載圭《キムジェギュ》は車智徹《チャジチョル》（朴正熙《パクチョンヒ》の警護室長）のような無知蒙昧な無頼漢ではなく、少なくとも高等学校の教員を経たという経歴から考えて、この写真が見せてくれるナシリの今日の惨状が、そのまま明日の自分の姿かもしれないということくらいのことは、頭に描きうる「文学的想像力」はあったのではないでしょうか。金載圭《キムジェギュ》は今、朴正熙《パクチョンヒ》を除去して「朴なき朴体制」を自分が引き受けるか、さもなければナシリのように命を落とされ血の気のない死体で横たわることになるのか、二者選択の分かれ道に立たされていたと

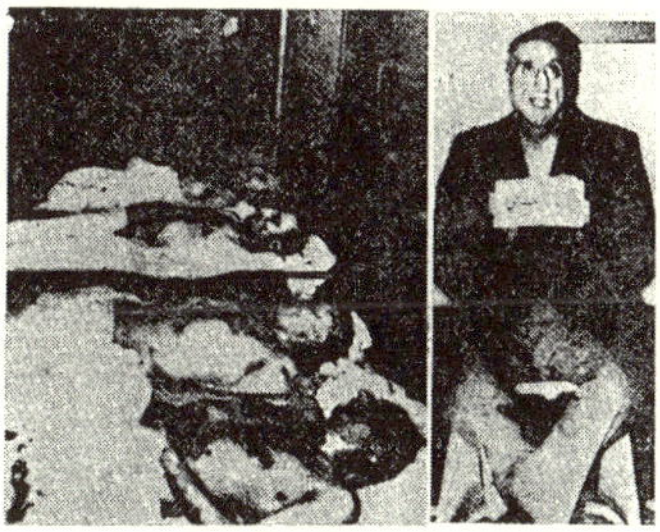

イラン革命とパーレビ側近の処刑

1979年、民衆革命でパーレビ国王がエジプトに追われホメイニが帰国すると、イランの中央情報部サバクのパーレビ側近4名は処刑された。右の写真はサバクの部長だったナシリ将軍の処刑直前の姿。左の写真は右からナシリ・ラヒミ（テヘラン戒厳司令官）・ナジ（イスファハン地区の軍政長官）・スロラド（落下傘部隊司令官）の死体。

私は思っているのです。

アメリカはまたアメリカなりに、同じ将棋盤の角や飛車を動かすように韓国とイランを同時に見下ろしている世界帝国として、イランの今日がすなわち韓国の明日だということくらい、気づかなかったはずはないでしょう。アメリカと金載圭《キムジェギュ》の相互の利害関係がどこかで一致したある瞬間があったというのは想像するにあまりあるのではないですか。

とはいえ、金載圭《キムジェギュ》とアメリカが互いの利害関係で一致を見た背後には、息詰まるほど緊迫した雰囲気の中で展開されていた韓国の国内情勢があったのであり、これを見逃してはならないと思うのです。

まず「朴体制」に向けて発射された最初の命中弾は、一九七九年五月三〇日に開かれた野党新民党全党大会で、それまで朴正熙《パクチョンヒ》の「任命」で野党党首をしていた厚顔無恥な李哲承《イチョルスン》を一一票差で退け、金泳三《キムヨンサム》氏が党首に復帰したという事実だったでしょう。

すると朴正熙《パクチョンヒ》は、新民党全党大会で金泳三《キムヨンサム》氏に票を投じた党員の中には、党員資格のない「ニセの党員」が二二名混じっていたという理由で、新民党の中の体制派に命じてソウル地方法院に訴訟を提起させ、九月八日、金泳三《キムヨンサム》氏から党首権限を剥奪する措置をとったのでした。いわゆる「土曜日の虐殺」です。

しかしそれでも足りなかったのか、朴正熙《パクチョンヒ》は一〇月四日、三〇〇名の私服警察を動員して野党議員たちの接近を排除した上で与党の維新政友会と共和党の名前で金泳三《キムヨンサム》氏から議員資格まで剥奪するという極端な措置をとるに至ったのでした。

このような事態に対するアメリカの反応はどのようなものだったのか。まずワシントン当局は金泳三《キムヨンサム》の議員職剥奪に対する抗議を表明するため、一〇月六日に駐韓アメリカ大使グライスティーンの本国召還を発表したのですが、三日後の一〇月九日には「太平洋アジア地域に対するアメリカの防衛線の中に韓国は含まれない」との驚くべき発言が駐日大使マンスフィールドの口から記者会見の席上で発表されたのでした。いったん本国に召還されていたグライスティーン大使がブラウン国防長官とともにソウルに戻ってきたのは一〇月一七日だったのですが、その時の外信報道を見ると、ブラウン国防長官は朴正熙《パクチョンヒ》に宛てたカーター大統領の親書を携えていたということであったのです。朴正熙《パクチョンヒ》を蛇蝎のように嫌っていたカーター大統領が国務省をさしおいて国防長官を通じて親書を伝達したとすれば、前に述べた駐日米大使マンスフィールドの発言から察して、その親書は朴に対するほとんど真っ向からの脅迫が込められていたのではなかったでしょうか。またブラウン長官がソウルに到着した一〇月一七日は維新体制が発足して七年になる日であって、すでに釜山でも「釜馬（釜山馬山《マサン》）事態」に火が付いていた状態でしたから、アメリカも相当緊迫していたことでしょう。

朴正熙《パクチョンヒ》が銃弾で倒れた一〇月二六日の前日の二五日、金載圭《キムジェギュ》がグライスティーン大使に会って密談を交わしたという噂がモスクワから飛び込んでくるや、グライスティーン大使は飛んでもないと言わんばかりに「rubbish」（荒唐無稽）だの「baloney」（事実無根）だのという言葉でそれを否定しましたが、その現場を見なかった以上、二人が会ったのかどうか判断することはできないながら、前にも述べたように金《キム》載圭《ジェギュ》とグライスディーンの利害が互いに一致したある瞬間があっただろうということは想像に難くありません。一九六三年、アメリカのために役に立たなくなった南ベトナムの独裁者ゴーディンデュムが、アメリカを背後とするクーデターで暗殺された事実を想像すれば分かることではないですか。

金大中は韓国のホメイニ？

私が日本にいて朴正熙《パクチョンヒ》暗殺の第一報を聞いたのは、事件翌日の一九七九年一〇月二七日明け方、まだ布団の中で鼾をかいていたときでありました。けたたましく鳴る電話のベルで眠りが醒め、目をこすりながら受話器を取ったら、カナダのトロントで『ニュー・コリア・タイムス』を出している友人の全忠林《ジョンチュンニム》氏の声だったのです。

「ソウルでクーデターが起こり、朴正熙《パクチョンヒ》が暗殺されたが知っているか？」

知っているはずなどありえましょうか。ともかく時計を見ると明け方の五時四〇分だったのです。「あー、遂に……」と一人つぶやいているうちに頭の中を大勢の人々の姿がよぎって行きました。まずは張俊河《チャンジュナ》先生の奥さん金喜淑《キムヒスク》女史、人革党事件で夫禹洪善《ウホンソン》氏を刑場で失い「どこに行けば、どこに行けば、あなたに会うことができるでしょうか」と泣き叫ぶ『奪われた者の詩』を私に送ってこられた姜順姫《カンスンヒ》女史、ストライキ中に襲撃に襲われたYH貿易事件で命を失った金敬淑《キムキョンスク》さん等々。

気持ちをとりなおしてテレビニュースを見てみたら、ソウルに非常戒厳令が発布されたのは、午前四時、それを全く知らずにいた駐韓日本大使館が本国の外務省に緊急電報を打ったのが五時三〇分だったという

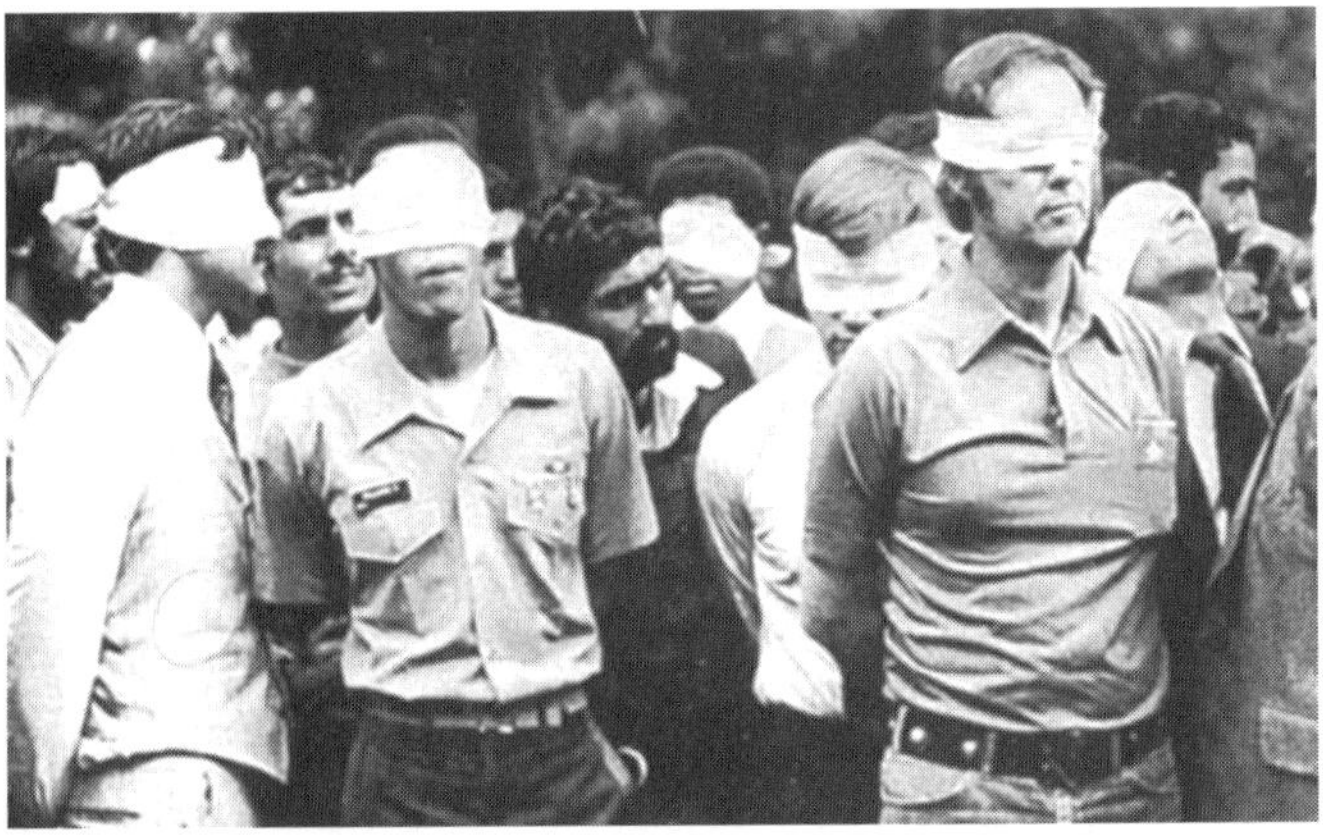

テヘランの米国大使館占拠と韓国での全斗煥退陣を要求するデモ

1979年11月4日、ホメイニ革命に参与した学生たちがテヘランのアメリカ大使館を占領し、外交官52名を人質にしている（上）。同じ年の12月26日、「朴正熙殺害」以降、民主化の熱気が高まり翌年5月15日、ソウル駅広場で学生と市民10万余名が全斗煥退陣を要求するデモを繰り広げている。

のでしたから、日本で五時四〇分という時刻に朴正熙《パクチョンヒ》の暗殺を知っていたのは私を除いて誰もいなかったのではないかと、奇妙な快感を覚えたのも事実でした。

しかし不思議なのは、ワシントンでは日本時間午前三時（ワシントン時間午後一時）の時点でブレジンスキーホワイトハウス特別補佐官以下、各閣僚がカーター大統領の主催する緊急会議に集まってきて、「外部の干渉に対しては、条約の義務に従って対抗措置を執る」という、平壌《ピョンヤン》を的にした声明文を発表したという事実だったのです。日本時間三時といえばソウルではまだ非常戒厳令が発布される一時間前のことでしたが、アメリカ側のこのような敏捷な行動は何を意味するものだったのでしょうか？

ピストルで朴正熙《パクチョンヒ》を斃したあと、もし金載圭《キムジェギュ》が陸軍本部ではなく、自分の根拠地である南山の中央情報部（KCIA）本部に行っていたとしたら、あるいは噂で言われている通り、国防部のバンカー（地下施設）に集まった軍首脳部たちを前にして、「俺の背後にはアメリカがいる」という軽率な失言を吐かなかったとしたら、歴史はまた別の方向に転がっていったかも知れませんが、ともかく金載圭《キムジェギュ》は陸軍本部で保安司令官全斗煥《チョンドゥファン》に逮捕されることによって、金載圭《キムジェギュ》自身はもちろんのこと、一二・一二を経て権力者として浮上することになる全斗煥《チョンドゥファン》自身にしても、夢にも思わなかった方向に歴史は展開していったのでした。

朴正熙《パクチョンヒ》が暗殺されたあと金大中《キムデジュン》氏等に対する復権措置もなされ、つかの間の「ソウルの春」も訪れたのでしたが、その「ソウルの春」に対してアメリカの軍部が決して好ましく思っていなかったことは、誰が見ても明らかなことであったのでした。

民主主義と叫びながら騒ぎ立てている学生どもは「不躾に育ったガキども」（spoiled brats）と言ったのは駐韓アメリカ大使ウォーカーであり、韓国人とは「これがお前たちの指導者だと誰かが首に鈴をつけてやったら無条件でついて行くレミング（野生ネズミ）のようなもの」と言ったのは駐韓米軍司令官ウィッカムだったのですが、レミング（野生ネズミ）を云々するウィッカム発言は、すでにアメリカは韓国の指導者として或る特定のネズミに鈴をつけているが、そのネズミは絶対に金大中《キムデジュン》ではないということを率直にばらしたようなものでした。金大中《キムデジュン》氏自身はその時のウィッカムの発言をどの程度理解していたのだろうか、今でも気がかりでないことはありません。

「ソウルの春」があっという間に終わり、五・一八事態で光州が血腥い臭いで覆い尽くされたとき、多くの人々は驚愕し恐怖に震える一方、訝しく思っていたに違いありません。もちろん全斗煥《チョンドゥファン》配下の新軍部勢力が、民衆民主化陣営に対し敵意を抱いているのは分かるのですが、どうしてよりによって光州なのか？　どうして金大中《キムデジュン》氏なのか？　光州事態と数万里も離れたテヘラン事態を同時に眺めながら、情勢を把握するのはそれ程易しいことではなかったでしょう。

ホメイニ革命の渦巻きのなかで気持ちが激高していたテヘランのイラン人学生たちが、アメリカ大使館を襲うと同時に、大使館職員五二名を人質として捕らえたのは、朴正煕《パクチョンヒ》暗殺の直後のその年一一月四日でした。人質たちが四四四日もの長期間の監禁生活に耐えた末に解放されたのは、カーターの任期が終わり、レーガン大統領の就任式が挙行された八一年一月二〇日だったのですが、イランと韓国を一つの将棋盤として上から眺めていたアメリカとしては、熱狂的に民主主義を叫んでいる韓国の学生たちの動きに、どれほど眉をひそめていたことでしょうか。

それだけではありません。ホメイニは亡命生活をしながら、アメリカが支持するパーレビ政権打倒を主張していた人物ではないですか。そうだとすれば、金大中《キムデジュン》氏とは誰でしょう？　国外に亡命してからアメリカを背後とする朴正熙《パクチョンヒ》の打倒を叫んだ人物であったとすれば、アメリカ人の目に金大中《キムデジュン》は韓国のホメイニという意味で「金メイニ」くらいに映っていた可能性はなかったでしょうか。

なぜ光州であったのか？　なぜ金大中であり韓民統であったのか？

朴正熙《パクチョンヒ》が暗殺された後、「ソウルの春」が訪れ、次の大統領は三金氏（金大中《キムデジュン》・金泳三《キムヨンサム》・金鍾泌《キムジョンピル》）のなかの誰だろうかと、人々の心がときめいていたのもほんのつかの間だけで、八〇年五月一七日、新軍部はいきなり朴正熙《パクチョンヒ》暗殺のときの戒厳令の範囲をより広くした「拡大戒厳令」を敷き、金大中《キムデジュン》・文益《ムンイク》煥《ファン》・金相賢《キムサンヒョン》・李海瓚《イヘチャン》等二三名を内乱陰謀罪で、韓勝憲《ハンスンホン》・高銀《コウン》・李文永《イムンヨン》・芮春浩《インチュンホ》等一一名を戒厳令違反で逮捕したかと思えば、夜が明けるや血腥い光州五・一八虐殺の事態が繰り広げられたのでした。

軍人たちによる残忍な蛮行は、時々刻々いろいろなチャンネルを通じてその全貌が詳しく日本に伝えられてきたのですが、おそらくその当時の言論統制のために、光州で何が起こっていたのか、むしろソウルではよく分かっていなかっただろうと思われるのです。棍棒で打たれて頭蓋骨が砕け、若い学生の脳味噌が噴き出してきたという話、女子高生を下着まで脱がせて裸で立たせたまま、銃剣で乳房をえぐり出したという話、臨月の妊婦の腹に向かって、中のものを見せろといいながら、銃剣で突き刺しまくったという話、これを止めさせようとした七十歳の老婆をまるでカボチャを突くように刺し殺したという話……、このすべての残忍無道な行為が、女真族や蒙古人や倭寇ではなく自分の国の軍隊による行為だったという事実に、驚きを禁じ得なかったのですが、そればかりではなく、このような国軍に対抗し、銃を取って戦った市民軍によって射殺された軍人一五名に、全斗煥《チョンドゥファン》の新軍部政府が花郎武功勲章を授与したという話を聞くにつけ、政府というものが一体誰のための政府なのか、つくづく考えざるを得ませんでした。

その激憤はもちろん私だけのものではなく、自然発生的に集まった南北の在日同胞たちによって七月一二日「光州学生市民たちの魂を慰める追悼会」が東京で開かれたのですが、その後、年が変わってから『世界』の安江良介編集長を通して私に伝達されたのが、光州市民によって作成された「五・一八光州事態白書」だったのでした。

かなり長文のものでしたが、その白書は「非民主的、非人間的、反民族的等々、どのような形容詞を持ってしてもその残忍な惨状を表現できない……ここまで凄惨な殺戮が、どうして同じ体制の下で生きている自国の軍隊によってしでかされたのか、到底理解できない」と疑問を表現しながらも、「李承晩《イスンマン》独裁、朴《パク》正熙《チョンヒ》独裁、そして現在の全斗煥《チョンドゥファン》独裁等々、その外見はそれぞれ違ってはいるものの、つきつめてみれば解放の時からのその出発点は日帝の残滓《ざんし》勢力であって、この勢力を背後で操縦している共犯のアメリカは絶対に責任を免れないだろう」と断定し、真の敵はアメリカだという点を明快に喝破していたのでした。

アメリカに対する韓国人の意識を劇的に変化させたという点で「光州」のもつ意義はまさに歴史的なものだったのですが、ともかくこの「白書」は私の手で日本語に翻訳され、一九八一年九月号の『世界』に掲載されたのです。

ところで、なぜよりによって光州だったのか？　なぜ金大中《キムデジュン》だったのか？　そしてまた、なぜ「韓民統」だったのか？　いまここで私だけが知っている謎の一端を披露したいと思うのです。

ウリマルの諺に「西海のハゼが飛び跳ねたら、それにつられて全羅道の箒も飛び跳ねた」というのがあるのですが、まさにそんな事態が日本で起こったのでした。

テヘランでイランの学生たちがアメリカ大使館を占領して五二名の職員を全員人質にしたという事態が起こったのは、前に述べたとおりホメイニ革命が起こった七九年一一月四日だったのですが、その直後東京にある「韓民統」組織の郭東儀《クァクトンイ》は、好機至れりとばかり、傘下の若者たちを動員して麻布仙台坂の韓国大使館を一時占拠し、「朴正熙《パクチョンヒ》は死んだのだから、今や大使館は我々のものだ。出て行け」と大使館の引渡しを要求するという驚くべき事態が発生したのでした。その時公使だった許文道《ホムンド》が慌ててトイレに逃げると、そこまで追いかけて行き罵詈讒言を浴びせかけたというのですから、そのとき許文道《ホムンド》はどれほど地団駄を踏み、歯ぎしりをしたでしょうか。

私はこの話を伝え聞きながら、全身鳥肌が立つような恐怖を感じざるをえませんでした。その当時ソウルには朴正熙《パクチョンヒ》暗殺のときの非常戒厳令がそのまま敷かれている状態で、金大中《キムデジュン》氏は新軍部の手の内にある立場にあったわけですから。そのような分別のない行為が新軍部に、またアメリカにどのような衝撃を与えることになるのか、そんなことを察しうる思慮や知性は「韓民統の車智徹《チャジチョル》」郭東儀《クァクトンイ》の頭脳の中には無かったのでした。彼が行った行為、まさにそれが「反国家行為」ではないのですか。

そんなことがあった直後の八〇年正月、許文道《ホムンド》は公使を退職して本国に召還されることになり、帰るやいなやエレベーター式の垂直出世で統一部長官になるのですが、東京の韓国大使館を離れる時の送別会が、一介の公使の退任にはふさわしくないほど大がかりなものだったと、招待されてそこに参席したある日本人新聞記者が私に知らせてくれたのでした。

許文道《ホムンド》はその時「韓民統」に関して、金大中《キムデジュン》氏がもし聞いたとすれば、びっくり仰天して顔が青くなったであろう、詳細且つ具体的な情報を握ってソウルに行ったに違いないと、私は推測せざるを得ないのです。

光州の衝撃とアメリカの覚醒

なぜよりによって光州なのか、なぜ金大中《キムデジュン》か、なぜ「韓民統」だったのか。この三つの問いに加えて、なぜまた「五・一八」だったのか？　この四番目の問いに回答を提供したいと思うのです。

まずソウルで大学生たちのデモが始まったのが、一九八〇年五月一三日であったのを想起して下さい。そしてその熱気が頂点に達し一〇万人の群衆がソウル駅の広場を埋めつくしたのが一五日だったのを思い返してほしいのです。ちょうどそのとき、テヘランのアメリカ大使館のイラン人学生たちに占拠されて職員全員が人質に捕えられていたのですが、ソウル駅広場から貞洞《チョンドン》のアメリカ大使館までは「ワー」っと駆けつけて殺到すれば一〇分もかからない距離ではありませんか。ソウル駅広場の様子を見守っていたアメリカ大使館の職員たちの恐怖は聞かなくても分かるではないですか。全斗煥《チョンドゥファン》新軍部に始動がかかったのはそのときだったと私は思っているのです。『光州白書』は語っているのです。光州市民たちを狙った殺戮の蛮行を犯したのは全斗煥《チョンドゥファン》の軍隊であるが、その背後勢力はアメリカだったと。同じことを繰り返しますが、アメリカに対する韓国人の認識を劇的に変化させた点で、「光州」は紛うことなく歴史的な転換点だったのですが、そのような劇的な変化を可視的な形態で見せてくれたのが、八二年三月一八日、釜山アメリカ文化院（ＵＳＩＳ）にキリスト教神学大学の学生文富軾《ムンブシク》君たちが火を放ったという前代未聞の椿事だったのでした。アメリカ文化院が攻撃の対象になったのは、そこがわが国に対する文化的侵略の牙城だという理由でしたが、私が驚いたのは、その事件の主導者の文富軾《ムンブシク》君は親米反共の色彩がとりわけ濃厚な、釜山の高麗神学大学の学生だったという事実であったのです。そればかりではなく、その神学大学の創設者は「親米反共」というよりはむしろ「崇米憎北」とも言うべき越南キリスト教徒らの中心人物とも言うべき韓景職《ハンキョンジク》牧師につながる人たちであったのでした。因みに「越南」キリスト教徒とは「解放」後、三八度線を越えて南に逃げてきたプロテスタントを主軸とするクリスチャンを指す言葉であるのです。

五〇年代初め、私がまだ米軍の軍服をまとい、停戦委の一員として板門店《パンムンジョム》で仕事をしていた頃のことですが、どういうわけかそこに韓景職《ハンキョンジク》牧師が頻々と出入りしていたのでした。韓牧師は私のことを知りませんが、私は韓牧師の顔を知っているではありませんか。将校専用の食堂で彼と出食わすたびに不思議に思っていたのですが、実は韓牧師は済州島四・三事件のときから米軍の軍事顧問をしていたのです。だとすれば、二五万島民のうち五万が虐殺されたというその事件で、韓牧師は自らの手を虐殺された人々の血で汚したということではないのでしょうか。作家黄晳暎《ファンソギョン》が書いた実録小説『客人《ソンニム》』というのがあります。これは黄海道信川《ファンヘドシンチョン》にある「米帝良民虐殺博物館」の本当の実情を暴露した小説なのですが、朝鮮戦争のときに米帝によって残忍に虐殺されたと言われる三万五〇三六名の良民は、実は米軍ではなくキリスト教徒たちが犯した蛮行の結果だったという事実をこの小説は暴露しているのです。こんな鬼畜のような蛮行を犯しておきながら、いかにも善人面で三八度線を越えてきて、もっとも敬虔なキリスト教者だと自任しながら生涯を生きて来たいわゆる「越南キリスト教者」の一人が韓景職《ハンキョンジク》牧師ではないかと私は思うのですが、『客人《ソンニム》』の日本語版は私の翻訳で二〇〇四年四月岩波書店から出版されました。この小説の原語版が創作と批評社から出版されたのが二〇〇一年六月でしたから、文富軾《ムンブシク》君がすくなくとも小説『客人《ソンニム》』が暴露している越南キリスト教者たちの実態を知っていたはずはなかったでしょうが、彼は獄中書簡で自派のキリスト教会が「悪の側に立って李承晩《イスンマン》政権以来の歴代独裁政権を擁護してきた醜態」を糾弾するだけでなく、大統領全斗煥《チョンドゥファン》が主催する朝餐祈祷会に行っては「神が与え給うたこの国の指導者に祝福を与えたまえ」と祈る韓景職《ハンキョンジク》牧師を「キリストを裏切った背徳漢である」と辛辣に批判したのでした。

　ところで文富軾《ムンブシク》君に「放火罪」で死刑が宣告されるや、一斉に立ち上がり文君を擁護する一方、「光州」の背後勢力アメリカに対して激烈な糾弾の矢を放ったのは、意外にも新旧キリスト教団体「韓国教会社会宣教協議会」だったのです。朴炯奎《パクヒョンギュ》牧師、金京洛《キムキョンナク》牧師、趙和順《チョファスン》牧師、池学淳《チハクスン》主教、金勝勲《キムスンフン》神父、咸世《ハムセ》雄《ウン》神父ら四二名で構成された協議会は「釜山アメリカ文化院放火事件に対するわれわれの見解」を発表し、アメリカを糾弾すると同時に、韓国の学生たちを「躾の悪いガキども」と罵った駐韓米大使ウォーカーと、韓国人たちをレミング（野ネズミ）にたとえた駐韓米軍司令官ウィッカムの追放を要求したのでした。

　解放後、アメリカが入ってきて、メソジストの李承晩《イスンマン》が大統領になるや、これをもって我が韓国は「主の祈り」の言う「御国の来臨」とばかり信じこみ、四・一九のとき学生たちが銃弾を浴びて斃れていくのを見ながらも、学生たちの要求がなんであったかさえ理解できなかったのが、大方のキリスト教者だったと言えるでしょう。そのような無知なキリスト教徒等が驚き、目を醒ましたのは、「光州」が与えた衝撃のためだったと私は信じているのです。

朝鮮を再び日本の懐に――アメリカのケナン設計図

「武士道精神《マーシャル・スピリット》」で武装された優秀な日本民族に比べて、自らを守るために指一本動かしえない朝鮮民族はうすのろどもだ」というのがセオドア・ルーズヴェルト大統領の頭に確固として染みついていた観念だったのであり、従って朝鮮に対する統治権は日本に一任するのが、むしろアメリカの利益だという発想から、「桂―タフト密約」が成立したということはすでに述べたとおりですが、だとしたら現在のアメリカは果たして「桂―タフト時代」とは違った目で朝鮮民族を見ているのでしょうか？　アメリカは朝鮮民族を日帝の支配から解放してくれたありがたい国なのに、そんな質問は質問自体が不純だと感じる韓国人もいるでしょうが、とにかく私が今から解き明かす話を注意深く聞いてほしいと思うのです。

ジョージ・ケナン（George Kennan）という有名なアメリカの外交官がおります。二〇〇五年に百一歳で世を去った人ですが、ソ連に対するコンテインメント（封じ込め）政策の立案者として名を馳せた著名な外交官として、学界や言論界に広く知られた人物ですが、なぜか彼が朝鮮民族の未来像に関して残した「設計図」は、私には驚きであり衝撃的なものであったにもかかわらず、さしてこのことで名が知られているわけでもなく、韓国の学界でさえも、ほとんど問題にする人は見当たらず、もどかしい思いを抑えることができません。「ケナン設計図」は次のようなものですが、簡単に言えば、朝鮮半島から満州に至る日本の旧植民地はもう一度日本に統治を任せるのが、アメリカにとっての利益だというものであるのです。

「日本の影響力並びに彼らの活動が再び朝鮮と満州に及んで行くような事態をアメリカが現実的な立場から反対しえなくなる日は、われわれが考えるよりは早くやってくるだろう。それはこの地域に対するソヴィエトの浸透を食い止める手段としては、これ以上のものはないからである。力の均衡をうまく利用するというこのような構想は何もアメリカの外交政策にとってことさら新しいものではない。現今の国際情勢に鑑み、アメリカが上記のような政策の妥当性を認め、もう一度そのような政策に戻ることは、それが早ければ早いほど望ましいというのは、われわれ企画部スタッフの一致した見解である。」

ケナンが作成したこの「設計図」は彼が本部長だった国務省政策企画部第一三号ファイルキャビネットから、私がいつも言っているブルース・カミングス教授が初めて探し出したもので、彼が発見してすぐ私に送ってきたのは一九八五年秋だったのです。桂―タフト密約の再版であるこの文書を読んで、私がどれ程驚き、憤慨したことか想像がつくでしょうが、それよりもなお腹が立つのは、それから二〇年以上文章や言葉で声を大にして、これに対する注意を喚起しようと必死の努力を払ってきたのですが、――私の力不足のせいでもありましょうが――これに対し関心を抱いてくれる人があまりいなかったということでした。私が知る限り、日本人の学者たちの叙述した朝鮮問題に関する本のなかで「ケナン設計図」に言及したのは一つもありませんでした。

ベトナムに対するフランスの支配権を回復させるというアメリカの意図からベトナム戦争が始まったとしたら、日本のヒンターラント（背後地）として朝鮮と満州をまずアメリカの軍事力で切り取った後、その支配権を日本に渡すというケナンの「設計図」は当時の国際情勢からみて、別に驚くべきほどのものではなく、朝鮮戦争はどうせ起こるべくして起こった戦争だったのであり、第一発を撃ったのが金日成《キムイルソン》だったか、あるいは李承晩《イスンマン》だったかを根掘り葉掘り詮索することは無意味ではないかと私は思うのです。

然りとはいえ、共産陣営がアメリカの意図について全く知ることが無く、何の準備もないまま朝鮮戦争を迎えたのかといえば、そうではなかったでしょう。カミングスの『朝鮮戦争の起源Ⅱ』を見ると、例えば「ケンブリッジ５」と呼ばれたキム・フィルビー、ガイ・バージェス、ドナルド・マクレインと、二重スパイ、ジョージ・ブレイク等々、アメリカの国家機密に接近しうるところに潜伏していながら、入手した極秘情報を直通でモスクワに伝達したいわゆる「モグラ」(mole)たちがアメリカの中央情報局（ＣＩＡ）やイギリスの諜報機関ＭＩ６のなかにうようよしていたというのですから。「ケナン設計図」くらいスターリンが知らなかったはずはないでしょう。その情報は即刻毛沢東と金日成《キムイルソン》に伝えられ、それぞれ対策が練られていたのではなかったでしょうか。朝鮮戦争が起こる直前の一九五〇年二月一四日、中国とソ連の間に「中ソ友好同盟」が締結されますが、その第一条に「(中ソ両国は)いかなる形態であれ、日本帝国主義の復活と侵略行為を煽る行為に対し共同で対処する」という条項があるのです。これはケナン設計図の実現を推し進めようとするアメリカの政策に狙いを定めたものであると私は信じているのです。

金日成《キムイルソン》や毛沢東やスターリンの視角から見れば、朝鮮戦争はたとえ日本人の姿は見えなかったとしても、第二の日清戦争であり、第二の日露戦争だったと私は考えているのです。

アメリカを後ろ盾に華麗な再起を遂げたA級戦犯の岸

戦後アメリカの極東政策が「ケナン設計図」に沿ったものだったとすれば、当然対日政策にもこれに沿った具体的な計画があったはずで、私がこれに関してずっと注目してきた人物が岸信介だったのでした。

真珠湾攻撃当時、日本の総理だった東条英機以下七名のA級戦犯が東京の巣鴨プリズンで絞首刑に処せられたのは一九四八年一二月二三日でしたが、極東裁判で同じくA級戦犯として逮捕され巣鴨プリズンに収監されていた岸は、初めから起訴すらされないばかりか、東条らが処刑された翌日、釈放された自由の身で獄門を出て、当時吉田内閣の官房長官だった実弟の佐藤栄作（一九六五年日韓国交正常化当時の総理大臣）の官邸に直行したのでした。その日の夕方、岸は前から頼んでおいた美味しいマグロの刺身を肴に酒を飲みながら、久しぶりに家族とともに団らんの一時を楽しむことができたという話は、日本人社会には広く知られた有名なエピソードですが、米軍が岸に施したこの特典は、釈放された日がクリスマスイヴだったという点から見ても、政治的に特別な意味をもったものだったでしょうが、アメリカが岸にかけた期待は何だったのでしょうか。

日本が満州を侵略し、傀儡国満州国を創建したのは一九三二年だったのですが、日本の商工省の有能な官僚として名を馳せていた岸が、満州国の産業次長に抜擢されて赴任したのは四年後の一九三六年でした。当時ソ連は一〇月革命後の一九二八年から第一次経済発展五カ年計画を開始し、これが終ると引き続き一九三二年から実施した第二次五カ年計画の結果、鉄鋼、セメント、機械工業などの分野で経済力と戦争遂行能力で飛躍的な発展を見せていたのです。

これに対抗するために、「戦時経済体制」を構築する任務を帯びて赴任したのが岸だったわけで、岸信介は当時三井・三菱に次ぐ第三の財閥だった日産コンツェルンの社長鮎川義介を満州に呼び寄せ、「満州重工業開発会社」を設立する一方、当時南満州鉄道株式会社（満鉄）総裁だった松岡洋右と手を組み、いわゆる「満州三すけ」と呼ばれた作業チームを構成した上、短期間内に経済発展のために相当の成果を上げたのでした。岸が商工省次官として帰任したのが三九年だったのであり、彼の満州時代はさほど長かったわけではないのですが、満州は「私の作品」だったとまで豪語したというから、自分が上げた成果に対する自負心のほどが知れようというものです。

そうだとすれば、ソ連の南下を阻止しこれに対抗するためには、朝鮮から満州に至る日本の旧植民地を日本の再支配に委ねなければならないという「ケナン設計図」の視角から見た場合、岸はアメリカにとって願ってもない打ってつけの人物ではなかったでしょうか。

アメリカ中央情報局（ＣＩＡ）の前身、戦略情報局（ＯＳＳ）の要員が日本の敗戦後、獄中の岸と頻繁に接触していたことは記録にも残っている事実ですが、岸はすでにその時からアメリカが自分にかけている特別な期待が何であり、無罪釈放後自分が遂行せねばならない任務が何であるかについて明確に認識していたと考えてよいでしょう。岸の次のような獄中日記はそれを証明するものではないでしょうか。

「cold war という新しい言葉が作られているが、いずれこれは hot war となるであろう。たとえ日本人は戦いに敗れたりとはいえ、東洋第一の素質を有する国民としてその世界史的使命を把握せねばばな

らず、識見抱負と勇気断行力とを兼備する指導者の出現が待たれる。」（一九四七年九月二〇日）

この文章の行間を詳しく見てみると、そのような能力を兼備した人物はまさに岸自身だということが分かるのではないでしょうか。

彼は日記に次のような文章も残しています。

「『東亜全体の赤化』に通じる中国共産党の天下を阻止するために、アメリカはドルと武器で蒋介石を助けること（焼け石に水）はやめて、アメリカがみずからの軍隊をもって直接毛沢東を抑圧すべきである。このアメリカ軍とは星条旗の下で戦う日本の義勇兵をもって編成されるべきである。」（一九四七年一一月四日）

先に私は金日成《キムイルソン》や毛沢東や、あるいはスターリンの視角から見れば、朝鮮戦争はたとえ日本人の姿は見えなかったとしても、第二の日清戦争であり、第二の日露戦争だったと指摘したのですが、このような指摘が何を根拠としているのか、よく考えてほしいと思うのです。

消えたマッカーサー、消えなかったケナン設計図

朝鮮戦争が勃発し、ソウルが人民軍に占領されたのが一九五〇年六月二八日で、仁川《インチョン》上陸作戦に成功

したマッカーサー麾下の「国連軍」がソウルを奪還したのは九月二八日でしたが、「国連軍」はこれにとどまらず一〇月七日、三八度線を越えて北進を続けたのでした。しかし「中共軍」の阻止で一敗地に塗れた挙句、翌年一・四後退でもう一度ソウルを占領されるという悲劇に遭ったのでした。

この一連の事態、特にソウルがいつ占領され、またいつ奪還されたかについての具体的な日にちは、朝鮮戦争全般の歴史的意味を把握するために必要な事項であるだけに、記憶しておく必要があろうかと思うのです。

いずれにせよ、一・四後退後、もう一度反撃に出たマッカーサーの「国連軍」がソウルを奪還したのは一九五一年三月一四日だったのですが、今度もマッカーサーの「国連軍」は反撃を留めることなく、そのまま三八度線に接近していったのでした。ところが、朝鮮戦争がともすれば第三次世界大戦を触発することを憂慮したトルーマン米大統領は三月二三日になって、そこで戦闘を停止し休戦会談を開始するという自身の意思をマッカーサーに通知したのでした。

しかしマッカーサーは大統領の意思を無視し、即座に翌日三月二四日、前線視察のために三八度線に向け出発する直前、飛行場で軍事作戦の範囲を朝鮮半島に限定せず、満州内陸部に対する爆撃を開始するという威嚇的な声明を発表したのでした。

大統領の命令を無視したこの声明に怒ったトルーマンは、四月一一日、マッカーサーを解任するのですが、ここで理解しうるのは、マッカーサーは「ケナン設計図」どおりに戦争を続けようとする積極派であり、それは危険だからいったん戦闘を中止して状況を見守ろうという消極派がトルーマンだったという事実でしょう。

トルーマンは国務省を離れ休職中だったケナンを呼び戻して何やら議論を重ねてから、ケナンに命じてソ連の国連代表マリクと会い、休戦会談に関するアメリカの意思を知らせたのでした。それは五月三一日のことでした。もちろんケナンの登場は偶然であったかも知れないながら、しかし朝鮮戦争全般にかけた討議のために、その時点でトルーマンがケナンを呼び出したというのは、やはり興味深い事実ではないでしょうか。

「ケナン設計図」をそのまま実現しようと、再び三八度線を越えて満州まで軍を進めようとしたマッカーサーは、トルーマンによって罷免され、ケナンとマリクの密談を経て交戦双方の休戦予備会談が開城《ケソン》で開かれたのは七月八日、その後場所を移して板門店《パンムンジョム》会談が始まるのは一〇月頃からだったのですが、これでアメリカの極東政策で「ケナン設計図」は取り消されたのかといえば、もちろんそうではなかったでしょう。

先に述べた日本の「五五年体制」を想起してほしいのですが、五五年体制というのは社会党など些かでも左翼的なにおいを漂わせる政党はすべて万年野党に追い込んでおいて、親米反共を掲げる自民党の永久執権を可能にする体制を言うのですが、この体制の構築に中心的な役割を果たした人物が、五二年政界に復帰した岸信介だったのを忘れないでほしいと思うのです。

五五年体制を担う自民党とはいかなる性格の政党でしょうか？　私が前に指摘したように、いつかは「三矢秘密軍事作戦」を発動させ、朝鮮半島を席巻し、三八度線を鴨緑江の外側に押しやり、日本人があの世に行っても日清、日露戦争で勝利を収めた明治時代の先祖たちに堂々と顔向けすることができることを最終目的とする政党が自民党ではないですか。

一方、朝鮮半島の状況はどうでしょう？　日本の明治時代を手本にした維新独裁のもとで、無所不為、なさざる所なしの絶対権力をふるった朴正熙《パクチョンヒ》が、都合のよいことに満軍出身であって、彼の背後勢力が日本の満州閥の総帥であるだけでなく、かつての満州国を意のままに繰った岸信介だったとすれば、「ケナン設計図」は消滅したものだと言えるでしょうか。

おおよそ個人史の場合でも、すべてが「予定通り」または「設計図通り」にいくことはないではありませんか。したがってたとえ今日の東アジアの情勢が「ケナン設計図」そのとおりだとは言えないとはいえ、アメリカ―日本―韓国を結びつける今の構図について、もし私が「ケナン設計図」の「一つ」の変形に過ぎないと言ったとするなら、それは的外れも甚だしい詭弁だと言えるでしょうか？

朝鮮をまた再び……――日本の根深い執着

平凡に日常生活を営んでいる普通の日本人は、自国が民主化された平和志向の国家だということにほとんど疑いを抱いておらず、むしろ自国の政治指導者の誰かが、「日本は伊藤博文の道に従ってもう一度朝鮮に根を下ろさねばならない」だとか、「日本は日清・日露戦争のあと三度起ち上がり、朝鮮半島を席巻した上、三八度線を鴨緑江の外に押し出さなくてはならない」といった硝煙の悪臭が鼻を突くような話をしたとすると、驚いてそんなはずはないと否定するのが十中八九ではないでしょうか。これは実際に私が日本で経験してきたことだから間違いないことであり、事実がこうだということを本国の同胞《はらから》たちに知らせようと思いあれこれ話をしているうちに、かなり長い話になってしまいましたが、「伊藤博文の道に従って」云々の吉田茂総理の発言や、「日清・日露に続いて二度立ち上がり」云々の日韓会談の代表沢田廉三の発言からわれわれが感じとれることは、日本のネオナチ的なナショナリストたちが抱いている明治時代に対する郷愁や執念は根が深く、決して笑って見過ごすことではないという事実であるのです。

しかしこのような郷愁や執念は、ただ漠然とした感傷的な復古思想ではなく具体的な主張を持っており、それは敗戦後日本がアメリカの圧力で不本意ながらも受け入れざるを得なかった現在の平和憲法を覆し、昔の明治憲法に戻ろうというのがその主張の中心であるのです。

明治憲法と平和憲法はどこが違うのか。一つは天皇の地位についてのことであり、もう一つは国家が行使する交戦権の問題だと言うことができましょう。

明治憲法によれば、天皇は司法・立法・行政の三権を総覧する神聖不可侵の存在であるのに対して、平和憲法では天皇は主権在民の原則のもと、国民統合の象徴だと規定されているだけです（第一条）。この点が復古主義者たちには不満であるのです。

もう一つ、交戦権の問題ですが、平和憲法は国家の意志を貫徹する手段として、国家が交戦権を行使することを禁止しており（第九条）、だとすれば日本が伊藤博文の道に従って再び朝鮮の地に根を下ろすとか、もう一度起ち上がって三八度線を鴨緑江の外に押し出さなければならないなどという、彼ら復古主義者の理想は実現不可能ではないですか。

私が日本に来て亡命生活を始めたのは、一九七〇年だったのは読者たちも記憶していることでしょうが、まさにその年の秋、日本の著名な作家三島由紀夫が自分が育成してきた「楯の会」の会員を率いて東京市ヶ谷にある自衛隊本部を占拠し、「他国が勝手に押しつけてきた現行憲法のようなものは廃止しよう」と絶叫しながら決起を扇動したのですが、思い通りにならないと見るや、現場でサムライ式の切腹をもって自ら命を絶ったというむごたらしい事件が発生したのでした。年表を見ると一一月二五日がその日だったのです。

クーデターを扇動する方法がいかにも稚拙だったため、気の狂った者が気狂いじみたことをしただけだと見過ごすこともできるでしょうが、三島はノーベル文学賞候補として嘱望されていた日本の著名な人気作家だったということを勘案すれば、彼の行為は決して狂気による短慮の結果だとは看過しえない様々な要素が内包されていると、そのとき私は感じざるを得ませんでした。当時、川端康成、大岡昇平などの元老級の作家たちが彼の性急な行動を惜しんではいたものの、狂った行為だとは思っておらず、平和憲法が日本固有の精神をむしばんでいるという点では、日本の知識層でさえ三島が抱いていた一種の危機感を共有しているという事実を私は感知しないわけにはいかなかったのでした。

かれらが胸に抱いている明治時代に対する郷愁と執着は、それをどのように表現し、行動で実践するのかは人によって差はあるでしょうが、日本人全体の集団的無意識の中に、確固として根付いているというのは疑問の余地がないと私は思っているのです。

分かりやすくいえば、私がこの文章を書いている二〇〇九年七月現在、自民党政府の総理麻生太郎は「再び朝鮮の地に根を下ろそう」と言った吉田茂の外孫であり、その前の総理安倍晋三は「日本は三度立ち上がり朝鮮半島を席巻すべきだ」と主張している勢力の中心人物岸信介の外孫であるのです。

明治日本の設計者吉田松陰

日本は太古の昔から朝鮮の地を支配してきたと主張する根拠として、日本人がしばしば自分たちの神話を掲げているということは、いままでの話でも何度か明らかにしたことがありました。

その中でも日本の「神功皇后」が征伐軍を率いて三韓を征服した結果、三世紀から八世紀にいたる五〇〇年の間、三韓の地は日本の支配下にあった「固有の属州」だったという岡倉天心の主張は、特に我々にとっては奇妙なものですが、その神功皇后とはいったいどのような人物なのでしょうか。神功皇后の神話は今日を生きる日本人が抱いている明治時代に対する郷愁や執着とも直接絡み合っていることですから、退屈で荒唐無稽なたわ言だと一笑に付さずに、じっくり聞いてほしいと思うのです。

朝鮮の『三国史記』にあたる史書が『日本書紀』（七二〇年編纂）ですが、神功皇后についてこの本は次のように叙述しているのです。

「神功皇后が天祐を受け軍船を率いて和珥津《わにのつ》を出発すると、風神は風を起こし、波神は波を起こしたので、艦隊は帆をあげたり、艪を漕ぐ必要すらなく新羅の地に到着すると、軍船は海を覆い尽くし、旗は日に輝き、鼓笛の音は山河に轟き、新羅の王は体をぶるぶる震わせながら、太陽が西から昇り、閼川《ありなんがわ》の水が逆流しない限り、春と秋の二回の朝貢を欠かさないと誓った。百済と高句麗の二つの国は、新羅が日本に降伏したことを聞いて、王たちが陣の外で頭を下げ、日本に仕える西方の属国として朝貢をささげますと誓った。」

ここで明治日本の設計図を描いた先覚者の中でも随一と目されている吉田松陰（一八三〇〜一八五九）を紹介したいと思うのですが、私が先に偶像中の偶像と指摘した人物がまさにこの人間であるのです。明治維新の前に幕府によって処刑された人物ですが、伊藤博文（初代朝鮮統監）、曾禰荒助《そねあらすけ》（二代統監）、寺内正毅（初代総督）などなど朝鮮を侵略した歴史上の人物たちすべてが、吉田松陰の私塾「松下村塾」で育った弟子だったという点で、特に注目してほしいと思うのです。吉田がどのような思想で弟子たちを訓育したのか、この短い文章でその全貌を明らかにはできませんが、彼が残した次の二つの言葉は、必ず記憶にとどめておいてほしいと思うのです。

「魯墨（ロシアとアメリカ）との講和一定すれば、我より是を破り信を夷狄に失うべからず。ただ章程を厳にし信義を厚うし、其間を以て国力を養い、取り易き朝鮮満州支那を切り随え、交易にて魯墨に失う所は、また土地にて鮮満に償うべし」（『獄是帳』）

（ロシアやアメリカのような強国に対しては、信義を篤くして友好関係を結ぶことで国力を養ったしかる後に、たやすく手に入れられる朝鮮と満州、そして中国の領土を占領し、強国との交易で失ったものを、弱者からの搾取で償うべきである）

「琉球を収め、朝鮮を取り、満洲を攻め、支那を圧し、印度に臨み、以て進取の勢を張り、以て退守の基を固くし、神功の未だ遂げざりし所を遂げ、豊国の未だ果たさざりし所を果たすにしかず。」
（一八五六、『幽室文稿』）
（琉球を手に入れ、朝鮮をうばった後に、満州に攻め込んで中国を制圧し、さらにはインドをうかがいながら攻勢をかけて、本土の防衛を揺るぎないものとすることで、神功皇后がなし得なかったことを叶え、豊臣秀吉が遂げられなかった意志を受け継ぐ以外に他の道はないだろうから……）

「豊臣秀吉の意志」は分かるとしても、「神功皇后がなし得なかったこと」が云々されているこのような荒唐無稽な神話が、明治時代の侵略的日本を奮起激励させる手段として動員されたという事実に私自身今更ながら驚きを禁じ得ません。

明治日本の設計者は吉田松陰であって、彼の思想を受け継いだ弟子たちによって吉田松陰が頭に描いた設計図どおりに、明治以降の日本が形成されたという事実を念頭において、韓日国交正常化の三年後の一九六八年、日本が国力を傾けて華麗に挙行した「明治一〇〇年記念祭」のときの宣言文を吟味してみたらどうでしょうか。

「この光輝ある百年は、今後の百年の新しい姿を示すものであり、この式典は日本の第二の飛躍に役立たせるべきものである。」

明治一〇〇年の光輝はすなわち朝鮮の「屈辱と悲哀」を意味するものですが、このような記念辞を朗読した人物は佐藤栄作だったのであり、彼は韓日修好時の総理であって、「五五年体制」を構築する上に中心的役割を果した岸信介の実弟でもあることを思い起こしてください。

一言だけ付け加えると、明治時代を設計した先覚者吉田松陰は、東京九段坂にある靖国神社に神位第一号として祀られているほど、日本人にとっては尊崇に値する人物であるのです。

歴代日本総理が靖国に赴き腰をかがめてお辞儀をするとき、実際誰に向かってお辞儀をしているのかを知っておいてほしいと思うのです。

第7章

すべての統一は善だ

六・二九民主化宣言と金賢姫の謎

ここでようやく文益煥《ムンイクファン》牧師を案内して平壌《ピョンヤン》に赴き金日成《キムイルソン》主席と会って民族の未来のことについて話し合いをしたことに言及する番がきたようですが、文《ムン》牧師と私が平壌《ピョンヤン》に行ったという事実よりは、行く決心をした当時、私や文《ムン》牧師が民族の置かれている状況をどのように認識していたのかがより重要なことなので、いまから平壌《ピョンヤン》訪問に至るまでの状況を明らかにしたいと思うのです。

個人や集団を問わず、ある行動をとるとき自らは明確に意識できない深層の潜在意識が発動されるというのは、われわれがいつも経験することではないでしょうか。

一九八七年六月、ソウルにおける大規模の民衆抗争が触発された直接の動機はソウル大の学生朴鐘哲《パクジョンチョル》君の拷問死に対する怒りでしたが、もう一つの動機は維新体制下における「体育館式」大統領選挙への拒否感だったと言えるでしょう。さらに深い深層で韓国人の激情を呼び起こしたもう一つの理由をあげるとすれば、それは一九八〇年の「五・一八光州市民虐殺」でアメリカが見せた行動に対する韓国人の憤激だったと私は信じているのです。

六月市民抗争のとき明洞《ミョンドン》大聖堂を本拠地にしながら民衆抗争を総指揮しておられた、金勝勳《キムスンフン》神父、咸《ハム》世雄《セウン》神父、そして文益煥《ムンイクファン》牧師らを思いながら、無意識のうちに私の頭に浮かんだのは、「われ山に向かって目をあぐる。助けはいずこより来るべきか」という詩編一二一編の一節でした。助けはどこから来るのか。アメリカか？　日本か？　だとすれば、まず三八度線以北の同族たちと互いに抱き合って「われわれは一つ」と叫ぶほかに、どこから助けが来るというのでしょうか。

然りとはいえ、その時点では私が文《ムン》牧師のお供で平壌《ピョンヤン》を訪問し、二人で金日成《キムイルソン》主席と抱き合い、民族の和解と統一を誓うことになろうとは、夢だに想像することはできませんでした。

六月抗争のとき、韓国人のたぎり立つ激情に驚いたアメリカは、その憤激の炎を消し止めてアメリカに対する敵意を鎮めるため二つの手段を動員したのだと私は思うのですが、その一つは「'88ソウルオリンピック」に民衆の関心を向けさせることであり、もう一つはアメリカでの亡命生活を終え、ソウル東橋洞《トンギョドン》の自宅で蟄居中だった金大中《キムデジュン》氏を、劇的に引っぱり出して大統領選挙に打って出させることに民衆たちの耳目を集中させることであったのでした。しかし、アメリカの立場からすればソウルオリンピックはできるだけ盛大に盛り上げる一方において、金大中《キムデジュン》氏の当選はどんな手を使ってでも阻止するというのが彼らの意図であったと私は考えるのです。アメリカの国務次官補ダウィンスキーが、市民抗争を鎮圧するために発射された催涙弾の煙に覆われたソウルに到着したのは、六月二三日(一九八七年)だったと記憶していますが、彼のソウル訪問の目的は、当時の駐韓アメリカ大使リリーと何らかの対策を練ることだったでしょうし、数日後に発表された民主化のための「六・二九民主化声明」は二人の鳩首会議の結果ではなかったのでしょうか。韓国ではまだ「六・二九」を出したのが全斗煥《チョンドゥファン》だったか盧泰愚《ノテウ》だったかを巡って、あれこれ言っている人たちがいるようですが、「六・二九民主化宣言」はダウィンスキーとリリーの作品だったというのが私の確信であるのです。

その間、本国で熱心に民主化運動に東奔西走していた多くの若い人たちが私を訪ねて来ましたが、そんな時は自然と民衆抗争当時の熱い熱気のことに話が移って行きました。そのたびごとに私は若い人たちに聞いてみたのでした。六月抗争で六・二九民主化声明が出され、東橋洞《トンギョドン》に蟄居中だった金大中《キムデジュン》先生まで大統領選挙に出馬することが許されたが、その大統領選挙が実施された日付がその年（一九八七年）の何月何日だったか記憶しているのかということをです。しかし意外なことに、それが一二月一六日だったという事実を正確に答えられる人はそう多くはありませんでした。そればかりではなく大韓航空機を爆破して乗客と乗務員一一五名の生命を奪ったという北朝鮮のテロリスト金賢姫《キムヒョンヒ》が、マスクで口をふさがれた奇怪な姿で金浦空港に降り立ったのがいつだったかという質問に正確に答えられた人も全くいなかったわけではありませんが、その数はそう多くはありませんでした。その日はもちろん、ちょうど選挙が行われた前日の一二月一五日だったのです。

金賢姫《キムヒョンヒ》の出現で金大中《キムデジュン》氏が失った票は一〇〇万票を上回るものだったと私は伝え聞いていましたが、金賢姫《キムヒョンヒ》のその演劇で北朝鮮に対する敵愾心を最高頂に盛り上げておいて、その翌日に選挙を実施したという事実をただの偶然だったと軽く見過ごしてもかまわないのでしょうか。

問題の核心は金賢姫《キムヒョンヒ》が一体何者なのかということですが、私はマカオで中央情報部（ＫＣＩＡ）に拉致された北朝鮮の工作員であったと信じているのです。そう推測することで金賢姫《キムヒョンヒ》事件のすべての謎が自然に解けるのですが、どういうわけで平壌《ピョンヤン》当局がその事実を否認するのか分からないのです。「金賢《キムヒョン》姫《ヒ》はマカオに派遣された我が（平壌《ピョンヤン》）方の工作員だったが、某月某日から行方が分からなくなった。従ってその日からの彼女の行動については我々方に責任はない」という一言で平壌《ピョンヤン》はあらゆる糾弾から免れることができたはずだったのですが、平壌《ピョンヤン》側の態度を私は理解することができません。

ＫＡＬ機の爆破と野党圏の分裂――夢破れた維新清算

韓国人の潜在意識の中に吹き荒れている反米感情を鎮めるために、アメリカが民主化のためと称して「六・二九宣言」（一九八七年）を発表させ、金大中《キムデジュン》氏にまで大統領選挙に出馬する自由を認めたのですが、絶対に当選は阻止するというのが彼らの肚づもりだったということは、先に述べた通り間違いのない事実だったと私は思うのです。

しかし選挙運動を始めた金大中《キムデジュン》氏は、私が海を越えた日本から見ていても、異常なほど勝利への自信に充ち溢れていたのでした。なぜそうなのか首をかしげたくなるくらい彼の自信は確固不動に見えたのですが、その理由が私には見当がつきませんでした。

これは本国から伝わってきたカダラ放送（流言飛語の類）程度の話に過ぎないので、もしかして失礼な話になってしまうかも知れないのですが、金大中《キムデジュン》氏の銀行口座に毎日のように二万ウォンとか三万ウォンくらいの少額の寄付金が、あとを絶たず振り込まれてきたので、国民の支持に対する自信を強めたという一面もあったようでした。

またそれのみならず、金大中《キムデジュン》氏がいつも恐怖心を抱いていた軍部でさえも、星をぶらさげた将官級の軍人たちが列をなして訪ねて来ては、自分たちは金先生に対して敵意を抱いておらず、いやむしろ国の民主化のためには金先生の勝利が望ましいと思っていますと、激励の言葉を伝えているという話も伝え聞いていたのですが、このようなことがひょっとして自身と金泳三《キムヨンサム》氏との候補単一化を阻止しようとする巧妙な術策かもしれないということに金大中《キムデジュン》氏は思いが至らなかったのではなかったでしょうか。

駐韓米大使リリーが何度も訪ねて来て、熱心に出馬を勧めたという話も聞いていたのですが、金大中《キムデジュン》氏はリリーのその言葉を真にうけて、それならば候補単一化は必要ないと考えたのではなかったかという疑いを私はあの頃拭うことができませんでした。

アブダビに到着した「大韓航空八五八便」の中に金賢姫《キムヒョンヒ》がこっそり置いて降りたという何グラムかの液体爆薬によって、出発のあと跡形もなくアンダマン海上で消えたのは、その年の一一月二九日だったのです。

その日は金大中《キムデジュン》氏が五・一六広場に雲集してきた一〇〇〇万の群衆を前に獅子吼した当日でもあったのですが、KAL機爆破事件がひょっとして自分を標的にした謀略事件ではなかったのか、また五・一六広場に群れをなして集まった一〇〇〇万群衆の中に「サクラ」が混じっていたのではなかったか、当然、金大《キムデ》中《ジュン》氏も疑念を抱いて然るべきだったと私は思うのです。

金大中《キムデジュン》氏がその間の諸々の状況を賢明に推察したとすれば、KAL機爆破事件の知らせを聞いた瞬間、金泳三《キムヨンサム》氏を訪ねて行って、「とにかく事態が尋常ではない。今回は私が譲歩するからあなたが出なさい。その代わり党の主導権はその間私が握っていて、次の大統領選挙は私が出る」という条件で候補単一化がなされたとしたら、歴史は全く違う方向に進んでいたでしょう。

金大中《キムデジュン》氏が候補単一化を拒んだばかりに、共食いの形で両金は苦杯を嘗め、漁夫の利をえた盧泰愚《ノテウ》の手に政権は渡されてしまったのでした。金大中《キムデジュン》氏はリリーの思う壺にはまったのであり、私なんかがいかに地団駄を踏んでも後の祭りでした。

問題は候補単一化が潰えて政権が盧泰愚《ノテウ》の手に渡ったときの惨憺たる状況でした。六月抗争の時の熱い熱気はそれこそ雲散霧消、方向感覚を失った民衆たちは行くあてもなく右往左往するばかりであったのです。

これは平壌《ピョンヤン》に行く道々、文益煥《ムンイクファン》牧師から直接聞いた話ですが、金大中《キムデジュン》氏の選挙運動に同志として身を投じていた文《ムン》牧師自身も金大中《キムデジュン》氏に懇切丁重に候補単一化を勧めたというのです。金大中《キムデジュン》氏は一二月一〇日までは自分を押してほしい、そうすればそれまで集結された力を借りて金泳三《キムヨンサム》氏と候補単一化を成し遂げよう、そう約束したというのです。しかしその約束は履行されなかったのでした。金大中《キムデジュン》氏のあの時の愚行は理解しがたいものだと、文《ムン》牧師は嘆いていたのでした。

ところが歴史というものは実に奇妙なもので、候補単一化に対する希望が泡と消え、六月抗争の熱気が雲散霧消したという絶望的な状況ゆえに、文益煥《ムンイクファン》牧師も私の建議を受け入れ、八九年平壌《ピョンヤン》行きを決心されたのであり、その時の四・二共同声明がその後の六・一五共同宣言に繋がっていったのでした。

最後に金賢姫《キムヒョンヒ》の大韓航空機爆破事件について一言付け加えたいのですが、九七年一二月、金大中《キムデジュン》氏が大統領に選ばれることになる韓国の選挙が差し迫って来ると、日本のNHKは「金賢姫《キムヒョンヒ》と遺族の一〇年、大韓航空機爆破事件」という特別番組を選挙の日の直前まで続けざまに放送していたのでした。

キリスト教に改宗したという金賢姫《キムヒョンヒ》が「悪辣で不道徳極まりない」北朝鮮を糾弾するのが番組の内容でしたが、これが金大中《キムデジュン》政権の浮上を阻止しようとする日本政府の下心と無関係なものだったとは、私には思われませんでした。

ソウルオリンピックに隠されたまやかし――黒幕、瀬島龍三の意図したもの

一九八七年六・二九宣言のおかげで盧泰愚《ノテウ》が大統領の座に就くことになり、盧大統領の宣言でソウルオリンピックが華やかに幕を上げたとき、民主化運動の関係者たちは何か釈然とせず「ユギグ（六・二九）はソギグ（まやかし）だった」とため息をついたと聞いていたのでした。

詩人高銀《コウン》氏もおそらく同じような心情だったのでしょうか。いつか日本に来たとき聞かせてくれた話ですが、自身は八八年オリンピックなるものが腹立たしく、国をあげてのその大騒ぎを見るに耐えられず、最初から電源を切ってテレビなぞ見る気もなかったとのことでした。そのオリンピックのどこに「まやかし」が隠されていたのか、私の見地から所感を述べてみようと思うのです。

ソウルで開かれたオリンピックは、実を言えば韓国の祝典ではなく、明治一二〇年を記念する日本の祝祭だったと私が言ったら読者たちは訝しく思うでしょうが、私が何を根拠としてこのようなことを言っているのか、よく耳を傾けてほしいと思うのです。

ここで日本の政界と財界を思うがままに繰っていた瀬島龍三という黒幕的な人物を紹介したいのですが、その当時オリンピックをソウルに誘致するのに決定的な力を発揮した人物が瀬島だったのでした。その時オリンピック開催の候補地を巡って名古屋とソウルが熾烈な競争を繰り広げていたのですが、名古屋を押さえ、むしろソウルを推薦するのに力を注いだ瀬島龍三とは誰であり、その肚づもりは何だったのでしょうか？

瀬島は一九三二年、陸軍士官学校を主席で卒業した秀才であり、一九四〇年に陸軍大学もやはり主席で卒業したエリート中のエリートとして、陸大卒業後しばらく日本軍大本営で勤務した後、満州に派遣され関東軍参謀本部作戦課に配属されていたのですが、四五年に陸軍中佐のとき、外地満州で敗戦を迎えたのでした。

満州がソ連軍に占領され捕虜になった瀬島が、ソ連の軍用機でハルピンを離れ松花江を北上しハバロフスクに向かったのはその年の九月六日のことでした。その時を顧みつつ瀬島は「初秋の風が胸にしみる中、満州のその果てしない平原が赤い夕焼けに燃える光景を機内の窓から眺めながら涙を流した」と吐露しているのですが（『幾山河──瀬島龍三回想録』産経新聞ニュースサービス、一九九六年）、覇気満々のエリート軍人が切歯扼腕、歯ぎしりをしながらいつかは捲土重来し満州の大地をもう一度支配下に置きたいという野望を抱かずにいられたでしょうか。

瀬島が一一年もの間シベリアで捕虜生活をした後、みすぼらしい姿で帰ってきたのは五六年だったのですが、その時すでに満州閥の総帥たる岸信介は政界に復帰し華麗な活動を始めていたので、そこに割り込んで政界に進出するなどとは思いもよらなかったのではなかったでしょうか。総合商社伊藤忠に平社員で入社したのは五八年でしたが、「嚢中《のうちゅう》の錐《きり》」という言葉どおり、その鋭利さゆえに袋を突き破って頭角を現し、あっという間に日本の財界と政界を自在に繰りうる大物として浮上するようになったのでした。

まずは商社の代表としてスカルノ時代のインドネシアへの戦争賠償金をめぐる貿易をほぼ独占する手腕を発揮することで伊藤忠の重役に抜擢されただけではなく、引き続き六五年以降「無償三億ドル・有償二億ドル」の対韓経済援助事業が始まると瀬島は、朴正熙《パクチョンヒ》とは陸軍士官学校の先輩の関係という点を巧妙に活用しながら、韓国の財界だけでなく、政界にまで奥深く浸透していくことに成功したのでした。また彼は韓国で見せた経済的政治的手腕を足掛かりに、今度は本格的に日本の政界への浸透を図り、田中角栄、福田赳夫、宮沢喜一、中曽根康弘などなど、歴代総理に理念的にまたは戦略的に影響力を行使する指導的な力を持つようになったのでした。

朴正熙《バクチョンヒ》の対日工作は、金鐘泌《キムジョンピル》と同じ陸士八期生として日本語が堪能な崔栄沢《チェヨンテク》を通じて推し進められたのですが、崔栄沢《チェヨンテク》が金鐘泌《キムジョンピル》の指示で日本に派遣されたときの肩書きは「駐日代表部参事官」だったのでした。日本に赴任した崔栄沢《チェヨンテク》がまず初めに助けを請うようになるのは、日本政界の黒幕中の黒幕、児玉誉士夫で、崔栄沢《チェヨンテク》は児玉の豪華な邸宅で初めて瀬島龍三という謎の人物に会うことになったのです。冗漫な話はみな省略して、崔栄沢《チェヨンテク》の案内で韓国政界において朴正熙《バクチョンヒ》に次ぐ第二人者金鐘泌《キムジョンピル》を私邸に訪ねて来た児玉が、単刀直入に瀬島に会ってほしいと要請するや金鐘泌《キムジョンピル》がこれに応じると、ホテルで待機していた瀬島がタクシーで駆けつけてきたというのです。

こうして「無償三億ドル・有償二億ドル」が料理される韓日癒着の関係が始まったのでした。

軍部政権に食い込んだ瀬島の札束

朴正熙《バクチョンヒ》政権に対する瀬島龍三の浸透作戦は、札束をばらまくという直接的な手段で遂行されたのでした。一九九六年、共同通信社が出した『沈黙のファイル――瀬島龍三とは何だったか』を読むと、例えば総工費二六〇〇万ドルに達する嶺東《ヨンドン》火力発電所が建設された当時、コミッション（賄賂）は共和党財政委員長金成坤《キムソンゴン》（双竜グループ創業者）に支払われた四％で足りるかと思ったら、突然中央情報部（ＫＣＩＡ）の金炯旭《キムヒョンウク》から「オレの取り分三％はどうなるんだ」と抗議が入り、瀬島は目をつぶってそれを認め、合計七％、つまり一八二万ドルを支払ったというのです。金成坤《キムソンゴン》への四％はサンフランシスコのバンクオブアメリカ（ＢＯＡ）の秘密口座に送金され、金炯旭《キムヒョンウク》への三％は伊藤忠商事香港支店が準備した現金だったのであり、金炯旭《キムヒョンウク》は部下の中央情報部次長に命じてその現金が詰められたカバンを取りに行かせたというのです。

韓一合織馬山《マサン》工場がやはり伊藤忠の借款で建設されたとき、大統領秘書室長李厚洛《イフラク》には瀬島自身が前もって準備した自己宛の高額小切手の束を青瓦台《チョンワデ》の事務室に持って行って直接渡したのですが、その厚さからして日本円で二〇〇〇万から三〇〇〇万円位の金額だっただろうと、伊藤忠ソウル支店代理は証言したというのでした。

瀬島が一九八〇年代、韓国軍の中心勢力「一心会」（ハナ会の母体）と接近するようになる経緯は次のようなものでした。七九年一〇・二六で朴正熙《パクチョンヒ》が暗殺されたあと、一二・一二（粛軍クーデター）を経て急浮上した新軍部の三羽がらすは全斗煥《チョンドゥファン》・盧泰愚《ノテウ》・権翊鉉《クォンイクヒョン》だったのですが、当時、権はサムスン物産の重役だった関係で、瀬島はサムスンの李秉喆《イビョンチョル》会長を通じて権翊鉉《クォンイクヒョン》と会うことになり、更に権を通して一心会の中心人物全斗煥《チョンドゥファン》と盧泰愚《ノテウ》に会って互いに親交を深めていくのですが、全斗煥《チョンドゥファン》や盧泰愚《ノテウ》らは自分たちが崇める朴正熙《パクチョンヒ》よりも陸軍士官学校の遥か先輩の瀬島に対しては、膝を屈し床に額をこすり付けてもまだ足りないくらいの心情ではなかったでしょうか。

しかも全斗煥《チョンドゥファン》が大統領の座についたあと、「韓国は反共の塁《とりで》として、日本を守る楯ではないのか。五・一八光州でわれわれがどれほど勇敢に闘ったのか。だから金を出せ」とごり押しの要求をつきつけてくると、中曽根を説得して難なく四〇億ドルを出させた人物がこの瀬島だったのでした。こうしてみると、瀬島からすれば全斗煥《チョンドゥファン》を始め韓国軍の一心会は、自家薬籠中の明心丸（胃腸薬）程度のものではなかったでしょうか？

オリンピックをソウルに誘致する問題が浮上すると、瀬島としては「五・一八光州虐殺」に対する韓国人の憤激の記憶を稀釈させ、それにより軍部政権の基盤を固める意味からも、オリンピックのソウル誘致は政治的な計算からも充分に収支が合うプロジェクトだったろうし、また折りよく八八年は明治維新（一八六八年）からちょうど一二〇年になる年だったこともあり、知らん振りをして明治一二〇年祭をソウルオリンピックの形で韓国の地で挙行するというのも悪くはなかろうとの計算が瀬島の胸中にはあったのではないかと私には思われるのです。

そしてその年の秋に大統領盧泰愚《ノテウ》の開会宣言をもってソウルオリンピックの幕が上げられたとき、国民たちはその華麗な祝典に目を奪われ、現《うつつ》をぬかしていたのではありませんか。一方、六月市民抗争で沸き立っていた民主化勢力の熱気は雲散霧消し、イエスを墓地に埋葬した後の弟子たちのように、失意のどん底で何をどうしたら良いのか、方向感覚を失っていた状態ではなかったでしょうか。

私は私なりに茫然自失、金大中《キムデジュン》氏の賢明さを欠いた挙動を恨んでみてもどうにもならないし、一人で悶々としていたまさにそのとき、一瞬のひらめきのように、あ、あれがあるではないか。文《ムン》牧師をお連れして平壌《ピョンヤン》に行けばいいのではないか、思わず膝を叩いたのでした。あれとは平壌《ピョンヤン》から呂燕九《ヨヨング》氏が私に送ってきた長文の電報のことだったのです。

ちょうど八八年その年、私が毎年、夢陽呂運亨《モンヤンヨウンヒョン》先生の忌日の七月一九日を期して開いていた追慕会の時に、夢陽《モンヤン》先生のお嬢さんの呂燕九《ヨヨング》氏が私に相当長い内容の電報を送ってきたという話を前に書いたことがあったでしょう。それも実に奇妙な因縁なのですが、ソウルオリンピックの前の年だった八七年、ケニヤのナイロビで国連主催で開かれた世界女性大会に日本から取材のため行ったのが『朝日新聞』の女性記者松井やより氏（故人）であったのであり、松井氏は私とは近い間柄で追慕式にはいつも参席してくれた方なので、その国際大会に朝鮮代表として平壌《ピョンヤン》から来た呂燕九《ヨヨング》氏にはごく自然な形で日本で開かれている夢陽《モンヤン》追悼会と、それを開いている南からの亡命者鄭敬謨の話をしただろうと思うのです。その話を聞いた燕九氏は声を上げて号泣していたと、ナイロビから戻ってきた松井氏が私に伝えてくれたのですが、オリンピックが開かれたその年の追悼会に、燕九氏の名前で電報が舞い込んできたのでした。

式が終わった後、在日同胞の商工人全鎮植《チョンジンシク》氏が電報をちょっと見せてほしいというので見せたところ、彼は驚いた顔で私に耳打ちをしてくれたのでした。この電報はたとえ呂燕九《ヨヨング》氏の名前で来たものだとしても、実際電報を打ったのは金日成《キムイルソン》主席自身であると、全鎮植《チョンジンシク》氏が耳打ちで私に伝えてくれたのですが、これは私には大きな驚きでした。

文牧師のもとに伝えられた平壌発の電報

平壌《ピョンヤン》にいる呂燕九《ヨヨング》氏が亡父夢陽《モンヤン》先生追悼会に寄せる電報が渋谷にあるシアレヒムの私の事務所に配達されたのは当日(一九八八年七月一九日)午後四時。午後六時から予定されていた開会時間の二時間前だったのです。

朝鮮語をローマ字で表記したもので、読むのは容易ではありませんでしたが、大急ぎで解読を終え、それを持って追悼会場の市ヶ谷アルカディアに駆け込んで、式の冒頭に聴衆の前でそれを朗読したのでした。皆が感動したのは言うまでもありません。またその電文は朝鮮総連を通して伝達されたものではなく、日本のKDDIを通して入ってきたもので、韓国人の私に平壌《ピョンヤン》から商業的な経路で伝達された最初の電報だったという点でも重要な文献ですから、その電報の全文はここで紹介しようと思うのです。

「尊敬する鄭敬謨先生。先生が日本で私の亡父を追慕する集会を毎年組織されているという知らせに接し、深い感動をもって深甚なる謝意を表し、合わせて遠路を厭わず集まりに参加された南朝鮮の民主人士をはじめ、心ある内外の人士たちに心より敬意を表します。

民族分断の悲運が重く垂れ込めている今、皆様方が心と力を合わせ今回、逝去した私の父の追慕会に参加されたのは、祖国の統一と独立のために闘って犠牲となったこの国のすべての先烈たちが流した血を無駄にせず、救国のための彼らの意志を必ずや成就させようという熱い愛国の衷情と義理の表示だと考えます。統一救国のための神聖な事業のために身を捧げた有名無名の烈志たちに対する追憶を呼び起こすことになる今回の七・一九追慕会は、自主統一のために闘う南朝鮮の愛国者・民主人士・青年学生たちに力と勇気と闘志を鼓舞してくれる一つの契機になることでしょう。最後に私は、鄭先生とともに参席なさった皆様方の健康と、南朝鮮社会の自主化・民主化・祖国の自主的平和統一のための神聖な偉業において大きな成果があるよう祈念します。　一九八八年七月一八日　呂燕九《ヨヨング》」

さて追慕会が終わってから、飲み屋に河岸を移して杯を傾ける席で、何度も平壌《ピョンヤン》にも行ってきてあちらの事情よく知っている商工人の全鎮植《チョンジンシク》氏がその電報をちょっと見せてほしいと言うので見せたところ、しばらくそれを見ていた彼が少し驚いたような顔つきで言うのでした。

「先生、これは燕九氏の名前できたものには違いないけど、この電報を打った人は金日成《キムイルソン》主席ですよ。」

私ははっと驚いて聞き返した。

「金主席自身が私にこの電報を送ったということですか?」

「あちらの事情から考えて、鄭先生、あなたにこのような電報を送れるのは、金日成《キムイルソン》主席以外には誰もいないでしょう。」

私はもう一度その電報を読み返しながら、やはり全鎮植《チョンジンシク》氏の言うことが正しいと思わないわけにはいきませんでした。とはいえ、うかつにそれを外部に知らせて騒ぎの種にするわけにもいかず、しばらく机の引出しに入れておいただけだったのでした。そして、オリンピックのあの馬鹿騒ぎを横目で見ながら、腸が煮えくり返る思いがし始めたのでした。

金大中《キムデジュン》氏がへまなことをやらかしたばかりに、政権《あぶらあげ》をトンビにさらわれ、またオリンピックの騒動で皆が浮き足立っている一方で、ため息をつきながら日々を送っているだろう文益煥《ムンイクファン》牧師の姿を目に浮かべているうちに、ふと頭をよぎるものがあったのです。文《ムン》牧師を平壌《ピョンヤン》にお連れし、金日成《キムイルソン》主席と会わせるというアイディアです。

「ユギグ(六・二九)のソギグ(まやかし)のカラクリに対して一発食らわすとしたらこれしかないのではありませんか。」

口の中でぶつぶつ独り言を言いながらも、ならばどんな手で文《ムン》牧師を説得するのか、連絡はどうやって取るのか、途方に暮れる思いであったのでした。

このあたりで結局、平壌《ピョンヤン》に同行するようになる劉元琥《ユウォンホ》氏を登場させるべき頃になったようですが、彼は何か事業の関係でしばしば日本に出入りしており、その度に私を事務所に訪ねて来たりしていたのでした。文《ムン》牧師とどう連絡を取るか一人で思案に暮れていたちょうどその時、劉元琥《ユウォンホ》氏が現れたのです。

劉元琥《ユウォンホ》氏を席に座らせたまま、その場で筆を執り、短めの手紙を書いたのでした。

「平壌《ピョンヤン》に行って金日成《キムイルソン》主席にお会いになってください。向こうでは諸手を挙げて歓迎することでしょう。」

もちろんその手紙には、金主席が確かに会ってくれるに違いない証拠として燕九氏の電文を同封しておいたのです。これに燕九氏の名前で届いた電文ではあるが、本当の送り主は金主席自身であるという説明を添えたのは言うまでもありません。

こうして文《ムン》牧師に対する「説得工作」が始まったのですが、その時劉元琥《ユウォンホ》氏には手紙の内容は知らせなかったと記憶しているのです。

腹芸で押し切った文牧師の訪北準備

やはり文《ムン》牧師は状況の認識についても、また、ご自身が何をなさるべきかについて理解の速い方だったのでした。ご自身が何故に平壌《ピョンヤン》に行かねばならないか、私が短く申し上げたことをほとんど直感的に理解されたのでした。

劉元琥《ユウォンホ》氏を介しての連絡文が二回ほど行き来した後、文《ムン》牧師は決断を下されたのでした。ただし一つだけ条件がつけられていたのです。

「うん分かった、行く。ただし、私が平壌《ピョンヤン》に行けば間違いなく金主席に会えるという確証がないではないか。何の保証もなく平壌《ピョンヤン》まで行って玉流館《オンニュグァン》の冷麺ぐらいを一杯ご馳走になって無駄足を踏むことになれば、私の体面も体面ながら韓国の民主化勢力の体面は一体どうなってしまうだろうか。だから君がまず平壌《ピョンヤン》に行って金主席が必ず会ってくれるという確約をもらって来てくれないか。」こんなような回答が劉《ユ》元琥《ウォンホ》氏を通して伝えられてきたのでした。

そしてようやく劉元琥《ユウォンホ》氏にも、その間やり取りした通信文の内容を明らかにしたうえで、できるだけ早く私は平壌《ピョンヤン》に向けて出発するから、準備を急いでほしいと伝えるようにと、その時は口頭で伝言を託したのでした。劉氏もその時初めて事の重大性を悟り、緊張しながら翌日ソウルに発っていったのです。

ところが文《ムン》牧師に出発の準備を要請しておいてからも、それまで平壌《ピョンヤン》に対しては文《ムン》牧師を案内していくつもりだから、その準備をしてくれるようにとの連絡は一切取ったことがなかったのでした。一種の腹芸であったのかも知れません。

初めは総連中央に正式に要請し、連絡を取って貰おうかとも考えたのですが、それでは駄目だと考え直さざるをえませんでした。総連中央に頼めば秘密が韓民統に漏れてしまう危険があり、秘密が漏れたら間違いなく韓民統の連中は妨害工作をするだろうと考えたからだったのです。

それで私が電話をして話があるから会ってくれと連絡を取った人が、元総連の政治局の人で、そのとき何かのことで総連中央からいわば左遷されるような形で、千葉県の県本部委員長に出されていた全浩彦《チョンホオン》氏であったのでした。

全《チョン》同志は、社会党の国会議員土井たか子氏の秘書五島昌子氏の紹介で会った人で、私が韓民統から追放されたときの事情も大体見当がついていて、秘密が漏れる心配がないだけでなく、平壌《ピョンヤン》にも一定の連絡通路を握っているという事実を私が知っていたからだったのでした。

全同志には始めから全部事情をぶちまけて説明しました。「去年（八七年）の六月民衆抗争の熱気が消え失せた今、その熱気をもう一度盛り返し、民主・民族運動に活気を呼び戻すためには、文《ムン》牧師が平壌《ピョンヤン》を訪問し金日成《キムイルソン》主席と会って、お二人が民族の進むべき道を南北の民族に提示する以外に道はないのではないか。まずは私が平壌《ピョンヤン》を訪問し、あちら側の意向を打診する必要があるので、斡旋の労を取ってほしい。」

全同志は、文《ムン》牧師が平壌《ピョンヤン》を訪問し、金主席に会うことの歴史的な意義を即刻理解してくれました。私は全同志がどんな手段を用いたのかは聞きもしなかったし、また知る必要もなかったのですが、一週間もせずに待っていた解答を私に伝えてきたのでした。文《ムン》牧師の訪北を諸手を挙げて歓迎し、その準備の手続きのために鄭敬謨が来るのを待っているから、いつ東京を出発するのか、日取りを知らせてくれ。北京まで案内員を派遣しよう。このように隠密裡に東京―ソウル、そして東京―平壌《ピョンヤン》との連絡が着々と進められていったのでした。

まず北京に向けて私が成田空港を発つ日を八八年一二月一六日と決め、この旨を劉元琥《ユウォンホ》氏を通じて文《ムン》牧師に知らせ、また全浩彦《チョンホオン》同志を通じて平壌《ピョンヤン》にも飛行機の出発時間と、北京の京倫飯店ホテルに部屋を予約したことを知らせたのでした。

出発の何日か前、私は全同志を呼んで、その間の労をねぎらうと共に、これからの歴史の展開を語りながら、杯を重ねたのでした。文《ムン》牧師が平壌《ピョンヤン》を訪問して金主席と膝を交えて民族の進むべき道を話し合ってから、七〇〇〇万民族に向けて方向を提示するという、まさに歴史的なその場面を想像しながら、一杯一杯復《また》一杯の気概で痛飲したのですが、対酎の二人は酒だけではなく胸に漲る感激にも酔っていたのでした。その日の飲み代はもちろん私が持つつもりだったのですが、意外なことに全同志がどこで工面してきたのか、四〇万円を私の手に握らせながら旅費の足しに使えと言ってくれて、それもまた本当に感動的だったことをいま思い出しながらこれを書いているのです。

しかし、本当のドラマは出発前日の一二月一五日に起こったのでした。夕方『ハンギョレ新聞』東京通信員の李柱益《イジュイク》君から電話がかかってきたのです。たった今ソウルから李泳禧《イヨンヒ》先生が到着し会おうとおっしゃるので出てきてほしいというではありませんか。翌朝には旅発つべく荷物をまとめている最中《さなか》のことだったのでした。

自分がすればロマンス、他人がすればスキャンダル

何の要件で突然、東京まで来られたのか、私には分からないながら、李泳禧《イヨンヒ》先生がお見えになったのなら、何をさしおいてもお会いしなくてはと思ったのでした。その時民主化運動に関わる学生たちは、——それがいわゆる「三八六世代」だったのでしょうが——「李泳禧《イヨンヒ》先生はソウルに来ている鄭敬謨であり、鄭敬謨は日本におられる李泳禧《イヨンヒ》先生だ」などと言っていると聞いたのですが、それほどに学生たちは李先生と私を重ね合わせて考えていたのではなかったでしょうか。

荷造りをほったらかしにしたままハンギョレ新聞東京支局に駆けつけ、李先生とお会いしたのです。ちょうど神田の裏通りの飲み屋街に灯りがともる頃で、有名な寿司屋に席を占め、李先生、そして李柱益《イジュイク》君の三人で杯を傾けながら、奪われなくてもよかった政権を盧泰愚《ノテウ》に奪われてしまった選挙の時の無念やる方ない話やら、何かすばらしいことでも執り行っているかのように、得意満面でオリンピックの場ではしゃぎ廻っていた李御寧《イオリョン》如きの幼稚なざまだとか、積もり積もった話に花が咲いたのは言うまでもありませんでした。

時間も遅くなって席を立とうとしたときに、李先生がおっしゃるのでした。

「また会わねばなりませんよね？」

私は思わず言葉に詰まってしまったのです。明くる日の朝、飛行機で北京に向けて出発するということは、李先生にさえも言うわけにはいかなかったからでした。

「ああもちろんですとも。また会いしましょう。」

不本意ながら嘘をつかなくてはなりませんでした。家に帰ってから妻に「李先生から電話がかかってくるだろうが、その時は何か急用ができて九州に出張に行ったと、ともかく、適当に話をはぐらかしておくように」と耳打ちをして、翌朝、成田空港から飛行機で北京へ発ったのでした。李先生に嘘をついてしまったことは、誠に申しわけないという気持ちを抱きながらです。

ところが後になって分かったことですが、その時何の用事で李先生が東京まで来られたのか、すっかり白を切って私に何もおっしゃらなかったという意味では、嘘をついたのはお互いさまだったのでした。その時、李先生にも『ハンギョレ新聞』創刊一周年の記念事業として記者団を組織し、平壌《ピョンヤン》を訪問するという腹案があって、誰か橋渡しをしてくれる人物を探しに日本に来られたのでした。その当時、常識的に考えて、橋渡ししてくれる人物がいるとすれば、社会党の土井たか子氏か、でなければ雑誌『世界』の安江良介氏だったでしょう。

後に、李先生が記者団を連れて平壌《ピョンヤン》を訪問しようとした計画がＫＣＩＡにばれて、六カ月間も刑務所暮らしをされることになるのですが、すべてが終わった何年かの後に、東京の同じ寿司屋の同じ席で杯を交わすことになったとき、お互いにどれだけ腹がよじれるほど大笑いしたことでしょうか。

ともかく私は一二月一六日、成田を発って北京に到着、一晩京倫飯店に泊まったあと、翌日の午後、平壌《ピョンヤン》から派遣されてきた案内員「朴局長」の案内で平壌《ピョンヤン》行きの飛行機に身を任せたのでした。だから私が平壌《ピョンヤン》に到着したのは一二月一七日の夕方頃で、生まれて初めて踏む平壌《ピョンヤン》の地だったのですが、実に不思議なことには――この話は大統領盧泰愚《ノテウ》の妻の甥にあたる朴哲彦《パクチョロン》の回顧録、『正しい歴史のための証言』（ランダムハウス中央、二〇〇五年）を読んで知った事実なのですが――、朴は盧泰愚《ノテウ》大統領の親書を携えて赤十字社の旗をつけた乗用車グレンジャーで軍事境界線を越えて、八八年一一月三日から一二月二日まで平壌《ピョンヤン》を訪問し、大統領の南北頂上会談に対する意志を伝えたというのです。私が平壌《ピョンヤン》に到着するわずか半月前に朴が頂上会議を拒絶されて平壌《ピョンヤン》を去り、私は性格の異なるもう一つの頂上会談を準備するため平壌《ピョンヤン》に到着したのですから、振り返ってみれば私は私自身も知らないシナリオに従って、歴史ドラマの俳優を演じたというわけだったのでした。

翌年の四月、文《ムン》牧師が金主席との南北頂上会談を終え、東京を経てソウルに戻られるや、盧泰愚《ノテウ》政権はまさに天が崩れ落ちるかのような大騒ぎをしたのでした。

その時私は、いかに香しい薔薇の花の香りでも、クソ蝿どもには悪臭に過ぎず、彼らを恨んでみたところで致し方のないことではないかと、そう思って怒りを鎮めようとしたのですが、今もその時の気持ちに変わりはないものの、別の一面から考えてみれば、南北頂上会談は自分たちがやりたかったものでしたが、自分たちはできずに文《ムン》牧師がしてしまったのですから、腹が煮えくり返るような嫉妬も無理はなかったでしょう。自分がすれば世紀のロマンスだったはずなのに、文《ムン》牧師がしたのですからそれは犯罪的なスキャンダルだったのでした。

あの時の大騒ぎは嫉妬のせいだったと、今も私はそう信じているのです。

「民生団事件には鄭先生も巻き込まれましたね?」

一九八八年一二月一七日、平壌《ピョンヤン》に到着した私が案内された招待所は四〇階建てのアパートの上にありましたが、住民たちの出入りする入口は別で、建物を上り下りするエレベーターも別途に設置されており、アパートの人たちとは互いに顔を合わせることがないように設計されている構造でした。

私が招待所に入ると姜周一《カンジュイル》という方が既に来ていて私を待っていたのですが、姜氏はいわば金日成《キムイルソン》主席の特別秘書官で、あとで見ると食事会の時にもいつも金主席の隣に座り世話をしたりしていたのでした。

その時姜氏が聞かせてくれた話でしたが、「主席は鄭先生が『世界』のようなところに書いている文章をほとんど全部翻訳させて読んでおられる」ということで、少々驚きもしました。

ほどなく食事の時間になって、隣の部屋で姜氏と二人で夕飯を共にしたのでしたが、テーブルに置かれた白いご飯は米粒が脂気でつやつやしていて灯りが反射するほどで、とてもおいしそうでした。ご飯にキムチと味噌汁、そして塩サバが添えられていたわけですから、他に色々と並べられた豪勢なおかずがなかったとしても、その白米のご飯は十分舌鼓を打ちながら食べられる程のおいしさでした。私が食べたどんなフランス料理やイタリア料理よりも、キムチと味噌汁で食べたその晩の白米の食事は印象的で、米はどこでとれた米なのか尋ねたら黄海道《ファンヘド》白川《ペチョン》地方の米だということで、かつての日帝時代の総督府は自国の皇室用の献上米に使ったとのことでした。その晩寝床に就いてから、「おい、何と言ったってお前はやっぱり朝鮮人ではないか」という不思議な感動が胸をぬらすのでした。

次の日から何日かは歴史研究院の金先生という方の案内で主に金主席の一代記についての映画（白仁《ペクイン》俊《ジュン》氏のシナリオ）を見て時間を過ごしたのですが、初日だったか二日目だったか、忘れられない逸話の種が発生したのでした。

その映画には「民生団事件」というのが出てくるのですが、民生団とは植民地時代に朝鮮人による満州抗日パルチザン闘争を攪乱するために、日本の警察がパルチザン部隊のなかに浸透させたスパイ組織だったのです。それにおびえたパルチザンの内部では、そのスパイ組織の力量を過大評価したあげく、互いが互いを疑いの目で見ながら徒に何の罪も無い数多くの人々を捕まえては殴る蹴るの暴行を加え、あげくの果てに殺してしまったという事件で、日本の警察としては会心の笑みを浮かべるに足る事件だったのでした。

民生団に対しては特に「火曜会」グループが熱を上げていて、金日成《キムイルソン》隊長にまでスパイという疑いがかけられたという場面が映画には出ていたのですが、映画が終わって外に出ると、案内の金先生はにたっと笑いながら一言かけてきたのでした。「鄭先生も民生団事件に巻き込まれたことがおありでしたよね?」
私は笑っただけでしたが、私が韓民統で受けた「人民裁判」のことを平壌《ピョンヤン》でもみな知っているという事実に別段驚きはしませんでした。

ここで予め言っておかなくてはならない話があるのですが、ある日、姜周一《カンジュイル》氏が私にこう言うのでした。

「もし鄭先生がお望みになるのなら、主席はお会いになって下さるでしょうが、どうなさいますか?」

初めは胸を躍らせ願ってもないことだと感じながらも、姜氏にはいやそれは遠慮しますと返事をするほかはありませんでした。金主席に会うとき、私と文《ムン》牧師は二人とも初対面で会うべきであり、私が先に金主席に会っておいてから、主役の文《ムン》牧師がいらしたとき、おこがましくも私が紹介する形で文《ムン》牧師を金主席に会わせるとしたら道理に合わないと考えたからでした。

呂燕九《ヨヨング》の話が抜けていましたが、次の日の朝に最初に私のところに駆けつけてくれたのは、もちろん呂《ヨ》燕九《ヨング》でした。嬉しい出会いでした。その時は寒い最中の冬の日だったので一緒に散策に行くような場所もままならなかったのですが、一緒に食事もして高麗ホテルのティールームでコーヒーも飲みながら、十八歳の時に父上の夢陽呂運亨《モンヤンヨウンヒョン》先生にほとんど命じられるように三八度線を越え平壌《ピョンヤン》まで来たときの話、主席の斡旋ですぐモスクワ大学に留学した話、そのモスクワで父上の悲報を聞いた話、年をとって主席の媒酌で結婚したが、事情あって離婚するしかなかったことや、ソウルを離れて平壌《ピョンヤン》に出発するとき実はソウル大学医学部に在学中の恋人がいて、名前は誰々だったという話などなど、思いつめて胸に溜めていたと思われるたくさんの話を私に聞かせてくれたのでした。

そういう話の中で私が彼女に何か言ったところ「『氏《ソ》』はもう止めて下さい」と言うのでした。私が燕《ヨン》九氏《グシ》、燕九氏《ヨングシ》と言うから、その氏《シ》は取ってほしいということだったのです。それで少し間をおいてから返事をしたのでした。「それなら燕九よ、あんたも『先生様《ソンセンニム》』はもう止めてくれ。」

燕九は私の顔を見上げながらにっこりと笑ってくれました。こうして燕九と私はごく自然な形でお互いに何の気兼ねもない兄妹になったのでした。

平壌を離れる日——聞こえてきたフルートの調べ

一九八八年一二月、そのとき私がまず一人で平壌《ピョンヤン》を訪問した目的は、もし文益煥《ムンイクファン》牧師が平壌《ピョンヤン》まで来れば間違いなく金日成《キムイルソン》主席に会えるのかどうかを確認するためでありました。しかし、平壌《ピョンヤン》側が諸手を挙げて文《ム ン》牧師を歓迎するということは、すでに私が東京にいるときに確認しておいたことであって、文《ムン》牧師が懸念するように玉流館《オンニュグァン》の冷麺でも一杯ご馳走になってから無駄足を踏む形で帰ることになるはずはないということを私は確信していたものの、それでも文《ムン》牧師は行ってこいと言われるので、私は観光を兼ねて平壌《ピョンヤン》訪問の旅に出たようなものでした。会えるのかどうかについて、今更私があちら方に訊いてみることもなかったし、あちらでもそのようなことを話題にさえすることはありませんでした。お二方が会うということは既定事実であったからでした。

ただお二方の出会いがもし一種の「外交的」頂上会談であったならば、会談内容や会談が終わった後の声明文みたいな物を予め準備しておいてしかるべきだったでしょうが、しかしお二方の出会いは何らかの外交的な手順や仕来りに従わなくてはならないような性格のものではないので、すべては自然な流れに任せるのが一番良い方法だと私は考えていたのでした。会談に関しての形式や手順については一切事前に打ち合わせをしたことはなく、私はただ安心して楽な気持ちで一〇日ばかりの間、たらふくおいしい冷麺も食べ、映画も堪能し、博物館も見学したりしながら、心ゆくまで観光旅行を楽しんだわけでした。

私が泊まっていた招待所は寝室の横には執務室と、それに客を迎えるときの応接間があって、向かい側には食堂があり、ホテルだとするとスイートルーム級で、平壌《ピョンヤン》側が私を最大限の歓待で迎えてくれているのはよく分かりました。

また夕食の時には私が一人きりで食事をすることのないよう、誰か一人か二人ずつ話し相手になってくれるよう細心の配慮をしてくれたのはありがたいことでありましたが、特に、まだ二十歳にもなるかならないかぐらいの少女が二人派遣され、食事と洗濯の世話をしてくれるような気の配り方には感動させられました。二人は別に化粧っ気もないながら、目を見張らんばかりの美貌であり、はにかむような姿が実に優雅で美しい乙女たちでした。高銀《コウン》先生の詩に「釜山の若者が新義州の娘と結婚し、平壌《ピョンヤン》の若者にソウルの娘が嫁に行く」というのがあるのですが、私にもしまだ独身の息子がいたとしたら、二人の中の一人の乙女を嫁に迎えたいと思わずにはいられませんでした。

平壌《ピョンヤン》の観光をすべて終え、明日朝には発たねばならない前日の夕方には、高麗ホテルに行って何本かウイスキーを仕入れ、その間世話になった幾人かの同志たちを招待所にお招きして送別の宴を開いたのですが、みなほろ酔い気分になってから一緒に平壌《ピョンヤン》の歌を歌ったりしたのでしたが、皆で「雪が降る」も歌ったのです。平壌《ピョンヤン》の人たちが歌うあちらの歌は、特にキリスト教が盛んで、その地が「東洋のエルサレム」と呼ばれた頃の名残なのかは分かりませんが、メロディーが清純で、どことなく讃美歌の情緒を漂わせるものが多いのです。

私がそこに滞在しているあいだに馴染んだ平壌《ピョンヤン》の歌の中でも特に「雪が降る」が一番気に入ったので皆で一緒にそれを歌った後、傍らで世話をしてくれながら聞いていた二人の乙女たちに私は懇願したのでした。「あんたたちは二人ともフルートを吹くと聞いたけど、二人で『雪が降る』を演奏してくれないかね?」平《ピョン》壌《ヤン》の子どもたちは初等学校の授業が終わると、少年宮に行って楽器を習ったりすることになっていて、その時の乙女たちもフルートを習ったということを聞いていたので、私は頼んでみたのですが、彼女たちは体をよじらんばかりはにかみながら、できませんと断られてしまったのでした。お客さんたちにお聴かせするほどの技量ではないので駄目ですと私のせっかくの頼みを断り続けるのです。無理を通すわけにもいかず、その日は客人たちと別れ、翌朝食事を済ませてから荷物をまとめ始めたのですが、まさにその時、遠くからフルートのデュエットが聞こえてくるではないですか。外では車がすでにエンジンをかけて待っているというのに。

雪が降る／雪が降る／白い雪が／パルチザンの思い出話で／今宵も深まりゆくのに／灯火《ともしび》のともる
窓辺に／白い雪が降る

私は荷物をまとめていた手を休め、ぼんやりとその場に立ちつくし、姿も見えないその二人の娘の奏でるフルートの音色に聴き入っていたのですが、そのうち目頭が熱くなり、とめどもなく涙がこぼれ落ちてきたのでした。

あれからいつの間にか二〇年もの歳月が流れ、その時のリャンなにがし、チャンなにがしの二人の娘は今はおそらく中年のアジュンマになっていることでしょうが、もしできることなら、お土産をいっぱい詰め込んだ袋でも抱えてもう一度平壌《ピョンヤン》を訪ね、その二人のかつての乙女たちと再会を遂げることができたら、どれだけどれだけ嬉しい思いに浸ることができるでしょうか。

文牧師も黄晳暎も「私は平壌に行く」

平壌《ピョンヤン》を出発して北京を経て、横浜の家に帰ったのは一九八八年の大晦日も迫ってきてからでしたが、戻るとすぐに文《ムン》牧師の水踰里《スユリ》のお宅に電話をかけました。盗聴されても、何の話だか分からないように暗号みたいな言葉でやりとりをしたのですが、とにかく冷麺でも一杯ご馳走になったあと、目的を達し得ず無駄足を踏む心配は絶対にないので安心なさって下さいという意味は充分に伝えられたのでした。

そうして何日か後の八九年の元日、文《ムン》牧師はあの有名な詩「寝言ではない寝言」を詠んで発表されたのです。

今年中に　オレは行くだろう　平壌《ピョンヤン》に
きっと　きっと行くだろう
ソウル駅の駅員に向かって平壌《ピョンヤン》行きの切符をくれと言えば
恐らく言われるだろう　気が狂ったのかと

そう狂っているよ　まともではない
平壌《ピョンヤン》行きの切符なんてあるわけがないと言うだろうが
そのときは仕方があるまい　オレは歩いてでも行くからね
駅員は言うだろう「国家保安法」のことを知らないのかと
無論知っているとも　あの恐ろしい法律のことを
それでもオレは行く
歴史を語るだけではなく　それを生きるということは
夜を昼に　昼を夜に変えることだよ
空を地に　地を空に　ひっくり返すことなんだ
この国で今日歴史を生きるとは
裸足で岩山を蹴り崩し
その中に身を埋めることであり
壁を門だとばかり破ってから
三八度線は無いと叫ぶことなんだ
平壌《ピョンヤン》行きの切符が無いのなら　オレは歩いてでも行くからね
臨津江《イムジンガン》を泳いででも　オレは行く
銃に撃たれて死んだとすれば　仕方があるまい
雲のように　風のように

文《ムン》牧師は詩人だから、詩人らしい幻想に耽って寝言のようなことを言っているなと、おそらく誰もがそう思っていたのではなかったでしょうか。でも私は海の向こうで文《ムン》牧師の覚悟のほどを知り、どれだけ心の中で泣いたでしょうか。

文《ムン》牧師が東京に到着する日付を私は大体三月二五日前後と決め、実際に平壌《ピョンヤン》に出発する日付は状況を見ながら三月の末頃にしようと考え、前に話した全浩彦《チョンホオン》同志を通して秘密裏に平壌《ピョンヤン》と連絡をとりながらの調整で忙しい日々を過ごしていた最中だったのですが、ある日、三月中旬頃だったでしょうか、突然『張吉山《チャンギルサン》』の作家黄晳暎《ファンソギョン》氏がシアレヒムの事務所を訪ねてきたのでした。予め連絡があったわけでもなかったので、突然どうしたのかと、やや不思議に思って何の用件で来たのか聞いてみたのです。

晳暎《ソギョン》氏は実に平然とした顔で言うではありませんか。

「私、平壌《ピョンヤン》に行くつもりで来たのです。」

あっけにとられて聞き返しました。

「何、平壌《ピョンヤン》だと。行きたければいつでも行ける所が平壌《ピョンヤン》なのかね?」

「ここまで来れば、安江良介先生か土井たか子先生か、誰かが橋渡してくれるのではないでしょうか?」

それは思い違いであり、安江さんや土井さんは平壌《ピョンヤン》当局の領事でもあるまいし、突然現れて来た人間をすぐ平壌《ピョンヤン》に送れる立場にはありません。前後のことを推し計ることもせず、出し抜けに平壌《ピョンヤン》に行くという彼のその無謀さにあきれ返る思いでしたが、しかし晳暎《ソギョン》氏が持っている敏感な感受性には感嘆を禁じ得ませんでした。

私が好んで使う言葉に時代精神（Zeitgeist）というのがあって、ここでも何度か使ったことがありましたが、人によっては頭に備え持っている一種のアンテナが、時代が発射する精神的な電波をひときわ敏感に捕捉するのではないかと感じることがあるのですが、黄晳暎《ファンソギョン》氏は作家として生まれつきの感受性のためでしょうが、「オレは行く平壌《ピョンヤン》に」というその時代の「電波」を敏感に感知したのではなかったでしょうか。そして本人にはあれこれ尋ねもせず、平壌《ピョンヤン》に対しては、黄晳暎《ファンソギョン》氏が文《ムン》牧師一行に加わって一緒に行くから受け入れてほしいという連絡を入れたのでした。

そうして文《ムン》牧師一行とほとんど同じ時に、相前後して黄晳暎《ファンソギョン》氏も平壌《ピョンヤン》の地を踏むことになったのですが、その時に行かせたことが果たして正しかったのかどうか、実は今でも疑問に思っているのです。私のせいで黄晳暎《ファンソギョン》氏はその時平壌《ピョンヤン》に行くことになったわけでしたが、それが仇になり、以後五年もの間、亡命者としてドイツとアメリカなどで流浪の生活を余儀なくされ、九三年四月本国に帰るなり手錠をはめられ刑務所に直行する羽目に陥ってしまったのでした。

文牧師と渋谷の街で声の限り歌った先駆者の歌

文益煥《ムンイクファン》牧師を乗せた飛行機が成田空港に到着したのは一九八九年三月二〇日午後五時頃だったのですが、無事金浦空港脱出に成功して成田まで来られるのか心配で、あとに残っていた劉元琥《ユウォンホ》氏が金浦で飛行機の出発を確認してから、すぐに横浜の家に電話連絡し、その時刻に上野まで出てきていた私は家に連絡してから、午後二時半の飛行機に文《ムン》牧師が搭乗したことを確認して成田に向かったのでした。一緒に平壌《ピョンヤン》に発つ予定の劉元琥《ユウォンホ》氏は、その確認作業のため一日遅れの二一日、日本に到着することになっていたのです。

文《ムン》牧師とは三十余年ぶりに空港で会ったのですが、すべき話があまりに多かったためか、渋谷東武ホテルまで来る間、むしろ二人とも静かに口を閉じていたことを記憶しているのです。

どっと話がわき出るようにはずんで来たのは、夕食の席でビールも一杯引っかけて緊張がほぐれてからのことでしたが、一緒に平壌《ピョンヤン》への出発を控えていた二人にしては、話題は政治とは距離の遠いルネサンスがどうだとか、ヒューマニズムがどうだとかいう話を交わしたのでした。

「お尋ねしたいのですが、文兄は人格神をどうお考えですか?」

文《ムン》牧師は私の出しぬけの質問に少々面食らったのか、「人格神? そうだなあ、創世記には神は自らの形状に似せて人間をお造りになったと書かれてあるから、人びとはやはり自分たちの姿の如く腕も二本、足も二本の形状の存在だと信じているのではないのかね」と言いながら、にたっと笑ったのでした。その笑いの様子から、文《ムン》牧師は私の質問の意味をすぐに理解していると感じたのです。

「まさか神という存在が――そういう存在がもし実際にいらっしゃるとしての話ですが――そんな腕や足や顔の姿がわれわれホモサピエンスと同じ形であるはずはないではありませんか?」

そこから話の糸口がほぐれ、ルネッサンス時代のミケランジェロが画いた「天地創造」の絵、斜めに横たわっているアダムに創造主が手を差し伸べているその絵に対する批判というか、ほとんど嫌悪に近い拒否感について、いつも心に引っかかっていたことを文《ムン》牧師にぶちまけたのでした。その間ずっとそんな話

ミケランジェロ「天地創造」

ルネッサンス時代の三大巨匠に数えられるミケランジェロが画いたバチカンシスティナ礼拝堂の天井画「天地創造」。1989年3月20日、30余年ぶりに東京で筆者に会った文益煥牧師とは、訪北の計画ではなく、「神学討論」で思いを語り合った。

題で対話を交わす相手がいなかったからであったのでしょう。

ルネサンスを生んだヒューマニズム運動は人間の自由と尊厳を主張したという点で近代文明の出発点だったと言えましょうが、しかしそれは人間たちの傲慢（hubris）と、自らへの過大評価を生み、人間と創造主を同格に描写したミケランジェロの「天地創造」は、たとえルネッサンス美術の極致かも知れませんが、神を矮小化し冒涜する涜神ではないのか、そんな思いから私は人格神というものに納得することができないのであるが、文兄はどう考えるかと問いただすかのように訊いてみたのです。大自然（神）の前で己がいかに無力な存在であるかを弁えず、神と同等になるべくバベルの塔（科学的機械文明）を築こうとした人間の愚かさを私は問題にしたのでした。

その時の神学論議をこの短い文章ですべて語ることはできませんが、文《ムン》牧師が私に言ってくれた言葉は、神というのは「大きな心」だということだったのです。その時の話は汎神論にまで及んだのですが、文《ムン》牧師はやはり文《ムン》牧師らしい方であったのです。

「汎神論？ それがなぜ悪い。普通のキリスト教の者たちは汎神論を野蛮だと言って偶像崇拝だと見下しているが、木の葉に宿る一しずくの露の中にも、その「大きな心」は宿っているのではないかな？ そこにも神はいらっしゃるのだよ。」

何日か後には平壌《ピョンヤン》に行って金日成《キムイルソン》主席と会って民族の進むべき道についての重大な会議を準備しなくてはならない立場にいるというのに、私たちは政治的な話ではなく人本主義から近代西欧文明に対する根本的な批判にいたるまで、時間の経つのも忘れ、話の花を咲かせたのでした。

その時、僧侶である高銀《コウン》氏が、ご自分の主宰する「ハンピッ（一つの光）教会」に来て共に祈りもあげ、また牧師も高銀《コウン》氏と一緒にお寺を訪ねて読経も聞いたりしながら、仏教とキリスト教の間に壁をつくらずにいるという話も聞きました。すでにその時から文《ムン》牧師は鐘路五街《チョンノオガ》にあるキリスト教会の保守的クリスチャンからは「異端」だと批判されていたのですが、今回平壌《ピョンヤン》に行って来れば文《ムン》牧師に対する彼らの糾弾の声はどれほど喧しいものになるだろうかという思いが脳裏をかすめて行ったのです。

その日の夕食をとったのは中華料理屋でしたが、夜も更けて酒も回った一杯機嫌でホテルまで行く坂道を歩きながら、道行く人々もまばらになった時間でもあり、文《ムン》牧師と私は大声で「先駆者」の歌を歌ったのです。この歌は「シアレヒム塾」では恰も校歌のように、塾生たちといつも一緒に歌っていたものでした。

一松亭《イルソンジョン》の青い松は／年ごとに老いていくとも／一筋の海蘭《ヘラン》の流れは／千年の後も止まらない／過ぎし
河辺で／馬を走らせていた先駆者は／今はいずこの森で／闘いの夢に眈っていることか

平壌到着の声明文――「すべての統一は善である」

文益煥《ムンイクファン》牧師と私、そして随行員として同行した劉元虎氏の三人が、経由地の北京に向けて成田を出発したのは一九八九年三月二四日の午後でありました。だから文《ムン》牧師は東京で四泊したわけですが、その間、金日成《キムイルソン》主席との会談について私と二人で何か打合せのようなことをしたかと言えば、その記憶は全くないのです。金主席との会談は心と心の自然な流れによるべきものだから、何か外交交渉の形で事前に設定された「アジェンダ」のようなものに拘束される必要はないというのが恐らく文《ムン》牧師と私の間の暗黙の了解ではなかったろうか、そう思われるのです。

当然話題になると思われた連邦制の問題についても、私は私なりの意見がなかったわけではありませんでした。北側が「高麗連邦制」を提唱したのは七・四共同声明の翌年の七三年だったのですが、それ以前に既に千寛宇《チョングァヌ》氏（『東亜日報』主筆）は「複合国家論」を発表し（一九七二年、九号）、ほとんど同じ頃、張俊河《チャンジュナ》氏も『シアレソリ』（一九七二年、九号）で「連邦制」に関する積極的な検討を提案したことがあったのでした。しかしその問題はあまりに敏感な事案で、南で誰かが連邦制を云々したとするなら、たちどころに「アカ」だと糾弾されるような時局だったので、私は文《ムン》牧師に見解をお話しするのを自ら慎んでいたのかも知れないのです。文《ムン》牧師もそれについて私に意見を求めたことはありませんでした。

その日のうちに北京に到着した一行は、翌二五日午後、駐中朝鮮大使朱昌俊《チュチャンジュン》氏の案内で文《ムン》牧師一行のために平壌《ピョンヤン》が差し向けてくれた特別機に身を委ねたのですが、飛行機が飛び立った後になって乗務員が近づいてきて、今、順安《スナン》飛行場には内外の記者団が待機しているので、到着声明を準備してほしいとの平壌《ピョンヤン》からの要請を伝えてきたのでした。平壌《ピョンヤン》では、前に立ち寄った多くの南側の人士たちのように、文《ムン》牧師一行もこっそり来てこっそり帰るものだとばかり錯覚をしていたのですが、そうではないことを遅ればせながら知って、急遽記者団を招集したのではなかったでしょうか。

順安《スナン》空港までの飛行時間は一時間半にも満たないのですが、私は大急ぎで声明文を作成しなければならなかったのでした。筆をとり文章を書き起こそうとするや、文《ムン》牧師が今平壌《ピョンヤン》に向かっているそもそもの理由が何なのかについての根本的な問いに突きあたらざるを得ませんでしたが、この問いはユギグと呼ばれている政権側の六・二九民主化宣言がなぜ「ソギグ（まやかし）」だったのかという問いに直結するものではないですか。大韓航空機爆破事件もそうだし、ソウルオリンピックの騒動もそうだし、六月民衆抗争のあの熱い熱気を雲散霧消させた国際的な巨大な陰謀の作用が頭に浮かんできたのでした。そうしてその時の感慨を次の二点に要約して到着声明を作成したのです。

①周辺大国がどんなに強大な軍事力と、どんなに巨大な経済力を動員して、わが民族が進むべき道をさえぎろうとしても、統一に対する我々の意志を挫くことはできないだろうということ、②いかに目眩いばかりの経済発展だといえども、また、いかに我々が大事なものと信じている個人の自由といえども、それは統一という民族の至上課題が成し遂げられることで、初めて意味を持つ価値であり、むしろ統一を阻止する目的でなされる経済発展や、統一を拒否する理念として主張される個人の自由ならば、我々はそこに何らの価値を認めるわけにはいかない。したがってすべての統一は善だということ。

文《ムン》牧師は私が書いた声明文の文章をじっくり検討したり、自身で添削を加えるような時間がないまま、その声明文をそのまま順安《スナン》飛行場で待機していた内外記者団の前で読み上げたのでした。

ここで①と②、特に②に要約された声明文の内容は、張俊河《チャンジュナ》先生の思想をほとんどそのまま移しただけのもので、文《ムン》牧師が張俊河《チャンジュナ》の思想を受け継いだ人物である以上、この声明文が文益煥《ムンイクファン》自身の思想を語っているものであることは疑う余地がないと今も私は信じているのです。文《ムン》牧師は文章を熟読して手を加えるだけの時間の余裕がなかった故に、私から渡された原稿をそのまま読み上げたのではなく、その文章の中に自己の思考と相反する部分が一つも無かった故に、そうされたのだと私は信じているのです。一番最後の、「すべての統一は善だ」という部分も張俊河《チャンジュナ》の発言をそのまま引用したもので（『シアレソリ』一九七二年、九号）、文《ムン》牧師自身の思考でもあったことは疑問の余地はありません。

しかし後日、文《ムン》牧師が手錠をかけられて法廷に立ったとき、法廷が最も問題視して文《ムン》牧師をやりこめた部分がこの最後の文言だったのでした。

「それならば赤色統一でも善なのか？」

文《ムン》牧師を逮捕し法廷に立たせた権力は、張俊河《チャンジュナ》を謀殺した権力と同一の権力だから当然と言えば当然でしょうが、法廷で彼らが見せた文《ムン》牧師に対する敵愾心は実に熾烈なものだったのでした。おそらく張《チャン》俊河《ジュナ》のように命を奪いたかったのでしょう。しかしどうでしょう、よもや金主席と会って帰ってきた文《ムン》牧師を絞首台に掛けることができたでしょうか？　できなかったでしょう。

「民主と統一は一つ」——鳳水教会での文牧師の説教

われわれが平壌《ピョンヤン》に到着した日が一九八九年三月二五日の土曜日で、たまたま翌日の二六日の日曜日が復活節で、その日平壌《ピョンヤン》の鳳水教会で行われた文《ムン》牧師の記念説教は偶然にも歴史に残るほどの名説教となったのです。

その日、鳳水教会にはアメリカからいらした李承萬《イスンマン》牧師と、彼と一緒に来た訪北団が席をとっていただけでなく、後で知ったことですが、普通は礼拝堂のような所には顔を見せることのない労働党の幹部たちも大勢参席していた関係で、それこそ立錐の余地がないほど、参席者がぎっしりと埋め尽くしていた状態でした。

講壇に上がった文《ムン》牧師がむせび泣くような声で唱えた説教の中の一節が「民主は民衆の復活であり、統一は民族の復活である」という歴史的な発言だったのでした。

講壇に登った文《ムン》牧師の脳裏には全泰壱《チョンテイル》、金相振《キムサンジン》、朴鐘哲《パクジョンチョル》、李漢烈《イハンニョル》などなど、むごたらしく死んでいった数知れぬ若者たちの姿がよぎっていったことでしょう。このような悲劇が繰り返されないよう、民主の花が咲かねばならないではないか。美しく咲き誇っている民主の花とともに、死んでいった若い魂たちは復活することになるのです。

また、解放されたと思い、南も北も万歳を叫んで喜んだ日がつい昨日のことのようであるが、よその国がやって来て勝手に引いた三八度線のために、互いが互いを憎しみ、叩き合い、殺し合うという悲劇は、いつ終わるのだろうか。三八度線が取り払われ統一が成し遂げられ、この国から憎しみと殺戮の痕跡が消えたとき、その間死んでいった数え切れない多くの者の魂が復活するのではないか。文《ムン》牧師は「復活」という一言のキーワードで民主と統一とを別々に分離できない一つの概念として融合させたのでした。

その間、南側の民主化陣営では「先民主、後統一」という原則の下に、民主と統一を別個のものと考えており、私が知る限り文《ムン》牧師自身もまた「先民主、後統一」を主張する側だったのでした。しかし、鳳水教会の講壇に立った瞬間、民主と統一は一体だという一種の思想的な変革を瞬間的に体験されたのではないでしょうか。

文《ムン》牧師の詩人らしい表現から離れ、若干堅苦しい三段論法的な表現を借りるなら、民主化は反独裁だが、その闘争の対象である独裁が外部勢力を支持基盤とするものなら、反独裁は反外勢ということになり、したがって反外勢はすなわち統一に対する主張ではないですか。民主がすなわち統一で、統一がすなわち民主であって、この二つは別々に分離できない不可分のものだというのが私流の思考ですが、文《ムン》牧師はそのような論理的な分析を飛び越え、直感的に復活という概念を介して民主と統一を一体化させたのでした。

文《ムン》牧師はまた、平壌《ピョンヤン》に滞在している間、「二つが一つになるのは、より大きくなること」という金言も残しました。ダイアモンドの元々の重さがもし一〇カラットだったら、それをそのまま維持した方と、二つに割った方とその値打ちはどうなるのだろうか。文《ムン》牧師の考え方が虚空を飛び越える詩的なものなら、私自身の考え方は大地の上を這っていく散文的なものであることを、今更ながら感じないわけにはいきませんでした。

その日アメリカからいらした李承萬《イスンマン》牧師が席をともにして下さったことは、私には本当にありがたいことでした。李牧師はもともと平壌《ピョンヤン》生まれの方ですが、解放後北での土地革命をめぐるキリスト教と社会主義の間の激烈な対立の中で、やはり牧師でいらしたお父様が命を落とされたために、幼くしてアメリカに渡った方なのです。

彼はアメリカで民主化運動を指導しながらも、大きな枠組みの中での統一を成し遂げなければならないという主張の下に、ご自分の父が命を失ったという悲劇を克服し、北の体制と完全に和解を果たしてから、しばしば平壌《ピョンヤン》を訪問し、鳳水教会を物質的にも助けておられて、その日復活節の時もオーディオ装置を寄贈するためそこに来ていらしたのでした。

赦免と和解は一方的なものではなく、北当局でもその混乱のさなかに狼藉を働いた、主にキリスト教者たちに罪を問わない政策を取っているというふうに私は聞いているのです。

前に信川《シンチョン》の「米帝良民虐殺博物館」について語ったことがありましたが、その時虐殺された三万五〇三八名の農民は、米帝ではなく実はキリスト教者たちを主軸とする「西北《ソブク》青年団」が犯した蛮行の犠牲者だったのです。その当時の残酷な殺戮は黄晳暎《ファンソギョン》作の『客人《ソンニム》』が鮮明に描写しているのですが、ブルース・カミングスの本『朝鮮戦争の起源Ⅱ』にも、防空壕に閉じ込められた人々が、水がほしいと哀願すると、空気穴にガソリンを注ぎ込んで彼らを「生きたままフライにした」というむごたらしい場面が描写されているのです（七二三頁）。

そのようなことをしてから何知らぬ顔で南にやってきて、いかにも敬虔なキリスト教者として一生を送った人々もいるのですが、大部分はそのまま北の地に残ったのではないでしょうか。北の体制は彼らの罪を問うことをせず、加害者と被害者の和解政策を実施したと私は聞いているのです。

金日成主席との抱擁――心で出会った平壌

一九八九年三月二七日朝一〇時頃のことだったでしょうか、われわれ一行は宿舎を出て主席宮という所に向かって出発しました。主席宮に到着した一行が案内された広々としたホールのような所に入ると、そこには主席が待っていたのですが、文《ムン》牧師が一歩一歩近づいていくや二人は瞬間的に互いが互いを強く抱きしめたのです。型どおりの挨拶など交わす間もありませんでした。

もちろん二人は初対面だったのですが、長い間離ればなれで会えずにいた兄弟のように、どうしてそんなに自然に愛情溢れる姿で抱擁することができたのだろうか、いま振り返ってみても本当に不思議な瞬間でした。分断時代の暗闇を突きぬけ閃光のように強烈な光を発したその瞬間は、実にまばゆいばかりの感動的な瞬間だったのです。

後に文《ムン》牧師は「心で出会った平壌《ピョンヤン》」という表現を好んで使われましたが、その抱擁の場面は文字通り「心で出会った平壌《ピョンヤン》」を象徴してあまりある美しい場面でありました。

おそらく分断時代が終わり平和な統一の時代を生きることになる我らの子孫たちは、不幸な暗黒の時代を振り返りつつ、文《ムン》牧師と金主席が互いに抱き合っているこの一枚の写真を見つめながら、その頃の先祖たちが分断の軛から逃れようと、どれほど苦しみ、もがいただろうか、胸の奥の底で記憶してくれることを私は信じて疑いません。

これは平壌《ピョンヤン》訪問の日程をすべて終えて日本に戻ってきてからの話ですが、あるソウルからの留学生が密かに私を訪ねて来て涙ながらに言うのでした。テレビでその写真の場面を見た瞬間、驚き、そして喜びのあまり、むせび泣きながら一人で下宿の部屋で躍りまくり、それでもその興奮が醒めやらず、その晩はほとんど眠ることができなかったということでした。

「夜は長くとも　明日《あした》わしらは勝つのだ」と詩人申東曄《シンドンヨプ》は吟じたではありませんか。

無言のうちにわしらは知っとる／わしの傍《そば》には君が／また君の傍には無数のわしらが／
胸を焦がしながら　一つの願いを目ざし行進／
村々の寄り合い部屋／粗末なキムチ鍋の前／断ち裂かれた祖国の運命に涙し
今日は奴らの巣窟／夜は長くとも／明日わしらは勝つのだ

もちろんこっそり私を訪ねて来た留学生が私の前でその詩を詠じてくれたわけではありません。しかしその若い学生が目に涙し「一つの念願を目ざして行進」している若者だということはよく分かったのでした。

文《ムン》牧師の平壌《ピョンヤン》訪問の結果、四・二共同声明が出され、それが二〇〇〇年、平壌《ピョンヤン》を訪問した金大中《キムデジュン》大統領が金正日《キムジョンイル》委員長と調印した六・一五共同声明と直結するものであることは、もう誰もが知っている周知の事実ですが、百万言の言葉よりも、文《ムン》牧師と金主席が抱き合ったその一枚の写真こそは実に万人の胸を打ってなおあまりある強烈な力を持ったものでありました。

　その年の夏（八月）、年若き女学生林秀卿《イムスギョン》が世界青年学生祝典に参加するため平壌《ピョンヤン》に現れ、全大協（全国学生代表者協議会）旗を手にして一人でスタジアムを行進している姿が日本にいる私の視野に飛び込んできたとき、その衝撃と感動は到底言葉では言い尽くし得ないものでありました。

秀卿《スギョン》が平壌《ピョンヤン》に行くということを私が予め知る由もなかったのは言うまでもなく、その時既に刑務所に収監されていた文《ムン》牧師が、そのことについて学生たちから相談を受けたはずもなかったでしょうが、しかし、学生たちは文《ムン》牧師と金主席が抱き合っているその一枚の写真が、無言のうちに何を語りかけているのか悟ったのではなかったでしょうか。

それから二〇年の歳月が流れる間、あの時まだ幼かった乙女の秀卿《スギョン》は、人生の門出において離婚の苦痛を経たばかりか、「僕のオンマは統一の花だよ」と誇らしげに言いふらしていた可愛い一粒種の坊や載《チェ》亨《ヒョン》も失いました。

しかし私は知っているのです。同年代の学生たちが、「一つの願いを目ざして」行進していくとき、載《チェ》亨《ヒョン》の魂も足並みをそろえ同じ隊列に加わって叫ぶであろうということを。「夜は長くとも／明日わしらは勝のだ」と。

「九五年を統一元年としよう」に足払いをかけた在日作家

金日成《キムイルソン》主席と文益煥《ムンイクファン》牧師の初めての会談は、その日つまり三月二七日から始まりました。記録のための書記が一人陪席しただけの二者会談の形式で進行し、お二人の間に取り交わされた話は私も後から文《ムン》牧師から説明を聞いただけでしたが、その日の対談でまず口火を切って発言したのは文《ムン》牧師だったのでした。

「よその国が入ってきて勝手に引いた三八度線、それをまるでご先祖さま神主《シンジュ》（位牌）でもあるかのように後生大事に抱き抱えているのは我慢がなりませぬ。三八度線を半世紀以上も捨てられずに抱え込んでいるのは民族として恥ずかしいことであり、これをきれいさっぱり取り払うよう一九九五年を統一元年と決めることにしましょう。」

一九九五年を「統一祈願元年」にしようという文《ムン》牧師のこの提案は、一部の人たちが誤解をしているように、何の根拠もなくただ金主席を喜ばせるために出まかせに述べた即興的な提案ではありませんでした。その前の年の八八年一一月、世界キリスト教協議会（ＷＣＣ）の主催で「朝鮮半島の統一を願う国際会議」がスイスのグリオンで開かれ、ここには南北キリスト教代表を始め、欧米と日本など九カ国が参加したのでした。

この会議で「同じ民族が南北に別れてから半世紀近い歳月が流れるまで、互いが反目と敵意の中で生きてきたということは、神に対する罪悪だ」ということを告白すると同時に、南北の教会は九五年を「統一のための禧年」と定め、その後毎年八月一五日、つまり解放記念日直前の日曜日を「南北共同の祈りの日」と定めようという宣言が発表されたのでした。

「禧年」というのは旧約レビ記二五章に記されているように、七年目が安息年の奴隷が七回の安息年を経た後、五〇年目になる翌年には自由の身となって解放されたという、「ヨベルの年」(Jubilee)のことを言っているので、分断の桎梏が五〇年を超えないように和解と統一のため祈り、その達成のために努力しようというのが一九九五年をもって統一元年にしようと提案した文《ムン》牧師の発言の趣旨であったのです。

その次に恐らく連邦制に関する金主席の提案があったようでしたが、金主席の元々の構想は、初めから軍事権と外交権を掌握する連邦政府の樹立であったのでした。しかし文《ムン》牧師は戦争をしないで統一を達成しうる方途としては「連邦制」は必ず経なければならない過程であることは認めながらも、初めから軍事権と外交権を掌握する性格の「連邦政府」の樹立は、南側の状況から見て非現実的だという点を、相当力を込めて説得したようでした。

その結果、あとで発表された四・二共同声明には連邦制が必然的で合理的な統一の方法であることを互いが認めながらも、「連邦制の実施は一挙にすることもできるが、しかし漸次にすることもできる」という表現（第四項）でお二人の間に妥協が成立したのでした。

これが二〇〇〇年、金大中《キムデジュン》大統領と金正日《キムジョンイル》委員長の間に成立した「六・一五南北共同声明」の第二項、すなわち「南側の国家連合案と、北側のゆるやかな連邦制の間に共通点があることを認める」という表現につながるのですが、この一連の経過を見ても文《ムン》牧師が金主席に会ったときに語った「一九九五年統一元年」についての提案が「一九九五年までには統一を成し遂げよう」との性急で非現実的な発言ではなかったということは明確な事実ではありませんか。

ところがです。わが国の諺に「喪制《サンジェ》（喪主）よりも、傍系でさえない服人《ポクチェギ》の方がもっと声を上げて嘆き悲しむ」というのがあるのですが、思いもよらぬ所から飛び込んできて文《ムン》牧師に対し非難攻勢を浴びせかける人物が現れたのです。それは在日作家李恢成《イホェソン》氏だったのです。「年齢からすれば九五年は金主席の寿命が尽きる頃ではないか。文《ムン》牧師は金主席に聞こえよがしにそんな出鱈目なことを抜かしたのだ。」「最近では九五年が飴ん棒みたいに伸びて、今世紀末までにということになったようだが、政治的想像力が枯渇すれば何の根拠もないこんな類の統一論が横行するのだ。こんなにまで統一統一と言い立てながら空騒ぎしているのは、一体誰のためを思ってのことだろうか。」

この人物は林秀卿《イムスギョン》が平壌《ピョンヤン》に行って来たことについてまで、文《ムン》牧師の顔に唾を吐くような罵声を浴びせたのですが、その罵倒は本当は誰が言いたい言葉を代弁したものなのか、ここで一つ読者たちは想像力を発揮してみてほしいのです。「恰も統一が目の前に迫っているかのように、美辞麗句をもって迷える子羊どもを扇動している文益煥《ムンイクファン》は偽りの予言者である。」

作家である李恢成《イホェソン》は、韓国の民主化運動とは縁もゆかりもないはずの人物で、文《ムン》牧師が平壌《ピョンヤン》で金主席と会ったからといって、泣いたりわめいたりしなくてはならない服人《ボクチェギ》ですらないではありませんか。本当に我慢できなくて泣きわめいている喪制《サンジェ》は別にいるのですが、それが誰なのかはしばらく謎としてとっておきたいと思うのです。

「私は民族主義をしようと共産主義者になった」

金日成《キムイルソン》主席と文益煥《ムンイクファン》牧師の会談内容や平壌《ピョンヤン》で行われたさまざまな行事については、文《ムン》牧師自身が残された文章を通じてすでに多くのことが知られてもいるので、私はこの機会に会食の席で金主席から聞いた印象深いエピソードをひとつ紹介しておこうと思います。

金主席の父君金亨稷《キムヒョンジク》先生がキリスト教の長老だったことは前にどこかで言ったことがありましたが、母堂康盤石《カンバンソク》夫人も教会に通いながら「伝道婦人」を務めていらしたというふうにある本で読んだ記憶があって、金主席に訊いてみたのでした。

「母堂は教会の伝道婦人でいらしたとお聞きしているのですが、間違いない事実でしょうか。」

主席はからからと笑いながら、「いいや、伝道婦人というのは間違って伝えられた話だろうが、礼拝堂には熱心に通われていましたよ」と、昔の幼い頃のことを話されました。三日礼拝日（水曜日）、教会堂から夕方の鐘がカンカンと響いてくると「お母さんお母さん、礼拝堂に行く時間だよ」と言いながら母を急かせて一緒に礼拝堂に行ったというのです。しかし牧師さまが説教を始めると途端に、母はぐうすかぐうすかいびきをかきながら眠ってしまい、お決まりの三番の賛美歌が始まる頃、「お母さん、礼拝は終わったよ」と母を揺り動かすと、はっと驚いて目を開けられたと、私や文《ムン》牧師が腹を抱えて笑うほどユーモラスに話をしてくれました。

とにかく「三日礼拝日（水曜日）」であるとか、礼拝が終わる時に皆で一緒に歌うことになっている「天地の万物たちよ　福をも恵んで下さる主エホバ……」という三番の賛美歌であるとか、キリスト教家庭の風習に精通していました。

その時金主席の幼いときの話を聞きながら、文《ムン》牧師や私や、さらに金主席喪も含めて皆が、その時代のキリスト教の家庭に育ちながら自然に体に染みつく「キリスト教的民族主義」を共有していることを、無言のうちにも感知することができたのですが、話の最後に金主席が一言付け加えたのでした。

「鄭先生、私はもちろん共産主義者ですが、実を言うと私は民族主義をするために共産主義者になったのではないですかね。」

主席のその発言は多くのことを示唆するものでしたが、それが共産主義者ではない文《ムン》牧師や私に対して単なるリップサービスとして言った言葉ではないのは、何の説明もなしにすぐ理解することができたのでした。

もともとマルクスが提唱した社会主義は、資本主義の下で搾取されているヨーロッパの労働者階級の解放を主張する思想であって、帝国主義の抑圧の下で呻吟する植民地の民の解放を目標とする思想ではなかったのです。マルクスが発表した『共産党宣言』（一八四八年）も、「万国の労働者よ団結せよ」であって、「万国の植民地の民よ団結せよ」とは言わなかったのです。

あまりにも初歩的な解説みたいなものを並べるようで少々気が引けるのですが、国際共産主義運動が階級主義一辺倒から抜け出て、屈辱と貧困にあえぐ植民地の民の解放に目を向けるようになったのは、第二回コミンテルン（一九二〇年）に参加したインド代表ロイが「先進資本主義経済は、つきつめれば植民地に対する収奪を基盤とするものであって、したがってイギリスやフランスの労働者階級といえどもその収奪の恩恵を受けている」という事実を論証したときからだったのです。一九二一年一一月「遠東被圧迫民族大会」がモスクワで開催され、この会議に朝鮮民族の代表として呂運亨《ヨウンヒョン》先生と金奎植《キムキュシク》先生が参加されたのも、このような事実を背景とするものであったのです。

キリスト教の家庭で育った金日成《キムイルソン》少年が十四歳という幼い年で満州に渡り（一九二五年）、共産主義を基礎とする「打倒帝国主義」運動に身を投じたとき、自分の体に染みついているキリスト教的民族主義と、植民地被圧迫民族の解放を主張する共産主義の間に何らの矛盾も感じなかっただろうことは当然のことで、むしろ体内のキリスト教的民族主義が共産主義を受け入れる触媒の役割を果たしたのではなかっただろうか、そう思わざるをえない一面を見過ごすわけにはいかないのです。

「解放」後、呂運亨《ヨウンヒョン》や金九《キムグ》を暗殺で取り除いた金性洙《キムソンス》や宋鎮禹《ソンジヌ》らを源流とする南側の保守主義者たちが、自分たちのことを「民族陣営」と称しながら民族主義があたかも自分たちの専有物であるかのごとく主張してきたのがこれまでの歴史の流れであったのですが、しかし例えば光州市民たちが黄晳暎《ファンソギョン》氏を通じて私に送ってきた「白書」は何と言っているのでしょうか。

「解放の時から歴代独裁政権の出発点は日帝の残滓勢力であり、この勢力を背後から操縦している共犯者はアメリカである。」(一九八六年)

ジョージ・オーウェルが書いた『一九八四年』という本がありますが、ここに出てくるオセアニアという国家では、ニュースピーク(New Speak)という言語が使用されていて、この言語では「平和」は「戦争」を意味し、「自由」は「奴隷」を、そして「力」という言葉は「無知」を意味しているというのです。

韓国はまさかオセアニアではあるまいし、「民族陣営」という彼らの言葉は何を意味する言葉なのでしょうか?

四・二共同声明——南北統一への第一歩

文益煥《ムンイクファン》牧師一行が平壌《ピョンヤン》を離れたのは一九八九年四月二日の午後だったのですが、その日の朝、文《ムン》牧師が記者団の前で朗読した宣言文が、今日われわれが「四・二南北共同声明」と呼んでいるものなのです。この声明文は三月二七日から三〇日の四日間にわたる、金主席と文《ムン》牧師の会談の内容を盛り込んだもので、九項目にわたる相当長文のものですが、中身を要約すれば、次の三つの項目になるのではないでしょうか。

①民主は民衆の復活であり、統一は民族の復活であるから、この二つは分離できない一体のものである。
②統一に関する南北間の対話の窓口は広く開放されるべきであり、当局者たちの間の独占に委ねない。
③統一を平和的に成し遂げるためには、連邦制は必ず経ねばならない経路であるが、この実施は一挙に（タンコボネ）することもできるが、時間をかけて漸次的にすることもできる。

この文書を作成するために私と安炳洙《アンビョンス》（後に安京浩《アンギョンホ》だと確認）同志は、三一日の夜を徹したのですが、第四項で「統一は誰かが誰かを飲み込むとか、誰かが誰かに飲み込まれることではないという共存の原則から」成し遂げられねばならないという一句は、おそらく金主席の口ぶりをそのまま引用したものだと思い、私は少々笑みを浮かべて原案通りに受諾した表現であり、また「一挙に」を意味する「タンコボネ」という表現は私が初めて耳にする平壌《ピョンヤン》式の言葉であるだけに、面白いと思って私が採択に同意したのでした。また前文で「南北双方は文化的精神的な共通性と、民族としての同質性を再確認する」という部分は私の提案を安同志が受け入れた表現であったのです。

この表現は、私と文《ムン》牧師が妙香山《ミョヒャンサン》を観覧し、米軍の爆撃で被った破壊の傷跡がいまだ癒えない普賢寺の姿を見たときの衝撃と憤慨の故に入れたものだったのでした。その風光明媚な妙香山《ミョヒャンサン》の深山幽谷に軍事基地のようなものなどあったはずもないのに、爆撃機を飛ばしてきてそこに爆弾を投下したアメリカ人どもの人間以下の無知蒙昧な蛮行に対する憎悪と呪詛をこらえることができなかったのでした。そのうえ妙香山《ミョヒャンサン》の普賢寺は、秀吉の壬辰倭乱当時、西山大師が僧兵五〇〇〇名を率いて倭寇と戦われたときに寄寓していた本拠地ではないですか。

とにかく四・二共同声明はそれから一一年の歳月が流れた後、金大中《キムデジュン》大統領がかつての同志文益煥《ムンイクファン》牧師の足跡を辿って平壌《ピョンヤン》を訪問し、金正日《キムジョンイル》委員長と会って発表した「六・一五共同声明」に直結するもので、さらにこれは盧武鉉《ノムヒョン》大統領のときの「一〇・四共同声明」につながるものであるから、統一を志向する南北共同声明の始発点は、文《ムン》牧師の平壌《ピョンヤン》訪問の時の「四・二共同声明」だったことは自明の事実だと言えましょう。

しかし、この一連の南北共同声明の主役たちはみな世を去り、今われわれのところにはいらっしゃいません。文《ムン》牧師と金主席は九四年、同じ年に相次いで世を去り、金・盧の両大統領も去りました。四・二共同声明に署名した北側の許淡《ホダム》同志も去り、文《ムン》牧師の平壌《ピョンヤン》訪問のために決定的な役割を果たした呂燕九《ヨヨング》も去ってしまい、一人残っている私は、いま机の前に座ってこの文章を書きながらも寂しい思いを抑えることができません。

文《ムン》牧師一行が平壌《ピョンヤン》に滞在中、平壌《ピョンヤン》当局は二一発の礼砲と儀仗兵の閲兵という儀式だけを抜かしただけで、国賓を迎えたような丁重なもてなしをしてくれました。金主席は自身が加わるステート・ディナー（公式晩餐会）を二回開いてくれ、四月二日、一行が平壌《ピョンヤン》を発つ時間が迫ると、自ら私たちの宿舎に訪ねて来て、一行三人をそれぞれもう一度抱擁しながら別れを惜しまれたのでした。

これからも南北間に、公式非公式のさまざまな形の会談や出会いがあるでしょうが、そのすべての出会いは文《ムン》牧師と金主席の間の「心での出会い」に始まるものだったという事実は、民族史を飾る美しい一幅の絵として、永く永く記憶してほしいと思うのです。

またこれは金大統領自身の証言ですが、二〇〇〇年六月、南北首脳会談のため平壌《ピョンヤン》に発つ前、何度も人を送って共同声明に関するあちら側の意向を打診したのでしたが、何の反応もなかったというのです。

平壌《ピョンヤン》に到着した一三日は歓迎行事で一日が過ぎ、翌日も日が暮れるまで何の話もなくて共同声明は無いものと諦めていたというのです。ところが一四日の晩、突然、金正日《キムジョンイル》委員長が話かけてきて共同声明文の検討が始まったというのです。あちら側では文《ムン》牧師と亡父の主席との間ですでに成立している「四・二共同声明」があるから、別に急ぐ必要を感じなかったのではないでしょうか。そしてその日の晩、「四・二共同声明」の精神をほとんどそのまま継承した「六・一五声明」が成立し、金大統領はそれを持ってソウルに帰ることができたのでした（日本のNHK特別番組）。

金大中《キムデジュン》大統領の歴史的な業績は「六・一五共同声明」であり、それ故にノーベル平和賞も受賞できたのですから、金大中《キムデジュン》大統領は充分に先に逝った文益煥《ムンイクファン》牧師の苦労にあやかったといっても、それほど的外れのことではないだろうと私は思うのです。

「赤い悪魔どもに鉄槌」――金淇春検察総長談話

一九八九年四・二共同声明が発表されたその日に、文益煥《ムンイクファン》牧師一行は平壌《ピョンヤン》を出発して、三日と四日の二日間、北京に滞在した後、五日に成田に向けて中国民航の飛行機に身を委ねたのですが、成田に到着すると韓民統の人たちが動員され、文《ムン》牧師一行を歓迎するという旗を振っていて、外に出る通路では、私にまでどさっと花束が贈られるという騒動が繰り広げられていたのでした。

空港まで車で出迎えに来てくださったのは、日本キリスト教協議会（NCC）の中嶋正昭牧師と、前島宗甫牧師で、そのお二人の案内で韓民統の人々のどさくさから抜け出し、前もって予約しておいた銀座東武ホテルに無事到着したのは夕暮れ近い時刻でありました。

ホテルに到着してみると、「文益煥《ムンイクファン》牧師の訪北成果を擁護支援し、弾圧陰謀を糾弾する緊急集会」という長い名前の大衆集会を開くから参席してほしいという裵東湖《ペドンホ》氏からの言伝《ことづて》が待っていたのです。自分たちの政治的欲望を満たすためなら手段と方法を選ばず、金大中《キムデジュン》氏の名前を売り物にした連中ですが、今度は同じ手口で文《ムン》牧師を利用しようとしているのですから、私の心情が穏やかであるはずはなかったのです。

早速、裵氏にホテルに来てくれるよう電話をしてから、部屋に入ってきた彼を座らせたまま怒鳴りつけたのでした。「あなたら、いったい半かけらでも人間らしい良心を持った人たちですか?」と言ってから、ちょっとばかりあちらで聞いたことを引き延ばしてなじり、「あなたたちが私をペンタゴンのスパイだと言って人民裁判にかけた事実は平壌《ピョンヤン》でも皆知っていたんですよ。昔、私と一緒にマッカーサー司令部(GHQ)にいてペンタゴンのスパイをした文益煥《ムンイクファン》牧師がここにいらっしゃるが、何、スパイのために歓迎会を開くんですって? それは文《ムン》牧師のためですか? それともあなたたちの政治的利益のためですか?」

裵氏はしょげかえった顔で、文《ムン》牧師に「さよなら」を言う暇もないまま部屋の外に姿を消したのでした。

その翌日だったたか、ソウルの様子を知らせてくれる傍ら、金浦空港まで同行して下さるために李愚貞《イウジョン》先生(京畿女子大総長)が東京まで迎えに来て下さいました。公安当局の激昂ぶりは尋常ではなく、文《ムン》牧師は帰って来るなり直ちに絞首台にでも掛けるとでも言わんばかりにかんかんになっているという事情も、心配顔でお話しして下さいました。李愚貞《イウジョン》先生を通して文《ムン》牧師を待ち構えている公安当局の雰囲気は大体見当がついたのですが、偶然ホテルのロビーに置いてある『ニューズウィーク』を見つけ目を通してみると、当時の検察総長金淇春《キムキチュン》が文牧師《ムン》の平壌《ピョンヤン》訪問を容赦なく責め立てる談話文が目に入ったのでした。その談話文には文だとか鄭だとかの名前は挙げられていなかったのですが、おおむね次のような内容だったのです。

「今韓国には国禁を犯して勝手に平壌《ピョンヤン》に出入りしている赤い悪魔《レッドデビル》たちが横行していて憂慮に堪えないが、このような悪魔どもには仮借なく鉄槌を下さなければならないだろう。」

「赤い悪魔」文益煥《ムンイクファン》に鉄槌を下すという検察総長金淇春《キムキチュン》はどんな人物でしょうか。一九九二年末、金泳三《キムヨンサム》――金大中《キムデジュン》の二つの陣営の大統領選挙戦が熾烈になっていた頃、金泳三《キムヨンサム》候補を当選させるため、司法関係の前・現職機関長たちが頻繁に集まって戦略会議を開いていたという、いわゆる「草原ふぐ店」事件が大きく報道されたことを読者は記憶しているでしょうか。公務員である機関長たちが特定候補の当選のために秘密の鳩首会議を開いたとすれば、これはまさに弾劾されて然るべき違法行為ですが、その開催者がほかならぬ法務部長官を経て国会議員になっていた金淇春《キムキチュン》だったのです。それよりも盧武鉉《ノムヒョン》大統領が弾劾沙汰に巻き込まれた屈辱にさらされていた時、先頭切って旗を振ったのが、ハンナラ党法制司法委員会委員長になっていた金淇春《キムキチュン》だったといえば、ああそうかと名前を思い出す人もいるのではないでしょうか。

人間はどんな人物から憎まれるかで、より鮮明にその品格が現れるものですが、もし文牧師《ムン》が金淇春《キムキチュン》のような卑劣漢から憎まれたとすれば、それは誇らしい名誉ではないですか。

四月一三日、文《ムン》牧師が帰国の途について、金浦空港に到着するやいなや、機内の中に雪崩れこんできた警察官から受けた侮辱と暴行はすでによく知られている事実なので、私が今更この文章で言及する必要はないでしょうが、その暴風雨のような囂々たる非難の中で毅然と立ちあがり、文《ムン》牧師の壮挙を言葉を尽くして称えて下った方がいらっしゃったのです。ほかならぬ李泳禧《イヨンヒ》先生です。

「文益煥《ムンイクファン》牧師さま、あなたは本当に偉大な仕事を成し遂げられました。あなたの一つ一つの言葉と行動は皆の胸に民族に対する愛の熱い灯をともしてくれました。あなたがお一人の力でうち立てられた大きなこの記念塔は、後になって、分断史と統一史を分ける歴史的な分岐点としてひときわ高くそびえ立ち、末永く後世まで輝くでしょう。そのような途方もない壮挙は微塵の私心もないあなたであればこそ、ひとえにあなたであればこそ、なし得た仕事でありました。」

（『ハンギョレ新聞』一九八九年四月九日付）

第8章

抜け殻は去れ

「鄭敬謨に会えば手錠」——そのまま帰ってしまった成来運教授

文益煥《ムンイクファン》牧師が書かれた有名な詩の中に「夢を祈る心」という詩があるではないですか。

犬糞みたいな明日ならば／夢なくてさえ来ないことはあるまいが
しかし貝の中の柔肌の／針に刺された傷の痕から
人知れず密かに育つ真珠の如く／夢から身ごもる美しい明日ならば
夢なしに訪れることはないのだ／だから友らよ！

相当長いこの詩を暗唱して、すらすら学生たちの前で詠じると、それこそ「犬糞のようではない明日」を夢見る若い学生たちが涙を流すという話を伝え聞いて、私自身大変感動を覚えた方がおられました。この文章を読みながら記憶によみがえる読者もいると思いますが、その方は延世大学教授、成来運《ソンネウン》先生だったのです。

それはおそらく光州五・一八の記憶がまだ生々しかった一九八二年正月のことだったと思いますが、アメリカにいる友人の李行雨《イヘンウ》氏から電話がかかってきたのです。成来運《ソンネウン》教授が今ここに来ていらっしゃるが、ソウルへの帰りに東京に寄って、あなたにどうしても会ってみたいとおっしゃるので、時間をつくってくれないかということでした。成来運《ソンネウン》先生にお会いしたことはありませんが、噂では聞いていて尊敬している方で、私も一度お会いしたいから、是非お寄りくださるようお願いしたいと李兄に伝えたのです。

　その時たまたま東京は暴雪が降ったため、来られるという日には来られず、翌日になって東京に到着し、夕方頃に電話をかけてこられたのでした。明日午後五時にシアレヒムの事務所に行くから、待っていてほしいとのことだったのです。成先生が泊まっておられた宿舎からシアレヒムの事務所までの道は予め李行《イヘン》雨《ウ》氏から知らされているはずですから、そうすることにして電話を切ろうとすると、先生はどうでもいいことであるような口ぶりで「もしできればのことであるが、今亡命者として東京に来ている池明観《チミョングァン》氏とも会って一緒に夕食をしたいので連絡をとってほしい」と言い、私が答える前に電話は切れてしまったのです。

　ちょっと困ったような思いがしたのです。池明観《チミョングァン》氏は独裁政権の迫害を逃れて日本に亡命してきた方だということは風の便りで聞いていたのですが、一九七〇年代の初めから一〇年近くも同じ界隈で暮らしていながら、お茶の一杯も一緒に飲んだこともなく、私から彼に電話をかけたこともありませんでした。

　しかし、私が韓民統から追われる前のことですが、機関誌『民族時報』を出す仕事を手伝ってくれていた金学鉉《キムハクヒョン》氏が、池氏とどうやって知り合ったのかははっきりしませんが、ときどき一緒に食事をしながらビールも飲むような間柄だということは知っていたので、一度私から頼んだことがあったのでした。池先生は亡命者としては先輩格の私に挨拶の一言もないが、どうだろう先輩格である私から後輩の彼に一度会うということはできないだろうかと。その時の金氏の返事が印象的でありました。会えば失望なさるでしょうから、むしろ会われない方がいいでしょう。私は理由を根掘り葉掘り聞くこともせず、ただ池氏が亡命者として一人で住んでいるはずの家の住所と電話番号は訊いてメモをしておいたのでした。

仕方なくあまり乗り気ではないながら、成先生のおっしゃることでもあるのでメモを探して彼に電話をかけたのです。電話に出た池氏の返事は、半分は私が予期していた通りのものでした。「私は抜けますから、お二人だけでどうぞ。」そして、今、成先生はどこに宿泊されておられるかと聞いてきたのです。私は馬鹿正直に宿舎を教えてあげたのでした。文京区小石川にある富坂キリスト教センターであるというふうにです。

　翌日午後二時頃だったでしょうか、成先生から電話がかかってきたのです。「今、池先生と、そして一緒に来られた奥さんと新宿で昼食をとっているが、五時までには約束通り訪ねて行くから待っているように」とのことでした。亡命してきていながら奥さんと一緒に暮らしているなんて、そんなこともありうるのか訝しがりながらも、ともかく五時から待っていました。しかし六時になっても、七時になっても、八時近くになっても成先生は現れず、電話もありませんでした。あー、池明観《チミョングァン》、この人物よからぬことをやらかしたなと、遅ればせながら気がついて、苦々しい思いをしながら家に帰ったのでした。成先生の宿舎に電話をかけて、一体どうされたのですかと聞いてみる気にもなりませんでした。

　何日か後にアメリカの李行雨《イヘンウ》氏から電話がかかって来たのです。成先生はその日、池氏と一緒に昼食をとったのですが、その場で激しい言葉で脅迫されたというのです。「もしあなたが、ここで鄭敬謨と会えば、金浦空港に着くなり、その場で手錠を掛けられて刑務所に直行することになるだろうが、それでも良ければ会え。」恐れをなした成来運《ソンネウン》教授は、私に電話をかける勇気も失ったまま、逃げるようにソウルに戻ったということでした。

「池明観氏からなぜそこまで憎まれているのか?」

たしか一九八四年の夏のことだったと思うのですが、アメリカにいらっしゃる文東煥《ムンドンファン》博士（文益煥《ムンイクファン》牧師の弟）と、一時アメリカで秘書として亡命中の金大中《キムデジュン》先生を助けていた崔承一《チェスンイル》教授がシアレヒムの事務所に尋ねてこられたことがありました。南北のキリスト者たちが集まって、これから民族和解のために展開すべき活動を論議する集会が箱根の同山荘で開催され、お二人はそこに参席してから来られたのでした。

予め連絡があって待っていたのでしたが、文東煥《ムンドンファン》氏は椅子に座るなり、「池明観《チミョングァン》氏からはどうしてそんなに憎まれているのか」と尋ねられたのです。その会議にはもちろん「クリスチャン・ネットワーク」を代表する池明観《チミョングァン》氏も参席したのですが、会議が終わって席を立とうとすると、池氏が訝しげな口ぶりでどこに行くのかと訊いたというのです。鄭敬謨に会いに行くと言ったら途端に、どうしてそんな奴に会おうとするのかと、かんかんになって怒ったというのです。

その時、池明観《チミョングァン》氏が足しげくアメリカに出入りしながらどんなことをしていたのか、いろいろな話を聞かされました。アメリカで「クリスチャン・ネットワーク」が発刊している『ペリスコープ（Periscope）』という英文雑誌の話も出ましたが、その雑誌の編集委員長が文東煥《ムンドンファン》博士だったのです。私にも文章を書いてほしいという依頼があって、駐韓米軍が韓国内に備蓄しているとてつもない量の核兵器について英語で書いた文章を送ったことがあったのですが、結局、文東煥《ムンドンファン》氏はその文章を載せることはできなかったのです。編集委員は一一名でしたが、文博士と崔教授の二人を除いた残りの九名は絶対に駄目だと掲載を拒否したというのです。内容に問題があるのかと訊いても、「内容には問題はないが鄭敬謨の文章だから駄目だ」と言い張ったそうでした。私はもちろん顔も知らない人たちですが、その人たちは池明観《チミョングァン》の指示を受けている人たちであったのです。

そのとき私が感じたことは、池明観《チミョングァン》が私に見せている執拗なまでの敵意は、単純な個人感情をこえて、ただ私だけでなく文益煥《ムンイクファン》牧師を含む民主化運動に対する組織的な敵対行為の一環ではないのかという疑念だったのです。まず頭に浮かぶのは『朝鮮日報』の鮮于煇《ソヌフィ》主幹の存在でしたが、それは文益煥《ムンイクファン》牧師が暗殺された張俊河《チャンジュナ》の意志を継ぐという決意の下に一九七六年、三・一民主救国宣言を出したとき、もっとも辛辣に文《ムン》牧師を糾弾したのが鮮于煇《ソヌフィ》だったという事実のせいだけではありませんでした。鮮于煇《ソヌフィ》は『朝鮮日報』の紙面を通じて「刎頸の友」池明観《チミョングァン》氏に対して口を極めての賛辞を惜しみませんでしたが、不思議なことに「亡命者」として日本に来ている池氏自身は、鮮于煇《ソヌフィ》に関しては一切口をつぐんでいたのです。『東亜日報』には度々寄稿しながら、『朝鮮日報』に文章を寄稿したという事実は寡聞にして記憶にありません。彼としても、本国の独裁政権の「迫害」を避けて日本に亡命してきているという立場で、独裁政権と密着している鮮于煇《ソヌフィ》が自分の親友だということを口外することなどできなかったのでしょう。しかも池氏を安江良介氏に紹介した人物が鮮于煇《ソヌフィ》だったということは日本では周知の事実であって、もしかして鮮于煇《ソヌフィ》が一種の浸透工作のために自分を『世界』を中心とする日本の知識人グループに押し込んだという「誤解」を避けるためにも、自分と鮮于煇《ソヌフィ》が互いに「刎頸の友」だという事実を隠す必要があったのではないでしょうか。

しかし、世間に秘密などありえましょうか。「亡命」ということは本国政府の法的保護圏の外に追放されたという意味で、「亡命者」が本国政府の発給する旅券を持って公然と外国に旅行するなどあり得ないことであるのです。旅券を持った「亡命者」とは、それこそ「雨の降るおぼろ月夜」式の形容矛盾ですが、「亡命者」池明観《チミョングァン》は恰も自分の家の内房《アンバン》に出入りするかのように、足しげくアメリカを行き来していたのでした。そうしながら、本当の自分の「本宅」である韓国には二〇年近くも全く出入りしたことはなかった様子なのです。これは人目を欺こうとしたずる賢い偽装だったのではないでしょうか。

ある日、鮮于煇《ソヌフィ》が世を去ったという訃報が目にとまりました（一九八六年六月一三日）。それで池明《チミョン》観《グァン》が弔文を書くのか書かないのか探ろうと思い、普通なら金を払ってまで読むはずのない『月刊朝鮮』（一九八六年八月号）を購入し読んでみたのでした。果たせる哉、韓国人としては唯一の友人代表として池明観《チミョングァン》の涙を誘う弔文が掲載されていたのです。「この世の中でもっとも親しい友人を失い、涙を流した」というのです。その時二人がともに同じ故郷定州《チョンジュ》（平安南道《ピョンアンナムド》）の出身で、二歳違いで同じ普通学校を出たということも分かりました。それほどの間柄でありながら池明観《チミョングァン》が外部に対しては一切そのような素振りも見せずに生きて来たのは、やはり人目を欺くための欺瞞だったのでしょう。

しかし、千慮の一失だったと言うべきか、たった一度だけ衆人環視の前で己の正体を露わにしたことがありました。許文道《ホムンド》公使離任の際、東京の韓国大使館が開催した大がかりな送別宴に池明観《チミョングァン》が現れ、許《ホ》文道《ムンド》の隣に席を占めていた時であったのです。

全玉淑――池明観チームの合同作戦

　このくらいにして一九七〇年代後半、突然、日本に現れ、各新聞社の中堅層と若い記者たちの間で大人気を博した韓国のマタハリ全玉淑《チョンオンスク》女史に登場を願わねばなりません。残念ながら私は彼女に会ったことはないのですが、流暢な日本語を駆使するばかりか、妖艶な魅力を発散する美貌の女性だったというのです。

　彼女が初めて日本に現れた時の肩書は雑誌『韓国文芸』の発行人でしたが、この雑誌が韓国内で編集、印刷されて日本に搬入された後、大部分が無料で言論界の人々に配布されていたということから見て、朴政権擁護のための政治性媒体だということは分かるというものでしょう。しかし華麗さにおいて目立ったのは言論界に対するその雑誌の理念的影響力ではなく、発行人全玉淑《チョンオンスク》女史の多彩な社交活動であったのでした。毎晩金を湯水のごとく使いながら、各新聞社の名だたる記者たちを連れ歩き、宴会を繰り広げているという噂も聞こえてきて、とにかく全女史の動きは当時日本ではかなりの話題の種になるくらい活発だったのでした。

　私にまで『韓国文芸』が無料で配布されてくるはずもなく、本屋で入手して読んでみると、私が作家としての実力に対してはそれでも敬意を抱いていた李炳注《イビョンジュ》氏の文章も載っていました。腹が立ったのです。いかにあなたが転向作家だとはいえ、ここまで体制に媚びなければ飯が食えないのかと激しくやりこめる文章を書いて発表しました（『展望』一九七六年、四月号）。李炳注《イビョンジュ》を叩いたのですから、結果的には『韓国文芸』も一緒に一撃を喰らった形になったわけですが、相当痛かったようでした。編集と印刷がすべて済んで、日本に搬入される直前の次号をそっくり廃棄処分にしてしまったというのです。その雑誌の編集長の古山高麗雄氏が「私の敬愛する友全女史に、そこまで痛手を負わせたあなた鄭敬謨は到底許すことはできない」という繰り言を、別の雑誌にぶちまけたのでした（『海』一九七八年、四月号）。かつて魯迅先生は、力があるのは軍閥孫伝芳の大砲であってわしの筆に何の力があろうかと嘆かれたことがあったのですが、「僕の筆先の力でKCIAの対日工作の一環が壊されたのか」と痛快な気持ちでした。

当然のことながら、全玉淑《チョンオンスク》女史は私に相当の敵意を抱いていたことでしょうが、しかし一方、『世界』の安江良介氏に対しては執拗なまでに接近を図っているという事実もさまざまな筋から私の耳に届いたのでした。接近を試みたのはもちろん懐柔目的だったでしょうが、いかに全女史が妖艶な美女だとしても、そんな手段でどうにかなるような安江氏ではなかったでしょう。接近が思いどおりにいかなかったという事実も私は知っていました。安江氏とはしばしば会っていたので、雰囲気から見当がついたのでした。

ある日、友人の宮田浩人氏から電話がかかってきたのです。宮田氏は夫人の毬栄《まりえ》氏が全女史とは親しい間柄で、全女史は自分が韓国中央情報部のエージェントだということをほとんど包み隠すことなく付き合っていたのですが、全女史が任務を終えてソウルに戻るときに残した言葉だから知らせようとの電話だったのです。全女史がこう言ったそうです。自分は日本を去るが、これから安江良介と鄭敬謨だけを「こませば」仕事は終了する、ということだったのです。

その時はおそらく朴正熙《パクチョンヒ》が死ぬ直前くらいの頃だったのですが、「こます」ということは安江氏の場合はうまく丸めこんで言うことを聞くようにさせるということだったろうし、鄭敬謨の場合は孤立状態に追い込んで口を封じ込めるという意味だったのでしょう。自分は去るが、後のことはまた別の人物に託すという意味にも解釈できるでしょうが、「バトン」を渡された人物が誰だったかは、全女史から直接聞かなくとも私には十分見当が付いていたのでした。

日本に対する朴政権の言論工作は、私が張俊河《チャンジュナ》先生の「一〇〇万名改憲運動」について書いた文章に腹を立てたあげく、『朝日新聞』の輸入禁止措置をとった直後から始まったのでした。ところが輸入禁止措置をとってみたら苦境に陥ったのはむしろ朴政権自身だったので、手法を変えて今度は日本のマスコミ全体を自分の側につかせる「丸めこみ」作戦に転換したのでした。韓国政府が全額を負担する「あご足つき」で日本の多くの言論人が韓国旅行を楽しめたのは、この時だったのですが、日本の「国民作家」司馬遼太郎氏が韓国から招請されて訪韓し、鮮于煇《ソヌフィ》と対談したのが『朝鮮日報』に連載されたのもこの頃だったのでした。

全玉淑《チョンオンスク》―池明観《チミョングァン》チームが主に安江氏に対する微笑作戦と、鄭敬謨に対する中傷工作を積極的に始めるようになったのもこの頃だったのです。いちいち名前は挙げませんが、それまで親しかった日本人知識人の中には突然距離を置きながら、あなたは平壌《ピョンヤン》側の工作員ではないかとばかり、敵意を露わにする人物も現れたのです。それがなぜなのかは聞かずとも明らかなことではないですか。

「平壌の工作員」であり、「ペンタゴンのスパイ」でもある鄭敬謨？

韓民統の郭東儀《クァクトンイ》からは相変わらず「鄭敬謨はペンタゴンのスパイ」だと中傷攻撃を受けていたのですが、今度は池明観《チミョングァン》まで割り込んできてアメリカの各地を回りながら「鄭敬謨は平壌《ピョンヤン》の工作員」だという噂を振りまいていたというから、私はいわば二重スパイとして目の回るような忙しい日々を過ごしていたということでしょう。

郭東儀《クァクトンイ》が私に敵愾心を抱いている理由は、一言で言えば、劣等感から来る嫉妬にあり、組織内の自分の地位が鄭敬謨によって剥奪されるのではなかろうかという不安からだったのです。鄭敬謨がペンタゴンのスパイになってくれさえすれば、自分の地位は安泰だったのではないでしょうか。

しかしながら、個人的には敵愾心を抱く理由のない池明観《チミョングアン》が、なぜに私に執拗な敵意を見せていたのでしょうか。それはやはり「刎頸の友」である鮮于煇《ソヌフィ》との関係ではなかったでしょうか。私が日本に亡命してきて以降、機会あるごとに『朝鮮日報』の鮮于煇《ソヌフィ》を叩いてきたのですから、鮮于煇《ソヌフィ》から見れば私は赦しえない敵であったのです。

例えば張俊河《チャンジュナ》先生が先頭に立って始めた維新憲法撤廃一〇〇万人署名運動が燎原の火の如く全国に広がるや、朴政権は維新憲法に対する批判を一切禁止する「大統領緊急措置第一号」というものを発表すると同時に、張俊河《チャンジュナ》先生を逮捕したではありませんか。それは一九七四年一月八日の一・八措置によるものでした。

これに対する国民の憤激を抑える目的で鮮于煇《ソヌフィ》の『朝鮮日報』はその翌日「平常心」を訴える社説（一月九日付）を載せたのですが、それだけでは足りなかったのか、一月二〇日には「互いに信じ、いたわり合うバランス感覚と謙虚の美徳」を主張する社説を掲載したのでした。一連の社説はもちろん鮮于煇《ソヌフィ》の文章でしたが、いかに朴政権に密着している『朝鮮日報』とはいえ、この媚と諂《へつら》いぶりはあんまりではないのか、私は鬱憤を抑え難く、これに抗議する文章を書いて日本の雑誌に発表したのでした（『マスコミ市民』、一九七四年四号)。

私は韓国にいたときから鮮于煇《ソヌフィ》に対する嫌悪感を抑えられませんでしたが、日本に来てからも維新体制擁護勢力のなかの第一人者とも言うべき鮮于煇《ソヌフィ》と、日本の彼の支持勢力に対して、公開的に批判を続けたのでした。当然、池明観《チミョングァン》にしてみれば鄭敬謨が憎らしかったのでしょう。しかし私は暫くは池明観《チミョングァン》の正体をはっきりとは把握できず、鮮于煇《ソヌフィ》の直系の許文道《ホムンド》とグルだということに気づきませんでした。

そんな一九八〇年の初め、許文道《ホムンド》が駐日大使館の公使を退官して本国に帰るとき、ある日本人の新聞記者が電話をかけてきて「一介の公使のための送別会にしては似つかわしくないほど大げさなものだった」と伝えてくれたことはすでに書きましたが、しかしその日本人記者は送別会の話を伝えようとしたのではなく、招請されて韓国大使館に行ってみたら、許文道《ホムンド》の隣の席に「亡命者」池明観《チミョングァン》が座っていたのだが、これは一体全体どういうことなのか尋ねる電話であったのでした。池明観《チミョングァン》としては実に千慮の一失ともいうべき失態を犯したのでした。

許文道《ホムンド》はもともと『朝鮮日報』の記者として日本に留学に来ていたのですが、鮮于煇《ソヌフィ》の後押しで大使館に入り、すぐに何段飛びかの出世で公使になった人物ですから、鮮于煇《ソヌフィ》とは特殊な関係にあったのでしょう。だから鮮于煇《ソヌフィ》、池明観《チミョングァン》、許文道《ホムンド》、そして全玉叔は皆グルで、いわば同じ穴のむじなだったのです。

池明観《チミョングァン》は、韓民統で私と一緒に仕事をしていた金学鉉《キムハクヒョン》氏にうまく取り込んで韓民統の内部情報を収集して、それを許文道《ホムンド》に流していたのです。金学鉉《キムハクヒョン》氏自身は善良で良心的な人間で、たとい韓民統内部のいかがわしい事実を知っていたとしても、絶対にそれを権力機関に垂れこみをするような人ではありません。しかし、そのような情報が池明観《チミョングァン》の手に入ったとすれば問題は別ではありませんか。情報は許文《ホムン》道《ド》を通じて直通で全斗煥《チョンドゥファン》に伝えられたことでしょうから。

金大中《キムデジュン》氏が死刑宣告を受け、また多くの無辜の市民たちが血なまぐさい惨事に遭うことになった光州五・一八市民虐殺が起きた理由がいかなるものであったにせよ、その下手人は全斗煥《チョンドゥファン》だったのであり、池明観《チミョングァン》が許文道《ホムンド》を通して全斗煥《チョンドゥファン》と繋がっていたとすれば、池明観《チミョングァン》もまた五・一八の加害者ではないのですか。そんな怖ろしいことについて何も知らない金大中《キムデジュン》氏は、二〇〇〇年ノーベル賞の受賞式でオスロに行く飛行機にまで池明観《チミョングァン》を乗せて行ったのです。これは韓国民全体が笑うべきことなのでしょうか、泣いてしかるべきことなのでしょうか。

在日作家、李恢成にまつわる喜劇の一幕

文益煥《ムンイクファン》牧師が平壌《ピョンヤン》を訪問して金日成《キムイルソン》主席と会ったという事実が、刺のように喉にひっかかった痛みを我慢できずに泣いたり叫んだりすべき「喪主」は別にいて、自分は別に痛みを感じるほどの理由もないのに首を突っ込んできて、「美辞麗句で、迷える子羊を煽動する偽りの預言者」だと文《ムン》牧師をそしる「服《ボク》人《ジェギ》」(李恢成《イホェソン》)がいるという話はすでにしましたが、いまその李恢成《イホェソン》氏がなぜ「喪主」を差し置いて姦《かまびす》しく声を上げて泣き叫んでいるのか、その呆れた悲喜劇の一断面をこの文章で披露することにしたいと思うのです。

在日朝鮮人作家李恢成《イホェソン》が三十四歳という特に若くもない歳で『砧をうつ女』という作品で文藝春秋が主宰する新人賞、芥川賞を受賞したのは一九七二年で、その受賞の背後には『朝鮮日報』主筆、鮮于煇《ソヌフィ》の政

治的な力が作用したというのは在日同胞社会では広く知られている事実であるのです。

元々李氏は朝鮮総連の機関誌『朝鮮新報』の記者として勤務していた人間ですが、作家を志望したためか総連組織を離れ、方々の雑誌に短い文を書く寄稿者程度で、おそらく不安な生活をしていたのでしょう。そんなときに日本特有の形式の私小説の形をかりて書いたのが、母への追憶を込めた『砧をうつ女』でしたが、日本の文壇では特に注目を浴びなかったためか、当時日本ペンクラブの副会長をしていた大江健三郎氏を訪ね、芥川賞を取れるように、推薦してほしいと頼んだということなのです。ここまでは普通にあり得る常識的な話でしょうが、それからの顛末が李氏自身のためにも潔くなく、後ろめたい思いから逃れられない不幸をもたらしたのではないかと思うのです。彼自身がどう考えているかまでは知りえませんが。

大江健三郎氏は良識ある日本人で、それまで在日朝鮮人のなかで芥川賞を取った人間が一人もいなかったという事実にこれではいけないと考えたのか、文藝春秋の社長池島信平氏に電話をかけて、李氏の受賞を考慮してほしいと要請したというのです。それから程なくして、池島社長から大江健三郎氏に電話が来て、李氏の問題について「よし分かった、頼みを聞こう。しかし一つ条件がある。李恢成《イホェソン》自身がこっそりと韓国に行って『朝鮮日報』の主筆、鮮于煇《ソヌフィ》に会うように」ということだったというのです。

当時は韓国籍でない総連系の朝鮮人が韓国の地を踏むのは不可能なことでしたが、李氏は情報部が発給してくれた特別旅券で秘密裏に韓国を訪問し、鮮于煇《ソヌフィ》に会ったのは一九七〇年のことでした。そんないきさつで李氏は一九七二年芥川賞を受賞したのですが、彼にすれば予期しない事態が賞を授かる一年前に発生したのでした。

七一年八月、南北の赤十字社間の合意で、分断二六年ぶりに初めて「南北離散家族会談」が板門店《パンムンジョム》で開かれることになったのです。
在日の文筆家の社会では当時長老級の人士として自他ともに認めていた人物が金達寿氏でしたが、金氏が分断二六年ぶりに南北が板門店《バンムンジョム》で対話することになった事実に相当興奮して、文士たちを一堂に集めて、実に歴史的な提案をしたというのです。

「今時代が大きく変わりつつあるが、この機会に母国訪問団を組織し、まずソウルを訪問してから板門店《バンムンジョム》を経て平壌《ピョンヤン》を訪問するというのはどうだろうか。」

この時点で私はまだ物書きとして知られていなかったので、その席にはいませんでしたが、皆興奮してそれは実にいい考えだと賛意を表明したのでしょう。

しかし、一人李恢成《イホェソン》だけがとんでもないとばかり、「今がどんな時だと思ってそんな阿呆たらしいことをしようとするのか」と金達寿氏に喰ってかかったというのです。後から金氏から直接聞いた話ですが、その時李恢成《イホェソン》はまるで「検事が法廷で被告人を扱うような口調で」自分をなじったということでした。いずれにせよ李恢成《イホェソン》の猛烈な反対のために母国訪問計画は無かったことになってしまったのですが、翌年、彼が芥川賞を取ったとき、七〇年にすでにこっそりソウルに行って鮮于煇《ソヌフィ》に会ったという事実もばれてしまったのでした。あれから少なくとも在日文人社会で李恢成《イホェソン》は人間的にどんな待遇を受けたでしょうか。もしあのとき在日の文人たちが大挙してソウルを訪問したとしたら、せっかく自分が秘密裏にソウルに行ってきた「功績」はどうなるのか。自分の芥川賞を守るためにも李恢成《イホェソン》は己の秘密を隠し金達寿氏に喰ってかかったのでした。

文学というものは、現実よりもより現実的なフィクションを構築する作業ですが、すぐにばれる幼稚な嘘を平然と吐いたとしたら、彼の文学的才能は推して知るべしでしょうが、新人賞以後は小説らしい小説もなく、その後文《ムン》牧師をけなす文章や、自分がなぜ朝鮮籍を捨てて韓国籍に変えたか、自分以外には誰も関心のない文章で日々を過ごしているようだから、頼みはやはり池明観《チミョングァン》の『朝鮮日報』だったのでしょう。

池明観と代弁人李恢成

池明観《チミョングァン》氏が日本での「亡命生活」を清算して本国に戻ったのは、おそらく金泳三《キムヨンサム》文民政府が始まった直後だったでしょうが、ただ亡命者のみすぼらしい姿で帰ったのではなく、二〇年間もの間、国外で「反独裁闘争」に身を投じて闘った輝かしい業績という錦を身にまとってのきらびやかな帰郷であったのでした。まず『世界』の安江良介氏を始め大江健三郎氏、坂本義和氏ら、大物知識人たちを招請し、「クリスチャンアカデミー」の姜元龍《カンウォンヨン》牧師との共催で大規模なシンポジウムの開催に成功するのですが、これは「亡命生活」をしている間、池明観《チミョングァン》教授が築き上げてきた業績に対し金泳三《キムヨンサム》政府が与えた最大の報償だったと私は考えているのです。

一九九三年一一月「東アジアの平和と韓日協力体制」というテーマで開催されたこのシンポジウムで安江良介氏ら日本の参加者たちがどんな発言をしたのか、その頃の『世界』を探してみても記録が載っておらず内容はよく分かりませんが、ともかく韓国の公安当局により「反韓分子」と目されていた安江良介氏に韓国の地を踏ませることになったことだけでも、帰国した「亡命者」池明観《チミョングァン》教授の功績は大きなものだったと評価せねばならないでしょう。この業績は次の金大中《キムデジュン》、盧武鉉《ノムヒョン》大統領時代に至るまで引き続き光を放ち、池明観《チミョングァン》教授に華々しい活動の舞台を提供することになるのです。

実は安江良介氏などの大物が参席したソウルでのシンポジウムには在日作家李恢成《イホェソン》氏もパネリストの一人として招請され、その綺羅星のような知識人たちと同じ席で発言をする機会が与えられたのですから、李恢成《イホェソン》氏はそのような機会を自分に与えてくれた池明観《チミョングァン》教授の格別な配慮には感激したことでありましょう。金浦空港に到着し、飛行機から降りて韓国の地を踏むなり、「跪《ひざまず》いてその地に口づけをしたい衝動に駆られた」ということでした。それればかりか、いつかシベリアを旅行しながら、少し離れた所から北朝鮮の地、豆満江《トゥマンガン》を見た時には何の感慨も感じられなかったが、金浦空港からソウル市内に入る鉄橋から流れゆく漢江《ハンガン》を見た瞬間、「その水が自分の足元を流れるのではなく、頭上の天を流れるような感じ」だったと述懐しているのです。これは彼の「脱北宣言」だったのですが、作家の叙述にしては稚拙過ぎると感じながらも、池明観《チミョングァン》教授への感謝と感激は察するにあまりあると言うべきでありましょうか。序でながら李恢成《イホェソン》氏の報告によると、シンポジウム会場の受付にはちゃんと全玉淑《チョンオンスク》女史も鎮座ましましていて、私はさもありなんと思わざるをえませんでした。

その後一九九六年一〇月、日本と欧米各国の「韓国文学者」たち一〇〇人程を招請し、政府が後援した「文学の年組織委員会」が主催する「韓民族文学者大会」という触れこみの大きな集会が開催され、基調演説者に選ばれたのが李恢成《イホェソン》氏だったのです。参加した「文学者」たちの旅費はもちろん、大会期間の六日間の滞在費まで全額政府（文化体育部）の負担でしたが、この大がかりな会議を取り持った人物は言うまでもなく池明観《チミョングァン》教授だったことでしょう。この会議に政府の路線とは一線を画する「民族文学作家会議」は参加を拒否し、ただ白楽晴《ペクナクチョン》先生だけが個人の資格で参席したと聞いているのですが、日本からは「韓国人文学者」二一名が参加したということになっていながら、その「韓国人文学者」が誰なのか（総連系朝鮮人）、誰も口をつぐんで言わないので知るすべがありませんでした。まさにその年の一一月には北朝鮮の大物政治家黄長燁《ファンジャンヨプ》が部下の金徳弘《キムトクホン》を連れて韓国に亡命してくるという驚くべき事件が発生し、これはマルクスがソ連から亡命したようなものだと大騒ぎになったのでした。

とにかく金泳三《キムヨンサム》政権に入ってから、黄長燁《ファンジャンヨプ》の亡命を始めとして、工作性の色彩が濃い国際会議、シンポジウムなどが頻繁に開催されていたのですが、安江良介氏の韓国訪問もこのような工作の次元からなされたものであったのでしょう。私は安江氏が韓国を訪問したからといって批判がましいことを言うつもりはありませんが、ただそれが全玉淑《チョンオンスク》―池明観《チミョングァン》の工作線上でなされたという点は残念だというほかはないのです。

「作家」李恢成《イホェソン》の後日談ですが、自分とは何のかかわりもないことに飛び込んできて文益煥《ムンイクファン》牧師に罵倒を浴びせかけたのは、哭き女に過ぎない李恢成《イホェソン》氏自身にも、哭き女を雇い入れた喪家の喪主にも別段効果がなかっただけではなく、むしろ真に悲しい思いをしている喪主が誰なのかを表出させたという点で、池《チ》明観《ミョングァン》氏は損をしたと言うべきでしょう。金泳三《キムヨンサム》政府にしても大金を使いながら開催した「韓民族文学者大会」でありながら、その結果は期待とはほど遠いものだっただろうと思うのですが、実はその「韓民族文学者大会」なるものは李恢成《イホェソン》氏を浮上させることが主目的で開催されたものでした。触れこみとは裏腹に、この大会は大した成果もないまま終わってしまったので、池明観《チミョングァン》教授もおそらく李恢成《イホェソン》氏の能力に対してては失望を感じたのではないでしょうか。今はもう少しは使いでのある第二の李恢成《イホェソン》を在日韓国人のなかから見つけ出そうと目を皿にして物色中ではなかろうかと思うのですが、果たしてそれらしい人物が見つかったかどうか分からないし、詮索する興味もありません。

日本歴史はなぜ皇室の始祖を隠そうとするのか?

喪主の池明観《チミョングァン》とか哭き女李恢成《イホェソン》とかに関して異臭の漂う話を書いているうちに、胸がむかついてきて気分が爽快ではありません。そこで口直しを兼ねて、そんな話はやめて、まったく別な新しい話題に話を変えたいと思うのです。

新しい話題とは、いつどこから渡って来た誰が日本の王室の初代の王だったのかという、日本の王室の起源についての実に興味津津な話であるのです。この話は韓国(朝鮮)の歴史にも密接に関連していることですが、どうしたことか韓国の歴史学者たちが関心を持つことは稀で、日本の学者たちは知っていながら知らないふりをしているという不思議な歴史の一幕ですから、今から私の話によく耳を傾けて聞いてほしいと思うのです。

この話は朝鮮の『三国史記』、日本の『日本書紀』、そして高句麗の『広開土王の碑』が互いに絡み合っている話なのですが、しかし学術的な難しい話ではなく、ただ村の老人が皆の前で披露する昔話くらいに考えて聞いてくれたらいいと思うのです。

西洋史においては、例えばイギリスの初めての王室は、一〇六六年フランスのノルマンディーからドーバー海峡を渡ってきた征服王ウィリアムが創建したということになっており、これはイギリスでもアメリカでも小学校の教科書にも出てくる、いわば常識に属する一般的な知識です。ならば同じ質問、つまり日本の王室の初代王は誰で、その人物はいつどこから日本に渡って来た人物であるのか、日本人に聞いてみたとしましょう。立派に大学を出たという階層は言うまでもなく、大学で歴史を教えている学者たちさえ、特別にこの問題を専攻した人間でもなければ明確な答えができないのです。しかも歴史を専攻した古代史の専門家の間でさえ説はまちまちで、確然とした定説はないのです。

朝鮮の『三国史記』（一一四五年編纂）に該当するのが、日本の『日本書紀』（七二〇年編纂）ですが、ここには初代天皇の神武天皇から第四一代持統天皇の時代までが叙述されており、その後その皇統が万世一系を維持しながら現代の天皇明仁に至るまで一二五代続いてきたのだと日本史は主張しているのです。しかし、どこまでが神話でどこからが史実なのかはっきりしない日本書紀を以てしては、本当の初代天皇が誰だったのか、特定することができないのが現実であるのです。

日本の著名な学者に津田左右吉（一八七三年〜一九六一年）という歴史家がいました。彼の主張によると、日本書紀の叙述のなかで史実として認定できるのは第一五代の応神天皇以降で、それ以前の叙述はすべて神話だということでした。であるなら、私が前に述べた神功皇后（第一四代天皇の王妃）の事蹟として叙述されている「三韓征伐」というのは虚構の神話だということになります。

しかし、神功皇后の「三韓征伐」のような歴史を否定するのは皇室の尊厳を冒涜する犯罪行為と見なされ、津田左右吉早稲田大学教授は戦前「不敬罪」で逮捕され、しばらく臭い飯を食わされたこともありました。皇室に関する事蹟に関しては、昔から日本政府が目を光らせながら監視していて、今日に至るまでうかつに触れてはならない禁忌になっているのです。

面白いのは、その神功皇后という人物の名前は「気長足姫《おきながたらしひめ》」であって、これを韓国語で読むと「気長足《キジャンパル》の姫」となっている事実です。足（パル）とは韓国語パル（原）の当て字なのです。これは在野の歴史学者金聖昊《キムソンホ》先生の本を読んで知った事実ですが、韓国慶尚南道陽山郡《キョンサンナムドヤンサングン》に「気長《キジャン》」、つまり「機《キ》張《チャン》」（釜山広域市機張郡）という地名の所が現存しているというのです。だから神功皇后という人物は「機張原」（キジャンパル）を支配していた女酋長か巫女だったはずですが、膨張する新羅勢力に押されて日本に逃げてきた人物ではなかったのでしょうか。この「機張原」の女性の故事は自国の歴史に対する日本人たちのねじ曲がった深層心理を理解する上で重要なヒントを提供するものだから、記憶にとどめておいてほしいのです。

もうひとり著名な歴史学者を紹介しますが、その人は一時「騎馬民族征服王朝説」を唱えた江上波夫東京大学教授で、やはり日本の王室の初代王は応神天皇であり、海を越えて日本に来た応神は馬に乗って戦場を駆けていた騎馬民族だったとの主張を展開したのです。しかし、応神がいつどこから渡ってきた人物かということについては、江上教授は口を閉ざし確実なことは言っていません。ただ「四世紀末、よその国からやって来た亡命者」が応神だということまでは言っているのですが、それ以上のことを明らかにすることははばかって口にしません。日本の右翼から脅迫を受けたという噂も聞いているのです。

今ここで何もはばかる理由のない私が、この文章で日本の初代天皇応神が本当は誰であったのか、その正体を明らかにしたいと思うのです。それは四世紀末、より具体的にいえば紀元三九六年、高句麗の広開土王との戦いで敗れた後、自分がいた都邑地、熊津《コムナル》（日本書紀に言う久麻那利《くまなり》）を放棄して日本に亡命した沸流《ピリュ》百済の王その人が、まさに日本歴史の第一五代王、応神天皇であるという事実なのです。

日本の皇室の秘密を握るもう一つの百済

日本の各地には武人の守護神である八幡神を祀る八幡宮が四万カ所にもわたって散在していると言われていますが、八幡神というのは応神天皇を指すものであって、これが日本の皇室の宗廟神だということくらいは、専門的な歴史書でなくても、例えば『広辞苑』のように広く一般的に使用されている普通の辞書にも載っている事実であるのです。

これほど多くの八幡宮の総本山がどこかと言えば、それは九州大分県にある宇佐八幡宮であって、このことから見て初代王応神が一番初めに足を踏み入れた土地と密接に関連しているのが大分県宇佐だったと考えられるのですが、問題はそれがいつだったのかということではないでしょうか。

今、朝鮮の『三国史記』の「百済本記」に目を向けなければなりませんが、第一五代枕流王が幼い太子を残して死ぬと（紀元三八五年）、その弟が「太子は幼い」という理由で甥を差し置いて自分が王位に就いたのですが、それが一六代辰斯王で、彼はすなわち王位を盗んだ簒奪者だったと言えるでしょう。

しかし辰斯王八年（三九二年）七月、高句麗王淡徳《タムドク》（広開土王）が四万の軍隊を率いて百済に攻め入り、多くの城邑を奪った後、一〇月には百済北方の要衝関彌城を陥落させたのでした。関彌城は禮成江《イエソンガン》の沿岸にある現在の助邑浦《チョウブポ》ですが、ここは高句麗との国境を守る百済の重要な軍港だったのでした。にもかかわらず、辰斯王は関彌城を回復しようとは考えず、狗原《クウオン》で一〇日間も狩りを楽しんでいる間、一一月にどんな理由か狗原《クウォン》の行宮（仮宮）で死んだので、枕流王の甥、つまり辰斯王の息子が王位につき、阿莘王となりました。それが三九二年のことであったのです。

ここまでは三国史記の記述ですが、驚くべきことは辰斯が死んで阿莘王が王位に就く三九二年のこの場面に、いきなり日本書紀の応神天皇が登場し、三国史記よりももっと詳しく辰斯王が死んだ理由まで説明しているという事実です。日本書紀は次のように言っているのです。

「応神三年（三九二年）一一月、日本の応神王は辰斯王の狼藉に憤慨したあまり、家臣たちを百済に派遣したが、家臣たちは辰斯王の弑害を要求して殺した後、阿芳《あくえ》（つまり阿莘王）を立て次の王位に就かせた。」

ここで問題になるのは、応神三年であると同時に辰斯王八年の三九二年、応神天皇は一体どこにいたのかという疑問です。

関彌城の陥落が一〇月。

辰斯王が狗原《クウォン》で一〇日間狩り夢中になっていたのが一一月。

この噂が応神に伝えられて憤激のあまり百済の首都漢城（現在のソウル）に家臣たちを派遣して、狗《ク》原《ウォン》の行宮にいる辰斯王の殺害を要求して、次の王に阿莘王を擁立したのがやはり一一月。

もし三九二年（応神三年）の時点で応神天皇が日本の都邑地、例えば現代の奈良を中心とする畿内にいたとすれば、このようなことが可能だったでしょうか。漢城から奈良までの距離を考えたら、百済から噂が伝えられ、これに伴って派遣された家臣たちが漢城に到着するには少なくとも三カ月の時間がかかったことでしょう。したがって日本書紀が言う応神天皇は三九二年の時点ではコムナル（熊津＝現在の公州《コンジュ》）で王だった人物だったと結論を下すのが妥当ではないでしょうか。

百済に対する高句麗好太王の攻撃は相変わらず続いており、好太王（広開土王）碑の記述によれば、丙寅年、すなわち三九六年、広開土王は自ら水軍を率いて「百残国」と「利残国」を攻撃した。先に攻撃された百残国の阿芳王は生口（奴隷）一〇〇〇名と細布一〇〇〇疋を捧げて降伏したので、好太王は再び南側の利残国を攻撃し「残主」、すなわち国王の弟とともに朝臣一〇名を捕虜として捕らえたと言いながら、注目すべきことは残主自体の行方については言及がないという事実であるのです。

国王（残主）が姿を消し利残国が滅亡した三九六年は「阿芳王五年」であり「応神天皇七年」に該当する年ですが、日本書紀の応神七年の項を見ると、この年九月、高麗人・百済人・新羅人など大量の移民たちが朝鮮半島から日本に渡ってきたとされているのです。

広大土王碑が、行方が明らかでないというふうに記してある利残国の国王（日本書紀が語る応神）が日本に逃避した三九六年が、日本皇室の始まりの年なのです。好太土王碑が語る利残国は朱蒙《チュモン》の息子兄弟、温祚《オンジョ》と沸流《ビリュ》のうちの兄である沸流《ビリュ》が建てた、もう一つの百済だったのをここで強調したいと思うのです。

『古事記』に記録された「都牟刈の剣」は朱蒙刈の大刀

高麗朝一二世紀に出た朝鮮の『三国史記』は、それ以前のさまざまな記録が散逸した後に編纂されたものだから、多くの誤謬と脱落があるとしても、編者金富軾《キムブシク》のせいにするわけにはいきませんが、三国史記の『百済本記』に沸流《ピリュ》百済の記述が抜けている点については残念だと言わざるを得ません。広開土王碑が語る「利残国」とは沸流《ピリュ》百済を意味するもので、丙寅年、すなわち紀元三九六年、広開土王との闘いに敗れた後、行方が分からなくなった利残国の国主（王）はまさにその年に海を渡って九州の宇佐の近くに上陸して日本の王に変身した応神天皇だということは否定しえない明白な事実だと私は考えているのです。

現在の日本皇室が沸流《ピリュ》百済王室の後裔だということを示す事実は、いちいち枚挙に遑がないくらいですが、一例として沸流《ピリュ》の最初の都邑地ミチュホル（彌鄒忽）は「みずほ」（瑞穂）という日本語に形を変えて今日日本の国の美称として使用されているだけでなく、銀行の名前にまで使われ、日本屈指の銀行の一つが「みずほ銀行」だから、これはすなわち、ミチュホル（彌鄒忽）銀行という意味ではないですか。

前に朝鮮の檀君《タングン》神話の焼き直しである天孫降臨の日本神話を紹介したことがありましたが、日本書紀によると「高天原」、すなわち天の国から「天照大神」が孫の「瓊瓊杵尊《ににぎのみこと》」を地上に遣わし大和という国を建てさせたということになっていて、天照大神は、「瓊瓊杵尊《ににぎのみこと》」にいわゆる神勅というものを渡したということになっているのですが、その神勅とは「葦原の瑞穂の国には汝が君たるべき地なり。行きて治めよ。」

という内容を含むものです。瑞穂は漢字の表記から来るイメージのために稲穂が垂れ下がる豊かな水田のように思われがちですが、瑞穂はすなわち彌鄒忽《ミチュホル》で、これが沸流《ピリュ》百済の初めての都邑の地を意味することは疑いの余地がありません。三国史記によると、彌鄒忽《ミチュホル》は大地がじめじめとし、水が塩分を含んでいるために、人々が住むことができず（不得安居）、これを悲観した沸流《ピリュ》は自ら命を絶ったことになっているのですが、これはもちろん金冨軾《キムブシク》の認識不足であって、沸流《ピリュ》百済の後裔たちは日本の皇室として今日も健在であるのです。沸流《ピリュ》百済の初めての都邑地ミチュホルが実際はどこだったのかという問題ですが、これも前に紹介した金聖昊《キムソンホ》先生の本で知った事実であって、それは忠清南道《チュンチョンナムド》の海辺牙山《アサングン》郡の密頭里《ミルドゥリ》であるのは間違いありません。「ミチュ」（mitu）と「ミルトゥ」（miltu）が同じ音だという点からみても金聖昊《キムソンホ》先生の説には疑いの余地がないのです。

沸流《ピリュ》と温祚《オンジョ》兄弟の父が朱蒙《チュモン》だということくらいは、韓国では小学生でも知っているほどの常識ですが、朱蒙が誰なのかを常識的な知識として知っている日本人は少ないでしょう。しかし、日本のもう一つの史書である『古事記』（紀元七一二年編纂）によると朱蒙《チュモン》は日本式の発音と表記で「つむ」（都牟）と記されており、都牟刈りの剣、すなわち「朱夢《つむ》刈りの剣」は日本の王権を象徴するいわゆる「三種の神器」の一つになっているのです。先代裕仁天皇は避暑地のようなところに移動するときにも必ず「朱夢《つむ》刈りの剣」を帯同したと聞きましたが、朱夢《つむ》、すなわち東明王の陵がどこにあるかといえば、その所在地は平壌《ピョンヤン》なのです。この話はもう少し続けなくてはなりませんが、朱夢は解慕漱《ヘモス》と、河伯《ハベク》の娘柳花《ユファ》の間に生まれた息子ではないですか。解慕漱《ヘモス》の「解慕《ヘモ》」を日本式に発音すると「カモ」で、これをさらに漢字で表記すれば「賀茂」ですが、京都にはなるほど賀茂神社というのがあって、ここに祀られた神体は「御祖神」、すなわち「皇室の神聖な先祖神」となっています(『平凡社　百科事典』)。賀茂神社は間違いなく朱夢の父、解慕漱《ヘモス》を祀った神社だと私は考えるのです。

もしそうであるのなら、朱夢の母、柳花《ユファ》夫人を祀ったところはどこでしょうか。日本の皇室が最も崇拝の対象としている伊勢神宮がそこだと私は確信しているのです。

先に述べたように、天界の天照《あまてらす》が孫の瓊瓊杵尊《ににぎのみこと》を下界に降臨させ、瑞穂《みずほ》、すなわち彌鄒忽《ミチュホル》の国を建てたというのが日本の神話ですが、現在の皇室が沸流《ピリュ》から始まったものだとすれば、その始祖の祖母は河伯《ハベク》の娘柳花《ユファ》であり、当然と言えば当然ながら伊勢神宮に祀られた天照は女神なのです。天照は沸流《ピリュ》の祖母の柳花《ユファ》であるのは明らかで、日本の神話の中の瓊瓊杵尊《ににぎのみこと》は沸流《ピリュ》のことだと私は信じております。伊勢神宮には五十鈴川という澄んだ小川が流れていて、柳花《ユファ》の父が、三国遺事が述べるように太白山の南方を流れる大きな河を支配したという河伯《ハベク》であったのなら、澄んだ小川が伊勢神宮を流れているというのは当然なことではないでしょうか。

同じく三国遺事によれば柳花《ユファ》は朱蒙《チュモン》を身ごもったあと、優渤水《ウバルス》のほとりに身を寄せていたということでもあり、五十鈴川がそこにあるのは伊勢神宮にとってはある必然性を帯びた事実と言わねばならないでしょう。

日本の皇国史観と「痛惜の念」

ドイツがポーランドに攻め入って、第二次世界大戦を引き起こしたとき、ヒットラーが残した有名な言葉があります。「植民地ではなく、われわれゲルマン民族の故郷に帰るだけだ。」

これを読みながら読者たちはおそらく私がすでにこの自叙伝のいろいろなところで引用した次のような言葉を思い起こすことでしょう。

「朝鮮は太古の昔から日本が支配していた固有の属州（original province）であるから、日本が日露戦争で勝利を収め、朝鮮を植民地として支配するにしても、決して侵略ではなく歴史的な現状復帰に過ぎない。」

この一節を読みながら、もし読者たちが明治時代の「先覚者」岡倉天心の名前を思い起こしてくれるとすれば、しんどい思いをしながらも私如き超高齢の年寄りがこの文章を書き続けてきた甲斐があったというものですが、歴史的な縁故権にかこつけて、日本人が朝鮮に対する領土的野心を抱いていたのは過ぎ去った明治時代だけではないということも読者たちは理解してくれるものと私は期待しているのです。

「日本が日清、日露の二度の戦争に続き、三度再び起ち上がって、三八度線を鴨緑江の外に押しかえすことができなければ、われわれはあの世に行っても堂々と先祖たちに顔向けができないであろう。」

この言葉は明治時代ではなく一九五八年第四次韓日会談が開かれていたとき、日本側の主席代表沢田廉三が行った発言なので、韓日会談が何のために開かれていたか分かるというものですが、韓日国交正常化がなされる前年の一九六四年、日本の内閣調査室は次のような内容の文献も発表したのでした。

「朝鮮半島の南半部は絶対に敵対勢力の手に渡してはならないということが、日本の対外政策の第一の目的であって、明治時代にわれわれが戦った日清、日露の二つの戦争もこの目的のためのものであった。」

（内閣調査室『月報』一九六四年九月号）

日本には皇国史観というものがあって、これはただ南だけでなく朝鮮半島全体に対して「歴史的な縁故権」の故に、この地に対して日本が支配権ないしは優越した地位を占めるのは当然だという主張を内包しているものですが、この皇国史観は根が深く、われわれが冗談だとばかり笑って見過ごすことはできない代物であるのです。私が前に『三国史記』、『日本書紀』、『好太王碑』に関して少々長たらしい文章を書いた理由は、日本人たちのこのような思想の根っこを突き止めるのがその目的であったのでした。

そして、高句麗の好太王が四万の軍隊を率いて温祚《オンジョ》百済の北方を侵犯し関彌城を陥落させたために、一六代辰斯王が殺害された後、王位に就いた阿莘王は翌年三九三年正月、始祖である東明王（すなわち朱蒙）祀堂に拝謁した後、母方の叔父眞武《チンム》を左将として、その年の夏八月になって将兵一万を動員して関彌城の回復を図りながら、眞武《チンム》に次のように告げたと『三国史記』には記されています。

「関彌城は我が百済の北辺の要衝であるが、今高句麗の所有となり、これは私が痛惜に感じるところである。須らく汝は誠心を尽くして国の恥辱を雪ぐべく努めよ。」

ここに「痛惜」という言葉がでてくるのですが、『三国史記』の用例のように、この言葉は自分の大事なものが人の手に渡ってしまったので、実に悔しくて切ないという意味であって、絶対に自分が犯した前非を悔いながら、胸を痛めているという意味ではないのです。

中国に『文選』という全六〇巻に及ぶ膨大な書籍があります。これは周の時代から南北朝、梁の時代にいたる千年の間の詩文を集大成した全集であって、ここに『三国志』にでてくる曹操の息子で、魏の国の文帝が残した「呉質に与える書」（与呉質書）に「痛惜」という言葉が出てきます。

呉質に送ったこの書簡文で魏の文帝は、徳璉という人物の秀でた文才を称賛しながら、後世に残すべき著書を書くという美しい志を持っていたにもかかわらず、早くに世を去りその志を遂げられなかったのは誠に痛惜に堪えないという心情を「美志不遂　良可痛惜」と表現したのでした。ここでの痛惜という言葉は惜しくて切ないという意味で使用されたのであって、自己の過ちを悔いて相手に謝罪するという意味は含まれていないのです。

私がここで言及するこの一節を読みながら、読者の中には一九九〇年五月、大統領盧泰愚《ノテウ》が国賓として招請され日本を訪問したとき、天皇明仁が謝罪の意味だとしながらこの言葉を使用したという事実を記憶している人もいるかと思うのです。

天皇が言った「痛惜」には謝罪の意味どころか……

盧泰愚《ノテウ》大統領が国賓として招請され、日本訪問の途についたのは一九九〇年五月二四日でしたが、ちょうどその三日前の五月二一日、瀬島龍三が当時の総理海部俊樹の特命を受け、出発を前にした盧大統領を急遽訪ねて来たのでした。瀬島龍三が尋ねてきた目的は、盧大統領が要求した天皇の謝罪の言葉に関して、これならいいだろうかと事前に承諾を得ておくためだったのです。

一九八四年全斗煥《チョンドゥファン》大統領の訪日の時にも同じだったのですが、盧泰愚《ノテウ》もまた自分が大統領の座にあるということが少々おこがましく思っていたはずで、良心に引っかかる点もなくはなく、心中に感じる劣等感や忸怩たる思いを若干なりとも薄めようという方途として、「天皇の謝罪の言葉」を要求したのではないでしょうか。一方、日本人の立場からすると、大統領が来る度に天皇の「謝罪の言葉」を要求するなんて、これはたまったものではなく、何とか巧みに一発喰らわせて相手をへこませる方法はないものかと、そう考えなかったはずはありません。

青瓦台《チョンワデ》に来た瀬島が盧泰愚《ノテウ》にこのくらいなら「天皇の謝罪の言葉」として充分満足できるだろうかと差し出した言葉が、「痛惜の念」でした。朝鮮の『三国史記』で百済の阿莘王が左将である眞武《チンム》に言った言葉が、「痛惜之念」ではないですか。

瀬島を迎えた席には韓日議員連盟の委員長朴泰俊《パクテジュン》も陪席していましたが、盧泰愚《ノテウ》や朴泰俊《パクテジュン》に『三国史記』についての知識があるはずもなく、識者のような人にその言葉の意味を検討させるという手続きもないまま、その場で「それならば満足だ」と快く承諾したのではないでしょうか。
五月二四日晩、大統領盧泰愚《ノテウ》はシャンデリアが煌めく皇居のなかの豊明殿で開かれた歓迎晩餐会に臨むことになるのですが、この席で明仁天皇は予め合意したとおり、次のような言葉で「謝罪の意志」を表明したのであります。

「わが国によってもたらされたこの不幸な時期に、貴国の人々が味わわれた苦しみを思うにつけ、私は痛惜の念を禁じ得ません。」

先にも三国志を引用しながら詳しく説明したように、「痛惜」という言葉は自分が支配していた領土が自分の手を離れ、他人の所有になったのでこれは残念でならないという意味であって、そこには自らの過誤を悔いるという意味はないのです。言中有骨（何気ない言葉の中に含みがある）とでも言いましょうか、瀬島が韓国大統領盧泰愚《ノテウ》に対し聞けよと、天皇明仁をして言わせた「痛惜の念」は、解釈によってはそのまま聞き流すことのできない別の意味を持ちうることにもなるということを、われわれは知るべきだと私は痛感するのであります。
瀬島龍三とは一体誰なのでしょうか。彼は「満州国」関東軍参謀部にいた陸軍大学出身の軍人ではないですか。日本陸軍に参謀部が設置されたのは早くも一八七八年（明治十一年）という昔のことで、その参謀部は将来の侵略に備えて数十名の探偵を満州一帯に派遣し、昔の高句麗の領土についての綿密な調査を実施しました。日本軍の酒匂景信《さこうかげあき》中尉が現在の集安県まで浸透し、好太王碑の拓本を取ってきたのは一八八三年（明治十六年）のことですが、この時点で、おそらく高句麗の故土満州の地にそのようなものがあるということを知っている朝鮮人は一人もいなかったことでしょう。日本人たちは地理的な探査だけでなく、『三国史記』と好太王碑について長い年月をかけて徹底した研究をしてきたという事実を考慮するならば、もともと日本陸軍の参謀だった瀬島は、天皇の「謝罪の言葉」として盧泰愚《ノテウ》に提示した「痛惜の念」がどこから来た言葉で、その意味が何なのかということくらいは、十二分に知っていたと私は確信しているのです。

　天皇を百済の阿莘王に、そして盧泰愚《ノテウ》を左将眞武《チンム》くらいに対比させれば、阿莘王が眞武《チンム》に失地回復を命令したとき吐露した、「痛惜の念」という言葉が、実際は何を意味するものなのか見当がつくだろうと思います。瀬島の見地からすれば、阿莘王の時の関彌城は三八度線から鴨緑江に至る地でもあり得るし、彼が関東軍の参謀だったとき、「わしらの地」と思っていたはずの高句麗の故土でもある満州一帯の地でもあり得るわけで、私のこの考えは根拠のない単なる憶測に過ぎないものと言えるでしょうか。

　いずれにせよ盧泰愚《ノテウ》訪日の当時、韓国側メディアはこぞって、天皇が言った「痛惜の念」は、「過去の過ちを胸痛く思い、謝罪の気持ちを表明したもの」と報道したのです。

　ところが、唯一『東亜日報』は少々納得のいかない点があったのか、その「痛惜」という言葉が何の意味なのか、韓・日両国の歴史と文化の大家として知られていた池明観《チミョングァン》教授に聞いてみたのでした。これに対する池明観《チミョングァン》教授の解答は次のようなものであったのです。

「痛惜という言葉は辞書にもない言葉であって、日本の有名な作家井上靖が勝手に作った造語に過ぎない。」

（『東亜日報』一九八八年一〇月九日付）

韓日歴史の究明よりも大衆文化の開放が緊急な課題だったのか？

一九九七年七月、金大中《キムデジュン》大統領の就任直前、両国政府の合意で設置されたのが「韓日歴史研究促進に関する共同委員会」でありますが、歴史に関する学術的な研究に最も適した人物として金大統領により任命された人物が池明観《チミョングアン》翰林大学教授だったのです。

しかし、「痛惜の念」が何を意味するのかを問う『東亜日報』の質問に対する池教授の答えは、「辞典にもない言葉で、日本の作家なにがしが作り出した造語に過ぎない」というものだったのです。

別の人間ならいざ知らず、日本人たちと歴史の問題について正面切って論争しなくてはならない立場の池教授の答えがこれならば、これは問題であるばかりか、『東亜日報』自体の権威を考えてもそのまま見過ごすことができず、言葉を選びながら注意深い表現でその誤謬を指摘し、訂正記事を出すよう投書文の形で関連資料を同封したうえ『東亜日報』に手紙を出したのです（一九九八年一〇月一八日付）。程なくその記事の担当の金某という記者から「どう処理するかは、社内の決定が下り次第連絡する」との電話連絡があったのですが、その後一〇年以上過ぎた今日まで「社内決定」については何の返答もありませんでした。

韓日間の歴史認識を共通のものとしようという委員会でどのような問題が提起され、どのような討論が展開されたかについては、一度も発表されたことはありませんでしたが、日本の大衆文化を開放する問題についてはいろいろな新聞に姦しいほどの報道の記事が現れ始め、ここで先頭に立って活躍した人物が他ならぬ池明《チミョングァン》観教授だったのです。

優先順位からして、歴史認識の共通化の方が大衆文化の開放よりは急を要する問題ではあるまいかと感じながらも、これはまたこれなりに意味のないことではなく、ただ傍観に近い態度で事態を眺めていたところ、大衆文化を開放し、韓日友好関係の増進に貢献したという理由で、日本の外務省の外郭団体である「日本財団」(ジャパン・ファウンデーション)が賞金五〇〇万円付の功労賞を池明《チミョングァン》観教授に与えたという報道が目に入ってきたのです。この受賞に対して『東亜日報』も何か祝賀すべきことでもあるかのように記事を載せたのですが(二〇〇〇年一〇月六日付)、私からすれば池明《チミョングァン》観教授のこの受賞は決して褒められたもののようには思われませんでした。

池明《チミョングァン》観教授は「歴史研究共同委」の韓国側委員長であり、日本側の相手は駐韓日本大使を歴任した須之部量三教授でしたが、韓日間のねじれた歴史認識を正すためには「池明《チミョングァン》観対須之部」の関係は、いつも張りつめた緊張状態が維持されなければならないそのような関係ではないでしょうか。いくら外郭団体とはいえ、須之部教授の出身母体である外務省から池明《チミョングァン》観教授が賞金付の功労賞をもらったとすれば、これは韓国の国民に対する背信行為ではないでしょうか。『東亜日報』がこれに対して何の違和感も感じなかったのも、私からすれば常軌を逸したことであったと言わざるを得ません。

話の序でに、もう一つだけ付け加えなければならないことがあるのですが、私自身こそばゆい思いを禁じ難く、照れくさくてこの文章の品位を傷つけるのではなかろうかと思いながらも、韓国の人々には知らせておかなければならないことなので、書くことにしようと思うのです。

大衆文化開放の風に乗って、池明観《チミョングァン》教授は特に日本の国営放送ともいうべきＮＨＫの番組に頻繁に顔を出していたのですが、その度に自分の経歴をひけらかすつもりだったのか、昔張俊河《チャンジュナ》先生の下で編集を手伝ったという雑誌『思想界』を小道具としてマイクの横に置いて、視聴者に向かって一種のデモンストレーションを行っていたのです。そんなデモンストレーションが日本の視聴者にどの程度の効果を発揮したかは分かりませんが、その薄っぺらな行動に私は面はゆい思いをどうすることもできませんでした。張俊河《チャンジュナ》先生と自分とは同質の人物だったということを誇示するためだったでしょうが、果たして池明《チミョン》観《グァン》自身と張俊河《チャンジュナ》先生は同質の人物だったのでしょうか。

文益煥《ムンイクファン》牧師が平壌《ピョンヤン》到着声明の中で「すべての統一は善」と言ったことに、「哭き女」（代弁人）李恢成《イホェソン》を通して「文《ムン》牧師は偽りの予言者」だと罵倒した池明観《チミョングァン》であるのなら、我が民族の苦痛の根源が分断にあるという事実を喝破し、「すべての統一は善か？　そうだ。統一以上の至上命令はない」と訴えた張俊《チャンジュ》河《ナ》先生もまた、敵として罵倒するのが池明観《チミョングァン》氏としてはふさわしいのではないでしょうか。

張俊河《チャンジュナ》先生が薬師峰《ヤクサボン》で誰も目撃した人がいないまま命を失ったとき、「反独裁闘争」のために日本に「亡命」してきたという池明観《チミョングァン》氏は一言半句これに対して発言したことはありませんでした。「張俊河《チャンジュナ》はどう生きどう死んだのか」を執筆し、亡くなられた年の一九七五年『世界』一二月号に発表したのは私、鄭敬謨であって、池明観《チミョングァン》ではなかったのです。その当時すでに池明観《チミョングァン》は張俊河《チャンジュナ》先生の命を奪った輩とは同じ穴のむじなであったのであり、張先生の死についてなにがしか痛痒のようなものを感じたのかさえ私には疑問であるのです。

「ねつ造された反日感情は解消されなくてはならない」か？

このくらい言ったからには、「亡命者」池明観《チミョングァン》の仮面はひき剥がすだけひき剥がされ、「学者」として彼の実力もさらけ出すだけさらけ出されただろうし、彼の人となりについてもこれ以上触れる必要はあるまいと私は思い、話題を変えてもう少し大きな問題を扱おうと考えていたのでした。

文《ムン》牧師と私が平壌《ピョンヤン》を訪問し、金主席と会って四・二共同声明を発表した一九八九年は不思議な年で、世界史的な見地から見て実に驚くべき年でありました。まず中国では「五・四運動」がきっかけとなって六月にいわゆる「天安門虐殺事件」というのが起こり、政権が揺らめくほどの危機を経験しましたが、続く八月にはポーランド社会主義政権が崩壊したかと思えば、一一月にはドイツでベルリンを東西に分けていた壁が崩れるという驚くべき事件が続けざまに発生したのでした。

私は何か尋常ならぬ歴史の動きを体感として感じながら、とにかく崩れたベルリンの壁を自分の目で確認しようと、当時作家黄晳暎《ファンソギョン》氏が文《ムン》牧師一行とともに平壌《ピョンヤン》を訪問した罪で本国に帰れず、亡命者として過ごしているベルリンに飛んだのです。その時のことをこの文章に書こうと、古いファイルをあれこれ探していたら、「ねつ造された反日感情は解消されねば」という見出しの池明観《チミョングァン》氏のインタビュー記事（『朝日新聞』二〇〇四年一二月一〇日付）が出て来たのです。記事に目を通すと盧武鉉《ノムヒョン》大統領を標的にして彼をこきおろす内容のものではありませんか。これは見過ごしえないと思い、仕方なく池明観《チミョングァン》氏をもう一度まな板に載せますので、読者たちは了解してほしいと思うのです。

二〇年間も「亡命者」として日本で「反独裁闘争」に献身した功労を認められ、池明観《チミョングァン》教授は金泳三《キムヨンサム》、金大中《キムデジュン》の両政権時代を通して実に破格ともいえる丁重な待遇を受け、盧武鉉《ノムヒョン》氏さえ大統領就任式の就任の辞執筆を彼に委託したばかりか、日本でいえばNHKに当たるKBSの理事長という高い地位にも就かせたではありませんか。ところが、KBS社長の人事問題をめぐって理事長の池明観《チミョングァン》氏が盧大統領に不満を抱いているという噂が聞こえてきたかと思うと、日本に現れた池明観《チミョングァン》理事長は盧武鉉《ノムヒョン》大統領を叩く一種のプレスキャンペーンを始めたのでした。

「盧武鉉《ノムヒョン》大統領は日本とアメリカを遠ざけながら、むしろ北朝鮮との接近を図っている。盧武鉉《ノムヒョン》政権の反日的な色彩は一九七〇年から一九八〇年代の反独裁運動を通じて浸透したものであるが、私はこのようなねつ造された反日感情を解消することに一生を捧げる覚悟である。」

一九七〇年から一九八〇年代、日本にいて「TK生」として反独裁闘争に献身したという人物の発言としては一体どういうことなのか、理解に苦しむ発言ですが、ちょうどあのとき日本の中で澎湃として漲っていた盧武鉉《ノムヒョン》大統領に対する敵愾心を勘案すれば、これに便乗した池明観《チミョングァン》氏の発言には頷ける点もなくはないでしょう。

周知のことですが、対日関係に関する限り盧武鉉《ノムヒョン》大統領の基本的な立場は、「普遍的な正義を原則とする」問題の解決を要求するものであったのです。言い換えれば、韓国に対する日本の態度は「普遍的な正義の感覚が欠如している」ということであって、これが日本の右翼の神経を逆なでして反発を呼び起こした理由であったのです。「韓国の盧武鉉《ノムヒョン》大統領は、背恩忘徳の輩、たかり屋、詐欺師」というような穏やかならぬ表現の右翼雑誌の広告が堂々と『朝日』や『毎日』に掲載されていた時が、たまたま池明観《チミョングァン》氏が盧大統領に悪感情を抱いていた時と時期的に一致していて、彼からすれば日本にまで来て盧大統領をこき下ろす絶好の機会だったのではないでしょうか。

『朝日』に載ったインタビュー記事の相手方は「国際日本文化研究センター」という所ですが、その名称が示唆するように、ここは何か研究のようなことを目的とする学術機構というよりは、むしろ日本の文化がいかに優れていて独特なのかを国際的に宣伝することを主な目的とする、いわば右翼的色彩が濃厚な政治機関と言ってもいいような噂の所なのです。だからこの機関としては池明観《チミョングァン》氏のような人物が望ましい対象であったのでしょう。いちいち名前を挙げることはしませんが、少しばかり猫いらずを撒いておけばぺろりと平らげては、自分たちに耳あたりのいい言葉を吐くような韓国人たちを呼んで発言をさせる傾向が濃いところですから、言うまでもなくあそこの連中と私は互いに犬猿の間柄ですが、「ねつ造された反日感情を韓国で解消することに一生を捧げる」という池明観《チミョングァン》教授であればどれほど望ましく頼もしい人物でありましょうか。

そしてその頃、ある労働団体から池明観《チミョングァン》教授を招請して講演会を開くので参加してほしいという案内状が来たのです。少々好奇心もなくはなく、講演会の場所である東京都内の教育会館を訪ねたのです。相当広い会場ですが、人がぎっしり集まってほとんど立錐の余地がないくらいでした。私はなるべく目立たないように後ろの席について耳を傾けたのでした。

「三八六世代は自分が育てたが……」

「ねつ造された反日感情を解消する」という池明観《チミョングァン》教授の発言は、もちろん盧武鉉《ノムヒョン》大統領を狙ったものでしたが、しかし多分に『朝鮮日報』的な臭いを漂わせるこの言葉には、私、鄭敬謨に対する非難も混じっているものと感じ、池明観《チミョングァン》教授の講演を直接聞いてみようと会場を訪ねたのでした。前置きにハンナ・アーレントがどうの、ハイデッカーがどうの、エーリッヒ・フロムがどうのと、そこに来ている労働者たちの誰一人理解できるはずもない学者たちの名前だけを数限りなく羅列する池教授一流の衒学的技法（name dropping）は今更のことでもないながら、実際に彼が言いたかったのは盧武鉉《ノムヒョン》大統領に対する悪口と、盧政権に入っているいわゆる三八六世代に対する呪詛に近い罵倒であったのでした。また、雑誌『世界』を通して韓国民主化運動の実態を知らせたＴＫ生は実は自分だったということを明かしながらその業績を誇示すると同時に、韓国の三八六世代を育て上げたのは自分であるが、いまその腐り果てたあれら三八六世代の情けない様を見るにつけ自分はやらずもがなのことをしたという後悔の念を抑えられないと、誰はばかることなく言いまくっていたのでした。よもや会場に鄭敬謨が座って聞いているということを彼は夢にも思わなかったでしょう。

彼は国内においても大げさに記者会見まで開いて、実はＴＫ生という匿名の人物は自分だったというＰＲ活動をしたと聞きましたが、「私がＴＫ生」という主張をするのは少し僭越で厚顔な主張ではないでしょうか。

書簡形式の「ＴＫ生の手紙」は韓国で地下活動をしていた人々が危険を冒して作成した文書であって、そうした文書は様々な人たちが千辛万苦の末、日本まで持ってきて安江良介編集長に伝達されると、池《チ》明観《ミョングァン》自身は安江氏の依頼で翻訳を担当しただけであって、「私がＴＫ生」という主張は筋違いもいいところではないでしょうか。もしシェークスピアの作品『ハムレット』か、あるいは『マクベス』を翻訳した訳者が、「私がシェークスピア」ですと主張したとすれば、笑い草になるのではないでしょうか。

ＴＫ生という思い出される話が一つあるのですが、韓国から持ち込まれた秘密の手紙の大部分は、いったんは中継点としてドイツ人宣教者シュナイス牧師に伝達されたのでした。シュナイス牧師が定年退職してドイツに帰ることになった時に送別会が催され、私もその席にいたのですが、本国から本当の「ＴＫ生」の一人だった金観錫《キムクァンソク》牧師も来ておられたのです。私は金観錫《キムクァンソク》牧師とは面識もなく、自分の方から近づいて「私が誰それです」と挨拶を申し上げる立場にもなく、知らないふりをしていたら、おそらく金観錫《キムクァンソク》牧師が鄭敬謨を紹介してほしいと池明観《チミョングァン》に頼まれたのでしょう。その時、池明観《チミョングァン》とは、もし道で出会うことがあっても挨拶すらしようとも思わない仲でしたが、池明観《チミョングァン》は満面に笑みを浮かべてやってきて、いかにも親しい友人だと言わんばかりに私を金観錫《キムクァンソク》牧師に紹介したのでした。自分が私に何をしたのか、私が知らないとでも思ったのでしょうか、その満面の笑みがどうして可能だったのか今でも不思議でなりません。厚顔無恥とはこういう人物のことを言う言葉ではないでしょうか。

とにかく自分がＴＫ生だということを鼻にかけながら、韓国の三八六世代を育て上げたのは自分であり、民主化運動の主役も自分だったとばかりに日本で『韓国民主化への道』という本を出版したことがあったのでした（岩波新書、一九九五年）。本が出るや長年の友人である南山大学の滝沢秀樹教授から電話がかかってきて、「この本を書いた池なにがしという人は、本当に韓国民主化運動のために何かをした人物なのか」と訊くのでした。質問の意味がよく分からず、どうしてかと聞き返したら答えが傑作でした。

「この文の中には自分がどこで何かをしたという話は一言もなく、いわば臨場感が欠如しているが、『韓国民主化への道』を論ずるなんて、その池なにがしは偽物ではないのか。」

ここで池明観《チミョングァン》教授の講演会の会場に戻って、その時目撃した一席の演劇でこの文章を終えたいと思います。

「韓国の三八六世代を育て上げたのは自分であるが、いま腐り果てたあれらの情けない様を見るにつけ、私はやらずもがなのことをしたという後悔の念を抑えられない」という話が終わるや、場内のある日本人がさっと立ちあがって、池教授を慰めながら「先生が蒔かれた高貴な種は、必ずやまた別のところで芽吹くでしょうからどうか気を落とさないで下さい」と励ましの言葉をかけたのでした。その時のこの場面は喜劇だったのでしょうか、それとも悲劇だったのでしょうか。

第9章

私は元々民族主義者ではないか

ベルリンの壁の崩壊をもたらしたもの

これから世界を揺り動かした激震の年一九八九年と、それ以後のことに話題を変えようと思うのです。四・二共同声明を発表したその日に文益煥《ムンイクファン》牧師一行は平壌《ピョンヤン》を出発し、四月三日と四日の二日間を北京に滞在して、もちろん天安門の見物もしましたが、その前に立って文《ムン》牧師と交わした会話が今記憶によみがえってくるのです。

先に、中国の五・四運動について語ったことがありますが、第一次世界大戦後ベルサイユで講和会談が開かれた時、英・米など西洋勢力は中国を無視して日本の肩を持ちながら、中国に対する日本の不当な要求をそのまま聞き入れるという仕打ちに憤慨した中国人たちが一斉に決起して、全民族的な反帝運動へと広がっていったのが五・四運動だったのです。

しかしその五・四運動は、同じ年、一九一九年に朝鮮で起こった三・一独立運動に北京大学の学生たちが敏感に反応しながら始まった運動であって、天安門には「朝鮮の三・一に続け」という垂れ幕がはためいたという話もその文章に書きましたが、ちょうど一カ月後には五・四記念行事があるはずのその年の四月四日の日、天安門の前に立った私と文《ムン》牧師はそのような話をしながら、実に感慨深い思いに浸ったのでした。

一九一九年当時、北京大学の図書館で司書の仕事をしていた二十六歳の毛沢東が、ちょうど三〇年後の一九四九年一〇月一日、その天安門の上に立って「中華人民共和国」の創建を宣言することになるのですが、それからさらに四〇年が過ぎた八九年五月に端を発し、六月になると、まさにその前の広場で政府の発表によれば三一九名の学生が犠牲になったという「天安門虐殺事件」が発生したのでした。

私や文《ムン》牧師が二カ月後にその広場でそのような惨事があるだろうということなどどうして知りえたでしょうか。またその年の一一月、ベルリンの壁が崩れることにより東西冷戦体制の崩壊が始まるのですが、北京の六月とベルリンの一一月の間に、われわれが知らぬままにどんなことが繰り広げられ、またそれがわれわれの南北問題にどのような影響を及ぼすようになるのか、まったく知る由もなく、焦燥感に駆られ、その時ベルリンで亡命生活をしていた黄晳暎《ファンソギョン》氏を訪ねるべく、一一月末頃東京を出発したのです。

ベルリンに到着して黄晳暎《ファンソギョン》氏が滞在している宿舎で旅装を解き、彼の案内で一番初めに訪ねた所は、言うまでもなくその崩れた壁だったのです。壁が崩れた時、そこに住む同胞《はらから》たちが喜び勇んで「われわれは一つ」(Wir Sind Ein Volk) という横幕を掲げてブランデンブルグ通りで示威行進をしたという話も聞きました。そんな話を聞きながら、さてどんなものだろうか、果たしてベルリンの壁の崩壊がすぐに三八度線の壁の崩壊へとつながるものだろうか、実に複雑な心境であったのでした。

もし東西ドイツが統一される日が来るなら、統一は東独ではなく、西独の力で成し遂げられるだろうということは、私がすでに『断ち裂かれた山河』で予見した事実であったのです。この結論が何を根拠にしたのかと言えば、「民族の一体性」を主張して究極的な東西ドイツの統一を唱えていたのは西独であって、東独は社会主義の原則から民族という概念を否定し、むしろ統一に対する主張を拒否する側だったという事実からでした。

東独が西独の主張を拒否するために掲げた論理は、もしあえて「民族」という言葉を使うとするならば、自分たち東独は「社会主義的民族」である半面、西独は「後期資本主義的民族の残り滓」であるに過ぎず、言語・文化・習慣ないしは人種上の共通性がどうであれ、「二つのドイツの間に民族的一体性は存在しない」というものだったのでした（ハンギョレ出版社『断ち裂かれた山河』第二四章参照）。

その当時韓国内では、あたかも東独の真似でもしているかのように「漫然と血縁と伝統を主張する民族主義は、全体が個人を抑圧する全体主義に通ずるもの」だとか、「南北間のイデオロギー的異質化が深化したので、今になって統一というものは白昼夢に過ぎない」とかいう「論客」たちの主張が横行していたではないですか。

どちらが資本主義で、どちらが社会主義かは関係なく、外部勢力によって強要された民族の分断は、外部勢力に抵抗する強力な民族主義の力以外には解決できないという信念をさらに強固にしながら、約一〇日間のベルリン滞在を終えて、亡命者黄晳暎《ファンソギョン》氏に別れを告げたのでした。

とにかく八九年一一月にベルリンの壁が崩れ、翌年（一九九〇年）にはドイツが統一され、またその翌年（一九九一年）には社会主義ソヴィエト連邦が解体されることで、冷戦は資本主義体制の圧倒的勝利に終わるのですが、その次の展開は、鳥肌が立つような怖いものではなかったでしょうか。朝鮮半島を覆い尽くそうとした一九九四年夏の暴風雨のことです。

ポーランドの社会主義政権の崩壊と民族主義

一九八九年六月の北京から一一月のベルリンへ、急いで話を進行しようとして、同年八月のポーランドの社会主義が崩壊した場面が抜けてしまいましたが、やはりこの話は抜かすことができないので簡単に一言つけ加えておきたいと思うのです。

ロシアでの一〇月革命に続き、第一次世界大戦で敗北したドイツでも革命が起こり（一一月革命）、共産党を創党して活動中に惨殺された女性が、ローザ・ルクセンブルク（一八七〇年〜一九一九年）ですが、徹底したマルクス主義者だったルクセンブルクは、もともとはポーランド生まれの女性でした。彼女は民族主義を否定するマルクス主義の視角から、長い間帝政ロシアの抑圧の下で呻吟してきた自国民に対して、真の解放はソヴィエト体制の下で実現されるであろうロシアプロレタリアートとの国際連帯にあると主張しながら、民族国家としてのポーランド独立には否定的な態度を取っていたのでした。

第一次世界大戦後、いったん独立した民族国家を回復したポーランドは、第二次世界大戦後、「鉄のカーテン」が下りると同時に、再び昔のロシアの支配権内に編入されたのですが、ポーランドの社会主義政権は、ソ連の言う国際連帯には忠実だったかもしれませんが、ポーランド人の民族主義に対する渇望を否定し抑圧する政策をとったのではないでしょうか。

冷戦が終わる前、ポーランドがまだ「鉄のカーテン」のあちら側にいた頃、その国を見てきたあるアメリカ人の友人から聞いた話ですが、「もしあなたたちの国がもう一度ドイツとロシア（ソヴィエト）の両方から挟み撃ちにされるとすれば、あなたはどちらに向かって先に銃を撃つのか?」と尋ねたというのです。そうしたらそのポーランド人は、にたっと笑って、「それはもちろんドイツにだ」と言ったというのです。理由を聞くとその答えが傑作で一緒に笑ってしまったのですが、「テーブルに置かれたご馳走を食べるとき、一番おいしい物は後の楽しみにとっておくではないか」と答えたというのです。それほどポーランドはソ連を憎んでいたのではなかったでしょうか。

ポーランドは元々がカトリックの国で、しかも社会主義政権が崩壊したときのローマ教皇はポーランド出身のヨハネ・パウロ二世だったのです。当時教皇がアメリカのCIAと手を結び、ポーランド社会主義政権を崩壊に追い込んでいくことに全力を尽くしたということは、今となっては秘密でさえもないのですが、かりに教皇庁とアメリカCIAの政治工作が無かったとしても、ポーランド社会主義政権の崩壊は避けられなかっただろうと私は考えているのです。

東独でマルクス主義者として活躍していながら、結局、西独に亡命したバロー（Barrow）という人物がいるのですが、彼が残した面白い言葉があるのです。「現在のソヴィエト社会主義の体制で見られる党の強権支配が、マルクスが夢見た共産主義と違うのは、中世の異端に対する宗教裁判官と、イエス・キリストが違うのと同じである。」

ロシアが采配を振るっていたソヴィエト式「マルクス主義」なるものが、実はマルクス主義の名にさえ値しないものだったのは、今や改めて論ずることもないでしょう。

私は元々から民族主義者ではないですか。東独やポーランドのようなヨーロッパでさえ社会主義は民族主義を押さえつけるほどの力が無かったとすれば、いわんやアジアにおいてをや、というのが私の一貫した主張であり、その主張が正しかったのは天安門事件以後にも共産主義中国が揺れ動かなかったということからも証明できたと私は感じるのです。アジアの共産主義はその看板が何であれ、内容は「民族主義」だと信じるからであるのです。

ソウルの六月抗争の時、六・二九（ソギグ）宣言の本当の作者であったアメリカ大使リリーをいまもう一度登場させなければならないのですが、天安門事件当時の駐中アメリカ大使は韓国から赴任して行ったリリーだったという事実を記憶してほしいと思うのです。

リリーは北京に赴任していく前に、韓国の軍部を中心とする保守勢力を一堂に集めて、「左翼たちがこんなにまで暴れ回っているのに、あなたたち右翼は一体何をしているのか」と厳しく叱責したというのですね。これは当時の『東亜日報』を見て知った事実ですから、読者の中にも覚えている人もいると思うのですが、当時アメリカは、情勢を綿密に分析しながら、北京からベルリンにいたる「社会主義政権」は、揺さぶりさえすれば晩秋の熟柿のようにぼたぼた木から落ちるだろうと予測し、またその自信もあったのだろうと私は思うのです。中国でもその時はすでに周恩来も毛沢東も亡くなっており、文化大革命の狂乱の中で「社会主義中国」は疲弊するだけ疲弊しきった状態だったのです。

アメリカ人が未だに誤解している点は、アジアの「共産主義」というものは、外見がどうあれ、マルクスが言ったプロレタリアートの国際連帯を追求する思想ではなく、帝国主義の抑圧の下で呻吟している植民地の民の自己回復のための「民族主義」だという事実であるのです。アメリカがこの点を理解しえなかったために「共産主義者」ホーチミンを叩きのめすのに失敗したのですが、「六月抗争」(一九八七年)を戦い抜いた韓国の民衆を「左翼」、つまり共産主義者らと信じ敵愾心を抱いて北京に赴任して行ったリリーは、今度中国の「左翼」を相手に雌雄を決する覚悟を固めていたのではなかったでしょうか。

天安門広場における自由の女神像の謎

繰り返しになりますが、平壌《ピョンヤン》を離れ、帰国の途についた文益煥《ムンイクファン》牧師が、私と一緒に北京に滞在している間、天安門の前に立って感慨深い話を交わしたのは、ちょうどひと月後には五・四運動の記念行事があるはずの四月四日のことでありました。それから二月後の六月四日、いわゆる「天安門虐殺事件」が発生するとは、文《ムン》牧師にせよ私にせよ想像だにできたでしょうか。

天安門事件が起こった当時、文益煥《ムンイクファン》牧師はすでに帰国し、平壌《ピョンヤン》を訪問した罪で刑務所に捕らわれの身となっていたので、一体北京の天安門広場でいかなる事態が繰り広げられていたか知る由もなかったでしょうが、私は日本で時々刻々流れてくるニュースを聞きながら、不思議な気持ちをどうすることもできませんでした。

五・四運動記念日が近づくと、天安門広場には大勢の人々が集まってきて、一〇〇万名の群衆は記念式が終わった後、各自家路についたのではなく、そのまま座り込んで動かない「シット・イン」（sit-in）ストライキを始めたのです。そしていきなりその群衆の中から巨大な「自由の女神」の像が現れたかと思うと、中国共産党政権を批判するアメリカの放送「ヴォイス・オブ・アメリカ」（VOA）が大々的な活躍を繰り広げたのでした。

シット・イン・ストライキは六月四日までちょうど一カ月間続いたのですが、その間そこにいた一〇〇万の群衆は何を食べながら持ちこたえていたのか疑問に思ったのです。仮に米に換算して一人分の食料を一日四〇〇グラムとして、一〇〇〇万名が一カ月持ちこたえようとすれば、一万二千トンの米が必要だったはずで、誰かがそれほどの食料を補給するために、予め練られた計画に従って大規模な組織活動を繰り広げたのではなかったでしょうか。

私は直感的にその天安門の抗議運動の背後に駐中アメリカ大使リリーの工作があるということを感じざるを得ませんでした。リリーは韓国にいる間、ソウルで起こった「六月抗争」を目撃した人物ではありませんか。当時中国の学生たちの間には文化大革命に対する不満が澎湃と広まっていたのは事実で、天安門で燃え上がった火の手が、一九一九年の五・四運動のように全国的に広がっていけば、中国の「左翼」政権を崩壊に追い込むことができるだろうと、リリーとアメリカＣＩＡはそう計算していただろうと思うのです。

中国当局はおそらく予想もできなかった空前の事態に当惑したのでしょう。「反帝運動」の聖地とも言うべき天安門広場で、まさか「自由の女神像」を打ち立てながら、「反反帝運動」だと言われかねない運動が繰り広げられるとは想像だにできたでしょうか。北京当局は、完全に虚を衝かれたのでした。もし彼らがリリーの動きに事前に気がついて、予め対策を講じていれば、軍部隊が戦車を駆って群衆のなかに突進するという愚は犯さなかったでしょう。その程度の騒乱ならば、消防車を動員してホースでの放水くらいで鎮圧できたのではなかろうかという思いもなくはありませんでしたが、いずれにせよ中国が言うところのアメリカの「和平演変」、すなわち武力を使わずに相手方の政権を崩壊させるという政治工作は、少なくとも中国では成功を収めることができませんでした。見かけはどうであれ、中国はやはり「三民主義」(民族、民権、民生)の国であり、中国からすれば最も核心的な課題は、何と言っても「民族」ではないでしょうか。

とにかく一九一九年の五・四運動からちょうど七〇年が過ぎた一九八九年、一九一九年の「五・四運動」とは性格を異にする五・四運動が「自由の女神像」を打ち立てながら天安門広場で発生したというのは、歴史のアイロニーだとも言えましょう。この自由の女神像の背後では、二年前ソウルで六月民衆抗争を目撃してから北京に赴任したリリー大使が動いていただろうと考えると、今ひとたび歴史の動きの不思議を実感するほかないのです。

とにかく五月、北京で始まったアメリカの「和平演変」工作は、中国を除いて大成功を収め、まず八月にはポーランドが倒れ、チェコ、ハンガリー、ルーマニアと続き、遂に一一月にはベルリンの壁が崩壊することによって、一九八九年という年は社会主義体制に対する資本主義体制の圧倒的な勝利で終わるのです。まさにその年に私と文益煥《ムンイクファン》牧師が平壌《ピョンヤン》を訪ね、金日成《キムイルソン》主席と会ったのですから、世界史の渦巻きの中で成し遂げられた平壌《ピョンヤン》訪問がこれからどのような意味を持つことになるか、また北京からベルリンに至るアメリカの世界政策が、われわれの南北問題にどのような影響を及ぼすことになるのか、ベルリンで黄晳暎《ファンソギョン》氏と会って東京に帰る飛行機の中で、先の見えない思索にふけりながら、何か不安な思いを抑えることができませんでした。

戦争の再発が目前に迫った一九九四年六月の危機

今までの長い長い話をそろそろ締めくくらなければならない段階にさしかかったことでもあり、一九八九年一一月のベルリンから一九九四年六月の平壌《ピョンヤン》に舞台を移そうと思うのですが、その年の六月一五日、カーター元アメリカ大統領が必死で止めるクリントン大統領を振り切って、単独でロザリン夫人とともに三八度線を越え平壌《ピョンヤン》を訪問し、翌日、金日成《キムイルソン》主席とともに戦争の危機を回避するための協商を始めたのでした。

もしその時協商が成立しなかったならば「第二の朝鮮戦争」が勃発し、ソウルだけでも一〇〇万人以上の人命被害が発生したはずで、その時の事態がどれほど緊迫したものであったか、かなり昔のことだからかもしれませんが、本国から私を訪ねてくる若い人たちの大部分はその時のことをよくは知っておりませんでした。それで今遠い記憶をたどり、また私が出していた雑誌『粒（シアル）』の記録をなぞりながら、その危機一髪の瞬間のことを語ってみようと思うのです。

当時の大統領クリントンは、北朝鮮と一戦交えようという決心を固め、国防省長官ウィリアム・ペリーに戦闘開始準備を命令し、これに従って合同参謀本部議長ジョン・シャリケシュヴィリー（John Shalikashvili）、駐韓米軍司令官ゲリー・ラック（Gary Luck）以下四つ星の将軍以上の軍首脳部をペンタゴンに召集し作戦会議を開いたのですが、今その時の記録を調べてみると、それは九四年五月一八日であったのです。

その日の作戦会議では第二朝鮮戦争に備えて作成されていた「作戦計画五〇二七」に依拠して、米軍五七万、戦艦二〇〇隻、航空機一二〇〇機に加え、五隻の航空母艦で編成される戦闘団を含み、当時アメリカが所有している戦闘能力の半分以上を投入するという想定の下、綿密なシミュレーションが施行されたのですが、その結果を見て軍首脳部は衝撃を受けたというのでした。そのシミュレーションを準備した総責任者のトーマス・フラナガン（Thomas Flanagan）海軍大佐は「実に鳥肌を立たせるもの（extremely sobering）」だったと述懐したというのです。

次の日、つまり五月一九日、ペリーとシャリケシュヴィリー、そしてラックの三人はシュミレーションの結果を報告するためにホワイトハウスに赴いたわけですが、その結果によると、開戦後最初の九〇日間、アメリカが覚悟しなければならない死傷者の数は五万二千名で、これはアメリカが北爆開始からサイゴン陥落（一九六五年〜一九七五年）までの一〇年間、ベトナム戦争で被った被害に匹敵する数字だったというのでした。韓国軍の死傷者は四九万人で、これは六〇万人とされている全兵力の八割に当たるものであったのです。平壌《ピョンヤン》市民の被害は記録にありませんが、ソウルでの民間人の死亡者の規模は実に一〇〇万人と推算されていたのですが、これはあくまで死者の数であって、死傷者の数ではなかったのです。

さらに大きな問題は、韓国と日本に散在する原子力発電所だったようですが、これがたった何基だけでも爆撃を受け破壊された時の惨禍は想像を絶するもので、戦争を手段とする問題の解決は難しいというのがクリントンや軍首脳部が到達した結論だったのです。このあたりで読者たちは板門店《パンムンジョム》で開かれた南北会議で北側の代表が、「ソウルは火の海になるだろう」という発言をなして物議をかもしたのが、その年の三月であったことを記憶してほしいと思うのです。それでもクリントンは北朝鮮を屈服させる別の方法を模索するばかりで、問題を平和的に解決する考えはありませんでした。まさにその時カーターが金主席と会って協商を開始した末、実に劇的に平和的解決に向けての合意がなされたのでした。

ここまでは六月一五日、三八度線を越えて平壌《ピョンヤン》に赴いてカーター元大統領が、金日成《キムイルソン》主席と会って会談したことにより、クリントンが作戦計画五〇二七を発動して始めようとした第二の朝鮮戦争が間一髪のところで回避されるまでの経緯を要約したものですが、その時戦争をするかしないかの分かれ路に立って、金主席はどれだけ胸が震える思いをしたでしょうか。その時金主席は八十二歳でしたが、つまるところその心労による体力の消耗のためだったのでしょう。協商が終わりカーターが平壌《ピョンヤン》を離れてから、わずか数日後の七月八日、主席は妙香山《ミョヒャンサン》の山荘で息を引き取ったのでした。

一九九四年という年は、私にとっても個人的に多事多難な年だったのでした。まず一月一八日にソウルの文益煥《ムンイクファン》牧師が突然亡くなったのです。自らを文民政府と呼ぶ金泳三《キムヨンサム》政権成立の直前、獄から解放された文《ムン》牧師が何か新しい活動を始めようと準備に没頭していた中、いきなり発生した不幸でした。文《ムン》牧師が始める最初の事業として、私が一九八四年日本語で書いて日本で出版した『断ち裂かれた山河』の海賊版ではない韓国語版を出したいから、急いで原稿を書いて送れと、はっきりした力強い話し声で私に電話をされたのは、亡くなるわずか五日前だったのでした。享年七十六だったのです。

文《ムン》牧師の追悼式は三月一日、朴容吉《パクヨンギル》夫人と、三男である盛瑾《ソングン》氏の参席の下、東京都内の山の手教会で挙行されたのですが、その後いくらも経たない六月一〇日、私は脳梗塞で倒れ、七月八日、入院先の病院で金主席の逝去の知らせを聞いたのです。文《ムン》牧師も逝き、今度は私が逝く番であろうと思わざるを得ませんでした。その時私はちょうど七十歳の年であったのです。

核をめぐっての葛藤——終わらぬ戦争

ここでもう一度、朝鮮半島の情勢はいつも中東の事態と連動して動いているという事実を想起してほしいと思うのです。七九年イランで起こったホメイニ革命の激動の中で、朴正熙《パクチョンヒ》が暗殺されるという事態が起こり、またその延長線上に五・一八光州抗争が発生したということはすでに述べたとおりであります。

アメリカが朝鮮半島でもう一度ことを構え、第二の朝鮮戦争を引き起こそうとした動機も、結局は当時の中東情勢と密接にかかわっていたわけであり、ここで舞台を九四年六月の平壌《ピョンヤン》から八九年のベルリンに戻し、ベルリンの壁の崩壊がどのようにして朝鮮半島に戦争の危機をもたらしたのか、その経緯を考えてみようと思うのです。

中国人の言う「和平演変」、すなわち武力を使わずに社会主義政権を崩壊させるというアメリカの政治工作は、アジアではともかく、すくなくともヨーロッパでは大成功を収めたのでした。ベルリンの壁が崩れると、翌年の一九九〇年には東独が西独に吸収される形でドイツの統合が成し遂げられ、その翌年の一九九一年にはソ連自体が消滅し、かろうじて独立国家連合（CIS）という形でその残滓を残すという具合に、冷戦におけるアメリカの勝利は決定的なものだったのです。しかし、だからと言って世界制覇を目ざすアメリカがここで満足できたかといえば、そうではなかったでしょう。実際に武力を発動しなくては倒すことができない相手がまだ残っていたのでした。

世界帝国のアメリカは、いわゆる「ウィン・ウィン作戦」によって東西両極で同時に戦争をしても勝利を収めることのできる軍備を備えることが目標だったのですが、ウィン・ウィンの西の相手はイラクであり、東の相手は北朝鮮だったのです。アメリカとしてはイラクが、いわば喉に刺さったとげであったのは、それがイスラエルを脅かす敵対勢力であったからであり、北朝鮮が憎かったのは、それが日本の前進を阻む障害物であったのは言うまでもありません。

フセインのイラクを相手にアメリカが第一次イラク戦争（湾岸戦争）を始めたのは、九一年一月一七日でありました。九〇年八月、フセインがクウェートに侵攻した後、撤収せよとのアメリカの要求をサダム・フセインが拒否するや、アメリカはイラクへの爆撃を始めたのですが、この戦争は爆撃開始四二日目の二月二八日、フセインが屈服し、簡単に終結したので、アメリカとしては己の強大な軍事力に自信を強めたのでしょう。勢いに乗じたアメリカが次の目標として北朝鮮を狙ったのは、当時の状況からして自然の趨勢だったと見なければならないでしょう。

西洋史には中世イギリスとフランスとの間で戦われた「一〇〇年戦争」というのがあって、これが最も長期間延々と続いた戦争として知られているのですが、現代を生きるわれわれの国土を舞台に、六〇年間もの間、一九五〇年に始まった六・二五戦争が続いているということは我々にとってどれほど苦痛であり悲劇的なことでありましょうか。

アメリカが核武器の使用を前提とする軍事訓練「チームスピリット」を例年の恒例行事として始めたのは、江戸の仇を長崎で討つということでしょうか、サイゴン（現ホーチミン市）が陥落した翌年の七六年からでありました。一次イラク戦争（湾岸戦争）の経験から、核武器を使わずとも通常兵器だけで充分に北朝鮮と戦争できるという自信から、アメリカは九二年、たった一回だけチームスピリットを中止したことがあるのですが、クリントンが大統領に就任した九三年からは再び例年のチームスピリットが始まり、九四年の危機をもたらしたのでした。

核武器を持っていない相手に対しては核武器による先制攻撃はしないということを、それでもソ連は対外的な約束としてその態度を明らかにしていたのですが、アメリカは一度もそのようなことを口に出したことはありませんでした。

今日、北朝鮮が核実験を強行し、さらに核弾頭を飛ばせるミサイルを開発したからといって、あたかもなしてはいけない犯罪行為でも犯したかのように人々は騒ぎ立て、北朝鮮は国連安保理事会においてさえも――制裁決議文一七一八号（二〇〇六年一〇月一五日）など――国際的に袋叩きに遭っているのですが、問題は盧武鉉《ノムヒョン》大統領の主張の如く「普遍的な正義の原則」に則って解決されなければならないのではないでしょうか。

ひたすらにアメリカの執拗な威嚇から生き残るために極限にまでベルトを締めて対抗策を講じてきた北朝鮮を、国連であれ何であれ、いかにして一方的に糾弾することができるのか、私には理解ができないのです。

「上着にズボン、パンツまで？　屈服はできません」――金日成の覚悟

北朝鮮が原子力開発に着手したのは一九八〇年でした。この開発に動員された科学者は南から北に行ったソウル大学教授李升基《リスンギ》博士だったのですが、李博士は元々は合成繊維「ビナロン」を発明した有機化学の専門家であって、原子力を専攻した物理学者ではありませんでした。毎年毎年チームスピリットの威嚇に晒されていた北朝鮮は、対抗策を講じようと原子炉建設の可能性を各方面に打診してみたのですが、ソ連をはじめそれに応じてくれる国はなく、最後の手段として李博士が動員されたというのが実情であったと思われるのです。寧辺《ヨンビョン》にある黒鉛型原子炉は、文字通り誰にも依存することなく自前の技術で建設が

始まり、七年目の八七年に完工したものだと私は聞いているのです。原子炉が稼働準備段階に入ると、北朝鮮は核拡散禁止条約（ＮＰＴ）に加入（一九八五年）、国際原子力機構（ＩＡＥＡ）にも加入して（一九九二年）、一般的な慣習とも歩調を合わせようとしたのではなかったでしょうか。

アメリカにしてみれば、北朝鮮が作った原子炉など、子どものままごとくらいにしか思わず、さして関心すら示さなかったのですが、九二年五月二五日から九三年二月六日までの六カ月の間、国際原子力機構が実施した六回の査察に関する報告書を見てから、アメリカは驚き、「ああ、これはままごと遊びではなかった」と気付いたのだろうと思うのです。六回目の査察が終わってから三日目の二月九日、国際原子力機構は追加査察を要求し、これを受け入れるかどうか二月二五日までに回答せよとの通告文を送ったのでした。平壌《ピョンヤン》は一貫して沈黙を守り、追加査察は拒否するという態度でアメリカに対抗したのでした。

するとアメリカは回答期限の翌日（二月二六日）、その前年（一九九二年）にいったん中断していた軍事訓練チームスピリットの再開を発表し、実際、三月八日から軍事演習を開始したのでした。アメリカがチームスピリットを始めたら、北朝鮮はその日から一般の生産活動を中止し、全国が臨戦態勢に入るのです。そのたびごとに生きるか死ぬか生死をかけた日々を送ることになるのです。

これは八九年四月、文益煥《ムンイクファン》牧師が金日成《キムイルソン》主席に会った時の話ですが、文《ムン》牧師は金主席に「チームスピリットは単なる軍事演習に過ぎず、まさかそれが戦争に急変するとは考えられないのではないか。全国が臨戦態勢に入って生産活動まで中止する必要はないのではないか」と尋ねたのでした。そうしたら、金主席は真顔で、「文《ムン》牧師、まさかに賭けて国を潰すことなどできませんよ」と断言したというのでした。

ともかくチームスピリットは三月二四日まで続いたのですが、それが進行中の三月一二日、北朝鮮はアメリカに対する抗議の印として、ＮＰＴからの脱退を宣言したのでした。やるならやってみろという意思表示でもあったのでしょう。

怒ったアメリカは即刻国連安保理事会を招集し、強い表現で脱退を非難すると同時に、「再考」を要求する決議文を採択したのが五月一一日だったのです。これに対する北朝鮮の反応はどのようなものだったでしょうか？　五月二九日、射程距離一三〇〇キロメートルの長距離ミサイル「ノドン一号」を打ち上げたのでした。アメリカはあれあれと驚くと同時にあっけにとられたのではなかったでしょうか。取るに足らない三流国家北朝鮮が原子炉のようなものを稼働させているということでさえ笑止千万なわけで、天下を睥睨するアメリカが、仮にチームスピリットを実施したからといって小癪にもＮＰＴ脱退を宣言するかと思えば、少なくとも国連安保理の名を借り叱責の一言を言い渡したにもかかわらず、これに従うどころか逆に長距離ミサイルを打ち上げるなんて、ありうべきことだったでしょうか。

しかし北朝鮮はアメリカとは別な論理で行動したものと見なければならないでしょう。ＮＰＴ条約第一〇条には次のように規定されているのです。

「（条約国が）自国の最高の利益（supreme interests）が侵害されたと判断した場合には、主権を行使して条約から脱退する権利を有する。」

一国の最高の利益とは何か。それはもちろん国家存亡の問題ではないですか。北朝鮮からすれば国家の存亡が、むしろＮＰＴに加盟したことで脅かされているという判断のもと、第一〇条に規定された権利に則って脱退を宣言したのではなかったでしょうか。

金主席についてのエピソードをもう一つ紹介しようと思うのです。これは前に『ワシントン・ポスト』の特派員として東京に来ていたドン・オーバードーファーの著書『二つのコリア――国際政治の中の朝鮮半島』（共同通信社、一九九八年）の中の話ですが、当時平壌《ピョンヤン》に来て滞在中だったカンボジアのシアヌーク殿下に金主席がこう言ったというのです。

「あの人たち（アメリカ）はわれわれに向かってまず上着を脱げと言う。その次にはズボンを、またその次にはパンツまで脱げと言いながら、われわれを丸裸にしようとしているのですが、そんな要求に屈服することができましょうか？　もし彼らが戦争を望むなら応じなくてはならないでしょう。覚悟はできているのです。」

アメリカが先に破棄した米朝ジュネーブ基本合意

繰り返しになりますが、米軍のチームスピリットがいまだ終了していない一九九三年三月一二日、北朝鮮は核拡散禁止条約（ＮＰＩ）からの脱退を宣言し、五月一一日、それを非難し、脱退取り消しを要求する国連安保理声明が発表されるや、五月二九日、北朝鮮はそれに答える代わりに長距離ミサイル「ノドン一号」を打ち上げたのでした。九三年当時の状況を振り返ってみると、実に息の詰まるような一編の活劇で、すぐにも戦争が起きるような不安のなかで、北朝鮮もちょっとやり過ぎではないかという危惧さえなくはありませんでした。

しかし、毅然と前に進めば相手方は三舎を避けるという言葉があるのです（春秋左伝）。三舎とは軍隊の三日間の行程、つまり一五〇里を意味する言葉ですが、北朝鮮がミサイルを打ち上げてからわずか四日後の六月二日、アメリカは意外にも米朝協商を提案し、協商はその日から始まったのでした。果たせる哉《かな》アメリカは三舎を避けたのでした。

急変する事態に私はもちろん驚きましたが、もつれにもつれた米朝関係が、そんなに簡単に解決できるはずはなかったでしょう。第二次会談は七月一四から一九日まで、ジュネーブで開かれましたが、問題はこじれるばかりで、三次会談を二カ月以内に開くという発表だけで中断状態に入ったのでした。

アメリカは三次会談を開く代わりに、一〇月七日、「北朝鮮が核に対する疑惑を解消しなければ、軍事行動も辞さない」という強迫めいた声明を発表するのですが、これに対して一一月一一日、北朝鮮が発表した逆提案は、現存の休戦協定を平和協定に替えるという条件の「一括妥結」だったのでした。

これに対してアメリカは、平和協定のようなものは考慮できないが、もし国際原子力機構（IAEA）の査察を受け入れて、見せるべきものをみな見せるならば、九四年のチームスピリットを中止し、中断状態にあった三次会談を継続する用意があるという提案を発表したのです。それが一一月一五日でした。

国際原子力機構（IAEA）の査察で、見るべきものはみな見て、三次会談を開催するかどうかは、その時になって考えるということですから、北朝鮮としてはアメリカの逆提案を受け入れることはできなかったでしょう。年が変わった九四年一月三一日、北朝鮮はアメリカの逆提案を拒否した上で、「自らの行動による破局的な結果に対して、アメリカは全面的に責任を負え」との声明を発表したのでした。金日《キムイル》

米朝ジュネーブ基本合意

1994年10月21日、アメリカの核担当大使ロバート・ガルーチと北朝鮮外務省姜錫柱第1副部長がジュネーブで署名した「米朝基本合意書」を交換している。「第1次北朝鮮の核危機」を乗り越えて、外交的解決の糸口を規定した合意だったが、アメリカがこれを守ることはなかった。

成《ソン》主席はその時、「これ以上どうやってパンツまで脱げるのか。戦争をするならしてみろ。覚悟はできている」という決意を見せたのでした。

そしてその運命の日、つまり九四年五月一八日、クリントンは国防長官ペリーに開戦の準備を指示し、この指示に従って参謀本部のジョン・シャリケシュヴィリー、駐韓米軍司令官ゲリー・ラック以下、四ツ星の将軍以上の軍首脳部全員がペンタゴンに集まって作戦計画五〇二七に基づく大規模な戦争のシミュレーションが実施されたのでした。

アメリカがいったんは中止した軍事演習チームスピリットを再開した九四年五月から、板門店《パンムンジョム》を越えて平壌《ピョンヤン》を訪問したカーター元大統領が金日成《キムイルソン》主席と会って協商を重ねた末、目前に迫った戦争の危機が回避された九四年六月までのドラマチックな話は、その詳しい経緯が一般のメディアに発表されたことはなかったので、私自身の記憶をたどり、またその時に書き記しておいた『粒（シアル）』の記事を整理してここに発表するのですから、われわれがどれ程険しく困難な時代を生きてきたのかを知るためにも、特に若い人たちにはきちんとこの文章を読んでくれることを望む次第です（**朝米関係年表**参照のこと）。

ともかくカーター元大統領の平壌《ピョンヤン》訪問で危機はいったん回避されながら、その直後の七月八日、金主席は他界したのですが、それでもアメリカは約束通り八月八日からジュネーブで三次会談を開き、一〇月二一日、「朝米基本合意書」に調印するところまで、やっとのこと到達することになったのでした。

この合意文書の第二条には、「政治と経済関係の完全な正常化のために、双方は努力する」と明記されているのです。しかしながら、アメリカは始めから第二条の約定を履行する意思はなかったのでした。金主席も世を去り、どうせ北朝鮮は内部崩壊を引き起こすだろうと見て、不渡り手形をつかませただけだったのでした。建設すると言った一〇〇万キロワットの原子力発電所二基も、するふりをしただけで中断し、建設期間中、供給すると約束した年間五〇万トンの重油も結局、口約束だけだったのですから、騙したのはアメリカであって、騙されたのは北朝鮮だったのでした。

約束をしておきながら平気でそれを覆す北朝鮮は信用できない相手だとアメリカが一言いえば、全世界の言論がオウム返しのように騒ぎ立てるのはいつものことですが、事実はそうではないのです。苟も米朝関係に関する限り、平気な顔でウソをつき、相手をだまし続けてきたのはアメリカであって、その逆ではありませんでした。

朝米関係年表

1950.6.25	朝鮮戦争勃発
1953.7.27	板門店で休戦協定調印
1957.7.1	駐韓米軍核武装化発表
1975.4.30	サイゴン陥落　ベトナム戦争終了
1976.6	軍事演習チームスピリット開始
1980	李升基博士の指揮のもと原子炉建設着手
1985	北朝鮮　NPT 加入
1991.9	国連南北同時加盟
1992.1	IAEA との査察協定調印
1992.5.25	寧辺原子力査察開始（1993.2.6まで6回）
1993.2.9	第6回査察直後、追加査察を要求する IAEA 決議文採択（2.25までの回答要求）
1993.2.26	米軍　チームスピリット再開発表
1993.3.8	チームスピリット開始、北は臨戦態勢に
1993.3.12	北　NPT からの脱退を宣言
1993.3.24	チームスピリット終了
1993.5.11	国連安全保障理事会 NPT 脱退非難声明
1993.5.29	長距離ミサイルノドン1号発射
1993.6.2	朝米会談　第一ラウンドニューヨークで開催
1993.7.14	朝米会談　第二ラウンドジュネーブで開催（共同報道文として二カ月以内の第三ラウンドの開催を表明）
1993.10.7	クリントン声明（北の核疑惑が解消されなければアメリカは軍事行動も辞さず）
1993.11.11	北は一括妥結策（package solution）提案
1993.11.15	アメリカの逆提案（IAEA 査察査察認定すれば、1994年度のチームスピリット中止と第三ラウンドの会談を考慮
1994.1.31	自らの行動により発生する破局的結果に対してアメリカは責任を持て（北朝鮮外交部声明）
1994.5.18	クリントンが戦争開始を決断し、ペンタゴンに対し OP.5027による戦争シミュレーション命令
1994.5.19	犠牲範囲に驚いたクリントンが戦争以外の解決策の研究を国務省に指示
1994.6.16	カーター元大統領が38度線を越えて平壌を訪問、金日成主席と戦争回避について協商
1994.7.8	金日成主席他界
1994.8.8	ジュネーブで朝米会談第三ラウンド再開
1994.10.21	経済制裁の解除と朝米国交正常化に関する基本合意文（Agreed Frame Work）調印

以上『粒（シアル）』第32号から転載

「知易行難」なのか「知難行易」なのか

世間の常識からすれば、知ることは易しいが、それを行動に移すことは難しいということになっているのです。それを漢文では「知易行難」という四文字熟語で表現するのですが、しかしそれは本当でしょうか。むしろ反対ではないかという事実を検討してみたいと思うのです。

長い年月の間、中国の改革運動を率いた孫文先生の所感ですが、何が真実であり何が虚偽であるかを知ること、それこそが難しいことであって、一度知れば行動に移すことはむしろ易しいということを彼は悟ったのでした。そこで孫文先生は先に述べた四文字熟語で、易と難の字の位置を変えて、「知難行易」、すなわち知ることこそが難しく、行うことはむしろ易しいという揮毫を数多く残したのでした。

運動というものは結局、自ら正しいと信じることを人々に知らせ共感を得ることがその根幹ではないでしょうか。私自身、日本に来て何十年もの間、亡命生活をしながらしたことと言えば、文章と言葉をもって真実を語り胸の内にあるものに対して共感を訴えることだったと思うのですが、それはそうたやすいことではありませんでした。共感どころか、敵意や悪感情を呼び起こすことも一度や二度ではなかったのですが、ともかく私が文章を書いて出した雑誌『シアレヒム』（一〜九号）と一六頁のパンフレット『粒』（創刊準備号〜四三号）に収録された読者たちの投稿文をまとめて、その一部をここに羅列してみようと思います。私が強要して送られてきたものではないのですから、我田引水だとか自画自賛だとかの誤解が無ければと思うのです。

・鄭先生の文章を読んで、現存するSeinの民族が、いつかはSollenの国民国家に変貌して目の前に現れるだろうという確信を持つに至りました（大阪・朴文奉）。
・「喪失した民族共同体の回復」を訴える鄭先生の文を読みながら感じることは、われわれ日本人たちの運動にはこれに比肩するほどの論理がないのではないかということでした（日韓連連・武藤一羊）。
・朝鮮半島を押さえつけている歴史の背景を書きつづった鄭先生の文章を読みながら、重い罪責感と胸が締め付けられるような苦痛をこらえられませんでした（東京・小池多米司）。
・キリスト教の家庭に生まれ、親米反共に染まって育った私は、呂運亨《ヨウンヒョン》先生たちアカを憎むことがキリスト教徒の本分だとばかり思っていました。アメリカに来てから、些かはアメリカという国の本質を知り、そのうえ先生が出されている『シアレヒム』を読みながら、目からうろこが落ちる思いでした。『シアレヒム』は発刊されて一年しかなりませんが、日本語を理解する在米同胞たちの間ではすでに「収集家の所蔵品」（collectors' item）になっています。先生の後輩（京畿中学）として誇りに感じています（ミシガン大・宋錫重）。
・天命を知る歳になり、言葉を少し学ぼうと「シアレヒム」塾を訪ねましたが、言葉の勉強も言葉の勉強ながら、講義の合間に日韓関係の現況についての鄭先生の話を聞きながら、私がこれについてどれ程知らずに過ごしてきたのか、痛感しないわけにはいきませんでした。鄭先生が語る統一された祖国を阻止しようという存在が、現在の日本ですが、この状況を同僚たちにも理解させる努力をせねばと感じています（東京・高梨孝輔）。

・「シアル」のメガネをかけると焦点が合い、世の中がどう動いているのかはっきりと目に入ってきます。「シアル」は私にとっては最高のメガネです（東京都・加藤敦夫）。
・一年分の会費を納付します。最近健康がすぐれず、かろうじて年金で生きている状況なので、鄭先生がなさっている仕事を助けて差し上げられず申しわけありません（大阪・伊藤よう子）。
・朝日会談の政治的背景を語る鄭先生の文章を読んで、感じる点が多かったです。問題はこれを解決するだけの見識と能力を備えた政治家が日本にはいないという点でありましょう（東京・井上とし枝）。
・「南北の統一と日本の平和」が同じコインの表と裏だとの鄭先生の主張に全面的に同感します（那須・軍司みつお）。
・真実を知ることはどれ程難しいことか、またどれ程重要なことかを「シアル」は教えてくれています。朝鮮戦争やベトナム戦争の時、アメリカは常に正しく正義であったという迷いから、私たちは目覚めなくてはならないでしょう（横浜・佐藤恭子）。
・眠りから覚めたら日本の自衛隊が朝鮮半島に上陸していた――こんな事態は絶対にないよう気を引き締めなくてはならないと思いました（小金井市・伊藤ちえ子）。
・「シアル」の文章は、長いものも短いものも斬新で人間的な感性に満ち溢れており、感銘を覚えます（京都大・井上清）。
・「シアル」を読むと、次の号が待たれます。鄭先生の孤軍奮闘を知りながらも、少なくとも隔月刊で出していただくことはできないものかと心残りです（フィラデルフィア・黄圭植）。

自画自賛だ、我田引水だという誹りを覚悟しながら、読者たちの声をもう少し紹介させて下さい。

・植民地時代に習った日本語は、解放後きれいさっぱり忘れようと思っておりましたが、最近鄭敬謨先生の日本語による文章を読みながら、日本語を会得していることを幸いに思っております。次の号が待たれます（ボストン・朴基植）。

・日本を訪問したドイツのブラント総理との会談記を読んで感銘を受けました。日本の政界には与野を問わず、ブラント総理のような本当に人間的で温かい心を持った政治家は目につかず、朝鮮・韓国人のみなさんに申しわけなく思います（小金井市・伊藤ちえこ）。

・『シアレヒム』は日本列島にそびえ立っている良心と知性の巨峰。引き裂かれた山河を救おうと乱気流の中の世界に向けて良心と知性の旗をはためかす『シアレヒム』。夢陽《モンヤン》呂運亨《ヨウンヒョン》先生に対して、また祖国が一つになるために、私はいつも詩人としてのテレパシーを通して『シアレヒム』と対話を交わしている（ソウル・詩人、李基炯）。

・毎号毎号読むたびに見えなかったことが見え、聞こえなかったことが聞こえます。鄭敬謨先生の筆舌が、末永く私たちを目覚めさせてくださることを願います（千葉・H．T．）。

・アメリカの核は良い核で、北朝鮮の核は悪い核でしょうか。問題の核心を指摘して、何が正しくて何が間違っているのか、常に私たちの指針になってくれている「シアル」に感謝申し上げます（東京・高宝花）。

・日本の皇国史観と、日本軍が犯した性奴隷（慰安婦）の犯罪が直結されているということを鄭先生の文章を通してより明確に理解することができました。日本が正しい歴史認識で自分たちが犯した罪過を懺悔する日は来るのでしょうか（愛知県・都相太）。

・「シアル」を読むたびに、襟を正しています（東京・中村健）。

・親米反共一色の日本の言論攻勢の中でも、くじけず姿勢を維持しているのは、鄭敬謨先生の文章から受ける精神的な糧のおかげです。ありがとうございます（東京・梁淑子）。

・文益煥《ムンイクファン》牧師の追悼式の時、ソウルから来られた知訥和尚の姿を見ながら、文《ムン》牧師は南北間にも宗派間にも壁を作らずに生きて逝かれたのだということを、改めて思わずにはおれませんでした（横浜・呉美枝《オミエ》）。

・前号（一六号）の編集後記の三行の短い文でしたが、鄭先生が健康を回復されているという消息を読んで安心しました。歴史がどこに流れているのか不安な時だからこそ、透徹した知性で現実を見通しておられる鄭先生が長生きされ、私たちの指標になってくださることを願ってやみません（岐阜市・高村エイコ）。

・渇きをこらえて山に登り頂上に辿りついて、一口の泉の水を飲むときのような心情で鄭先生の文章を読みます。いつもそうです（市川市・高山和子）。

・鄭先生の文章から感じることは、民族に対する深く熱い精神です。私自身では到達しえない思索の領域ですが、それは私が分断という悲劇を経験していない民族だからなのか、個人の感性の差であるのか分かりませんが、先生が語る「民族共同体の回復」が一日も早く成し遂げられるよう願っております（東京・饗庭孝典）。

・一九七二年夏、私が住んでいる鎌倉で熱弁をふるわれる鄭敬謨先生と初めてお会いしてから長い歳月が流れました。帝国主義から日本の自己解放を願う私が、周辺強大国の抑圧をはねのけ、民族が一つになることに奮闘される鄭先生と同じ道を歩んできた同志だったことに、誇りを感じます（鎌倉市・若林凞）。

・日本社会に横行している数々の偏見と謬説を打ち砕き、それとは違う視点と主張を提供してくれる『シアレヒム』から、新たな勇気を受けています（東京・安炳鎬）。

・文《ムン》牧師夫人朴容吉《パクヨンギル》長老が、金主席の一周忌に参席されてから、平壌《ピョンヤン》を離れる時、あんなに多くの市民たちが出てきて道の両側を埋めつくしている光景の写真（『朝日新聞』一九九五年八月一日付）を見ながら目頭が熱くなりました。三八度線を越えられた時、ちょうど孫たちのような南側の国軍たちが丁重に案内する姿が印象的でした。逮捕連行されたのではなく、若い軍人たちに護られ無事ソウルに戻られたのだと信じることにします（東京・任展瑟）。

・日本に亡命してこられて以後、長い歳月を経て、わが歴史の過去と未来について絶えず我々を啓蒙して下さる鄭敬謨先生の努力に感銘を受け、民族の一員として感謝いたします（寝屋川・張年錫）。

・毎号雑誌を読みながら、現代を生きるわが民族の中にこれ程までに冷徹に歴史を見通しながら文章を書ける鄭敬謨同志のような人物を友人に持つことができたことを誇りに思います（カナダ・崔弘凞）。

・鄭先生は日本にいる私たちにとって大きな垣根であられます。いらっしゃるという唯それだけでも心強く感じております（東京・趙英淑）。

アメリカの対話ムードと北朝鮮のミサイル発射

前にも述べた通りですが、一九九四年七月八日、金日成《キムイルソン》主席の他界にもかかわらず、アメリカは約束通り八月八日、第三次会談をジュネーブで再開し、一〇月二一日、「米朝基本合意書」に調印するまでに至ったのです。しかし、経済制裁を解除し、米朝間の国交正常化に向けて努力するという「基本合意書」は不誠実な不渡り手形だっただけで、そこに盛り込まれた約束を履行する意思は始めからなく、アメリカはひたすら今日か明日かと北朝鮮の内部崩壊を待っているだけだったのでした。

合意書に調印した後も、北朝鮮を狙った核爆弾の投下訓練はテキサスの軍事基地で絶え間なく行われていたばかりか、九六年四月、日本を訪問した大統領クリントンは北朝鮮との戦争に備えて、後方基地である日本が軍事行動中のアメリカに提供すべき様々な援助を規定する、詳細な「ガイドライン」を作成するよう要求したのでした。

金主席の逝去後、「合意書」がどうであれ北朝鮮との戦争準備に狂奔しているアメリカ政府の行動を見かねたのか、あの頃ブルース・カミングス教授は次のような手紙を送ってきたのでした。

「金主席の逝去に関するアメリカの言論報道は偏見と人種差別に満ちたものであり、朝鮮半島問題について何も知らない無知蒙昧な徒輩どもが、朝鮮戦争のことに何の良心の呵責も感ずることなく、何百万というコリアンたちを地上から抹殺しうる強大な能力を持っているということに戦慄を覚えざるをえません。アメリカ人が自国の歴史を直視して、朝鮮半島の分断と何十年も続いている極限的な対立状態に責任を感じる日が来るのだろうか、暗澹とするばかりです。」
（『粒《シアル》』第一四号）

これは私が脳梗塞で倒れて入院していた時、病気見舞いを兼ねて送られてきたカミングス教授の手紙の一節ですが、例えば国連に南北が同時に加入した時の前提条件だったいわゆるクロス承認の問題について、アメリカが犯した背信行為に対しても、カミングスは大変憤慨していたのでした。

南北朝鮮が同時に国連に加入したのは一九九一年九月だったのですが、その時の同時加入は一九七五年の国連総会で当時のアメリカ国務長官のキッシンジャーが提示した提案に沿ったもので、この提案は中国とソ連が南を承認し、同時にアメリカと日本が北を承認するというのがクロス承認の前提条件になっていたのでした。

元々クロス承認案に反対したのはむしろ北朝鮮であったのです。文益煥《ムンイクファン》牧師が平壌《ピョンヤン》で金主席と会った時も、クロス承認は南北の分断を国際的に合法化するものなので賛成できないと、相当強行に主張していたのでした。

しかし、ソ連が崩壊し、市場経済を追求する中国が急速に南に接近していく状況の中で、北朝鮮は已むを得ずキッシンジャーの提案を受け入れ、同時加入を決定したのですが、中国とソ連は南を承認したけれども、アメリカと日本は約束を破ったまま今日に至っているのではないですか。アメリカは手形を切っておいて、いつも不渡りを出すだけで一度も義務を履行したことはなかったのです。

とにかく、九四年一〇月、「基本合意書」に調印しておきながらもずっと手を拱いたまま歳月を過ごしてきたアメリカですが、九八年八月、突然、「平安北道《ピョンアンブクト》金昌《クムチャン》里《リ》にある地下施設は核開発を目的とするものではないか」と北朝鮮の「背信行為」を糾弾する猛烈な言論キャンペーンを始めたのでした（『ニューヨーク・タイムス』一九九八年八月一七日付）。

事態がここまで来るや、北朝鮮はその記事が出てからわずか二週間後の八月三一日、咸鏡北道《ハムギョンブクト》舞水端《ムスタン》里《リ》にある発射基地からテポドンミサイル（光明星一号）を発射することでアメリカへの抗議の意思を表明したのでした。これが北朝鮮の言うとおり人工衛星だったのかどうかはさて置き、最小限大陸間弾道ミサイルの機能を備えていたことは確かな事実であり、これに対するアメリカの反応は実に驚くほど素早いものでした。光明星一号発射の一週間後の九月六日、アメリカは北朝鮮に会談を提案し、一一月一六日、金《クム》昌《チャン》里《リ》問題についての第一次会談が平壌《ピョンヤン》で開かれたのです。第一次会談は一八日に終わりましたが、二次、三次、四次まで四回の会談がニューヨークとジュネーブに場所を移しながら翌年（一九九九年）の二月まで続いたのです。

ただ、一次会談が終わった直後の一一月二三日（一九九八年）、クリントンは前国防長官ペリーを「対北朝鮮政策調整官」に任命したのですが、ペリーとは誰なのか？　九四年五月一八日、「第二の朝鮮戦争」を想定したシミュレーションのために、軍首脳部全員がペンタゴンに召集されたときの国防長官だったではありませんか。クリントンが彼を「政策調整官」に任命したということは、自らが承認した「ジュネーブ基本合意書」の履行を四年間も意図的に回避してきた過ちを認め、その過ちを「是正」するという意図を表明したものではなかったでしょうか。

和平に向けてのクリントンと金大中の競争

一九九八年八月、テポドン（光明星一号）ミサイル事態を契機に、クリントン自身は北朝鮮問題をこれ以上先延ばしすることができず、自分が承認した「米朝基本合意書」に従って、現在は休戦状態を維持しているだけの朝鮮戦争を永久的な平和協定に替えねばならない必要性をおそらくは感じたことだろうと思うのです。しかし、政権内部では北朝鮮に対する「融和政策」に真っ向から反対するタカ派たちがうようよしていたことも事実で、その年一一月一六日、第一次会談が平壌《ピョンヤン》で開かれた後、第二次ニューヨーク、第三次ジュネーブ、第四次再びニューヨークで開かれたあとも結論を出しえずに、一日また一日と延ばしながら時間稼ぎをしていたのですが、一九九九年に入るとアメリカとしても、これ以上北朝鮮問題を放置しておくわけにはいかない新しい状況が展開されていたのでした。それはもちろん金泳三《キムヨンサム》氏を継いで大統領に就任したばかりの金大中《キムデジュン》氏が、アメリカの了解なしに独断で推し進めていた「対北包容政策」だったのですが、意外なことにソウルと平壌《ピョンヤン》をつなぐ仲介の労を取ったのはエジプトのムバラク大統領だったのです。

ムバラク大統領が二泊三日の予定でソウルに到着したのは、一九九九年の四月九日だったのですが、それに先立ち一九九八年一二月、ムバラク大統領は平壌《ピョンヤン》を訪問して金正日《キムジョンイル》委員長と会い、「韓国は北朝鮮に対して敵意を抱いておらず、相互間の和解と協力を実現したい」という金大統領の意思を伝えたのでした。この時ムバラク大統領は「金大中《キムデジュン》大統領の包容政策は信頼しうるもの」であることを平壌《ピョンヤン》当局に伝えたのでした。これに対して金正日《キムジョンイル》委員長は即座に「金大中《キムデジュン》大統領の意志を真摯に受け入れる」という旨の意思を表明し、そのことを金大統領に伝達する目的で、ムバラク大統領はソウルを訪問することになったと思うのです。

このような動きを敏感に感じ取ったアメリカは、ムバラク大統領のソウル訪問が終わった直後の五月二五日、ペリー長官を平壌《ピョンヤン》に派遣したのでした。ペリーは三泊四日の長期滞在中、金永南《キムヨンナム》、姜錫柱《カンソクチュ》以下、北朝鮮当局の多くの要人たちと接触した後、九月になってからアメリカ議会に報告書を提出したのです。この「ペリー報告書」（ペリープロセス）は今なお完全には解除されていない秘密文書ですが、報告書が提出された後、記者たちとのインタビューで明らかになったペリー自身の発言から、充分にその内容を推測することができたのでした。あのとき断片的なものではあれ、ペリーの発言を伝える新聞記事を読みながら、「ああ、ついに夜明けが訪れるなあ」ということを実感し、本当に胸が躍るような気持ちでした。

「アメリカは北朝鮮を崩壊に追い込むとか、内部改革を強要するとかのことを試みるのではなく、北朝鮮との共存を図るべきだ」（『ジャパン・タイムス』一九九九年一〇月四日付）

「現在北朝鮮が深刻な経済危機に陥っているのは事実であるが、内部崩壊を引き起こす兆しは見えない。従って、アメリカの政策はアメリカが望ましいと思う北朝鮮ではなくても、現在あるがままの北朝鮮と交渉を続けていくということである」（『ジャパン・タイムス』一九九九年一〇月二三日付）

「北朝鮮当局の指導層の人物たちは確かに頑固なのは事実であるが、しかし常識はずれの非合理的な人々ではない。彼らの行動は極めて理性的な論理に基づいたものであり、彼らを非論理的な人たちだと思ったのは、われわれが彼らの論理を理解できなかったためだった。われわれが彼らと交わした対話は、すべて率直で建設的な内容だった。」

（『月刊中央』一九九九年、一一月号、マーガレット・ワーナーPBS記者との対談）

ベトナム戦争が進行中のケネディ時代の国防長官だったマクナマラは、回顧録の中で「当時われわれは相手に対する誤った判断のために、彼らが自ら正しいと信じる価値観のためには、命をかけて戦うナショナリズムの力を過小評価した」という言葉を残したのです。

私はベトナム人に対するマクナマラの言葉と、北朝鮮の人々に対するペリーの言葉を対比しながら、何か胸が突かれるような思いを禁じ得ませんでした。

英語に「グラッジング・リスペクト」（grudging respect）という言葉があります。相手は憎たらしくて叩きのめしたい奴ではあるが、言葉と行動に一貫した論理性があり、叩きのめそうとすると自分も相当な対価を払うしかない相手に対して言う言葉ですが、この言葉は前にも言及した『二つの朝鮮』の著者、ドン・オーバードーファーが北朝鮮に対するアメリカの心情を表現した言葉であるのです。

二〇〇〇年の朝鮮半島、抱き合った南と北

エジプトのムバラク大統領の仲立ちを契機にしてソウルと平壌《ピョンヤン》の間に水面下の交渉が進行すると、これに刺激を受けたクリントンが大急ぎでペリー調整官を平壌《ピョンヤン》に派遣するなど、一九九九年は夜が明けて

くる兆しが、おぼろげながらも見え始めた年でしたが、二〇〇〇年に入るや、それまで想像もできなかった朗報が立て続けに伝えられてきて、我々は信じがたい思いに驚きながらも、どれほど熱い期待で胸を膨らませていたことでしょうか。

それはその年の四月一〇日だったのですが、「南北は七・四共同声明の三大原則に基づき、統一の日を早めるために、歴史的な首脳会談を開催することを決定した」という金大中《キムデジュン》大統領の声明文の発表に接したときの、筆舌に尽くしがたい感動を忘れることはできません。そして実際六月一三日、平壌《ピョンヤン》に到着した金大中《キムデジュン》大統領が、順安飛行場まで迎えに出た金正日《キムジョンイル》委員長と互いに抱き合ってほほを擦りよせる光景をテレビで見ながら、ちょうど一一年前、文益煥《ムンイクファン》牧師と金日成《キムイルソン》主席が抱き合った光景を回想しつつ、泣きたくなるほどの感慨をどうすることもできませんでした。

そうしながら、我知らず胸の中に浮かんだのは、「年年歳歳花相似、歳歳年年人不同」という唐詩の一節でした。「毎年毎年花は互いに似ているものの、年が変わり月日が流れると人は同じではない」というこの詩は、元々はむなしく流れゆく歳月と人生の無常を嘆くエレジー（悲歌）であるのですが、私はむしろこの詩から、歳月は流れ人は変わっても、絶えることなく受け継がれていく変わることのない民族のエスプリを感じずにはおれませんでした。

ともかく、お二人の首脳が平壌《ピョンヤン》で会って六・一五共同声明が出てから程ない九月二日、数十年ものあいだ転向を拒否して、苦難に満ちた刑務所暮らしを耐えぬいた長期囚一三人が板門店《パンムンジョム》経由で故郷の地を踏むことができたという涙を誘う話が伝えられ、それからわずかひと月後の一〇月一〇日、この日は朝鮮労働党創建五五周年記念日だったのですが、その間、南側で、いわば「第二の解放運動」のために尽力し

趙明禄特使とクリントン大統領

朝鮮労働党創建55周年記念日でもあった2000年10月10日、金正日国防委員長の特使としてアメリカを訪問した趙明禄第1副委員長がホワイトハウスでクリントン大統領と会っている。

てきた五十余名の人士が、北側から差し向けられてきた特別機で平壌《ピョンヤン》に入り記念式典に参加したというニュースが飛び込んできたではありませんか。その中にはまず文《ムン》牧師の夫人朴容吉《パクヨンギル》長老を始め、主体思想について肯定的な文章を書いたという罪で刑務所暮らしを余儀なくされた女流の神学者朴淳敬《パクスンギョン》教授（牧園大学）、そして白凡金九《ペクポムキムグ》先生の思想を主張し続けたという罪で捕らわれ、到底言葉では言い尽くしえない残忍な拷問を受け、それでもまだ生きておられるのが奇跡のように思われる白基玩《ペクキウアン》先生（統一文化研究所所長）など、いわゆる「不穏な思想」のために迫害を受けてきた人々が大勢含まれていて、これは夢ではあるまいか、本当に自分のほっぺたをつねってみたくなるような心境だったのでした。

それだけではありませんでした。ワシント

ン時間で同じ一〇月一〇日、誰もが現実のこととは夢にさえ思わなかった驚くべきことがホワイトハウスで起こったではありませんか。平壌《ピョンヤン》の特使として派遣された趙明禄《チョミョンノク》次帥が午前八時にマデリーン・オルブライト国務長官と会った後、軍服に着替えてホワイトハウスを訪問し、クリントン大統領と会談を始めたのですが、それが午前一〇時であり、東京時間では一〇日の夜中の一二時だったのです。

翌朝、目が覚めてテレビのチャンネルを回したら、趙特使（国防委員会第一部委員長）がクリントン大統領と並んで座って撮った写真が目に飛びこんできて、本当にまだ眠りから醒めず、何か夢を見ているのではないかという心境だったのでした。「驚天動地」とはこのようなことを言う言葉ではないでしょうか。

そして一二日、趙特使の帰国を前に、「米朝コミュニケ」がワシントンと平壌《ピョンヤン》でほとんど同時に発表されたのですが、このコミュニケの中身は「暫定的な休戦協定を恒久的な平和協定に替え、最終的に朝鮮戦争を終息させる」というもので、その手続きのためにクリントン大統領が直接平壌《ピョンヤン》を訪問する予定であるが、米朝頂上会談を準備するためオルブライト国務長官が一足先に平壌《ピョンヤン》を訪れ、金委員長に会うことになるだろうというものだったのでした。古いメモ帳を取り出してみると、このニュースに私が日本で接したのは、一二日の夜九時のテレビニュースの時間だったのです。我知らず深い安堵の溜息が漏れてきたのでした。

文《ムン》牧師と金主席が相次いで世を去られたのが、ちょうど六年前の一九九四年でしたが、同じ年に脳梗塞で倒れ、一緒に逝くのではないかと思った私がまだ生き残っていて、このような喜ばしい光景を目撃し得たこと、これはどれほど感謝すべきことなのか、天に祈るような気持ちでその知らせを聞いたのでした。

大統領として登場したスズメほどの頭脳の男ブッシュ

ところが、それほど期待に胸を膨らませた民族の慶事は二〇〇〇年の年末、水の泡と化してしまったのでした。その年一二月のアメリカ大統領選挙で、誰もが勝つだろうと信じていた民主党アル・ゴアが敗北し、予想もしなかったジョージ・ブッシュが勝利を博してホワイトハウスの主人になったのでした。趙明禄《チョミョンノク》特使がクリントンとの会談に臨んだ一〇月一〇日夕方、オルブライト国務長官は、趙特使のために晩さん会を催し、その席でオルブライト長官は次のように確信を披歴したのでした。

「今、朝鮮半島を取り巻くアメリカと北朝鮮の両国の関係は、豊かな可能性を含んでいる瞬間であるが、もしこの機会を逃すようなことがあれば、われわれは外交官として全くの失格者だと非難されるだろう。」

(『ジャパン・タイムス』一〇月一三日付)

また、そのときの「米朝コミュニケ」の発表に伴って、クリントン大統領の北朝鮮訪問の準備のために、一足先に平壌《ピョンヤン》を訪問したオルブライト長官は、金正日《キムジョンイル》委員長と一〇月二三日と二四日の二日間の面談を終えて、日本の記者団に次のような談話を発表したのでした。

「金委員長は極めて現実的な人物であり、断固とした態度でアメリカの見解に耳を傾けてくれた。

対話の相手として金委員長は充分に信頼できる人物である。」　（『毎日新聞』一〇月二五日付）。

あの頃は選挙を目前に控えた時期だったのですが、クリントン大統領は一一月一二日からブルネイで開かれたアジア太平洋経済協力体（ＡＰＥＣ）会議に参席した後、ベトナムを経て平壌《ピョンヤン》に入るだろうというように伝えられていたのです。もしクリントンがベトナム戦争と朝鮮戦争が同質の戦争であるということを認識したとするならば、ハノイを経て平壌《ピョンヤン》に入るのは、極めて当然のことだとその時私は思っていたのでした。

しかし、大統領選挙の開票作業が異常なまでにもつれてしまったのでした。当時ゴアが勝つかブッシュが勝つかはフロリダ州の選挙人団二五票の去就にかかっていたのですが、フロリダ州の投票機がパンチカードで穴をあける旧式の機械だったので、ゴアの欄に打たれたはずの穴が、すぐ上か下に名前が書かれている別の党の候補に投票したかのような結果が数多く発見され、フロリダ州の最高裁判所は開票作業を中止させて、人を動員してもう一度手作業で票を数えるようにせよとの判決を下しました。手作業による開票でゴアの票がブッシュを追い越すようになるや、ブッシュは手作業の開票の中止を求めて連邦最高裁判所に訴訟を提起したのです。

元々アメリカは州権を尊重する国で、州の最高裁判所が下した判決を、連邦最高裁判所が覆すということは慣例上あり得ないのですが、その時は連邦最高裁判所が一方的に手作業で行うフロリダの開票に中止を命令し、九名で構成された連邦政府の判事の判断で選挙の勝負が決せられたのでした。判事九名中五名は共和党が任命した判事ですから、結局五対四で共和党のブッシュが次期大統領だという決定がなされたのです。

昔、朴正熙《パクチョンヒ》による「維新体制」の時代には「体育館式選挙」というものがあって、朴正熙《パクチョンヒ》自らが指名した選挙人団によって大統領が決められたことがあったのですが、ゴアとブッシュが競ったその時のアメリカの選挙では、「最高裁判所式選挙」という前代未聞の手続きによってゴアを退けたブッシュが大統領の座につくことになったのですから、ブッシュは一種の「維新大統領」だと言えないこともないのです。

ブッシュの勝利が知らされるや、憤激したアメリカ市民たちが「大統領万歳」(Hail To The Chief) の代わりに、「泥棒野郎万歳」(Hail To The Thief) というプラカードを持って抗議デモに打って出たかと思うと、ブッシュはペンシルバニア・アベニュー一六〇〇番地、つまりホワイトハウスの住民 (resident) かもしれないが、決して大統領 (president) ではないというエッセイが英字新聞に載ったこともあったのです。とにかくフロリダ州の開票が始まった一一月七日からゴアが敗北を認めた一二月一三日までの三七日間、私はアメリカ市民でもないのに手に汗を握る心境でその追いつ追われつの乱闘劇を眺めていたのでした。

選挙は完全な不正選挙でしたが、当時のフロリダ州知事がジョージ・ブッシュの弟、ジェフリー・ブッシュだったことから、もし選挙の不正を徹底的に突き止めようとすれば、政治的に問題が大きくなりすぎ、アメリカという国家の体面に泥を塗る結果をもたらすことを考慮して、ゴアは潔く敗北を認めざるを得なかったと、後日あるアメリカ人の友人から聞きましたが、結局、最終的にクリントンが平壌《ピョンヤン》訪問を諦めたと発表したのは、大晦日が近づいていた一二月二八日だったのでした。

ブッシュは大統領になった後、北朝鮮とイラク、イランの三カ国を「悪の枢軸」(Axis of Evil) と公言し、敵意を露わにしたのですが、イランのラフサンジャニ大統領から「アメリカは図体は恐竜でありながら、頭脳はスズメほどにもならない」と揶揄されたのでした。まさに恐竜のような体つきのアメリカは、結局、ブッシュのスズメのような頭脳のお陰で、見るも哀れなほどガタがきたではありませんか。

第10章

何も心残りはない

文益煥牧師の突然の死

一九九四年一月一八日朝、いつもと変わりない元気な姿で水踰里《スユリ》の自宅を出た文益煥《ムンイクファン》牧師が、その日の午後八時半に世を去ったという悲劇を今語らねばならない番になったようですが、その日の悲劇は日本に本部を置いている「汎民連」（民族統一汎民権連合）海外組織が直接関連しているので、まずそこから事態の経緯を解き明かしていくことにしようと思うのです。

文《ムン》牧師の平壌《ピョンヤン》訪問で成立した「四・二共同声明」の余勢を駆って、「汎民連」が平壌《ピョンヤン》で結成されたのは翌年の一九九〇年でしたが、平壌《ピョンヤン》側が大急ぎでこの組織を結成した背景には、前に語った天安門事件からベルリンの壁の崩壊に至る世界情勢の急激な変化に対処するという緊迫した必要性からだったと思われるのです。とにかくその時平壌《ピョンヤン》で結成された汎民連組織の北側と南側本部の議長に、それぞれ白仁俊《ペクインジュン》氏と文《ムン》牧師が選任され、海外運動本部議長に選任されたのはベルリンの尹伊桑《ユンイサン》先生でした。

しかし、この組織発足当時、文《ムン》牧師は獄につながれていたし、尹先生はすでに健康の状態が思わしくなくて、汎民連運動は出発の当初から困難に直面することとなったのでした。かといって、その頃私は平《ピョン》壌《ヤン》から相談のようなことを受けたこともなく、別に関心もないまま『シアレヒム』の仕事だけに熱中していたのですが、ある日突然、平壌《ピョンヤン》で会った姜周一《カンジュイル》氏が今大阪に来ているので会ってほしいと人を寄こしてきたのでした。彼はその時平壌《ピョンヤン》の少年歌舞団の引率者という資格で入国許可を受けて日本に来ていたのですが、実は私と相談したいことがあり、それにかこつけて来たというのが来日の本当の目的でした。

それ以前、ベルリンの尹伊桑《ユンイサン》先生から、今ご自身が担っている汎民連組織の海外本部議長の職についてメッセージを受けていたので姜周一《カンジュイル》氏が大阪まできて私に会いたいという用件については大体見当はついていたのでした。ともかくも大阪まで行って姜氏に会いましたが、案の定、彼の要請は、汎民連組織の海外本部議長の職を引き受けてほしいということだったのです。海外本部はやむなく日本にある既存の韓民統機構を活用するしかないが、郭東儀《クアクトンイ》に議長のシャッポをかぶせて職に就かせてみたところで、仕事らしい仕事ができるとは思われないし、韓民統そのものを引き継いだ上で、汎民連海外本部の仕事を引き受けてくれないかという提案であり、このことについて一番熱心なのはベルリンの尹先生であるということについても説明がありました。もちろん運動に必要な資金はすべて平壌《ピョンヤン》が責任を持つからという条件でした。かねてから郭東儀《クアクトンイ》が怖れていた事態が実際に現実のものになったわけでしたが、私はその場でこの提案を断りました。

再び文《ムン》牧師の話に戻りますが、刑の執行停止で釈放されたのは、まだ金泳三《キムヨンサム》政権になる前の九〇年一〇月でしたが、獄から出てくるや盧泰愚《ノテウ》退陣を叫ぶ学生たちが、毎日のように列をなして自ら命を絶つという惨事が繰り広げられる中で、とばっちりを受けた文《ムン》牧師がその度に当局から非難されるという事態が起こっていたのでした。

金泳三《キムヨンサム》政権になった後も、文《ムン》牧師が担っている汎民連南側本部の議長という肩書のために非難の矢面に立たされ、どうにもこうにも身動きがとれないような苦境に追い込まれてしまったのでした。已むを得ずいったん汎民連という組織を脱けて新しい運動体を構想するに至ったのですが、それが現在の「トンイルマジ（統一を迎える）七千万民族の会」であるわけです。

そうしたところ、すぐさましゃしゃり出てきて文益煥《ムンイクファン》牧師に対して得意の中傷攻撃を始めたのが郭東儀《クァクトンイ》だったのです。もっけの幸いと言うのでしょうか、私が平壌《ピョンヤン》側の提案を断ったばかりに、「汎民連海外本部」の議長というきらびやかなシャッポをかぶることになった郭東儀《クァクトンイ》ですが、彼の中傷の手口は「文なにがしは金泳三《キムヨンサム》政権とつるんで吸収統一を画策しているスパイだ」というものでした。

郭東儀《クァクトンイ》のこの根も葉もないデマが瞬く間にソウルへ平壌《ピョンヤン》へと広まり、郭東儀《クァクトンイ》とつながっている汎民連ドイツ支部から発信された電文が文《ムン》牧師にまで到達したのですが、この一通の電文が文《ムン》牧師に死を呼び込んだのでした。一月一七日（一九九四年）の夜、文《ムン》牧師は遅くまで机にむかって、平壌《ピョンヤン》の白仁俊《ペクインジュン》議長に手紙を書きました。深思熟慮の末、汎民連を離れ、新しい組織を始めることになったのであるが、それは決して汎民連を敵対視してではないということを告げ、尹東柱《ユンドンジュ》の詩が言うように「空を仰ぎ一点の恥のない生を貫く」という意思を伝えた手紙だったのでした。

翌朝、いつものように家を出た文《ムン》牧師は、バスでソウル市内の事務所に赴き、昼食時間になってから弟子たちと一緒にカルビ屋で昼食をとったのです。昼食にカルビが食べられるほど文《ムン》牧師は食欲旺盛で、健康に何の問題もありませんでした。一緒についてきた若い僧侶津寛《ジンクァン》がたまたま汎民連所属であったことから、文《ムン》牧師はベルリンから発信された電報を津寛《ジンクァン》和尚に見せながら些かばかりうっ憤を晴らしたのではないでしょうか。「オレがスパイだって?!」「このオレがスパイだって」の言葉を三回繰り返すうちに、口に入れた食べ物が食道ではなく気管に入る誤嚥を起こしたのでしたが、これは歳をとった人が感情が激したときに起こりうる事故だというのです。ある医者が教えてくれたことですが。

弟子たちが救急車ではなくタクシーで延世大学病院にお連れしたものですから、待合室で多くの患者たちに混じって順番を待つこともできず、瀕死の状態になった文《ムン》牧師が自宅に到着したときには、もう取り返しのつかない状態でした。

文《ムン》牧師のその日の突然の死は、汎民連海外本部、郭東儀《クァクトンイ》による他殺のようなものでした。

二八年ぶりの帰国を阻む脅迫に倒れた尹伊桑

反独裁闘争が国際的な規模で広がっていった頃、象徴的にはこの運動が国内の文益煥《ムンイクファン》牧師、日本の鄭敬謨、ドイツの尹伊桑《ユンイサン》先生の三角体制で展開されたということは前にも語ったことがありましたが、尹先生が故郷統営《トンヨン》の地を踏むことができないまま、異郷の地ベルリンで息を引き取られたときのことを簡単に紹介したいと思います。尹先生と文《ムン》牧師、そして私、鄭敬謨は、いわば三人兄弟のようなものだったのですが、尹先生は私のことを心から大事にしてくださった方でした。

一九九二年のある日、尹先生からシアレヒムの事務所にファックスが届きました。九月一二日、ベルリンでドイツ在住の同胞《はらから》と留学生たちを集めて講演会を開く計画だが、来ないかという内容だったのです。考えてみると九月一七日は尹先生の七十五歳の誕生日だったのです。ああ、これはお歳もお歳だしご自身の思わしくない健康状態からしていつ自分が逝くかも知れないから顔を見せろという謎々でもあったと私には思われました。そこで事業の同伴者である金弘茂《キムホンム》同志と尹先生に会いにドイツ旅行の計画を立てて塾生たちに発表したら、我も我もと希望者が続出し、結局一行八名で「シアレヒム訪独団」が構成されたのでした。

一二日の民族問題の講演会には、ベルリン在住の韓国人並びにハンブルクからミュンヘンにいたるドイツ各地から留学生三〇〇名余りが集まってきて会場をぎっしり埋める状態で、演壇に立って発言した講演者は尹先生、宋斗律《ソンドゥユル》教授、そして私の三人でしたが、時あたかもユーゴスラビアでは民族問題に火がついていて、セルビア人とボスニア人の間に血で血を洗う悲劇が繰り広げられていたのでした。演壇に立った私は、どうすればこのような悲劇を経ることなく南北の統一を成し遂げ、失われた民族共同体を回復することができるか、切迫した心情で聴衆たちに訴えたのを記憶しております。

その翌日には「シアレヒム」一行が費用を分担して、中国料理店で尹伊桑《ユンイサン》御夫婦のために誕生祝いを開いたのです。この席には永年ドイツに住んでいらっしゃる李ヨンビン牧師夫妻と、東ベルリン事件で国に帰れないままドイツに留まり、ミュンヘン大学で物理学を教えておられた安錫教《アンソクキョ》教授も参席して下さって、私らの一行にとってもとても満ち足りた夕べだったのでした。当然のこと、この噂は即刻日本にいる郭《クァク》東儀《トンイ》のところに報告されたことでしょう。郭東儀《クァクトンイ》からすれば胸くその悪い話だったと思うのです。ここで話は九四年九月に飛ぶのですが、その頃ソウルでは「尹伊桑《ユンイサン》音楽祭」の準備が着々と進んでいて、ああしろこうしろの金泳三《キムヨンサム》政権の干渉には不愉快な思いはするものの、それが故郷の地を踏める最後の機会でもあり、自由の身としては実に二八年ぶりの帰国を決心なさったのではないかと思うのです。

不思議なことにその時もまた「尹伊桑《ユンイサン》は変節した第二の李光洙《イグァンス》」だとか、「今後平壌《ピョンヤン》とは手を切るという条件で五万ドルの小切手をある財閥からもらった」とかの出所不明の噂が飛び交っていたのですが、気にすることもなく出発準備をしていたある日、ベルリンに住む韓国人夫婦二組が険しい表情で訪ねて来たというのです。そしてあからさまな脅迫を吐いたのでした。「もし先生が韓国に行くなら、焼身自殺を覚悟している若者の何人かが今空港で待機していて、われわれは先生の名誉を踏みにじるためには、あらゆる手段を動員するだろう。それでも行きたければ行ってもいいでしょう。」

尹先生はその場で心臓発作で倒れて病院に運ばれ、結局、翌九五年一一月三日、病院で七十八歳の生涯を閉じたのでした。

奥さんの李水子《イスンジャ》夫人が書かれた評伝『私の夫尹伊桑《ユンイサン》』（創作と批評社、一九九八年）によると、脅迫に来た二組の夫婦が「統一運動をする組織」に所属する構成員だという指摘はあるのですが、彼らが自発的にしたことなのか、誰かにそそのかされてしたことなのかについては言及がありません。

それからまた何年か過ぎたある日、ある一人の友人が焼肉屋を新しく開いたということで招かれ、一緒に招かれたもう一人の人と一緒に食事をしたことがありました。彼は一杯機嫌になるや郭議長の様々な業績を誉める話でくだを巻き始めたのです。ベルリンに電話をかけまくりながら、尹伊桑《ユンイサン》が韓国に行けないようこうしろ、ああしろと、いちいち部下たちに指示を与える姿を横で見ていたが、とにかく尹何がしがソウルに行けないように阻止したのは郭東儀《クァクトンイ》の活躍のおかげだったというのです。

ちょっと驚いて、さっき初対面の挨拶のときに貰った名刺を取り出して見てみると、名前は「崔一秀《チェイルス》」、肩書は「総連人権委委員長」となっているのです。それで、「先生は郭東儀《クァクトンイ》とはどんな関係でいらっしゃいますか」と尋ねると、「ええ、郭先生とは子供同士が結婚していて私とは姻戚の間柄です。」

また奇妙なことには、尹先生も文《ムン》牧師と同じように左右両方からの挟み撃ちに合ったということなのです。今度も、池明観《チミョングァン》の代弁人李恢成《イホェソン》が現れ、「対位法を無視した不協和音」がどうのこうの、頗る学のある言い方で「尹伊桑《ユンイサン》音楽」をこきおろしてから、「尹伊桑《ユンイサン》は北側の特権階級と手を結んでいた共犯」だというのです。そう言いながら同じ文章の中で池明観《チミョングァン》に対しては、「二〇年も亡命者として孤節を守りぬいた義人」だという賛辞を惜しみませんでした（『文学界』一九九六年五月号）。

金主席一周忌の平壌訪問

何か次から次へと人が命を落としていった不幸な話を続けてきましたが、一九九五年七月八日、金日成《キムイルソン》主席の一周忌の時に文益煥《ムンイクファン》牧師の夫人朴容吉《パクヨンギル》長老とともに、平壌《ピョンヤン》に行ってきた話を外すわけにはいかないので、簡単にその経緯に触れておきたいと思います。

当時、金泳三《キムヨンサム》大統領は就任式の時に、「いくら同盟国が良いとはいえ、同族よりも良いはずはないではないか」と、いかにももっともらしいことを言っておきながらも、一九九四年、金主席が他界するや、「金なにがしは戦犯だった」というような、死者に対して礼を失するようなことを言いふらすかと思えば、好機至たりと思ったのか、全軍に非常令を下すなどの行動で、南北関係はいつになく殺伐としたものになっていたのでした。

その時私は脳梗塞で倒れて、ようやく杖をついてよちよち歩きを始めた頃でしたが、文《ムン》牧師が去った後でもあり、せめて私くらいでも行くべきではないかと思い、ソウル水踰里《スユリ》の朴容吉《パクヨンギル》奥さまのところに平《ピョン》壌《ヤン》に行くということを伝えたのでした。そうしたら奥さまは「私も行く、一人で行ったら駄目だ」とどんなことがあっても同行すると主張して譲りませんでした。そんなことで奥さまをお連れし、一緒に平壌《ピョンヤン》を訪問することになったのでした。安企部に気づかれないように、こっそりソウルを抜けだし東京に到着すると、「シアレヒム」の塾長格である金子玲さんと共に伊東温泉で約一〇日間ばかり過ごされた後、無事二人は追悼式の何日か前に平壌《ピョンヤン》に到着することができたのです。平壌《ピョンヤン》当局の配慮で、奥さまは前に文《ムン》牧師が泊っておられた同じ宿舎に泊まられることになりましたが、周りは深い森に囲まれ、朝に夕に名も知らない鳥たちが群れて来てさえずる美しい山荘で、きっと奥さまも感慨深い思いをなされたことだろうと思うのです。

追悼式の前の晩、奥さまと私は金主席の銅像が立っているところに行って献花もし、翌日、金主席の遺体が安置されている錦繍山《クムスサン》記念宮殿で挙行された追悼式にも参列しましたが、追悼式直前に金正日《キムジョンイル》委員長が控室に現れ、短い時間でしたけれど、私たちは弔問の挨拶をする機会もありました。

すべての行事を終え、奥さまが三八度線を越えてソウルに帰えられたのは七月三一日だったので、ひと月近い滞在期間にあった多くの話をこの短い文章にすべて収めることはできませんが、ただ奥さまが幼い時代を過ごされ、また母堂（玄氏夫人）のお墓がある平安道《ピョンアンド》の東倉《トンチャン》面《ミョン》大楡里《テユリ》の山奥の村をヘリコプターに乗って訪れ、お墓参りをした印象深い話は読者たちに紹介しておきたいと思うのです。

奥さまのお父様は元々旧韓末の軍人だったのですが、一九〇七年、統監府が軍隊解散命令を下したので、やむなく軍隊を去った後、鉱山の分析技術を身につけて、分析主任として仕事をなさっていたところが、その大楡里《テユリ》の山奥の金鉱山だったのでした。

解放後お父様は、日本人のために軍を去るしかなかった遺恨からだったのでしょうが、自ら進んで陸軍少佐として韓国の国軍に入隊したということでした。おそらくかなり年輩の老少佐だったのではなかったでしょうか。そんなある日、軍部隊を率いて野営訓練に出たところ豪雪に遭い、いわば名誉の戦死を遂げられたというのです。お父様が南で世を去られたとき、夫人、すなわち朴容吉奥さまの母堂はすでに北の地で亡くなられており、そのお墓が平安道《ピョンアンド》のある山奥の村にあるという話は聞いてはいたのですが、奥さま自身にその山奥の村の墓地を訪ねたいという程の気持ちはなかったと思うのです。

滞在中われわれ一行の面倒をみるためしばしば訪ねてきては会ってくれた人が、金容淳《キムヨンスン》秘書でしたが、ある日二人で夕食を共にしながら、奥さまの母堂のお墓が平安道《ピョンアンド》のある山奥にあるという話をただ話のついでに述べたことがあったのでした。その話が金秘書にはとても印象深かったのでしょうか、翌日また訪ねてきて奥さまにお墓のあるその山奥はどこかと細かく聞いてきたのです。だとしても奥さまや私がよもやその村を訪ねることになろうとは考えもしておりませんでした。

何日か過ぎて、金秘書がまた来てから奥さまにこう言うのでした。明日は天気も良いし、お墓参りに行かれてはいかがですかと。幸い墓石がまだ残っていて、すぐにお墓を探し当てることができたというのです。何に乗ってそこまで行くのかと聞いたら、ヘリコプターを差し向けるということでした。

翌日は雲一つ無い晴れ渡った日で、奥さまと私、そして動員されたカメラマンの何人かと一緒にヘリコプターに乗って、山深い大楡里《テユリ》を訪ねたわけでしたが、南側の人としては、北側に残してきた先祖の墓を訪ねるのは自分が初めてではないか、ヘリコプターから下を眺めながら、奥さまが感慨深げにおっしゃったのが、いま記憶から蘇ってくるのです。

三八度線を越える朴女史――手に持った北側の嘆願書

ヘリコプターから降り村に入ると、村のおばさんたちが並んで一行を出迎えてくれましたが、その中には少女の時、毎日のように奥さまのお父様が勤めていらした分析室に昼食を運んだというおばさんも混じっていて、すぐ朴容吉《パクヨンギル》奥さまを見分けて、抱きしめながらおいおいと泣く場面もあり、とても印象的でありました。崩れ落ちていただろう墓に盛土をした形跡もあり、山の中腹まで登る小道に石を積んで登りやすくするなど、平壌《ピョンヤン》側が細心の気遣いをしてくれたのもありがたいことでした。

お墓の前で朴容吉《パクヨンギル》奥さまと私は声を合わせて一緒に賛美歌を歌い、そしてまた私が北側の地に先祖たちの墓を置いたまま道が閉ざされ、訪ねることのできない南側の多くの人々が自由に行き来できる日が一日も早く訪れることを願う祈りも上げて、牧師でもない私が儀式を執り行う役目も果たすことになったのでした。

しかし、奥さまがソウルに発つ予定日の七月三一日が近づくにつれて、私は心配でいたたまれない思いに駆られざるを得ませんでした。奥さまはたとえ銃で撃たれて死ぬことになろうとも、三八度線を越えて行くと言い張られるのでしたが、それはもちろん亡くなった文《ムン》牧師の「俺は行く」の精神を身を持って実践なさりたい意志の表れであったのです。「壁を門だと叫びながらぶち壊し、三八度線はないと声を上げながら臨津江《イムジンガン》を渡るうち、銃に撃たれて死ぬことになっても、そのときは雲のように風のように魂となって俺は行く」と詠じた文《ムン》牧師の声が生き生きと奥さまの心を揺さぶっていたのだと思うのです。先に逝かれた夫のように、手錠をはめられて監房生活もして、さらに法廷に立って裁判も受けるというのが必生の願いである故に奥さまは敢えて平壌《ピョンヤン》行きを望んだのではありますが、しかしだからと言って、私がどうして安穏な気持ちで奥さまに三八度線を越えさせることができるでしょうか。

それて金容淳《キムヨンスン》秘書に会い、折り入って一つのことを依頼したのでした。効果があるかどうか分からないが、とにかく南の政府に嘆願書を書いてほしいということでした。当時の総理は李洪九《イホング》氏でしたが、奥さまが出発される前日、金秘書は封筒に私にも分かるように大きな判子が押されている手紙を奥さまに渡しながら、私を見て意味ありげに、にたっと笑ったのでした。どんな内容だか知る由もありませんが、すこしは安心したのでした。喪家に弔問に来られた人なのに、あまり手荒に扱うと、あなたの側の体面の問題にもなりはしないか、おそらく中に入っていた手紙はそんな内容だったのではないでしょうか。

奥さまが平壌《ピョンヤン》を発つ日、道の両側にぎっしり詰まるほど人々が出てきて別れを惜しみ、前の車には奥さまと呂燕九《ヨヨング》氏が乗り、その後を白仁俊《ペクインジュン》氏と私を乗せた車がついて行ったのですが、車列が板門店《パンムンジョム》に着くまでの間、通り過ぎる村々には見送りに出てきた人々が並んで立っていて、ほとんど途切れることはありませんでした。

実際に三八度線を越えられるときの場面は、私のいる建物の中からは見ることはできませんでしたが、後でソウルから送られてきた写真で、手に花束を持った奥さまを孫のような若い国軍兵士たちが、脇を支えるように丁重に迎えている姿を見ることができたのでした。

悲しむべき時と喜びに踊るべき時

旧約聖書に「すべてのわざには時がある」という言葉があります。植える時があり、刈り入れる時があり、悲しむに時があり、踊るに時がある」ということです（伝道の書三章）。

何年か前、健康がすぐれないとお聞きしていたある韓国人の和尚から電話がかかってきたことがありました。「鄭先生、南北統一はいつ頃成し遂げられるのでしょうか。その日を見て死ぬことができるでしょうか？」私は占い師でもなく、はっきりこの日だと具体的に言うこともできず、ただ「朝の来ない夜はないと言いますから、そのうち朝は来るのではないでしょうか」とお茶を濁してしまったのですが、その和尚さんはその後この世を去られました。もしその方がまだ生きておられて、「統一はいつか」という質問の焦点を少し変えて、「アメリカとの戦争はいつ頃終わりが来るのだろうか」とお聞きになれば、もう少し自信を持って「オバマ大統領の最初の任期が終わる二〇一二年頃までには何らかの結論が出るのではないでしょうか」と答えられはしないかという思いがしないでもありません。それは、オバマ政権に対する期待感のためだとも言えましょうが、まずオバマ大統領は核問題について敵対関係にある国とも対話を通じて解決策を模索すると発表したばかりではなく、他ならぬヒラリー・クリントンを国務長官に任命したではありませんか。ヒラリーの任命が発表された時、思わず膝を叩いたのでした。これなら何とかなるのではないかと期待を膨らませながらです。

今問題になっている核は、北朝鮮だけでなくインドとパキスタン、そしてイスラエルとイランの核ではないですか。インドやパキスタンは具体的に狙いを定めた目標があって開発した核であるから、それを放棄するということは考えづらく、イスラエルが核を放棄するということも考えられないばかりか、イスラエルに対する敵対心から核開発に必死になっているイランが核の保有を断念するということも現実的には考えられないのではないでしょうか。

これに比べて北朝鮮の核は具体的に目標があって開発したのではなく、アメリカが加えてきた脅迫に対抗するためのものだから、軍事用というよりはむしろ外交用というべきものではありませんか。条件次第では核を放棄するということを公開的に発表した国は北朝鮮が唯一の国だから、オバマが本当に核のない世界を追求するのならば、一番初めに解決せねばならない核は北朝鮮の核ではないでしょうか。

二〇〇九年八月、北朝鮮に拘束されているアメリカ人女性記者二名の釈放のため、クリントン元大統領が平壌《ピョンヤン》を訪問するという発表があったときにも、私はやや安堵の溜息をついたのでした。一九九九年、連邦最高裁判所の判決に従ってゴアがやむなく大統領選挙の敗北を認めたのは一二月一三日でしたが、それでも平壌《ピョンヤン》訪問を断念できず、クリントンが最終的に訪問計画を放棄したのは一二月二八日だったのです。朝米間の諸般の問題は、解決の瞬間を目前にして再び原点に戻されたままブッシュ政権八年という歳月がはかなく流れたのでしたが、二〇〇九年夏、平壌《ピョンヤン》を訪問したクリントン元大統領と、満面の笑みを浮かべた金正日《キムジョンイル》委員長が並んで撮った写真を見た瞬間、ああ、ついに時が来たのだな、事が望む方向に向いて解けていくのだなという思いを抑えることができませんでした。

クリントンは、「朝米関係正常化」を規定したジュネーブ基本合意（一九九九年一〇月二一日）と、趙《チョ》明禄《ミョンノク》特使がワシントンを訪問したとき発表した「暫定的な休戦協定を、恒久的な平和協定に転換する」

という「朝米コミュニケ」(二〇〇〇年一〇月二日)の直接の当事者ではないですか。「基本合意書」や「朝米コミュニケ」を実践に移すことについてはクリントン元大統領、オバマ大統領、そしてヒラリー国務長官の間に葛藤ないし意見の相違のようなものがあるだろうとは想定し難く、すでに北朝鮮問題についての最終的決着について協議がなされているだろうと言ってもかまわないのではないでしょうか。ただ時間と手続きが問題だと思うのです。

九九年、オルブライト国務長官をまずは露払いに平壌《ピョンヤン》に派遣し、続いてクリントン大統領自身が平壌《ピョンヤン》に赴いて最終的に問題を解決に至らしめるという計画は、思いどおりになりませんでしたが、今回ヒラリー国務長官が先発隊として出発し、続いてオバマが平壌《ピョンヤン》を訪問するというシナリオは既に既成事実化していると私は信じているのです。ブッシュの時、ライス国務長官がもし北朝鮮を訪問することになったら、平壌《ピョンヤン》側は贈り物として今、大同江《テドンガン》に係留されているアメリカの諜報艦プエブロ号を返すという噂が、何度か浮かんでは消えていきましたが、今回こそは本当にヒラリー・クリントン国務長官が平壌《ピョンヤン》に現れ、贈り物を受け取り、明るい笑顔で帰る光景を見ることができるのではなかろうかと私は期待をかけているのです。

朝鮮戦争が始まってから二〇一〇年で六〇年であるのです。六〇年もの間、悲劇の苦痛の中でもがき苦しんできた民族が、今踊りを踊る時が近づいているということを、胸をふくらませながら信じようとしているのです。

朝鮮戦争のそもそもの始まり

勃発以来六〇年の節目を過ぎてもまだ続いているこの忌わしい戦争は、もうそろそろ収束してもよい時期にきているのではと、一縷の希望が持てるこの時だからこそ、民間人だけで三〇〇万以上の人命が犠牲になったというこの残酷な戦争は、そもそも何が原因でこの国で起こったのか。金日成《キムイルソン》が、あるいは李《イ》承《スン》晩《マン》が第一発を撃ったからという単細胞的な思考を脱して、もう少し落ち着いて理性的に突き詰めてみてはどうかという思いで今この文章を書いているのです。

アメリカ国務省の中に、ジョージ・ケナンを部長とする政策企画本部が設置されたのは、われわれが日帝の支配から解放された感動がまだ醒めやらぬ一九四七年のことでしたが、ケナンの最初の作業は、朝鮮半島を日本の再支配に委ねるという、いわゆる「ケナン設計図」の作成だったのでした。これは「朝鮮人を奴隷状態から解き放ち、自由な独立国家の国民たらしめる」と言ったカイロ宣言（一九四三年一二月）の約束を踏みにじるものであり、朝鮮の国土を戦争で蹂躙しようという不道徳極まりない構想でしたが、アメリカの国益にとってはそれが正義だったのです。

解放直後、アメリカが朝鮮を日本の再支配に委ねようという政策を推し進めていったと言えば、甚だ奇異に聞こえるかもしれませんが、ベトナムに旧宗主国のフランスを呼び戻して統治を任せるというのが当時のアメリカの政策だったという事実を想起すれば、ケナン構想は彼らにとっては、そんなに非常識なことではなかったのでしょう。そしてまた朝鮮戦争は、冷戦が突然、熱戦に変わった戦争だったということが専門家たちの間でさえほとんど常識になっていますが、解放された年の八月の広島と長崎への原爆投下は五年後に来る朝鮮戦争を予告するもので、原爆投下の時から朝鮮戦争勃発までの冷戦は、熱戦と熱戦の間の空白期に過ぎないものであったというのが私の主張です。

ヤルタ会談（一九四五年二月）の時、アメリカは日本を降伏させようとするならソ連の力が必要だと考え、ドイツ降伏後三カ月になれば、ソ連は対日戦争に参加するという密約が米ソ間に成立していたのでした。ヒットラーが自分の地下壕で拳銃自殺を遂げたのがその年の四月三〇日で、ナチスドイツが正式に降伏した日付は五月七日でした。どうしてよりによってアメリカは八月六日と九日を選んで日本の二つの都市に原爆を落としたのでしょうか。その年の七月一六日、原爆実験に成功したアメリカは、すでにソ連の力は必要ないという判断のもと、ソ連に力を誇示する目的で二回の原爆投下を敢行したのであって、それは第二次大戦の終息を告げる信号ではなく、新たな熱戦の開始を告げる閃光と爆音だったと私は信じているのです。広島に原爆が投下された八月六日は、ドイツ降伏からちょうど三カ月になる直前であり、長崎が攻撃の対象になった八月九日は、ソ連軍が実際に国境を越えて満州に攻めて来た日だったということを想起するなら、八月六日と九日という日の選択が決して偶然ではなかったことが理解できると思うのです。

ソ連との対決のためには武力行使も辞さないという、いわゆる「トルーマン・ドクトリン」が発表されたのは一九四七年三月一二日であり、武力衝突を既定事実と見なした上で軍事費をほぼ無制限に支出するという国家安全保障会議の文書「ＮＳＣ―68」をトルーマンが承認したのは戦争勃発直前の一九五〇年四月一二日でしたが、アメリカが開戦は今だと判断した理由は何だったのでしょうか。前の年の一九四九年八月二九日、ソ連は原爆実験に成功し、同年一〇月一日になると蒋介石の国民軍を退けた解放軍の毛沢東は、天安門に立って中華人民共和国の創建を宣布したのであって、トルーマンが、時は今だと思ったとしても無理からぬことだったろうと私は思うのです。

ここで最後に、朝鮮半島はアメリカの防衛線の中に含まれないと公表したあの有名な「アチソン宣言」（一九五〇年一月一二日）が何だったのか、私の見解を披歴したいと思うのです。これは作戦上の詭計ではなかったと、いくらアメリカがとぼけて見せたところで、別に説得力があるようには思われませんが、私はそれよりももっと深い意味がここに隠されていたと信じているのです。

朝鮮半島がアメリカの防衛線の中に含まれていないということは、いざ戦争が起こった時は、アメリカは星条旗を掲げたアメリカ軍ではなく、国際連合の下にある国連軍として戦うという意志を示したものだと私は思うのですが、すでに指摘したとおり、国連安保理でソ連が拒否権を握っている以上、「憲章第七章」が規定する国連軍の編成は不可能であって、アメリカは戦争が起こった後の七月七日、ソ連が抜けた安保理で「S-1588」を便法として通過させ、国連軍の名前を盗用するようになるのです。もしそうだとすれば、その「S-1588」の文書はいつ頃作成されていたのでしょうか。当時の極東担当の国務次官補はディーン・ラスクであり、国連事務総長であったトリグブ・ハルブダン・リー（Trygve Halvdan Lie）は極端な親米主義者で、アメリカが言うことならば、どんな無理な要求でも呑み込むことに吝かではないような人物でありました。ラスクとの間には暗黙の了解が成立していて、戦争勃発以前のとっくの昔に——少なくともアチソン宣言の時点で——既に「S-1588」は作成されていただろうし、アメリカは万端の準備を整えて朝鮮戦争を迎えただろうと私は考えているのです。

駐韓アメリカ軍は今もなお「国連軍」として振るまっているのですが、本来の意味での「国連軍」という軍隊は、昔も今も存在した例しがないことを我々は知るべきであるでしょう。

名誉白人的西洋人のふりをしてきた日本人のアイデンティティ危機

私が亡命者として思索し行動してきた場所が日本であったことからも、一言だけ日本に対し言うべきことを言ってから、この長い長い話を締めくくろうと思いますが、それは最近日本でしばしば話題になっている「東アジア共同体」についての私の見解であります。

本書の冒頭で、一九五一年、日米講和条約を推進したアメリカ大統領特使ダレスが言った次のような言葉を引用したことがあったのを想起してください。「アメリカは日本人が中国人や朝鮮人に抱いている民族的優越感を十分利用する必要がある。」

この言葉は決してダレス個人の妄言ではなく、アメリカが取ってきた極東政策の根幹をなす基本的な発想だったのでした。私の古い友人のギャバン・マコーマック教授の言葉を借りるなら、「戦後からアメリカは、日本の特異性と共に、他のアジア諸国とは根本的に違う国という点を強調し、日本をしてその他のアジア諸国との関係を疎遠にさせることに依り、アメリカに対する依存をより深化させることを基本的な目標にすえて来た」というのです（『属国——米国の抱擁とアジアでの孤立』新田準訳、凱風社、二〇〇八年）。

これに呼応するかのように、日本は他のアジアの国とは格が違い、東洋というよりも、むしろ西洋に近い国だということを主張する研究論文も現れ、日本人の優越感を正当化しようとする例もあったのです。

「日本は歴史発展の様相においてヨーロッパと共通しており、フランク王国のカロリング朝に見られた武士道の伝統を発展させたという点においても、日本は西洋文化圏に属する国である。近代化にしても日本だから可能だったのであり、日本以外のアジアの国々にとっては不可能なことであったはずだ。」

これは民族学者梅棹忠夫教授の主張なのですが（『文明の生態史観』中公文庫、一九九八年）、ここで見られるように、日本は西洋的な「名誉白人国家」のふりをすることで、民族的な矜持と国家のアイデンティティを維持してきた国なのです。もちろんこのような風潮は明治時代に遡るもので、このような思潮を先頭に立って強調したのが慶應義塾大学の創設者の福沢諭吉だったのです。彼の主張した「脱亜入欧論」は、日本はアジアとは縁を切り、むしろヨーロッパの伍に加わることにより、彼らと肩を並べるべきだということを主張するものでありました。日清・日露で勝利を収めたという点で、「脱亜入欧」の主張は当時としては有効であったかも知れません。しかし最近、急速にアメリカの力が衰退し、逆にアジアの抬頭が顕著になっていく過程で、経済的にも軍事的にもアメリカ一辺倒の依存に危惧を抱くようになった日本人が、抜け目なく「脱欧入亜」へと方向を転換しなければならないのではないかと思い悩んだあげくに、浮上してきたのが「東アジア共同体」論であるのです。

とはいえ、日本が真にアジアへの復帰を試みる場合、彼らにとっての一番大きなつまずきの石は我が朝鮮民族に対する彼らのねじれた歴史認識だと私は考えているのです。日本思想史家の子安宣邦大阪大学名誉教授の持論を借りるならば、「日本は朝鮮半島と関連する歴史を隠蔽することで、あたかも朝鮮とは無関係の独自の起源をもった国だという歴史認識を形成し、その結果朝鮮に対する支配権を握る目的で、日清・日露戦争を起こした」というのです（『日本ナショナリズムの解読』白澤社、二〇〇七年）。

子安教授の見解は、私が先に紹介した皇国史観、すなわち日本は歴史的な縁故権がある故に、朝鮮半島に対する支配権を行使すべきだという主張を別の言葉で表現したものですが、ではここに言う「日本が隠蔽している朝鮮半島と関連する歴史」とは何であるか。それは言うまでもなく、沸流《ピリュ》百済の後裔が西暦三九六年、朝鮮の地から日本に渡ってきて応神天皇になることで日本の皇室と国家自体の起源をなすことになったという簡単な史実であるのです。

現在日本人は、自分たちが西洋人なのかと言えばそうではなく、かと言って完全な東洋人であるかと言えばそうでもない中途半端な状態のまま、潜在意識とでも言いましょうか、自国の皇室が朝鮮の地を捨てて海を渡ってきた百済人だったという太古の歴史のかすかな記憶のために、縁故権意識への執着を捨てられずにいる「アイデンティティ危機」のなかで苦悶している国民だと言えましょうが、これは「精神分裂症」（スキゾフレニア）と言っても過言ではない一種の疾患ですから、むしろ日本人自身のためにも、我々の方からこの点を指摘し、精神科医（サイカイアトリスト）の役目をしなくてはならないのではと考えることがなくもありません。日本が疑似白人国家の幻想から脱却し、本格的にアジアへの復帰を迫られる日は案外近くまで迫ってきていると思われるのですが、日本がこの精神的疾患から抜け出られない限り、アジア復帰が難しいだけでなく、「東アジア共同体」のようなものは容易なことではないというのが私の判断であるのです。

日本の土になることを決意したとき

あれは「参与政府」（盧武鉉《ノムヒョン》政権）が発足した二〇〇三年頃のことでしたが、「民主化運動記念事業会」の理事長をされていた朴炯圭《パクヒョンギュ》牧師が何度か電話をかけてこられたのです。朴牧師は私より歳が一つ上でいらして、いわば兄貴分に当たる方ですが、住んでいるところの領事館に出頭すれば、だまって何も言わずに旅券を発給してくれるはずだから、正式に旅券を持って是非一度故国を訪ねてくれとおっしゃるのでした。それで国籍が韓国である妻も一緒に、必要だと思われる書類を揃えて横浜総領事館に出頭したのでした。

出頭した日、私が来ることを予め知らされていたのか、「起訴猶予」の身分の私に対する取り調べのために、ソウルから三人もの捜査官が出張してきて私を待っていたのでした。捜査官たちは、あの純真無垢な文益煥《ムンイクファン》牧師が私のどのような手口の口車に乗せられて、まるで夢遊病にでもかかったように素直に私にくっついて、向こう見ずにもアカどもの巣窟である平壌《ピョンヤン》に足を踏み入れたのか、その不思議なミステリーの真相を突き止めたかったのではないでしょうか。

いろいろなことを訊かれ、私としては適切な返答をしたと思うのですが、しかし、私がその場でどんな言葉で説明したところで、彼らを納得させることができたようには思われませんでした。それでも私と文《ムン》牧師とはすでに数十年もさかのぼる昔、不思議な因縁で出会った呼兄呼弟の親しい仲であるということ、横に座っている妻を指して、私たち年老いた夫婦が結婚式を挙げたとき、牧師として式を主宰してくださった方が、まさに文《ムン》牧師であったということ、長い間、同じ道を歩んで来た友人であり同志だったということを意を尽くして説明したのでした。そしてまた、私が例年の行事として日本で開いてきた夢陽《モンヤン》呂運亨《ヨウンヒョン》先生の追悼式のことと、夢陽《モンヤン》先生のお嬢さんである燕九氏が平壌《ピョンヤン》から送ってくれた電報のことについての話、六月民衆抗争の時、文《ムン》牧師が直面していた状況、市民たちの激昂した感情を鎮静化させることができる方法について、私と文《ムン》牧師が到達した意見の一致など、二人で平壌《ピョンヤン》訪問を決心した時の状況を、できる限り詳しく具体的に説明したのでした。文《ムン》牧師のあだ名が昔から「ムン・コジプ」（頑固者の文《ムン》）で、誰かにそそのかされて三八度線を越え平壌《ピョンヤン》に行くような人物なのか、あなたたちは文《ムン》牧師の知性と情熱に対して過小評価どころか、全く何も知らないのではないかという反問もしたのでした。しかし、私の言葉は彼らにとってまるで馬耳東風の如きものであったと思うのです。

話をすべて聞いてから、翌日もう一度来るようにというのでした。言われるままに翌日もう一度出頭しましたが、その時の雰囲気からして旅券を出してもらえるような状況ではなかったので、妻は同行せず一人で行ったのです。すると自分たちが予め作成しておいた書類を私に差し出しながら、署名しろと言うのです。署名をすれば旅券を出してくれるというわけです。

その書類は「自首書」となっていて、平壌《ピョンヤン》訪問は実定法（国家保安法）を犯した犯罪だったということを認め、今後は大韓民国の国民としてこれこれしかじかの如く行動することを誓約するという内容になっていたのでした。

「自首書」というものはスパイを対象に使う言葉のはずで、私が自らスパイだったということを認めろという意味ですが、これは一般に要求される「順法誓約書」よりももっと質の悪い内容ではないですか。

ここに署名をするなら、おのずから自己の存在を踏みにじることであり、また文牧師《ムン》がとった行動を犯罪行為だったと私が認定することになるではないですか。いかに草野に埋もれて生きている名もない匹夫といえども、三軍の力をもってしても奪い得ない志というものがあるではないですか（論語）。私は黙ってそれを捜査官につき返して外に出たのですが、どんな意味だったのか、領事自らが運転する車に私を乗せて駅まで送ってくれたばかりか、領事館の職員たちがそろって外に出てきて、丁重に腰をかがめて見送ってくれた姿が印象的でした。

翌年の春、妻と共に近くを流れる多摩川の土手に花見に行ったのでした。二キロを越える土手をぎっしりと埋め尽くすくらい桜の並木が立っていて、花どきになると華麗な花が見事に咲くので、花見には格好の場所であるのです。春爛漫で、土手の上から下を見下ろすと、多摩川の清流が流れており、上流の方には遠く丹沢山塊の秀麗な頂がそびえ立ち、一幅の絵のように美しい風景が視界に迫ってきたのです。そのとき、思わず漢江《ハンガン》の碧い流れと、幼き頃遊びまわった羊馬山《ヤンマルサン》のふもと、陽炎《かげろう》が立ちこめる広い野原が目に浮かんできて、思わず私は並んで立って多摩川の風景に見入っていた妻の千代子に言ったのでした。「おい、千代子よ、俺はなあ、韓国には帰らないよ。ここで死んであんたと一緒に日本の土になるんだ。」

苦難に満ちた歴史の不寝番の生涯――何も心残りはない

友人の作家黄皙暎《ファンソギョン》氏は私に、広い大道を歩きながら財を成し、これ見よがしに出世もする昼間部の主流からは外れ、ずっと裏通りのみを選んで生きてきた夜間部ではないかと、減らず口の冗談を言ったことがありました。そう言いながらも私に「時代の不寝番」という尊称を進呈してくれたこともあったのですが、しかし「不寝番」といえば、夜食くらいは欠かさずに宛てがわれていたはずなのに、それにさえありつけず、その吹雪の荒れ狂う漆黒の闇夜の時代に自ら「不寝番」を買ってでたというのなら、どうにも度し難い「不寝番」であったのでしょう。だとしても私が誰かに不平を並べたことがあったかと言えば、それはなかったと思うのです。不平を言おうにも、言うべき相手がいなかったのでした。

　とは言っても、その真っ暗な闇夜の中に、私が一人で凍えながら外に立っているということを、誰も知らずにいたのかと言えばそうではなかったでしょう。例えば、いま民主化運動記念事業会の理事長をしておられる咸世雄《ハムセウン》神父様のことを少しばかり話さなければなりませんが、咸神父様は私が文益煥《ムンイクファン》牧師の同志であったということもありましょうが、私のことを深く理解し大事にして下さった方でいらっしゃいました。もしできることならソウルに来るようにと私を誘い、「鄭敬謨帰国歓迎講演会」でも開いて下さるつもりだったでしょうが、それができないのを知り、「東北アジアの平和のための韓国と日本の役割」という、やや大仰なテーマで、私がびっくりするくらいの大勢の著名な名士たちを引き連れてこられて、東京で盛大なシンポジウムを開いて下さったことがありました。二〇〇六年一〇月のことでした。その時、私とともに基調演説に立たれた白楽晴《ペクナクチョン》先生の演説に次のような言葉があったのでした。

　「彼、鄭敬謨は、生涯にわたって韓国の民主化と韓（朝鮮）半島の統一のために献身してこられた。南のかなりの数の民主化運動家たちが栄達の道に就き、国外における統一運動家たちの大多数が南北を行き来しながら礼遇に与っている今日に至っても、相変わらず亡命者であるまま日本の地で孤独な所信を守って生きておられる。私はこのような状況はできるだけ早く変わるべきだと衷心から願っているのであるが、屈することを拒む彼の孤独な闘いが、不義と屈従にまみれたわが現代史の不名誉を洗い流すのに大きな一助になったと信じる。」

白楽晴《ペクナクチョン》先生のような方が、私の一生をこのような表現で総括してくださったのならば、これは普通あり得ない稀有のことであって、例えば無窮花大勲章というものがどんなものなのか分かりませんが、私が受けたこの勲章よりも価値が重いはずがありましょうか。そのシンポジウムが終わった後、咸神父に差し上げた感謝の手紙で私は、「主がわたしの前に宴を設け、わたしのこうべに油をそそがれ給うた」という『詩篇』二三篇の一句を引用したことがいま記憶の中から蘇ってくるのです。

　別に意図したわけではないながら、ここまで来てみると偶然だったのか、私の一生は夢陽呂運亨《モンヤンヨウンヒョン》先生、白凡金九《ペクポムキムグ》先生、張俊河《チャンジュナ》先生、そして文益煥《ムンイクファン》牧師の生涯と奇妙に繋がっているのですが、彼ら先達《せんだつ》の中の誰一人、個人的には平穏で安楽な一生を送られた方はいらっしゃいませんでした。私がもし不思議な縁《えにし》でこの方々が歩んで行かれた茨の道を、後からたどりながら歩んできたのが事実であるなら、私は何を怨み、誰に向かって不平を並べたてねばならないのでしょうか。

　この文章の一番初めあたりのどこかでタイタニック号の悲劇を語ったことがありましたが、そこで私が語ったとおり、もしゴルゴダの丘で受けたイエスの苦難が、天の呪いのためではなく、むしろ大きな祝福だったと考えれば、私が歩んできた茨の道は、むしろ私を選んで与えてくださった祝福ではなかったのか、私はそう思わずにはいられないのです。

私がもし隠蔽されていた歴史の暗部を掘り返し、何が真実であり、何が虚構であるかを同胞《はらから》に向かって叫び続けながら一生をすごしたとするならば、紛うことなくこれは一種の聖職であったわけでありますが、もしそうだとすれば結局はおくるみに包まれた生まれたばかりの赤子を礼拝堂の聖壇の上に置き、この子をして牧師になるように育てますと誓った父の祈りが、めぐりめぐって祈り通りの形に成就されたということではあるまいか、そう思うことも無くはありませんでした。

二〇〇九年の秋、日吉村の侘び住まいに私を訪ねてきた『ハンギョレ新聞』の金敬愛《キムギョンエ》記者が私に聞くのでした。富貴や栄達には関心がなかったみたいに、一生を白面書生の亡命者として送られたが、心残りはないのでしょうかと。私は顔に笑みを浮かべて答えました。「心残りはない」と。

（附）関連年表「38度線と朝鮮戦争の起源　一九四三―一九五三」

＊本書の記述にしたがって編集部が作成。

■一九四三年

一二月一日　カイロ宣言発表（「前記の三大国〔米英中〕は、朝鮮の人民の奴隷状態に留意し、やがて（in due course）朝鮮を自由かつ独立のものたらしめる決意を有する」）

■一九四五年

二月四―一一日　米英ソによるヤルタ会談（連合国による朝鮮の信託統治を協議、独降伏三カ月後のソ連対日参戦を密約）

五月七日　ナチス独、降伏

七月一六日　米、最初の原爆実験に成功

七月二六日　対日ポツダム宣言発表（米英中）

八月六日　米軍、広島に原爆投下

八月八日　ソ連軍、対日参戦、満州・樺太・朝鮮方面に進出開始

八月九日　米軍、長崎に原爆投下

八月一〇日　日本、御前会議で国体維持を条件にポツダム宣言受諾を決定

八月一〇―一一日　米マックロイ国務次官、国務・陸軍・海軍三省調整委員会（SWNCC）を招集、朝鮮半島分割案の作成を指示（38度線の起源）

八月一一日　米、第二四軍団（司令官ホッジ）南朝鮮派兵を決定

八月一二日　ソ連軍、朝鮮の羅津・清津に上陸

八月一四日　日本、御前会議でポツダム宣言受諾を決定。米、一般命令第一号（「三八度以北の朝鮮に在る日本国先任指揮官並びに一切の陸上、海上、航空及び補助部隊は「ソヴィエト」極東軍最高司令官に降伏すべし…三八度以南の朝鮮に在る日本国先任指揮官並びに一切の陸上、海上、航空及び補助部隊は合衆国太平洋艦隊最高司令官に降伏すべし」）をソ連に通告（一五日にスターリンに伝達、スターリン、38度線での分割武装解除に同意）

八月一五日　「玉音放送」。呂運亨、朝鮮建国準備委員会結成

八月一六日　ソ連、北海道北部の分割占領案を提案（米は拒否）

八月二〇日　河辺虎四郎中将、マニラで一般命令書第一号を受領

八月二二日　一般命令書第一号、ソウルの朝鮮総督府に伝達

八月三一日　マニラの米軍第二四軍団と朝鮮の日本軍第一七方面軍の無線連絡開始（朝鮮総督府、朝鮮建国準備委員会中傷工作）

九月四日　ホッジ中将、仁川上陸を控えた第二四軍団に緊急通告文（「朝鮮人はアメリカの敵と規定されており、降伏に付随する義務を負わせる一方、日本人は我々の友好国民とみなす」）

九月六日　米軍先遣隊三一名がソウル入り。朝鮮総督府の日本人高官と協議、日本側主催の宴会を開催。朝鮮建国準備委員会、朝鮮人民共和国樹立を宣言（右派・左派・中道派の連立政府）

九月七日　太平洋米陸軍総司令部布告第一号（「公衆治安秩序を攪乱するもの、連合軍に対して敵対行為に出るものは、死刑または他の刑罰に処す」）。ビラとしてソウルの上空で撒布

九月八日　第二四軍団、仁川上陸。建国準備委員会傘下の治安隊所属の権平根と李錫九が、米軍の黙認の下、日本軍武装部隊によって射殺される

九月九日　米、ソウルで38度線以南の日本軍の降伏を正式受理

九月一九日　米軍政庁、ソウルに設置（軍政開始）

一〇月一〇日　米軍政庁長官アーノルド声明（軍政庁を唯一正当な政府とし、朝鮮人民共和国の解散を命令）

一二月二七日　米英中ソによる「五カ年を限度とする朝鮮信託統治案」発表（モスクワ宣言）

一二月二六日　「国軍準備隊」、李青天、金元奉、武亭、金日成の四名を指導者として推戴

■一九四六年

一月一五日　アメリカ軍政庁の下に「国防警備隊」（大韓民国軍の

前身）発足
一月二〇日　「国防警備隊」が「国軍準備隊」の明洞事務所を襲撃
三月二〇日　米ソ共同委員会、開催。その後、中断
六月三日　李承晩、井邑宣言発表（南側だけの単独政府樹立、北伐を主張）
七月二二日　左右合作委員会開催（右派から金奎植、元世勲、安在鴻ら、左派から呂運亨、許憲、金元鳳、李康国らが参加）

■一九四七年

五月二一日　米ソ共同委員会、一年ぶりに再開
七月一九日　呂運亨、暗殺される
九月一七日　米、「モスクワ宣言に基づく統一朝鮮樹立の断念」を表明。朝鮮独立・統一問題を国連に提訴通告
九月二三日　国連総会、米提案の朝鮮統一問題を議題として採択
一一月一四日　国連総会、米提案の国連臨時朝鮮委員団（UNTCOK／メノン団長）設置決議を採択（南単独選挙の事実上の承認）

■一九四八年

三月一二日　国連臨時朝鮮委員団の票決、五月九日に南朝鮮での単独選挙実施を決定
四月三日　済州島で単独選挙に反対する南労党済州島委員会の主導による四・三蜂起。米軍政庁、「国防警備隊」に鎮圧を指令（以後、数年にわたり島民虐殺が続く）
四月一九日　単独選挙に反対する金九、38度線を越えて平壌訪問、金日成と会談
五月一〇日　国連臨時朝鮮委員団の監視下、単独選挙を強行
八月一五日　大韓民国、樹立を宣言。李承晩、大統領に就任
九月九日　朝鮮民主主義人民共和国、樹立を宣言。金日成、首相に就任

■一九四九年

六月二六日　金九、暗殺される
八月二九日　ソ連、原爆実験に成功
一〇月一日　毛沢東主席、中華人民共和国建国を宣言

■一九五〇年

六月二一日　東京にて、マッカーサー、ダレス、ジョンソン、ブラッドリー四者会談
六月二五日　朝鮮戦争「勃発」
六月二八日　人民軍、ソウル占拠
九月一五日　「国連軍」、仁川上陸
九月二八日　「国連軍」、ソウル奪還
一〇月七日　「国連軍」、38度線を越え北進開始
一〇月二〇日　「国連軍」、平壌占拠
一〇月二五日　中国人民義勇軍、朝鮮戦争参戦
一二月五日　人民軍・中国軍、平壌奪還

■一九五一年

一月一日　人民軍・中国軍、38度線を越え南進開始
一月四日　人民軍・中国軍、ソウル占拠
一月一〇日　トルーマン大統領、ダレスを対日講和締結交渉の特別代表に任命
三月一四日　「国連軍」、ソウル奪還
三月二四日　「国連軍」最高司令官マッカーサー、「中国本土攻撃も辞さず」と声明
四月一一日　トルーマン大統領、マッカーサーを更迭
六月二三日　（米ケナンの提案も受け）ソ連国連代表マリク、朝鮮戦争停戦交渉を提案
七月一〇日　開城にて休戦会談開催
九月四─八日　対日講和会議開催（中華人民共和国、中華民国、大韓民国、朝鮮民主主義人民共和国は不参加）
九月八日　サンフランシスコ講和条約調印（ソ連は拒否）、日米安全保障条約締結
一〇月二五日　休戦会談の開催地、開城から板門店に移される

■一九五三年

七月二七日　人民軍・中国軍と「国連軍」、休戦協定調印

訳者あとがき

本書『歴史の不寝番《ねずのばん》――「亡命」韓国人の回想録』は、韓国の『ハンギョレ新聞』紙上に二〇〇九年五月から同年一二月までの約八カ月間、毎週五回のペースで連載が続けられた父鄭敬謨回顧録です。「漢江《ハンガン》も流れ、多摩川も流れ」と題された新聞連載は、二〇一〇年一〇月にハンギョレ出版社から『鄭敬謨自叙伝　時代の不寝番』という書名で出版され、この度、日本語版が出版されることになりました。

訳者としてこの本を読み直しながら強く感じることは、父は歴史の激動期を生き、歴史の節目ごとにそれを間近な所で眺めた目撃者としてのみならず、自らが歴史の演者としてその舞台に立っていたという事実です。

一九二四年植民地時代の朝鮮京城（現ソウル）で生まれた父は、今年（二〇一一年）で、亡命の地でもある日本で米寿を迎えることになります。その間一九三一年から始まるいわゆる一五年戦争、それから朝鮮に訪れた短い間の「解放空間」の時代、そして朝鮮戦争（一九五〇年）、李承晩《イスンマン》大統領を退陣に追い込んだ四・一九学生革命（一九六〇年）、朴正熙《パクチョンヒ》による五・一六軍事クーデター（一九六一年）とそれに続く一八年間の軍事独裁の時代、金大中《キムデジュン》氏の日本亡命、朴正熙《パクチョンヒ》が暗殺されたあと浮上した全斗煥《チョンドゥファン》新軍部による五・一八光州虐殺（一九八〇年）と、これに反応して韓国全土で発生した六月民主化抗争（一九八七年）、それ以降の民主化運動の時代、というふうに長い激動の時代に人格が形成され、これら歴史の激浪を身近に目撃しながら生きてきたことになります。

以上は著者が生きた時代の時間的なスパンですが、その間、日本の留学生（慶應大学医学部）として、またアメリカの留学生（エモリー大学文理大）としての海外生活と、マッカーサー指令部であったGHQ、板門店《パンムンジョム》における休戦会談、またその後の日本への事実上の亡命、そして文益煥《ムンイクファン》牧師との平壌《ピョンヤン》訪問と、空間的な意味においても特異な場所に居ながら特異な体験を経てきたという意味でも、「時代の不寝番」たるべき生き方を担わされていたと言えるのかも知れません。

この本は鄭敬謨の個人史でありながら、実は日本とアメリカが密接に絡み合う中で呻吟し続けてきた韓国現代史そのものであり、これが「不寝番」の目撃談にふさわしく第一人称の口語体で書かれている点、史書としても異色なものではなかろうかと思われます。田舎の寓居で隠遁の日々を送っている村の古老が、たまたま訪ねてきた若者たちを相手に長竹を口にくわえ昔話を語るという想定でこの本を書いたと著者は述べています。その語り口は日本語で言えばさしずめ候文とも言うべき独特な口語体で、日本語にはこれに対応する文体がないため、その韓国語独特の滋味を生かしながら日本語に移し替えることはそもそも不可能でした。しかもそこには俗語的な表現や、恐らくは自らが育った幼少期の朝鮮ではごく普通に日常会話に用いられたであろう諺の類が随所に散りばめられており、日本語を母語として育ち、正式に韓国語を習ったことのない私にとって、翻訳作業は決して容易なものではありませんでした。

父は韓国では金素雲以来の日本語の使い手とも言われているようですが、もしもこの本がはじめから日本語で考えられ、日本語で書かれたとすれば、また異なったニュアンスのものになっていたと思われます。本人にとって自らの自叙伝を日本語ではなく、敢えて母国語たる韓国語で書くことができたのは本望であったことでしょう。その間、韓国の各方面からの自叙伝執筆要請を断ってきたようですが、ちょうどよい時にハンギョレ新聞社から強い依頼があり一念発起して一気に書きあげたものでした。父は今のところまだ元気で、万葉集の頃の日本語の研究に没頭しているようです。

自叙伝の内容について、連載が始まった頃、韓国の情報機関から『ハンギョレ新聞』に対し「著者鄭敬謨はまだ起訴猶予の身柄であるから気をつけるように」との警告があったようでした。しかし連載が終了するまで干渉はなかったというのです。

「恐らく情報部にしても今まで聞いたこともない話がぎっしり詰まっていたから、一生懸命読んでくれたせいだろう」と父は笑っていたことを付け加えておきます。

本書の出版を快く引き受けてくださった藤原書店の藤原良雄社長と、細やかな気配りをしながら発行にこぎつけてくださった担当者の西泰志さんに心から感謝申し上げます。西さんの仕事ぶりを見ながら、一冊の本を上梓するのに出版社はいかに大きな労力を費やさねばならないのか痛感いたしました。

二〇一一年四月

鄭剛憲《チョンガンホン》

著者紹介

鄭敬謨（チョン・ギョンモ／Chung Kyung Mo）

1924年7月11日、京城（現ソウル）に生まれる。1942年、京畿中学（現京畿高校）卒業。1945年、慶應義塾大学医学部予科修了。1947年、留学のため渡米。1950年、エモリー大学文理大卒業。朝鮮戦争勃発と同時に当時の駐米大使張勉氏の勧告を受け、米国防総省職員となり、板門店での休戦会談にも参加、朝鮮戦争におけるアメリカの侵略性を内側よりつぶさに体験。その後、韓国政府技術顧問、会社役員就任。1970年、朴正煕政権から「亡命」するように来日。以後、文筆活動を以て韓国民主化運動の一翼を担う。1979年、東京・渋谷に学塾「シアレヒム塾」を開き、在日韓国・朝鮮人ならびに日本人の同志を募るかたわら韓国問題専門誌『シアレヒム（一粒の力）』発行。1989年、文益煥牧師と共に北朝鮮を訪問。金日成主席と南北統一を協議。「4・2南北共同宣言」を発表。両人の訪朝が嚆矢となり、以降、金大中、盧武鉉両大統領の訪朝が続き、「6・15南北共同宣言」、「10・4南北共同宣言」が発表された。1990年、「シアレヒムの会」を発足させ、会報『粒』発行開始、1998年、経済的苦境から渋谷の事務所を閉鎖、以後自宅を事務所として、『粒』を通じて祖国統一への思いを執筆。2009年5月から同年12月まで、韓国『ハンギョレ新聞』に本書の元になる自叙伝を計145回連載。

訳者紹介

鄭剛憲（チョン・ガンホン／Chung Gang Heon）

1954年横浜生まれ。1973年栄光学園高校卒業。1977年早稲田大学文学部卒業。1969年夏（中学3年）のソウル滞在以降、父鄭敬謨の活動のため韓国への道が閉ざされる。2001年、初めて韓国を訪れる妻子を伴い32年ぶりにソウル訪問。横浜在住。

歴史《れきし》の不寝番《ねずのばん》 ——「亡命《ぼうめい》」韓国人《かんこくじん》の回想録《かいそうろく》

2011年5月30日　初版第1刷発行 ©

著　者　鄭　敬　謨

発行者　藤　原　良　雄

発行所　株式会社　藤　原　書　店

〒162-0041　東京都新宿区早稲田鶴巻町523
電　話　03（5272）0301
FAX　03（5272）0450
振　替　00160‐4‐17013
info@fujiwara-shoten.co.jp

印刷・製本　音羽印刷

落丁本・乱丁本はお取替えいたします
定価はカバーに表示してあります

Printed in Japan
ISBN978-4-89434-804-2